한국 현대 정치사상과
박정희

이 저서는 2009년도 정부재원(교육과학기술부 인문사회연구역량강화사업비)으로
한국학술진흥재단의 지원을 받아 연구되었습니다(KRF-2009-342-1-B00003).

한국 현대 정치사상과
박정희

Contemporary Korean Political Thought
and Park Chung-hee

강정인 지음

아카넷

감사의 글

이 책은 필자가 지난 5년 동안 한국연구재단(구 한국학술진흥재단)의 '인문사회분야 우수학자지원' 분야에서 연구비를 지원받아 집필·출간한 것이다(KRF-2009-342-1-B00003). 또한 2012년도 서강대학교 교내연구비 지원이 필자의 연구 수행에 도움이 되었다(201210033.01). 한국연구재단에 지원할 당시 본래 연구제목은 "한국 현대 정치사상의 흐름: '비동시성의 동시성'과 '민족의 신성화'를 중심으로"였는데, 연구 내용이 다소 변화를 겪게 되어 『한국 현대 정치사상과 박정희』라는 제목으로 출간하게 되었다.

책의 내용을 일별해 보면, 먼저 '서론'에서는 집필 목적 및 전체적인 내용을 간략히 서술했다. 이어서 제1부에서는 한국 현대정치의 역사적 경험과 이념적 상황을 염두에 두면서 해방과 분단 이후 전개된 한국 현대정치의 사상적 흐름을 개관하고, 그 특징을 서구의 경험과 비교해 '비동시성의 동시성'과 '민족주의의 신성화'라는 개념을 통해 형상화하고자 했다. 제2부에서는 박정희 대통령의 정치적 언설에 담겨 있는 민주주의, 보수주의 및 민족주의 담론을 중심으로 그의 정치사상을 분석하면서 제1부에서 제시한 두 가지 특징이 그의 사상에 어떻게 반영되는지를 추적했다. 결론에 해당하는 제3부에서는 1987년 민주화 이후 25여 년이 지난 현재의 시점에서 '비동시성의 동시성'과 '민족주의의 신성화' 및 '박정희의 정치사상'이 겪어온 변화와 그 변화가 향후 시사하는 전망을 간략히 논했다.

필자는 2009년 이후 연구를 진행하면서 개별적인 주제에 대해서는 스스로 연구진행을 독려하는 한편 학계의 객관적인 평가나 검증을 받기 위해 학술지에 논문을 여러 편 발표했다. 아울러 2013년 가을부터는 이 책의 전반적인 구상을 염두에 두면서 서론에 해당하는 제1장과 결론에 해당하는 제8장을 새롭게 집필하고 제4장 '민족주의의 신성화'를 고심을 들여 완성했다. 그리고 전체적인 목적과 구상에 맞게 나머지 장들은 이전에 발표된 논문들을 토대로 전면적으로 검토하고 수정했다.

따라서 이 책을 구성하는 여러 개 장들은 이전에 학술지에 발표한 논문들을 수정하고 다듬은 것이다. 이 책에 수록하기 위해, 관련된 논문들을 출간한 바 있는 《신아세아》(신아시아연구소), 《한국과국제정치》(경남대학교 극동문제연구소), 《철학논집》(서강대학교 철학연구소), 《현대정치연구》(서강대학교 현대정치연구소), 《사회과학연구》(서강대학교 사회과학연구소), 출판사 후마니타스 등과 개별적으로 접촉해서 전재(轉載)에 관한 동의를 받았다. 학술적인 목적을 위해, 논문들을 필자의 저서에 전재하는 데 선선히 동의해 준 학술지와 출판사에 감사 드린다. 개별적인 출처는 해당된 장을 시작할 때, 하단에 명기했음을 밝혀 둔다.

이 책의 연구 및 출판과 관련하여 감사의 뜻을 남기고 싶다. 무엇보다도 먼저 지난 5년에 걸쳐 연구를 지원해 준 '한국연구재단'에 감사 드린다. 그리고 다양한 기회를 활용해서 이 책에 실린 논문들을 학술회의에서 발표하거나 학술지에 게재하는 과정에서 유익한 논평을 해준 선배 및 동료 연구자들에게 깊이 감사 드린다. 아울러 연구를 효과적으로 수행하기 위해 필자는 '한국현대 정치사상사'라는 교과목을 대학원과 학부에 신규 개설해 강의와 세미나를 진행하면서 필자의 학문적 고민과 성과를 학생들과 공유하는 한편 심화시키고자 노력했다. 이런 공유와 심화의 경험이 없었더라면, 이 책은 그나마 현재 도달한 학문적 명료함과 깊이에 이르지 못했을 것이라 믿는다.

필자가 연구를 하는 데 연구의 반려자로서 항상 함께 공부하고 또 연구에 필요한 행정적 지원을 감당해 준 서강대 대학원 정치외교학과의 '동서 정치사상 세미나' 팀에 감사 드린다. 특히, 연구를 가까이서 지켜보면서 지도교수의 연구를 물심양면으로 도와주는 충실한 조력자이자 가장 예리한 조언자로 남아 있는 박사과정생 3인방, 이지윤·장원윤·김현아에게 무한한 감사를 느낀다. 지도교수를 꿋꿋하게 믿고 따뜻하게 격려해 준 이들의 성원이 있었기에 학문적으로 오늘의 '내'가 있을 수 있지 않았나 생각한다. 또한 서강대학교 사회과학연구소의 정승현 연구교수 역시 '세미나' 팀을 필자와 함께 이끌면서 필자의 연구를 묵묵히 성원해 준 것은 물론 연구와 행정에 쫓겨 필자가 지키지 못한 빈자리를 지켜 주었다.

마지막으로 책의 출간을 마라톤에 비유할 때, 막바지에 필자가 완주할 수 있도록 옆에서 지켜보면서 함께 뛰어 준 이관후 박사와 한유동 석사에게 감사 드린다. 두 분은 최종 원고를 여러 차례 읽으면서 불필요하게 긴 구문과 투박한 문투를 정리하고 다듬는 데 긴요한 도움을 주었다. 특히 한유동은 '도움 받은 자료'와 '찾아보기'를 정비하는 데 많은 노력을 기울였다. 출판계의 사정이 매우 어려움에도, 이 책의 출간을 선뜻 감당해 준 아카넷 출판사의 김일수 팀장, 편집을 직접 맡아 원고를 꼼꼼하게 검토해 준 좌세훈 편집자에게도 심심한 감사를 드린다.

목적지가 어딘지도 모른 채 헐레벌떡 달려오다 보니 어느덧 금년이 갑오년이란다. 태어난 해로 되돌아온 셈이다. 나를 낳고 키워 주셨지만 지금은 함께 계시지 않은 부모님, 그리고 말없는 사랑 속에서 남편과 아버지를 따뜻하고 건강하게 지켜 준 가족들에게 무한한 사랑과 감사의 마음을 남기고 싶다.

2014년 8월
강정인

차례

제1장

서론
한국 현대 정치사상과 박정희의 정치사상

　1945년에 일제로부터 해방된 지 어느덧 69년이 되어 가고, 남북한에 각각 분단정부가 수립된 지도 66년에 이르고 있다. 해방과 동시에 닥쳐온 미소 양국의 한반도 분할점령, 그리고 뒤이은 냉전체제의 형성이라는 불리한 세계사적 조건 속에서, 남북한의 대다수 정치인들이 근시안적인 시각에서 이념대결과 권력투쟁을 벌이고 분열과 파쟁을 거듭한 결과, 한민족은 급기야 민족 분단이라는 비극을 맞지 않을 수 없었다.[1)]

　여기서 마키아벨리가 『로마사 논고』에서 정치적 격동기에 정치 행위자들이 직면하는 난감한 상황에 대해 언급한 것을 해방 당시의 남북한 정국에 적용해 음미해 볼 필요가 있다.

---

1) 물론 조만식, 여운형, 김규식, 김구 등 뜻있는 민족지도자들이 없었던 것은 아니었기 때문에, 당시 민족지도자들을 통째로 비난하는 것은 불공정할 수 있다.

좋은 정부하에서 살 수 있도록 도시를 재건하기 위해서는 고결한 인물을 필요로 한다. 그리고 폭력에 의해 국가의 지배자가 되기 위해서는 사악한 인물일 필요가 있다. 하지만 고결한 인물은 비록 그의 목적이 좋다고 할지라도 좀처럼 사악한 방법을 통해 지배자가 되려고 하지는 않을 것이다. 다른 한편 사악한 인간은 그가 마침내 지배자가 되었을 때, 올바른 일을 하고자 하지 않을 것이다. 그가 사악한 방법으로 획득한 권한을 올바르게 사용하려는 생각이 결코 그의 마음에 떠오르지 않을 것이기 때문이다(마키아벨리, 2003: 145).

이와 같이 정치적 상황이 그 행위자들에게 부과하는 근원적인 딜레마를 고려해 볼 때, 남북한에서 분단정부의 수반에 오른 정치가들은 사악한 방법으로 분단을 획책하면서 정권을 잡았고, 그 후에도 자신들이 획득한 권력을 분단의 타파(또는 해소)나 인민의 행복을 위해서 올바르게 사용하지 않았다. 당시 다른 일부 정치지도자들이 권력을 잡았더라면 좀 더 올바르게 통치했을 가능성이 있었지만, 그들은 권력 획득에 필수적인 주요한 정치적 자원에 대한 접근 수단이 결여되어 있었거나 또는 필요시 사용해야 하는 사악한 수단을 통해 권력을 잡으려 하지 않았고, 결국 비운의 죽음으로 생을 마감해야 했다.

이처럼 남북한에서 분단정부가 수립된 이래 지난 65여 년 동안 남한(이하 '한국')이 걸어온 역정을 돌이켜 볼 때, 한국은 일제 식민통치로부터의 해방, 미소의 분할점령과 건국 주도 세력의 분열에 의한 남북분단, 6·25 전쟁, 장기간의 권위주의적 통치와 급속한 산업화, 1980년의 광주민주항쟁, 1987년의 6월 항쟁과 민주화의 태동, 1997년의 외환위기(IMF 사태)와 이후 진행된 경제의 급격한 신자유주의적 구조조정, 1998년 김대중 정부의 출범에 따른 최초의 평화적 정권교체, 2000년의 남북정상회담, 2004년의 노무현 대통령 탄핵 사태, 신자유주의적 개혁으로 인한 사회적 양극화의 심화, 2008년 이른바 '진보 정권' 10년을 교체한 이명박 정부의 등장 그리고 미국발 금융위기의 전 세계적 확산으로 이제는 일상화된 경제 불황, 2013년 '생애주기별 맞춤형 복지'를 표방한 박근혜 보수 정부의 출범 등 파란만장한 역사적 시련과 정치적 변동을 겪어 왔다. 한국은 이 과정에서 근대 국가 건설을 위한 핵심 과제였던 '민족국가의 수립', '민주주의의 형성' 및 산업화를 포함한 '사회경제적 근대화'를 둘러싸고 격렬한 이념적·실천적 갈등과 대립을 경험해 왔다. 그렇지만 한국은 다른 비서구 후발 국가들과 비교해 볼 때, 1987년까지 집권 보수 세력이 주도한 산업화와 경제발전을 그리고 1987년 이후 20년 동안 민주화 세력이 주도한 민주화를 비교적 성공적으로 수행해 왔다. 그러나 '통일'[2]된 민족국가 건설이라는 과제는 민주화 이후 일시적으로 과거보다 개선되는 조짐을 보이기도 했지만, 그 전망은 여전히 불투명하다.

한국 현대정치의 이러한 역사적 경험과 이념적 상황을 염두에 두고,

---

2) 필자는 민족국가의 완성을 위한 남북한 관계의 문제를 '통일'보다는 '통합' 패러다임의 시각에서 접근해야 한다고 믿는다. 이승만과 김일성이 각각 밀고 나갔던 단정노선이 좌우 이데올로기를 비타협적으로 고수하면서 국가 건설을 추진하여 남북한에 별개의 분단정부가 수립되었는데, 이는 그 후에도 남북한 관계에서는 물론 남한과 북한 사회 내부에서도 이데올로기적으로 상이한 정치세력들을 타자화하여 철저히 배제하거나 강제로 흡수하려는 획일성과 강압성을 띤 '통일' 패러다임으로 전개되었다. 이와 달리 건국기에 여운형, 김규식 등이 추진했던 좌우합작노선은 비록 현실화되지 못했지만, 이데올로기적으로 상이한 정치세력 간의 타협과 협력이 필요하다는 점을 인식하고 이를 실천에 옮기고자 했다는 점에서 '통합' 패러다임이라 할 수 있다. 따라서 통상적 언어관행에 따라 '통일'이라는 단어를 사용하지만, 필자가 말하는 '통일'은 지금 언급한 '통합'의 의미를 보다 넓게 함축하고 있음을 밝혀두고자 한다.

필자는 이 책의 제1부에서 먼저 해방과 분단 이후 전개된 한국 현대정치의 이념적 흐름을 개관하고, 뉘이어 서구의 경험과 비교해서 그 득징을 '비동시성의 동시성'과 '민족주의의 신성화'라는 개념을 통해 형상화하고 재구성하고자 한다. 제2부에서는 박정희 대통령의 정치적 언설에 담겨 있는 정치사상을 분석하고 재구성하면서 필자가 제시한 이 같은 특징의 학문적 적실성을 좀 더 구체적인 차원에서 검토·입증하고자 한다.

제1부 '한국 현대 정치사상의 흐름과 그 특징'의 목적은 한국 현대정치의 이념적 지형이 겪어 온 총체적 변화를 살펴보고, 이어서 그 이념적 지형이 드러낸 특징을 '비동시성의 동시성'과 '민족주의의 신성화'라는 개념을 통해 영국과 프랑스 등 서구의 선발국과 비교해 체계적으로 분석하고 이를 정교화하는 데 있다. 이에 따라 제2장에서는 해방과 분단 이후 한국 현대정치에서 전개된 정치사상의 흐름과 변화를 전체적으로 개관할 것이다. 제3장에서는 (민주화 이전) 한국 현대정치 이념적 지형의 구조적 특징을 '비동시성의 동시성'이라는 개념을 통해 파악하고, 제4장에서는 '민족주의의 신성화'라는 개념을 통해 그 내용적 특징을 포착하고자할 것이다.

이를 위해 먼저 한국 현대정치 이념적 지형의 변화와 특징을 파악하는 것은 물론, 박정희의 정치사상을 분석하는 과정에서 필자가 사용하는 중요한 이념 축인 자유주의·보수주의·민족주의·급진주의라는 4대 사상의 성격과 위상에 대해 논하지 않을 수 없다. 4대 사상은, 근대 서구의 민주화 과정에서 민주화를 이끌거나 반대하며 상호 각축하면서 종국적으로 민주주의로 수렴하는 한편, 현대 서구 민주정치의 주된 이념적 틀을 조형했다. 나아가 이 4대 이념은 근대 서구문명의 전 세계적 팽창과 함께 서구를 넘어 전 세계적으로 확산되어 오늘날 비서구 세계의 이념적 지형에서도 보편적인 범주를 형성하고 있다. 해방과 분단 이후 미국의 강력한 영향력 아래에서 분단국가로 출발한 한국의 현대정치 역시 이 점에서 예외가 아닌바, 4대 이념은 민주화 과정이나 민주화 이후의 한국정치에서 심대한 영향력을 행사해 왔다. 동시에 4대 이념은 한국정치의 동학을 일정하게 반영하면서 서구와 다른 양상으로 전개되었다. 4대 이념의 원산지인 서구와 이를 뒤늦게 수용한 한국의 정치적 상황이 다른 만큼, 4대 이념의 한국적 전개와 변용은 한국정치의 특수성을 반영하고, 또한 역으로 4대 이념의 서구적 특수성을 확인하는 계기이기도 했다.

물론 이러한 특수성의 상호 인식은 단순히 비교 연구의 결과로서만 도출될 수 있는 것은 아니다. 이는 두 지역에서 사상의 전개가 서구문명이 그 기본 틀로 조형한 잠정적 보편성(*prima facie*/tentative universality)을 구현하고 공유하기 때문에 가능한 것이다.[3] 다시 말해 한국과 서구가 근대성의 물질적·정신적 기초—자본주의, 산업사회, 계몽주의, 합리주의, 진보주의, 민주주의 등—를 공유하는 것은 물론, 더 나아가 후발국인 한국이 4대 사상을 수용하고 전개하는 과정에서 선발국인 서구의 4대 사상을 표준으로 삼아 목적지향적 변화—곧 목적론적 변화—를 추구해 왔

---

3) 예를 들어 '곶감'과 '호랑이'를 비교하라는 지시를 받으면 우리는 두 대상의 차이를 인식하고 설명할 수 있겠지만, 그 과정에서 공통성을 인식할 수 있는 보편적 범주를 전제할 수 없기 때문에 양자의 특수성을 인식하고 설명하고자 하면 난처한 상황에 빠지지 않을 수 없다. 그러나 '호랑이'를 '늑대' 또는 '악어'와 비교하면서 양자의 특수성을 설명하라고 하면 어느 정도 설득력이 있는 답변을 제출할 수 있을 것이다. 이는 비교하기 전에 비교의 대상이 비교의 준거가 될 수 있는 보편성(과 그것을 인식할 수 있는 개념적 틀)—이 사례에서는 '동물', '척추동물', '포유류'—을 어느 정도 구현하고 있기 때문에 가능한 것이다. 다만 호랑이와 곶감을 비교하는 사례에서도 우리는 우리가 공유하는 담론이나 서사(이야기)를 전제로 하여 의미 있는 비교를 할 수 있다. 우는 어린애를 달래는 데 '맛있는 곶감'이 '무서운 호랑이'보다 훨씬 더 효과적이라는 점이다.

기 때문에 그러한 보편성 위에서 특수성이 확인되는 것이다. 우리는 이 점에서 한편으로 서구 보편주의와 서구 우월주의라는 함정에 빠지는 일을 경계하면서도, 한국에서 수용·전개된 4대 사상을 서술하고 평가함에 있어서 서구의 4대 사상이 현실적으로 기원적·목적론적 특권을 누리면서 표준설정의 기능을 행사해 왔다는 점을 부정할 수 없다. 이것은 무엇보다 자유주의·보수주의·민족주의·급진주의가 근대 초에 처음으로 서구에서 그 모습을 드러냈고(기원), 또한 현실적으로 서구가 그 사상들을 가장 세련된 형태로 발전시킨 것(목적)을 한국이 본(또는 표준)으로 삼아 수용해 왔기 때문이다. 이런 점에서 한국 현대정치의 사상을 서술할 때에 우리는 우선 한국 현대 정치사상을 서구에서 기원하고 전개된 4대 사상과의 비교를 통해 공통점과 차이점을 인식하고 형상화하는 작업을 수행할 수밖에 없다.[4] 따라서 필자는 서구 정치사상과의 '호환성'[5] 및 한국 정치사상의 '고유성'을 확보할 수 있는 이론적 공간을 열어놓으면서 한국 현대 정치사상의 흐름과 전개 과정에서 드러난 특징을 서술할 것이다.

---

4) 물론 이러한 서술이 서구문명의 패권적 지위에 수반되는 서구중심주의의 헤게모니를 당연시하지는 않지만 용인하는 것임을 부정할 수는 없다. 비유적으로 표현한다면, 서구중심적 세계에서 세계 여러 지역의 화폐가 중심부 국가의 달러·유로·파운드 등을 기축통화로 환산할 때 그 국제적 가치가 인정받거나 이해될 수 있듯이, 서구의 학문이 보편적인(hegemonic) 학문으로 군림하는 현실에서, 한국 현대 정치사상에 대한 이해도 서구의 주요 이데올로기와 환산 가능할 때, 보편적이고 특수한 의미를 인정받을 것이기에 4대 이념을 중심으로 살펴보지 않을 수 없다. 달리 말하면 한국인들이 해외여행을 할때 원화를 직접 사용하기보다는 먼저 주요 국가의 화폐로 환전해야 하듯이, 한국의 학문적 성과 역시 일단 서구의 학문적 프레임에서 통용될 수 있어야 할 것이다. 또한 그 연장선에서 브라질의 통화인 헤알(Real)화와 원화를 비교할 때에도 우리는 직접적인 교환비율을 알지 못하고 대개의 경우 특정한 기축통화와의 교환비율을 통해 환산비율을 산정한다.
5) 여기서 필자가 말하는 '호환성(interchangeability)'은 공학이나 컴퓨터학 분야에서 말하는 '호환성(compatibility)'과 구분된다. 그 분야에서 호환성은 "기능이나 적합성을 유지하면서 장치나 기기의 부분품 따위의 구성 요소를 다른 기계의 요소와 서로 바꾸어 쓸 수 있는 성

또한 필자는 한국 현대정치의 이념적 지형이 드러낸 현저한 특징으로 '비동시성의 동시성(simultaneity of the non-simultaneous)'과 '민족주의의 신성화(sanctification of nationalism)'를 제시하고자 한다. (4대 사상의 전개 과정을 놓고 비교할 때) 한국과 유럽의 가장 주목할 만한 사상사적 차이로 필자는 제2차 세계대전 후에 비로소 근대 국가 형성의 과제에 직면한 신생 독립국인 한국의 정치 특성상 이른바 '비동시성의 동시성'과 '민족주의의 신성화'가 이념적 전개 과정에서 두드러지게 나타났다는 점을 지적하지 않을 수 없다. 비동시성의 동시성이 (서구중심주의에서 비롯된) 세계사적 시간대와 일국사적 시간대의 충돌과 반발 및 그 변이에서 기인하는 것으로서 한국 현대정치의 이념적 지형을 규정하는 '구조적 조건'이라면, '민족주의의 신성화'는 한국정치의 이념적 지형에 대한 비동시성의 동시성의 규정적 영향력과 한국정치의 특수한 역사적 경험이 복합적으로 어우러져 형성된 이념적 지형의 '내용적 특징'이라 할 수 있다. 다시 말해 민족주의의 신성화는 단순히 구조적 조건의 수동적 반영에 불과한 것이 아니라 19세기 이래 한국이 겪어 온 독특한 정치적·역사적 경험이 복합적으로 작용한 결과 형성된 독특한 특징이라 할 수 있다. 현대 한국 정치사상사는 한편으로는 비동시성의 변증법으로 인해, 다른 한편으로는 19세기 말 자주적 근대화(민족국가 건설)의 좌절, 일제 식민지 경험, 해방 후 민족 분단 및 뒤이은 6·25 전쟁과 통일의 문제 등 특수한 역사적

질" 또는 "하드웨어나 소프트웨어를 다른 종류의 컴퓨터나 장치에서도 변경하지 아니하고 그대로 사용할 수 있는 성질"을 지칭한다(표준국어대사전, '호환성' 항목). 그러나 필자가 말하는 호환성은, 이를테면 일정한 변경이나 조건 부과를 전제로 한국의 '보수주의'나 '자유주의'를 서구의 '보수주의'나 '자유주의'에 비추어 또는 그 반대 방향에서 양자의 공통점과 차이점을 중심으로 그 의미와 기능이 상호 소통 가능하도록 연결할 수 있다는 뜻이다.

체험으로 인해 민족주의의 신성화라는 특징을 보여 왔던 것이다. 하지만 서구의 경험과 대비된 이러한 차이들은 서구 근대의 '정상적인' 경험에 대한 단순한 '일탈', '예외' 및 '파행'이라기보다 이념의 작동·전개 공간으로서 한국 정치사회가 갖는 역사적 고유성과 정치적 특수성을 반영한 결과로서 풀이되어야 한다는 것이 이 책의 기본 전제다.

비동시성의 변증법은 한국 현대정치에 무엇보다도 자유주의의 보수적 전개 및 사회주의의 조숙한 출현, 권위주의와 자유민주주의라는 '이중적 질서의 중첩적 병존'이라는 이념적 특성을 각인시켰다. 또한 후발국에서 나타나는 현저한 목적론적 변화의 특성상 '부르주아 없는 자유주의'나 '노동계급에 앞서는 사회주의' 등의 현상도 초래했다. 나아가 앞에서 언급한 대로, 민족주의의 신성화는 한국 특유의 역사적 경험 외에도 제2차 세계대전 이후 독립한 신생국으로서 후발국 한국이 서구 선발국 '따라잡기'식의 근대화, 곧 비동시성의 변증법에 의해 부과된 근대화를 추구하는 과정에서 민족주의가 '동원의 이데올로기(ideology of mobilization)'로 기능하면서 더욱더 강화되었다(강정인, 2009a: 19-21). 이로 말미암아 한국 현대정치에서는 반공과 국가안보, 경제발전과 근대화가 민주주의 및 통일과 함께 민족주의 담론을 구성하는 한편, 동시에 민족주의에 호소함으로써 스스로를 신성화(정당화)하는 후광효과를 누리게 되었다. 또한 각각의 이념과 목표가 정당성을 획득하는 과정 역시 민족주의에 의해 중층결정되는 결과를 낳았다.[6] 이에 따라 적어도 1980년까지 한국에서는 자유민주주의가 '반공과 근대화를 위한 독재'의 명분으로 통용되고, 사회주

---

[6] 정당성의 측면에서 민족주의에 의한 여타 이념의 중층결정은 제4장에서 본격적으로 논의할 것이다.

의가 '반공'의 철옹성에 봉쇄·금압되어 그 정당성 확보 경쟁에서 원천적으로 탈락하는 현상이 빚어지기도 했다. 그러나 광주 민주항쟁을 유혈진압하고 출범한 전두환 정권에 대한 분노로 인해 반공주의에 대한 금기가 해체된 1980년대의 운동권 내에서 급진주의는 계급적 성향을 강하게 내장한 '민중'해방과 민족해방이라는 민족주의적 가치에 호소함으로써 스스로의 정당성을 새롭게 확보하고자 했다. 이 과정에서 보수 세력과 진보 세력이 내세우는 민족주의의 함의가 사뭇 달라지긴 했지만, 대립하여 투쟁하는 두 세력에 의해 민족주의가 더욱더 강화되고 신성화되는 이념적 효과가 수반되었다.

제2부 '박정희의 정치사상'에서는 한국 현대정치는 물론 현대 정치사상사에서, 긍정적이든 부정적이든, 가장 큰 영향력을 미친 정치지도자 중 한 사람인 박정희 대통령의 정치사상을 살펴볼 것이다. 박정희 정권은 1961년 5·16 군사쿠데타로 실권을 장악한 후 1979년 10월 대통령이 암살당할 때까지 무려 18년 동안 군림한, 해방 이후 남한에서 가장 오래 지속된 정권이다. 이 시기 박정희 정권은 본격적으로 한국 근대화의 시동을 걸었고 세계에서 유례없는 고도 경제성장을 실현했지만, 강력한 권위주의 정권으로서 자유민주주의의 제도적 기반과 원활한 작동을 철저하게 무력화시켰다(강정인, 2009b: 73). 제2부에서는 이러한 박정희의 정치사상을 민주주의, 근대화 보수주의 및 민족주의에 관해 그가 생산한 담론을 중심으로 검토한다. 이 과정에서 박정희의 담론이 '비동시성의 동시성'과 '민족주의의 신성화'라는 이념적 지형의 특징을 '얼마나' 그리고 '어떻게' 반영하고 있는지를 고찰할 것이다.

한국의 역대 대통령 가운데 그 공과(功過)를 놓고 시비가 분분한 대통령이 바로 이승만과 박정희다. 이승만에 대해서는 반공과 독재 이외에 무엇보다도 분단의 책임(또는 건국의 공)을 놓고 상반된 평가가 맞서고 있다. 박정희에 대해서는 급속한 경제발전의 공로와 그것이 수반했던 가혹한 인권탄압 등의 권위주의적 철권통치, 빈부격차의 확대, 대외의존성의 심화, 재벌의 비대화 같은 경제구조의 파행화 ―민주화 이후 박정희의 공과는 흔히 '산업화'와 '민주화'의 관계를 어떻게 볼 것인가라는 문제로 수렴되고 있다― 및 분단의 고착화를 놓고, 보수와 진보가 격렬한 논쟁을 벌이며 팽팽히 맞섬에 따라, 그에 대한 평가 역시 여전히 현재진행형이다.[7] 이러한 논쟁과 평가를 염두에 두고 임혁백은 박정희에 대해 다음처럼 서술하고 있다.

> 박정희는 수많은 얼굴을 갖고 있다. 친일파 박정희, 공산당 박정희, '쿠데타를 음모하는(coup mongering)' 불만에 찬 정치군인 박정희, 미국과 갈등하는 박정희 대통령, 한국 근대화의 아버지 박정희, 헌정파괴자 박정희, 유신군주 박정희, 새마을 운동가 박정희 등 박정희는 다면적 얼굴을 갖고 있다. 그러므로 박정희를 한 얼굴로 정형화하는 것은 박정희의 진면목을 드러내는 데 장애가 될 것이다(임혁백, 2012: 54).

박정희의 공과를 둘러싼 격렬한 논쟁과 달리, 박정희는 민주화 이후 실시된 다양한 여론조사에서 대통령의 자질, 국정운영능력 또는 리더십 등에서 2위를 압도적인 차이로 따돌리며 수위를 차지해 왔다(김갑식, 2007: 82; 《세계일보》, 〈역대 대통령 리더십' 박정희·노무현 순(順)〉, 2011/06/23).[8]

---

7) 박정희 정권을 둘러싼 논쟁에 대한 개괄적 검토로는 이광일(1997; 1998), 김갑식(2007) 등을 참조할 것.

박정희에 대한 평가와 별개로 부인하기 어려운 사실 중 하나는 21세기 한국이 근대화의 후발주자로서는 보기 드물게 민주화와 산업화의 성과를 두루 누리는 국가로 도약했다는 점이다. 그리고 박정희 정권 시기에 일어났던 급속한 산업화가 현재의 지속가능한 민주주의의 중요한 토대가 되었다는 점도 분명하다. 특히 1997년 외환위기로 시작된 절박한 경제위기 상황에서 온 국민이 전전긍긍하면서 위기를 극복할 수 있는 카리스마적 지도자를 애타게 희구했을 때, 보수 세력은 물론 일반 대중 사이에서도 '민족중흥의 기수'인 박정희에 대한 집단적 향수가 요원의 불길처럼 되살아나 '박정희 신드롬'이라는 말이 세간에 회자되기도 했다. 21세기에 들어와서도 박정희가 주도한 '근대화'를 계승한 '선진화'가 보수 세력의 화두로 부상했고 역대 정부는 동북아 또는 세계의 중심국가로의 비상이라는 장밋빛 비전을 국민들에게 제시한 바 있다.

다른 한편 박정희 정권의 그늘도 여전히 짙게 드리워져 있다. 민주화 이후에도 세계화가 강요한 신자유주의적 개혁과 더불어 박정희 정권이 양성한 재벌 중심의 경제구조가 '일자리 창출 없는 경제성장'과 빈부격차를 심화시킨 주요 요인으로 지목됨에 따라 '경제 민주화'가 18대 대선에서 심지어 보수진영의 박근혜 후보에 의해서도 주요 공약으로 떠올랐다. 또한 이승만에 이어 박정희가 체계적으로 주입한 반공 이데올로기는 이른바 '종북' 논쟁으로 형태를 바꾸어 보수진영이 펼치는 색깔공세의 주된 무기로

---

8) 국정운영능력이나 리더십에서는 역대 대통령 중 박정희가 줄곧 1위를 차지해 왔지만, '호감도' 조사에서는 비극적으로 생을 마감한 노무현이 박정희를 앞서는 것으로 나오기도 했다. 예를 들어 박근혜 정부 출범 후인 2013년 5월경에 전직 대통령 8명에 대한 '호감도' 설문조사에서 노무현은 35.9%를 얻어 33.9%를 얻은 박정희를 누르고 1위를 차지했다(《뉴스토마토》, 2013/05/15, 〈노무현 전 대통령, 박정희 제치고 역대 대통령 호감도 1위〉, http://www.newstomato.com/ReadNews.aspx?no=363686#).

부상하면서 (물론 시대착오적인 북한정권의 책임 역시 무시할 수 없지만) 남북한 간의 평화와 화해 및 통일의 걸림돌로 여전히 그 위세를 떨치고 있다.

이처럼 박정희 대통령은 한국의 근대 국가의 기반을 닦은 정치인이며, 21세기 한국인은 그가 남긴 정치적 유산의 빛과 그림자 속에서 살고 있다. 따라서 당대에 당면하고 있는 역사적 상황을 둘러싼 긍정적인 또는 부정적인 진단 및 평가와 함께 그 원인제공자로 지목되는 박정희에 대한 평가는 미래에도 끊임없이 부침을 겪을 것이다. 이러한 사실은 오늘의 한국인이, 스스로 시인하든 하지 않든, 박정희 정권의 성공과 실패 속에서 살아가고 있다는 것을 의미한다.

박정희 정권에 관한 선행하는 정치학적 연구는 리더십과 지배전략, 통치이념과 권위주의적 통치행태, 3선 개헌과 유신체제, 산업화와 민주화의 관계, 국가성격, 재야와 학생의 민주화운동 등 다양한 영역에 걸쳐 풍부하게 존재한다.[9] 또한 정치사적 연구로는 '한국 현대사의 재인식' 등을 주제로 해방 이후 1970년대 초까지의 연구가 성황을 이루고 있는데, 연구 시기가 1960년대에서 1970년대에 걸쳐 있는 경우에는 박정희 집권기와 겹치기 때문에, 이들 연구 역시, 직접적이든 간접적이든, 박정희 정권에 대한 연구라고 할 수 있다. 범주를 좁혀 박정희 개인의 정치사상으로 초점을 맞추더라도 선행 연구는 적지 않다. 먼저 박정희 정치사상과 행동을 전기적 관점에서 분석한 전인권의 『박정희 평전』(2006)은 박정희 정

---

9) 박정희 시대에 대한 연구경향을 개괄적으로 검토한 글로는 이광일(1998), 전인권(2006), 김갑식(2007) 등을 참조할 것. 특히 전인권은 저작의 말미에서 박정희에 대한 기존 연구를 9가지로 분석하고 그중에서 '전기적 연구', '심리 및 정신분석학적 연구', '사상 및 이념에 관한 연구', '리더십 연구'를 추려 내어 상세하게 소개·검토하고 있다(전인권, 2006: 395-409).

치사상에 대한 연구로는 가장 포괄적이고 뛰어난 성과 중 하나다. 박정희 사상의 개별적 측면에 대해서는 그의 민주주의관에 초점을 맞춘 연구들이 더러 있지만(전인권, 2002; 박현모, 2007; 강정인, 2011), 박정희 정권의 민족주의적 성격을 둘러싼 논쟁과 연구가 가장 활발한 편이다. 특히 정권이 공식적으로 표방한 것처럼, 박정희 정권이 '진정한 민족주의였는가 아닌가?'에 초점을 맞춘 규범적 논의가 주류를 이룬다.[10]

그러나 박정희 개인의 정치사상에 대한 연구를 수행하는 데 대해서는 학자들 사이에 적지 않은 거부감이 존재한다. 상당수 학자들이 박정희를 실용적이고 행정적인 인물로 보기 때문이다. 예를 들어 박정희의 리더십을 다룬 글에서 김영수는 박정희를 식민지 시대 성장기에도 주위의 동료들과 달리 "이념과 민족에 관심"을 갖지 않은 "무이념의 현실주의자"로 규정한 바 있다(김영수a, 2001: 183, 189). 임혁백 역시 박정희를 "마키아벨리적인 근대 군주"에 비유하면서 그를 "한국의 현대정치지도자 중 가장 전략적이고, 합리적이며, 그러면서도 모든 수단을 동원하여 자신의 목표를 달성하기 위해 의지를 다지는 결의에 찬 지도자"로 규정한다(임혁백, 2012: 55-56). 임혁백은 박정희가 삶의 역정에서 중요한 정치적 결정을 내린 과정을 추적하면서 그가 합리적 선택에 몰입하는 "전략적인 지도자"이지, "선택 이전에 자신의 신념과 공약(pre-committment)에 따라 자신이 가야 할 진영을 미리 결정하는 것"과 같은 "이데올로기적 결정"을 내리는 "이데올로그"는 아니라고 주장한다(임혁백, 2012: 56-57).

여러 학자들이 강조한 대로, 박정희가 특정한 이념을 열렬히 신봉하고 그 이념에 따라 행동을 계획·결정하는 인물이 아니라 실용주의적이고

---

10) 이에 대한 소개는 전재호(1997)와 김정훈(2000)을 참조할 것.

합리적인 인물이라는 지적은 합당해 보인다. 그렇다 하더라도 박정희가 한국 현대정치의 이념적 지형에서 중요한 이념 축인 자유주의·보수주의·민족주의·급진주의에 대해 아무런 사상적 입장이 없었다고는 규정할 수 없을 테고, 이 점에 대해서는 그를 실용적이라고 보는 학자들도 수긍할 것이다. 왜냐하면, 적어도 집권한 이후 박정희는 정치적 언설에서 일관되게 특정한 민족주의 담론을 펼쳤고, 공산주의에 대해 반공주의적 입장을 고수했으며, 정치적 안정과 경제발전을 명분으로 권위주의적 통치를 구사하면서 기존 정치질서를 방어하고자 하는 보수주의적 태도를 유지했고, 당시의 한국정치 상황에서 '민주주의의 한국화'를 주장하면서 서구식 민주주의의 실천에 유보적인 또는 부정적인 태도를 취했다는 점을 부정하기란 어렵기 때문이다.

물론 박정희의 이런 이념적 입장은 그 자신의 독창적인 사고라기보는 집권 당시 우파 보수 세력의 입장을 전반적으로 대변하는 것이었지만, 동시에 18년의 집권 기간을 통해 무엇보다도 먼저 중앙정보부와 검찰·경찰 등 물리적 탄압기구를 통해 일반 국민에게 체계적으로 강요되었다. 이외에도 박정희 자신이 직접 행한 각종 연설과 담화, 교육기관에서 제작·배포한 (역사·사회·국민윤리 등) 각종 교과서, 대한뉴스와 일간신문, 영화 등 다양한 대중매체, 국민교육헌장의 반포와 보급, 호국유산의 관리와 역사적 인물의 재발견 등 문화유산관리와 각종 국가 스포츠 활동, 새마을운동, 일반 군대와 경찰은 물론 향토예비군과 학생군사훈련을 통한 안보교육 등 다양한 이념적 기제를 통해 그의 이념적 입장은 모든 국민에게 철저하게 주입되었다. 이 점에서 박정희의 권위주의 정권에 치열하게 맞서 항거하던 민주인사들 역시 박정희가 부과한 사상적 프레임으로부터 전적으로 자유로웠다고 보기는 어렵다. 따라서 민주화가

25여 년 이상 진척된 오늘날에도 일본 군국주의와 남북한 분단 및 냉전 시대의 산물인 박정희의 사상은 한국 보수주의에 지속가능한 이념적 영감과 자원을 제공하고 있다. 그런 만큼 박정희 정치사상에 대한 연구는 박정희 시대 한국정치의 이념적 지형은 물론 민주화 이후 21세기 이념적 지형을 이해하는 데도 커다란 도움이 될 것이다.

제2부에서는 이러한 방법론적 논의를 토대로 박정희의 정치사상을 본격적으로 검토할 것이다. 그렇지만 검토에 앞서 독자들의 가능한 오해를 피하기 위해 필자로서 다시 한 번 명백히 해야 할 논점이 있다. 이 책에서 박정희 정치사상을 연구하는 주된 목적은 그의 사상이 민주화 이전 한국 현대정치 이념적 지형의 주된 특징인 '비동시성의 동시성'과 '민족주의의 신성화'를 어떻게 구현하는가를 밝히는 데 있지, 그의 사상이 어떻게 한국 보수주의에 지속가능한 영감과 원천을 제공하는가를 밝히는 데 있지는 않다는 점이다. 제5장에서는 먼저 박정희의 '민주주의 담론'을 분석한다. 박정희는 비동시성의 동시성에 따른 권위주의와 자유민주주의라는 이중적 정치질서의 중첩적 병존이라는 구조를 그 스스로 매개하고 체현하는 과정에서 자신의 권위주의 정치체제를 정당화하기 위해 민주주의에 관해 다양한 파생적 담론을 생산해 내지 않을 수 없었다. 한국 정치의 민주화는 이처럼 박정희가 제시한 민주주의 담론에 맞서 이를 극복하는 과정이었기 때문에 박정희의 민주주의 담론을 살펴보는 일은 박정희의 권위주의 사상이나 한국정치의 민주화를 이해하는 데 긴요하다. 제6장에서는 박정희의 정치사상을 '반자유주의적 근대화 보수주의'라는 관점에서 조명할 것이다. 박정희는 자신의 권위주의 체제를 방어하는 과정에서 반공(국가안보)과 근대화를 중심으로 한국 보수주의의 기본 골격을 완성했다. 반공과 근대화를 골자로 하는 그의 보수주의 담론은 '친북

좌파' 또는 '종북' 담론 그리고 '세계화', '선진화', '일류국가', '중심국가', '국가 브랜드' 담론을 통해 일정한 지속성과 변형을 거치면서 민주화 이후에도 한국 보수주의에 여전히 강한 영향력을 행사하는 만큼 검토할 가치가 있다. 제7장에서는 박정희의 민족주의 담론을 검토할 것이다. 박정희는 재임 중에 산업화와 경제발전을 통한 한국의 근대화에 총력을 기울였는데, 근대화에 전 국민을 동원하기 위해 한국의 역대 대통령 중에서 가장 열성적으로 민족주의 담론을 생산하면서 (위로부터 동원된) 민족주의에 호소했다. 그러나 박정희의 민족주의 담론은 강권정치의 지속에 따른 민주주의의 훼손과 국민주권의 노골적 침탈, '선건설 후통일론'을 앞세운 남북한 분단체제의 지속과 강화, 그리고 경제발전 과정에서 빚어진 대외의존적인 경제구조로 인해 '민족의 독립·통일·발전을 추구'하는 민족주의에 반한다는 이유로 끊임없이 저항세력의 반대와 공격에 직면했다. 이 점에서 1980년대 중반 이후 통일지향적 민족주의의 부상은 부분적으로 박정희의 분단유지적 민족주의 담론에서 특히 '선건설 후통일론'을 분단체제의 지속과 재생산이라는 논리로 공격하면서 이루어진 것이었다.

마지막으로 '제8장'에서는 민주화 이후 지난 25여 년이 지난 현재의 시점에서 '비동시성의 동시성'과 '민족주의의 신성화'가 겪은 변화의 궤적을 추적해 그 전망을 제시하고, 한국의 현대사를 오랫동안 각인한 박정희의 권위주의적 통치가 남긴 사상적 유산을 음미하고자 한다.

1

한국 현대 정치사상의
흐름과 그 특징

제2장

한국 현대 정치사상의 흐름과 변화

1. 글머리에

'제1장'에서도 언급한 것처럼, 이 책의 목적은 주로 민주화 이전 시기에 초점을 맞추어 한국 현대정치 이념적 지형의 특징을 '비동시성의 동시성'과 '민족주의의 신성화'로 파악하고, 이러한 특징에 비추어 박정희 대통령의 정치사상을 검토하는 데 있다. 그 준비 작업으로 이 장은 해방 이후 현재까지 한국 현대 정치사상의 주된 흐름을 구성하는 자유주의·보수주의·민족주의·급진주의의 전개 과정을 민주화를 중심으로 개관한다. 목적론적인 해석이라는 비난을 무릅쓰고 민주주의를 중심으로 말한

◆ 이 장은 다음의 논문에 바탕을 두고 전면적으로 수정하여 집필되었다.
강정인·공진성·안외순·정승현(2008), 〈민주화를 중심으로 본 한국 현대 정치사상의 흐름과 변화〉, 《신아세아》 제15권 제2호(통권 제55호), 152-181, 서울: 신아시아연구소.

다면, 해방 이후 한국정치는 근대화—산업화, 민주화 및 통일국가의 건실 등—의 과제를 놓고 4대 이념이 각축히면서 이후 형성될 정치적 민주주의의 모습을 조형했다고 할 수 있다. 다시 말해 한국정치는 권위주의 정권과 민주화 세력의 대립, 민족주의에 대한 상이한 입장 간의 대치, 다양한 변혁이념의 출현과 그로 인한 이념들 상호 간의 갈등과 수용을 겪으면서 민주화를 이룬 것이다. 아울러 한국정치가 1987년을 기점으로 지난 25여 년 동안 민주주의로의 이행과 공고화를 경험하면서, 이제 4대 이데올로기(자유주의, 보수주의, 민족주의, 급진주의)는 일정한 변형과 수렴 과정을 겪고 있다.

필자는 이 장에서 민주화라는 일종의 목적론적 변화와 발전을 중심으로 한국정치사에서 해방 이후 현재에 이르기까지 4대 정치사상의 전개 과정을 개관하지만, 시기 구분에서는 독특한 입장을 취할 것이다. 이 글은 실제 정치적 사건의 전개보다는 정치사상의 흐름을 중시하기에, 필자는 한국 현대 정치사상사의 시기를 1987년을 전후해 민주화 '이전'과 '이후'로, 곧 두 시기로 구분하지 않고, 1987년을 전후한 대전환기(또는 과도기)를 설정해, '민주화 이전(1948~1979년)', '대전환기(1980~1992년)', '민주화 이후(1993년 이후)'라는 세 시기로 구분해 서술할 것이다. 그렇다고 필자가 1987년이 민주화의 분수령으로서 갖는 역사적 중요성을 부정하는 것은 결코 아니다.[1] 다만 필자는 한국 현대 정치사상의 흐름에서

---

1) 그렇지만 1993년 김영삼 정부의 출범과 함께 비로소 1987년을 민주화의 원년으로 자리매김하는 게 가능해졌다는 점을 인식하는 것은 중요하다. 김영삼 정부의 출범을 계기로 소급해서 1987년을 지속가능한 민주화의 원년으로 확인할 수 있게 되었기 때문이다. 1987년 대통령 직선제 개헌을 요구하는 대규모 민주화운동의 결과로 1988년 출범한 노태우 정부는, 대통령 자신이 근본적으로 과거 민주화운동 시절 타도 대상이었던 군부정권의 상속자였다는 점에서 그 민주적 성격이 불분명했고, 또 3당합당 등 일련의 사태 전개로 인해 민주화의

는 1987년 민주주의로의 이행이 어느 날 갑자기 일어난 사건이 아니라, 1979년 독재자 박정희 대통령의 암살 이후 1980년 광주 민주항쟁을 유혈진압하고 출범한 전두환의 강력한 독재체제가 군림하던 1980년부터 역사의 수면 아래서 ―좀 더 장기적 관점에서 본다면 분단정부의 수립 이후 독재정권과 투쟁하는 과정에서 좌절과 실패를 반복하면서 꾸준히, 그렇지만 1980년 이후 더욱 강고하게― 진행되어 1987년에 그 정점에 이르렀고, 1992년에 거의 마무리되는 국면에 도달했다고 보기 때문이다.[2]

먼저 독자의 편의를 위해 이 책의 핵심 개념인 자유주의·보수주의·민족주의·급진주의에 대한 기본적인 정의를 제시할 필요가 있다. 자유주의는 17세기에 영국을 중심으로 발전한 정치사상으로서 개인의 자유를 최고의 가치로 설정하고 이를 실현하고자 하는 신념·철학·운동을 일컫는다(Lerner, 1971: 1017). 자유주의는 인간이란 이성을 가진 자율적 존재로서 오직 자유를 통해서만 자신의 궁극적인 목적을 달성할 수 있고, 각 개인이 자신의 생각에 따라 살도록 허용될 때 개인의 이익은 물론 사회의 공공선이 가장 잘 실현된다는 계몽주의와 개인주의 사상에 근거하며, 오늘날 서구 근대 민주주의의 가장 중요한 사상적 원천의 하나로 자리잡고 있다. 정치적으로 자유주의는 개인의 자유를 최대한 보장하기 위해 사적 영역에 개입할 수 있는 국가의 권력을 엄격히 제한하고자 하는바, 이를 위해 국가의 권력(활동)이 일정한 규칙(법)에 종속될 것을 기본

확고한 전망도 여전히 불투명한 상태였다고 볼 수 있기 때문이다. 다만 사건의 흐름을 중시하는 논의를 할 때 필자는 1993년 김영삼 정부의 출범이 아니라 1987년을 민주화의 기점으로 상정하는 서술을 하기도 할 것이다.
2) 필자의 이러한 구분이 지니는 타당성은 이하에서 전개될 전체 서술의 적실성에 비추어 사후적으로도 확인될 것이다.

적으로 요구한다(제한국가, 공적 영역과 사적 영역의 분리, 법치주의). 그 결과 정치적 자유주의는 인간의 기본적 권리의 보장, 법치주의(헌정주의), 권력분립 및 대의정부의 원칙을 통해 근대 헌법에 구현되어 있다(강정인, 1997: 85-86). 마찬가지로 자유주의는 경제적으로 개인들이 국가의 간섭을 받지 않고 자유로이 자신들의 이익을 추구할 수 있는 경제활동의 자유를 요청하는바, 이 역시 개인이 자신의 이익에 대한 최선의 판단자라는 개인주의 사상에 입각해 있으며, 이러한 요청은 사유재산의 보장과 자유로운 시장경제를 핵심으로 하는 자본주의적 경제질서를 지탱하는 이념적 토대가 되어왔다. 이처럼 자유주의는 크게 개인주의, 정치적 자유주의 및 경제적 자유주의라는 세 부분으로 구성되어 있다고 할 수 있다.

그런데 한국에서 제1공화국의 수립과 함께 헌법에 명문화된 자유주의는 당대에 최종적으로 완성된 형태로서의 자유민주주의, 곧 민주화된 자유주의였다.[3] 하지만 한국에서 이 같은 자유주의는, 문지영이 강조한 대로, "공식 지배 이념으로 표방되었을 뿐 아니라 곧이어 [공식적으로 표방된 자유민주주의를 침해한] '지배'와 '제도'에 맞서는 저항 이념으로 발전하기 시작했다"는 점에서 독특한 이중적 성격을 갖는다(문지영, 2009: 158). 여기서 지배이념으로서의 자유주의는 1948년 건국헌법의 제정을 통해 제도화된 자유민주주의가 공식적으로 부여받은 지위에 주목하는 것이다. 그러나 헌법 제정 이후 권위주의적 집권세력이 건국헌법으로 제도화

---

3) 그러나 당시 제헌헌법은 사유재산권과 시장의 절대성을 강조하는 자유방임적 자본주의 체제가 아니라 사회정의의 실현을 위해 국가의 광범한 개입을 용인하는 혼합경제 지향적인 자본주의 체제를 추구하고 있었다. 제헌헌법의 경제조항은 사회정의의 실현과 균형 있는 국민경제의 발전을 위해 경제에 대한 국가의 폭넓은 조정과 통제의 권한을 인정하고 있었고, 주요 자원의 국유화를 선언하는 한편 공공적 성격을 띤 주요 기업의 운영을 국영 또는 공영으로 규정했으며, 사기업에서 근로자의 이익균점권과 농지의 농민분배를 명기했다.

된 자유민주주의를 훼손함에 따라 한국에서 자유주의는 '지배이념'으로서 표방되었을 뿐만 아니라 곧이어 그 '지배'와 '제도'에 맞서는 저항이념으로 발전하기 시작했는바, 이러한 저항적 측면에 주목할 때 필자는 그 자유주의를 저항적 자유주의로 파악하고자 한다. 따라서 이 책에서 한국 자유주의를 논할 때에는 단순히 지배이념으로서만이 아니라 저항적 사상으로서의 그 이중적 성격에 특히 주목할 것이다.

보수주의란 일반적으로 "권위를 받아들이고, 미지의 것에 비해 이미 알려진 것을 선호하며, 현재와 미래를 과거와 결부시키는 경향이 있는 기질, 정치적 입장 및 [정치철학상] 일련의 가치체계"를 지칭하는 말이다 (Klemperer, 1972: 164). 이에 따라 정치적 보수주의는 "전래된 도덕 그리고 오랜 시험을 통해 입증된 제도를 찬양하고, 민중적 정부의 효율성에 회의적이며, 온건 좌파의 개혁안이나 극좌의 혼란스러운 기도에 반대하고, 그 지지자 대부분이 기존 질서를 유지하는 데 물질적·심리적 이해관계를 갖는 정당이나 운동의 정치적 입장"으로 이해된다(Rossiter, 1968: 291). 민주화 이전의 한국정치에서 보수주의는 반공과 경제발전을 위한 정치적 안정을 명분으로 내세우면서 (민주주의의 이름 아래) 권위주의와 자본주의 체제를 옹호하는 이념으로 기능해 왔다.[4]

민족주의는 보통 "민족을 으뜸으로 생각하며 그 독립과 통일과 발전을 꾀하려는 사상과 운동"으로 정의된다(차기벽, 1978: 13; 차기벽, 1989: 15; 김정훈, 2000: 167; 마루야마, 1997: 323). 그런데 민족주의에서는 민족이란 무엇인가를 둘러싸고 기본적으로 민족의 영속적 성격을 강조하는 원

---

4) 여기서 '민주주의 이름 아래'라는 표현은 중요하다. 제3장에서 필자는 민주화 이전 한국 보수주의에 관해 '비동시성의 동시성'에 따른 '권위주의와 자유민주주의라는 이중적 질서의 중첩적 병존'이라는 관점에서 보다 정교한 개념 정의를 시도할 것이다.

초론(객관주의적 관점)과 민족이 근대화의 산물임을 역설하는 도구론(주관주의적 관점)이 대립하고 있다(임지현, 1994). 그러나 한국은 중국·일본과 함께 장구한 역사에 걸쳐 종족적으로 거의 동질적인 주민을 바탕으로 동질적인 국가와 사회의 구조를 발전시켜 온 예외적 국가의 범주에 속하는 만큼, 한국에서 민족과 민족주의는 그 존재론적 기반에서 서구의 그것과 다르다는 점이 널리 인식되고 있다(Hobsbawm, 1990: 66).

한국정치에서 급진주의는 "반공·자본주의·친미 질서를 근간으로 하는 한국의 사회구조를 변혁하고자 하는 이념"을 지칭하며, "기본적으로 좌파 성향을 갖고 한국사회의 기본구도를 사회주의적 방향으로 변혁시키려는 이념이나 운동 세력이 여기에 포함"된다(정승현, 2009: 263).[5] 급진주의의 구체적인 예로 "해방 후 남로당을 중심으로 하는 좌파 세력, 4·19 직후 혁신계와 통일운동, 1960년대의 통일혁명당, 1980년대의 민족·민주·민중 운동 세력, 1987년 민주화 이후 변혁 세력, 2000년대 민주노동당"과 최근의 통합진보당 및 정의당 등을 들 수 있다(정승현, 2009: 263-264). 한국정치에서 집권 보수 세력은 변혁이념을 신봉하는 급진 세력을 '빨갱이', '좌익', '좌경' 혹은 '용공'으로 규정하면서 탄압해 왔는데, 이는 당대의 첨예한 사회정치적 모순을 신랄하게 지적하는 급진주의가 항상 그들에게 상당한 부담으로 작용했음을 잘 드러내 준다(정승현, 2009: 260-262).

---

5) 한국정치에서 급진주의로는 사회주의 사상 이외에도 페미니즘, 생태주의, 무정부주의 등을 거론할 수 있을 것이다. 그러나 민주주의와 관련해 한국정치에서 특히 중요한 급진주의는 사회주의 사상이기 때문에 이 글에서는 사회주의를 급진주의의 주된 소재로 다룬다. 필자가 '좌파' 또는 '진보'보다 '급진'이라는 용어를 선호하는 이유에 대해서는 정승현(2009: 264-66)을 참조할 것.

한국 현대 정치사상의 흐름에서 1945년 해방 정국과 1987년 민주화 정국은 결정적인 중요성을 갖는다. 그 이유는 무엇보다, 1948년 남북한 분단정권의 수립으로 귀결되는 해방 정국이 분단된 남한정권의 기원을 구성한다는 점에서 이후 전개될 한국 현대 정치사상의 흐름에 결정적 조건을 부여했고, 1987년을 기점으로 하는 민주화가 정치적 민주주의의 정착(또는 공고화)으로 귀결되면서 이후 다양한 정치사상이 적응해야 하는 기본 틀을 조형했기 때문이다. 따라서 이 장은 지난 60년 동안 진행된 한국 현대 정치사상의 흐름을 해방 정국(1945~1948), 장기 권위주의 시기(1948~1979), 민주주의로의 이행이 진행되는 대전환의 시기(1980~1992), 그리고 민주화 이후의 시기(1993~2007)로 나누어 고찰한다.

2. 해방 정국(1945~1948): 독립·통일·민주주의를 중심으로 본 정치세력과 정치사상의 분기(分岐)

1945년의 해방은 그동안 일제가 장악하고 있던 정치공간을 해방시켰다. 그러나 남북한의 정치적 상황은 일차적으로 북위 38도선을 경계로 한 미소의 한반도 분할점령 그리고 1945년 12월 모스크바 삼상회의에서 결정된 통일임시정부 수립안과 신탁통치안에 의해 결정적으로 외세의 규정을 받고 있었다. 이러한 상황에서 국내의 다양한 정치세력들은 통일된 민주주의 독립국가 건설의 구상을 놓고 격렬하게 대립했다. 당시 한국정치의 과제는 '독립'된 '통일', '민주' 국가를 건설하는 일로서 논리적으로 독립·통일·민주주의라는 세 요소로 분해된다. 조속한 독립과 신탁통치 후 독립의 문제를 둘러싸고는 이승만·김구·한국민주당(이하 '한민당')이 주도하는 우파진영의 반탁과 조선공산당이 주도하는 좌파진영의 찬탁이 격돌했다. 분단 극복을 통한 통일정부의 수립 문제를 누고 남한에서는 이념적으로 중도적인 김규식·여운형이 주도한 좌우합작파(나중에는 김구·김규식·조소앙 등이 주도한 남북협상파)와 이승만·한민당이 주도하는 단독정부 수립파가 대립했다.[6] 이 두 문제에 대한 입장 차이는 어떤 세력이 민족주의 이념에서 우위를 점할 수 있는가라는 첨예한 문제였는데, 종국적으로는 반탁과 좌우합작(나중에는 남북협상)의 입장이 찬탁과 단독정부 수립의 입장을 누르고 우위에 서게 되었다(강정인, 2009b: 60-61).

  사상적으로 볼 때, 해방 정국에서 각축한 여러 정파들은 민주주의에 대해 다양한 주장을 내놓았는데, 이러한 주장은 크게 두 가지로 대별된다.[7] 먼저 부르주아 민주주의 혁명, 진보적 민주주의, 연합성 신민주주의 등은 프롤레타리아 독재로 이행하기 위해 과도기에서 실현되는 통일전선에 의한 인민민주주의로서 명칭은 '부르주아' 민주주의라 할지라도 프롤레타리아 또는 공산당이 주도하는 민주주의이기 때문에 오늘날 우리가 생각하는 자유민주주의와는 성격을 달리했다. 한편 중도좌파인 여운형, 중도우파인 김규식, 우파인 한민당·한국독립당 및 이승만이 내세운 민주주의는 적어도 그 정치적 구상에서는 자유민주주의였다. 토지와 대(大)생산기관의 국유화 및 계획경제의 채택 여부 등 경제체제를 둘러싼 훨씬 더 급진적이고 다양한 입장의 대립을 일단 무시한다면, '정치체제'로서의 민주주의에 관한 한, 급진적인 인민민주주의와 온건한 자유민주주의가 대치(對峙)했던 것이다(강정인, 2009b: 60-61).[8]

---

6) 당시 조선공산당을 중심으로 한 좌파 세력은 좌우합작에 소극적이었는데, 북한의 김일성 정권과의 연계하에 혁명적 봉기를 통해 남한에도 좌파정권의 수립을 기도했던 것으로 보인다.
7) 해방 직후 제기된 민주주의에 대한 다양한 주장에 대해서는 여현덕(1987)을 참조할 것.

남북한 분단정부 수립의 최종단계에서 남한에서는 찬탁 세력, 통일정부 수립 세력, 인민민주주의 세력이 거세되면서 조선공산당으로 대표되는 공산주의 세력, 김규식·여운형으로 대표되는 중도좌파와 중도우파의 좌우합작 세력이 탈락되는 가운데, 반탁과 단정 수립 및 자유민주주의를 주장한 이승만 및 한민당이 단독으로 정부 수립을 주도했다. 그 결과 이승만을 대통령으로 하여 탄생한 제1공화국은 민족주의 이념에 비추어 볼 때, 반탁이라는 점에서는 민족주의상의 우위, 그러나 분단정부 수립이라는 면에서는 민족주의상의 결손을 떠안고 출발하게 되었다. 제헌헌법은 기본적으로 자유민주주의적 헌정체제의 기본원리에 따라 인민주권의 원리를 천명하고, 자유권과 평등권 등 국민의 기본권을 보장하고 권력분립과 의회주의의 원칙을 받아들였다. 물론 제헌헌법은 기본적 경제질서로 국가를 경제의 조정자로 받아들이고 (현재의 시각에서 볼 때도) 매우 진보적인 근로자의 이익분배 균점권을 인정하는 등 사회정의의 실현 및 복지 향상을 근간으로 했다는 점에서 사회주의적 요소를 대폭 수용했다.

따라서 제1공화국 이후 민주주의로의 대전환을 마무리하는 1992년에 이르기까지 현대 한국 정치사상의 흐름은 남북한 분단(분단체제)이 제기하는 모순, 반민주적 독재정권이 제기하는 모순, 자본주의적 산업화가 제기하는 모순을 중심으로 전개되었다. 그리하여 자유주의는 독재를 정

---

8) 당시나 현재의 시각에서 필자는 헌정체제의 정치적 성격 면에서 자유민주주의와 사회민주주의를 구분하지 않는다. 예를 들어 유럽의 경험을 본다면, 동일한 헌정체제하에서 보수주의적인(또는 자유민주주의적인) 영국의 보수당이나 독일의 기독교민주연합이 집권하기도 하고, 사회민주주의적인 노동당이나 사회민주당이 집권하기도 하기 때문이다. 이 점은 한국의 1948년 제헌헌법이나 현행(1987년) 헌정체제에도 적용되는바, 각각의 헌정체제하에서 자유민주주의적인 정당이나 사회민주주의적인 정당이 집권할 수 있는 길은 원칙적으로 열려 있었다. 필자의 이러한 입장에 대해서는 강정인(2008a)을 참조할 것.

당화하는 지배이념(일종의 '관제 자유주의')과 민주화 투쟁을 정당화하는 저항이념으로 분화하게 되었고, 민족주의는 분단유지석인 위로부터의 민족주의와 통일지향적인 아래로부터의 민족주의로 분화하게 되었다. 이 과정에서 보수주의는 집권세력을 포함한 기득권 세력에 의한 권위주의 정권을 옹호하기 위해 자유민주주의를 표방하는 한편 반공과 경제발전 및 국가안보를 내세우면서 정치적 안정을 강조해 왔다. 급진주의는 남한의 독재정부, 분단유지적 민족주의, 자본주의 체제를 총체적이고 급진적으로 비판·변혁하고자 하는 혁명적 이념으로 출몰했다. 그리고 민주화 이후 이 4대 정치이념은 일정한 타협과 조정을 거치면서 자유민주주의 그리고 통일지향적인 민족주의로 수렴해 왔다.

3. 장기 권위주의 시기(1948~1979): 4대 정치사상의 전개와 굴절

1) 이승만 집권기

현대 한국정치에서 자유민주주의는 1948년 분단정부 수립과 함께 제헌헌법을 통해 공식적인 지배이념으로 제도화되었다. 이는 세계사적 압력에 따른 것이기도 했지만 국민적 합의에 기초한 것이기도 했다. 그렇지만 이후 출현한 이승만, 박정희, 전두환 정권은 헌법에 명시된 민주주의를 훼손하거나 또는 헌법을 반민주적으로 개악해가면서 권위주의적 통치로 일관해 왔다.

1948년 건국헌법을 제정할 제헌국회의 출범에 즈음해 이승만은 대한민국이 일제 강점기에 거족적 민족독립운동인 1919년 3·1운동과 해외 독립운동의 구심점으로서 민주주의의 기초를 세운 임시정부를 계승했기 때문에 민족적 정통성과 민주주의를 구비했다고 주장했다(공보처 1953, 1; 「국회개원식축사」, 1948/05/31). 또한 이승만에게 공산주의 북한은 이북을 강제로 점령하고 있는 '소련의 속국'으로서 그 자체로 반민족적이자 반민주적이었고, 따라서 반공은 그 자체로 민주주의와 동일시되었다. 반면 남한의 민주제도는 국가의 독립과 인민의 자유를 보존하는 체계였다. 이승만 집권기 자유주의는 이처럼 반공을 앞세움으로써 지배이념으로 군림할 수 있었다.

그러나 이승만 등 집권세력은 반민족행위특별조사위원회(반민특위) 무력화, 국회프락치사건, 조봉암과 진보당 탄압, 두 차례에 걸친 변칙적인 헌법개정, 국가보안법의 제정과 개정, 관권개입에 의한 불법선거를 통해 자유민주주의를 체계적으로 훼손했다. 이 과정에서 이승만의 독재를 뒷받침한 자유당 역시 관제 자유주의의 표본이었다. 그리하여 이승만 정권에 대한 저항과 투쟁이 자유민주주의의 수호를 명분으로 전개되기 시작했는데, 이를 저항적 자유주의라 할 수 있다. 먼저 이승만 정권에 반대하던 야당 세력은 이승만 정권의 불법적인 헌법개정에 맞서 "자유민주주의"와 "호헌"을 줄곧 주장했다. 특히 1955년 창당된 민주당은 이승만의 호전적인 북진통일론에 동조하고, 1956년 대통령 선거에서 이승만에 맞서 평화통일론을 주장하면서 선풍적 인기를 끌었던 조봉암의 처형과 진보당 탄압을 묵인하는 등 반공주의로 무장한 정당이었지만, 다른 한편 이승만의 독재체제에 맞서 호헌, 준법정신의 구현, 국민의 기본인권 특히 언론·출판·집회의 자유 보장, 관권개입을 배제한 공정한 자유선거 등 당시 자유민주주의를 지키는 데 필수적인 것들을 주요 정책으로 제시함으로써 저항적 자유주의의 모습을 어느 정도 드러내기도 했다(김삼웅, 1997: 224-226).

이승만 집권기에 대표적인 저항적 자유주의 세력으로 장준하 등의 비판적 지식인들이 발행한 《사상계》를 들지 않을 수 없다. 《사상계》에 나타난 저항적 자유주의의 입장은 〈권두언〉을 통해서 잘 드러나고 있는데, 집필자들은 1956년 대선과 1958년 총선을 앞두고 선거에 대한 관권개입을 비판하는 한편 국민들에게 주권자로서 민주적 권리를 제대로 행사할 것을 촉구했다.[9] 나아가 이승만 집권기 저항적 자유주의의 진면모는 이승만 정권을 무너뜨린 1960년 4월 혁명을 전후하여 발표된 각종 선언문이 3·15 부정불법 선거를 규탄하면서 '인민주권', '자유'를 핵심적인 주제어로 선택했다는 점에서도 잘 확인된다.

한편 이승만은 선제적인 분단정부 수립으로 초래된 민족주의의 결손을 만회하기 위해 집권 내내 반공과 북진통일을 주장했으며, 이는 6·25 전쟁을 통해 한층 더 강화되었다. 여기서 반공주의가 민족주의 담론의 틀에서 정당화되었다는 점을 특히 주목할 필요가 있다. 이승만의 입장에 따르면, 한반도 이북을 불법으로 점령하고 있는 북한정권은 소련의 괴뢰 정권으로 외세를 추종하고 있기 때문에 '반민족적' 정권이며, 따라서 이들에 반대해 북진통일을 주장하는 반공은 당연히 민족주의로 포섭될 수 있었던 것이다. 그러나 이승만의 반공과 북진통일론은 "분단체제의 실체를 변형시키려는 평화적 노력을 기울이기보다는 분단 극복의 이념적 당위성만을 근본주의적으로 강조"했다는 점에서 분단유지적 민족주의라 할 수 있다(최장집, 1996: 201).[10]

---

9) 이에 대해서는 《사상계》 1956년과 1958년에 실린 장준하의 〈권두언〉을 참조할 것(장준하, 1956a, 1956b, 1958).

10) 필자는 박정희나 이승만 등 과거 집권세력이 내세운 '북진통일', '멸공통일' 등의 통일방안이 당시에는 실현 가능성이 희박한 통일론이라는 점, 자신들과 달리 전향적이고 적극적인

이승만은 좀 더 적극적으로 민족주의를 내세울 필요가 있었고, 이에 따라 일민주의(一民主義)를 제창했다. 일민주의는 단일민족으로서 귀천계급의 철폐, 빈부차등의 철폐, 파벌과 지방색의 타파, 남녀동등을 주장했다. 일민주의는 민족주의와 보수주의의 측면을 다 포함하고 있었다. 즉 일민주의는 단일민족의 혈통을 강조한다는 점에서 '민족주의'의 측면을 그리고 "나뉘어지는 데서 죽고 일(一)에서 산다"라고 주장함으로써 이승만과 집권세력에 대한 반대를 무력화하고자 한다는 점에서 정권을 유지하려는 '보수주의'의 측면을 내포하고 있었다(김혜수, 1995: 338). 일민주의는 안호상 등에 의해 체계화되었고, 이승만은 자신을 지지하는 세력으로 하여금 일민주의를 당시(黨是)로 하는 정당(대한국민당, 일민구락부, 자유당 등)을 결성하도록 함으로써 지지 세력을 정치적으로 조직화하고자 했다. 또한 일민주의는 일민주의보급회 및 안호상의 교육정책 등을 통해 학생 및 전 국민에게 널리 보급되었다(김혜수, 1995; 연정은, 2003). 이승만 집권기를 전체적으로 볼 때, 민족독립운동에 헌신한 이승만의 카리스마와 6·25 전쟁 이후 강화된 반공의식에 의해, 분단유지적인 위로부터

통일방안을 주장한 정치세력을 무자비하게 탄압했다는 점, 그 결과 그들의 통일방안이 당시에 가능했을 법한 전향적인 통일을 고민하지 않은 채 수동적이고 소극적인 노선으로 일관함으로써 분단의 유지와 고착화를 초래했다는 점에 대해 비판적이다. 그렇지만 이승만 등 과거 집권세력이 추구했던 남한 주도의 반공통일이 '반통일적'이기 때문에 '반민족적'이라는 주장에는 동의하지 않는다. 국제정치에서는 물론 남북한 관계에서도 커다란 변화가 일어난 현재의 상황과 당시의 상황을 평면적으로 비교하는 것은 문제가 있겠지만, 그렇더라도 오늘날 남한 주도에 의한 흡수통일을 주장한다고 해서 그러한 입장이 현실적 판단에서는 물론 이념적 판단에서도 '반통일적'이라고 비난을 받지 않는다는 점을 상기하는 것은 중요하다. 다만 필자는 권위주의 시대의 집권세력이 전향적인 통일방안을 적극적으로 추진하지 않음으로써 분단의 유지와 고착화에 일단의 책임이 있다는 입장을 취하기 때문에 그들의 민족주의를 '분단유지적 민족주의'로 규정한다. 이에 대해서는 제4장에서 보다 상세하게 논할 것이다.

의 민족주의에 대한 심각한 위협은 거의 없었다고 할 수 있다.[11]

　이승만 집권기 보수주의로는 일민주의 외에도 이승만과 함께 좌익 및 중도 세력과 투쟁하면서 단독정부 수립을 주도했던 한민당의 이념을 들지 않을 수 없다. 김성수·송진우 등을 지도자로 하는 한민당 세력은 출신 성분이 대체로 지주, 자본가, 상인, 금융가, 유학파 지식인, 기독교 세력의 일부 등으로 구성된 보수·우익이었으며, 해방 전부터 이미 강한 반공의식을 내면화하고 있었고, 어느 정도 일제에 협력한 경력도 있었다(김태일, 1990). 식민당국에 의해 기술·행정 관료로 육성된 하급관료들 역시 강한 반공의식과 함께 한민당이라는 보수·우익 정당의 견고한 지지 기반을 형성했다(서희경, 2005). 한민당 세력은 강한 친미적 성향과 함께 외세의존적 성향을 띠고 있었으며, 미군정에도 적극 협력해 미군정의 요직에 대거 진출했다. 한민당은 "수정자본주의의 이념을 표방"하기는 했지만, 토지개혁에 관해 매우 모호한 입장을 취하는 등 경제개혁에 대한 실질적 의지는 거의 없었던 것으로 평가된다(심지연, 1982: 63). 또한 이들은 자본주의 질서를 근간으로 하는 자유민주주의 체제가 사회주의자들이 주장한 인민민주주의나 다른 급진적 정치체제보다 자신들의 정치경제적 이익을 상대적으로 더 잘 보호할 가능성이 높았던 만큼 자유민주주의 체제를 적극적으로 수용했다. 그렇지만 이승만 독재정권에 대한 한민당 세력의 반대가 매우 미온적이거나 제한적이었다는 점을 감안하면, 이들의 자유민주주의에 관한 신념은 독재정권과 쉽게 타협할 수 있는 매우 허약한 것이었음이 판명된다.[12]

---

11) 이와 관련해 중대한 예외로 조봉암과 진보당 사건을 들 수 있다. 이에 대해서는 곧이어 급진주의를 다룰 때 논할 것이다.

이승만 집권기에는 급진주의가 정부 수립 및 6·25 전쟁을 거치면서 거의 궤멸되었다. 조봉암과 진보당 역시 기본적으로는 반공을 주장하고 자본주의 체제와 자유민주주의 체제를 근본적으로 부정하지 않았다. 하지만 이들은 1956년 대통령 선거에서 '평화적 방법에 의한 남북통일'과 '피해대중은 단결하라'는 구호를 내세우고 이승만의 북진통일론과 정면으로 대결했고, 국민들에게서 열렬한 지지를 받았다. 또한 조봉암과 진보당은 사회경제적 정책에서 사회민주주의를 주장했고, 극좌·극우 세력을 "외세추종세력" 또는 "사대주의자"로 비판하면서 민족의 자주성을 강조했다(서중석, 2009: 306). 그러나 이에 대응하는 이승만 정권의 북진통일론은 일체의 다른 통일논의를 전적으로 배격하던 "1950년대 극우반공체제 강화의 주무기"였고, 남한 정치에 "준전시적인 긴장상태를 조성"함으로써 정권에 대한 반대를 무력화하는 이념적 장치였다(서중석, 1992: 26). 이러한 상황에서 조봉암이 아래로부터의 통일지향적 민족주의의 일환으로 제시한 평화적 방법을 통한 남북통일은 이승만의 극우반공 체제에 대한 정면 도전으로 심각한 위협을 제기했으며, 이로 말미암아 그는 이승만 정권에 의해 사형대로 보내졌다.

2) 박정희 집권기

1960년 4·19 혁명 이후 출범한 제2공화국의 장면 정권은 1950년대 말부터 지속된 경제 침체, 무상 원조에서 차관으로 전환하는 미국의 대외원조 정책의 변화 등에 대처하기 위해 국민경제의 안정과 발전을 최우선

---

12) 일제 강점기 당시 김성수 등 동아일보 계열 우익 인사들의 정치이념과 해방 후 한민당의 정치이념을 연속적 관점에서 살펴봄으로써 한국 보수주의 정치이념의 역사적 뿌리를 추적한 논문으로는 강정인·서희경(2013)을 참조할 것.

으로 하는 "경제제일주의"를 주창했다. 당시 자유로운 민주적 분위기를 이용해 혁신계 정당과 학생들을 중심으로 남북협상론, 남북교류론, 중립화통일론 등 급진적인 통일논의가 봇물처럼 쏟아져 나왔지만, 장면 정권은 사실상 '선건설 후통일론'을 지향하면서 반공적 입장을 고수했다. 다만 장면 정권은 반공 이데올로기를 동원해 급진적인 통일논의를 반민주적으로 탄압하지 않았다는 점에서, 비록 경제발전이나 반공을 우선시했지만 이를 위해 자유민주주의를 근본적으로 훼손하지는 않았다.[13] 그러나 이런 급진적 통일논의에 가장 크게 위협을 느낀 세력이자 반공의 보루인 군이 마침내 박정희 소장을 중심으로 1961년 5월 16일 쿠데타를 감행함으로써 장면 정권의 민주주의에 대한 실험은 단명으로 그치고 말았다(강정인, 2009b: 72-73).

박정희를 우두머리로 한 군부 세력이 제정했던 제3공화국 헌법은 제도적으로만 본다면 자유민주주의를 공식적인 지배이념으로 채택해 대통령 직선제, 국민의 기본권 보장, 정당제도의 강화, 비교적 엄격한 삼권분립제, 대통령의 중임 제한을 골자로 하는 민주적인 헌법이었다. 그러나 거시적으로 볼 때, 박정희 정권의 반민주적 성격은 무엇보다도 박정희 대통령에게 영구집권을 허용하려는 세 가지 중요한 사건을 통해 표출되었다. 1967년 6월 8일 실시된 총선거(이른바 '68 부정선거')는 장차 추진할 삼선 개헌에 필요한 국회의원 의석수의 확보를 목표로 한 조직적인 부정선거였다. 1968년의 삼선 개헌은 박 정권의 장기집권을 헌법적으로 정당화하기 위해 자유민주주의를 부분적으로 훼손한 조치였으며, 1971년

---

13) 민주당 정권은 민간의 급진적인 통일논의가 고조되자 데모 규제법과 반공 임시 특별법을 제정하려고 시도했는데, 이는 실현되지 않았다.

12월 국가비상사태를 선포한 이후 1972년 10월 비상조치에 의해 단행된 유신헌법의 제정과 함께 출범한 유신체제는 자유민주주의의 전면적 중단을 의미했다. 유신헌법은 박정희 개인에게 통일주체국민회의에 의한 간접선거를 통해 임기 제한이 없는 종신집권을 보장하고, 국회의원 정수의 3분의 1에 대한 사실상의 임명권을 부여하는 등 삼권분립의 원칙을 근본적으로 파괴함은 물론, 국민의 기본권마저 불완전하게 보장하는 반민주적 헌법이었다. 곧 유신헌법은 지배이념으로서의 자유민주주의를 공식적으로 폐기한다는 선언이나 다름없었다.

박정희 정권은 제3공화국 초에 미국의 지원 아래 국내의 광범위한 반대를 무릅쓰고 한일국교 정상화를 타결함으로써 자신감을 얻었고, 그 후 크고 작은 정치적 사건에서 정권존속, 정권연장 및 영구집권이라는 목표를 관철하고자 수시로 위수령, 계엄령, 긴급조치 등 강권에 의존해 야당이나 반대 세력을 제압했다. 정치권력은 집권 후기로 갈수록 대통령 1인에게 집중되었고 청와대, 중앙정보부, 행정 관료의 권한이 팽창했으며, 상대적으로 여당을 포함한 정당과 국회의 위상은 추락했다. 특히 야당 등의 반대 세력은 물론 정권의 친위 세력마저 조직적으로 감시하고 통제하는 중앙정보부가 무소불위의 막강한 권력을 행사해 소위 '정보정치'라는 유행어가 나올 정도였다(한배호, 1994: 241).

민주화 세력은 이런 박정희 정권에 맞서 정권이 반자유주의적이고 반민주적임을 폭로하고 비판하는 저항적 자유주의를 전개했다. 당시 저항적 자유주의의 특징은 크게 세 가지로 요약할 수 있다. 첫째, 이 시기 저항세력은 1980년대 전두환 정권기에 저항세력이 내세웠던 급진적인 민중민주주의나 혁명적인 사회주의적 민주주의와 달리 자유민주주의의 '수호' 내지는 '회복'을 내세웠다. 이 점에서 이들의 이념적 지평은 자유민주주의를 넘어서지 않았다. 둘째, 이들은 개발독재가 급속한 경제성장을 추진하는 과정에서 야기된 "불평능한 경제현실과 왜곡된 경제구조"에 수목해, 특히 1970년대부터는 "분배정의, 복지, 균등한 발전 요구"를 "자유주의적 민주화"에 명시적으로 포함시켜 주장했다(문지영, 2009: 149). 셋째, 이들 저항세력은 반공과 자유민주주의를 동일시하는 정권의 주장에 맞서, 자유 또는 자유민주주의가 반공보다 상위의 가치라는 주장, 또는 설사 반공(또는 승공)이 상위의 가치 할지라도 자유민주주의가 반공의 필요조건임을 강조함으로써 이승만 정권의 반공에 반대하던 때보다 저항의 논리를 세련화했다(문지영, 2009: 150–151).[14]

박정희 정권의 민족주의는 이승만 정권과 마찬가지로 반공과 국가안보에 기초한 분단유지적 민족주의의 연장선에 있었다. 박정희는 5·16 쿠데타 직후 발표한 혁명공약 제1항에서 반공을 국시로 강조했다(김삼웅, 1997: 256). 그리고 박정희도 이승만처럼, 제7장에서 그의 민족주의 담론을 분석할 때 자세히 논하겠지만, 북한 공산주의자들 곧 '북괴'를 반민족으로 규정했다. 따라서 이들에 반대하는 반공은 자동적으로 '민족주의적'이었다. 전재호의 적절한 표현에 따르면, "이것은 공산주의=반민족주의, 반공=민족주의라는 논리"로, 이승만을 계승한 논리였다(전재호, 1997: 61).

박정희 정권은 자신들이 추진하는 조국 근대화의 핵심으로 경제발전을 내세웠다. 박정희는 경제발전을 통한 경제적 자립과 민족의 번영을 강조함으로써, 이승만 정권에 비해 경제적 민족주의를 추가했고, 이를 강력하게 추구했다. 박정희는 '5·16 혁명공약'에서 "절망과 기아선상에

---

14) 물론 이들도 북한과 대치상태인 한반도 상황에서 반공과 자유민주주의의 필연적 연관성 자체를 부정하지는 않았다.

서 허덕이는 민생고"의 해결을 주장했다(김삼웅, 1997: 256). 이에 따라 이전 정권의 경제 실정(失政)을 '예속경제'나 '원조경제' 때문이라고 비판하면서 자립경제 건설을 공언했다. 박정희는 1967년 제6대 대통령 선거 유세에서 민족적 민주주의의 제1차적 목표를 경제적 자립으로 설정하면서 자립경제가 민주주의의 토대임을 강조했다(2: 1005, 1967/04/15). 그는 또한 자신이 주장한 승공통일 역시 경제건설의 성패에 달려 있다면서 경제개발이 반공 및 통일의 필요조건이라고 주장했다(2: 162, 「광복절 경축사」, 1964/08/15). 이와 동시에 한국의 고유한 역사와 전통의 우수성을 강조하는 민족주체성을 내세움으로써 문화적 민족주의를 추구했다.

그러나 박정희의 위로부터의 민족주의 담론이 전일적(全一的)으로 효력을 발휘한 것은 아니었다. 저항세력 역시 박정희 정권이 반민주적일 뿐만 아니라 반민족적이라고 공격했다. 먼저 1964년 5월 한일회담 반대운동에서 발표된 「민족적 민주주의를 장례한다」(한일 굴욕회담 반대 학생총연합회)라는 유명한 선언문은 5·16 군사쿠데타를 "민족·민주 이념에 대한 정면적인 도전"이라고 규정했다. 즉, 박정희 정권이 내세운 민족적 민주주의를 '반민족적'이라고 정면으로 비판한 것이다. 선언문은 또한 한일회담으로 한국경제가 대미의존은 물론 대일의존이라는 '2중 예속의 철쇄로 속박'될 것이라고 공박함으로써, 박정희 정권이 "조국의 근대화"라는 이름으로 내세운 경제 민족주의를 "반민족적 음모"라고 규탄했다. 아울러 경제 민족주의에 대한 공격의 평행선상에서 한국의 대자본을 "매판자본"으로 규정하고 매판자본을 살찌우는 정권을 "매국"으로 규정했다(김삼웅, 1984: 41). 마찬가지로 '해외유학생 3선개헌 반대결의문'은 3선 개헌 시도를 "반민주적·반민족적인 3선개헌 기도"로 비난했다. 이 선언문은 한일회담 시기와는 달리 반공의 논리를 앞세워 역으로 박정희 정권을 공박하기도 했는데, 그 전제는 "승공통일의 모든 길은 진정한 민주주의를 통하여서만 이루어진다"는 것이었다(김삼웅, 1984: 77). 이러한 논리의 연장선에서 볼 때 박정희의 유신체제 역시 반민족적이라는 비난을 비켜 갈 수 없었음은 물론이다. 저항세력은 유신체제를 국민의 자유를 억압하는 반민주적 체제라고 규탄함과 동시에, 반민주적 체제는 통일 조국에 방해가 된다는 민족주의적 논리에 따라 유신체제를 비판했다. 박정희 집권 당시 주로 3·1절에 집중적으로 발표된 시국 선언문들은 "그토록 선열들이 외쳤던 국민의 기본적 자유는 [이제] 이민족 아닌 동족의 독재정권에 의하여 무참히 짓밟히고 있"다고 주장함으로써, 일본 제국주의보다 유신정권이 국민의 자유를 더 무자비하게 억압하기 때문에 반민족적이라는 주장을 펼쳤다(김삼웅, 1984: 257: 민주회복 국민회의, 「국민에게 보내는 메시지-56주년을 맞은 3·1절과 민주국민헌장 발표에 붙여-」, 1975/03/01).

박정희는 자신의 재임 동안 자유민주주의의 훼손 또는 폐기를 반공, 분단지향적 민족주의, 경제발전, 국가안보에 대한 강조를 통해 보충하고자 한 만큼, 이런 민족주의 또는 국가주의 담론은 결국 박정희 정권의 보수주의 담론이기도 했다. 먼저 제3공화국 기간 박정희의 대통령 취임사와 연두기자회견을 분석한 연구에 따르면, 1963년부터 1967년까지는 경제발전의 담론(자립경제, 경제건설, 근대화, 증산·수출·건설, 수출제일주의 등)이 지배적인 데 반해, 1968년부터는 "자주국방" 또는 "국방력 강화" 등 군사주의와 국가주의 담론이 경제발전에 대한 강조와 병행해 나타난다. 그러나 유신체제가 성립한 후에 박정희 정권은 "총력안보," "국민총화," "안보제일주의" 등 안보와 반공을 전면적으로 강조하고 있다. 경제의 안정과 성장은 우선순위에서 두 번째로 밀려나 있으며, 민주주의는 거의 언급되지 않고 있다(전재호, 1997: 55-58). 나아가 박정희는 10월 유신을 선포한 직후 한민족의 고유한 전통과 문화, 북한 공산주의의 직접적 위협 등 한국의 특수한 상황을 들어 '한국적 민주주의'라는 구호를 내세웠다. 하지만 한국적 민주주의가 "국력배양"의 "가속화"와 "조직화"에 기여해 국민총화 구축을 목표로 하는 이상, 그것은 본래적 의미의 민주주의와는 거리가 멀었다(5: 299, 「제헌절 경축사」, 1974/07/17). 또한 박정희는 1974년 1월 18일 「연두기자회견」에서 "개인의 자유라는 것은 공공의 안녕과 질서에 우선할 수는 절대로 없는 것"(5: 238)이라고 주장하면서 보수주의적 논리를 통해 유신체제에 반대하는 학생들을 비판했다.

마지막으로 박정희 집권기 급진주의를 살펴보자. 1960년 이승만 정권을 타도한 4월 혁명은, 그 후 혁신계로 대표되는 급진 세력이 비록 일시적이지만 목소리를 높일 수 있는 계기를 마련해 주었다. 온건적인 통일사회당, 중도적인 혁신당과 사회대중당, 급진적인 사회당 등이 혁신계를 대표했지만, 이들은 6·25 전쟁 이후 일단 반공을 표방해야 하는 시대적 제약 속에서 자신들의 주장을 온건한 사회민주주의로 한정할 수밖에 없었다. 따라서 이들 정당이 내세운 이념이나 주장에는 큰 차이가 없었으며, "한결같이 반공노선, 계획경제에 의한 급속한 경제발전, 미국과의 우호 관계 유지, 후진국 탈피, 민주정치 실현, 자립·자주의 민족경제 달성, 선거를 통한 사회민주주의 실현" 등 온건한 주장이 주를 이루었다(정승현, 2009: 283). 그러나 이처럼 온건한 주장마저도 5·16 이후에는 '용공세력'으로 고초를 겪기에는 충분할 만큼 급진적인 것이었다. 1968년 큰 파문을 일으킨 통일혁명당 사건에서 일부 인사들이 월북해 조선노동당에 가입하면서 급진 민족주의적 지향과 함께 공산주의적 이념을 주장했지만, 남한 정국에 별 영향을 미치지는 못했다.

4. 대전환의 시기(1980~1992): 4대 정치사상의 부침과 변용

1) 1980년 광주 민주항쟁의 역사적 의미

먼저 1980년 5월에 일어난 광주 민주항쟁이 민주화를 향한 대전환의 출발점으로서 갖는 역사적 의미를 간략하게나마 짚고 넘어가지 않을 수 없다. 광주 민주항쟁을 유혈진압하고 제5공화국을 수립한 전두환 정권은 정당성의 태생적 결함을 치유할 수 없었고, 집권 내내 주로 철권통치에 의존해 정권을 유지했다. 한편 광주 민주항쟁에 대한 해석, 전두환 정권의 성격 규명 및 이에 대한 저항전략을 놓고 민주화 세력 내에서 격렬한 이념논쟁이 일어났고, 이는 장차 자유주의, 보수주의, 민족주의, 급진주의로 구성된 한국정치의 이념적 지형에 심대한 변화를 불러올 것이었다.

먼저 저항이념으로서의 자유주의는 전두환의 철권통치에 대항하는 민주화운동이 급진화되면서 한계를 드러내고, 민주화운동 진영에서 상대적으로 고립되었다. 반면 남한의 급진주의는 전두환 정권의 물리적 탄압과 미국의 전두환 정권 비호에 반발해 혁명적 변혁운동의 성향을 강렬하게 띠면서 점차 확산 과정을 밟게 되었다. 한편 박정희 정권 때까지 권위주의 통치를 정당화하던 경제발전과 반공을 위주로 한 보수주의는 대중적 설득력을 상실했다. 그리고 신군부가 같은 민족인 광주 시민들을 북한의 사주를 받은 '폭도'라는 명분을 내세워 학살했을 때, 곧 정권의 반민족적 성향이 백일하에 드러났을 때, 6·25 전쟁 이후 북한을 '반민족'으로 규정하면서 일정한 설득력을 유지해 오던 분단유지적이고 반공주의적인 민족주의 역시 점차 퇴조하게 되었다. 나아가 한국의 독재체제가 제국주의 미국의 비호와 분단에 그 근본적인 원인이 있다고 인식되면서, 이제 통일지향적 민족주의는 반미·친북적인 성격을 획득하게 되었다. 광주 민주항쟁은 이처럼 지배 이데올로기로서 정권의 정당성 확보에 기여하던 자유주의·민족주의·보수주의의 전격적 퇴조, 그리고 저항 이데올로기로서 민족주의와 급진주의의 전면적 확산을 가져온 이념적 분수령이 되어 1987년에 절정에 달한 민주화에 강인한 추동력을 제공하는 연원이 되었다. 그렇기 때문에 정치적 사건의 전개 과정보다 사상사적 흐름을 중시하는 필자는 전두환 정권의 출현 자체보다 광주 민주화항쟁에 초점을 맞추어 1980년을 민주화를 위한 사상적 대전환기의 기점으로 설정하며, 민주화와 함께 권위주의적 보수주의와 분단지향적 민족주의의 결정적 퇴조가 확인되는 노태우 정부기를 대전환기의 마무리 국면으로 설정한다.

2) 저항이념으로서 자유주의의 정치적 고립과 위축 및 소생

제5공화국에서 공식 지배이념으로서의 자유(민주)주의는 과거 유신시대와 마찬가지로 사실상 껍데기만 남고 정당성을 상실했다. 무엇보다도 이는 제5공화국 헌법의 제정절차가 반민주적이고, 그 내용 역시 반민주적인 독소조항을 포함하고 있었기 때문이다. 먼저 제5공화국 헌법은 비상계엄령하에서 아무런 국민적 대표성이 없는 국가보위비상대책위원회 주도로 개정안이 작성되었고, 또 주권자인 국민들의 동의를 구하는 국민투표 과정이 생략된 상태로, 곧 전적으로 반민주적인 절차에 따라 제정되었다.[15] 둘째로 제5공화국의 헌법은 유신헌법과 비교해 비민주적 요소를 어느 정도 제거하거나 완화했지만, 국정의 최고 책임자인 대통령의

---

15) 1997년 대법원은 5·18 사건이 전두환에 의한 내란죄, 내란목적살인죄, 반란죄였다는 판결을 내림으로써 이를 공적으로 확인한 바 있다. 대법원의 판결에 따른다면 전두환과 신군부는 내란상태에서 권력을 찬탈한 이후 이른바 제5공화국 헌법을 제정한 것으로 볼 수 있다.

권한 및 선거와 관련해서는 여전히 비민주적 요소를 유지했다. 제5공화국 헌법은 1인의 장기집권을 막기 위해 대통령 임기를 7년 단임으로 하고 현직 대통령의 임기 연장이나 중임을 위한 개헌을 명문으로 금지함으로써 1인의 장기집권을 헌법적으로 봉쇄했다는 점에서 유신헌법에 비해 진일보한 면이 있었다. 그러나 국가 통치권자인 대통령을 '대통령 선거인단'에 의한 간접선거로 선출하도록 규정했는데, 이는 국민주권의 원칙에도 반할 뿐만 아니라, (국민이 직접 대통령을 뽑는 것이 아닌 만큼) 사실상 현직 대통령이 추천한 인물의 연속적인 집권을 가능케 하여, (1인의 장기집권은 아닐지라도) 라틴아메리카의 군부독재에서 볼 수 있는 '제도로서의 군부(the military as an institution)' 또는 소수 집권세력의 대물림을 통한 영구집권의 가능성을 제도적으로 열어 놓았다. 특히 제5공화국 헌법은 삼권분립의 원칙에 반할 만큼 대통령에게 강력한 권한을 부여했기 때문에 현직 대통령의 합법적 독재 혹은 제도화된 독재를 가능케 했다. 이처럼 제5공화국의 집권세력이 헌법을 통해 내세운 '자유민주주의(통치체제)'는 과거 제2, 3공화국 헌법이 규정한 것과 비교해서도 민주성이 떨어졌기 때문에, 지배이념으로서 자유민주주의의 위력은 크게 약화될 수밖에 없었다.

이에 따라 1980년대 초에는 반독재·민주화의 대안으로 세 가지 사상적 흐름이 나타났다. 1970년대 민주화운동의 계승 차원으로 '자유화의 연장선에서 나타나는 자유민주주의적 시각의 시민 민주주의', '자본주의의 모순에 주목하는 민중적 민주주의', '제국주의의 규정력을 강조한 민족주의적 변혁론'이 그것이다(김동택, 1992: 492). 그런데 저항이념으로서의 자유주의는 마르크스주의적 변혁론에 의해 추상적·낭만적 이념으로 비판받으면서 진보적 대안으로서의 힘을 상실했다. 그 결과, 자유주의적 시민민주주의는 정치적 고립과 위축을 겪게 되고, 운동권 내부에서 큰 힘을 발휘하지 못하게 되었다. 이는 1980년대 급진화된 민주화운동의 목표가 1970년대 자유주의적 민주화운동처럼 단순히 독재정권을 타도하고 민주적 정당성을 확보하는 민간정부를 수립하는 데 그치지 않고, 더 나아가 독재정권과 자본주의 발전의 파행성으로 현상된 한국사회 모순구조 자체의 전면적인 '변혁'을 추구하는 것이었기 때문이다. 따라서 1980년대 변혁이론은 '과학성'과 '계급성'을 담지한 마르크스주의적 방법론 및 인식틀에 의존하면서 혁명적 이론으로 발전했는데, 그 과정에서 1970년대까지 민주화운동을 이끌던 저항적 자유주의에 대한 비판적 극복이 시도되었다(문지영, 2009: 151-154).

하지만 1980년대에 공식 지배이념으로서든 저항이념으로서든 자유주의의 효력이 완전히 소멸했다고 단정하기는 어렵다. 제5공화국이 집권 초 무자비한 통치를 감행함으로써 제도권 정치가 현저히 위축됨에 따라 저항적 자유주의 역시 일시적으로 쇠퇴했다는 점을 부정할 수는 없다. 그렇지만 정권이 1983년 총선을 앞두고 유화 국면을 조성하면서 제도권 정치공간을 어느 정도 개방함에 따라 저항적 자유주의 세력은 점차 영향력을 회복하게 되었다. 1985년 2·12 총선을 앞두고 해금된 정치인들을 중심으로 급조된 신한민주당이 대통령 직선제 쟁취를 내걸고 선거에 참여해 일약 제1야당으로 부상했는데, 이는 저항적 자유주의의 정치적 위력을 일반 국민은 물론 집권세력에게도 확인시켜 주는 계기가 되었다. 신한민주당은 이에 힘입어 '직선제쟁취천만인서명운동'을 통해 제도권 내에서 개헌투쟁을 추진했다. 마침내 한국 민주화의 역사적 분수령인 1987년 6월 항쟁 동안, 자유주의적 민주화 세력과 급진적 민주화 세력은 함께 민주헌법쟁취국민운동본부를 결성하고, 최대 민주화 연합을 결성

하기 위해 최소 민주주의적 의제인 대통령 직선제 개헌의 쟁취를 운동의
목표로 내세웠다. 이러한 점을 고려할 때, 민주화의 결정적 국면에서 저
항적 자유주의는 모든 국민이 단합해 투쟁할 수 있는 구심적 의제를 제
공했다고 평가할 수 있다.

3) 계급과 민족 해방의 이데올로기로서 혁명적 급진주의

혁명적 급진주의 사상은 광주 민주항쟁의 무자비한 진압과 전두환 정
권의 강압적 통치를 겪으면서 그에 대한 급진적 해석과 비판적 성찰을
통해 1980년대에 급성장했다. 전두환 정권이 강압적으로 군림한 제5공
화국의 7년 기간은, 해방 직후의 혼란기를 제외하고는 한국 현대정치사
에서 학생과 재야의 반정부운동이 가장 급진화되고 격렬화된 시기였다.
광주 민주항쟁을 거치면서 급진화된 운동권은 6·25 전쟁 이후 금압되었
던 혁명적 사회주의 사상을 본격적으로 수용하기 시작했다. 이로 인해
1980년대 민주화운동 및 민중운동은 "투쟁의 전투화"와 "이념의 혁명화"
라는 특징을 띠게 되었다(조희연, 2004b: 58).

우선 1980년대 급진주의 진영 내에서는 자본주의−자유민주주의의 이
념적 지형을 넘어선 '사회구성체 논쟁' 또는 '변혁론 논쟁'이라는 이름으
로 이념논쟁이 본격적으로 제기되고 심화되었다. 먼저 혁명적 급진주의
자들은 민주화를 전망하는 데서 과거와 같이 민주화의 구체적 내용을 불
문하고 억압적 군부통치의 부분적인 이완·완화만을 추구하는 태도가 과
연 바람직한 것인가에 대한 문제를 본격적으로 제기했다. 둘째, 이들은
한국사회 계급구성에서 노동계급이 압도적 다수가 되었으며 노자 간의
계급모순이 기본 모순으로 정착되었다는 판단하에 변혁의 계급적 전망
에서 노동운동의 주도성과 지도성을 강조하게 되었다. 셋째, 이들은 사

회운동의 계급적 기초에 대한 인식 위에서 자본주의 체제의 극복을 주요 내용으로 하는 변혁운동으로서의 사회운동을 강조하고 그 전략적·전술적 논의를 전개했다. 이 과정에서 이들의 입장은 궁극적으로 민족모순을 우선시하는 민족해방론(NL)과 계급모순을 우선시하는 계급해방론(PD)으로 분기했다. 그 후 혁명적 급진주의자들 사이의 이념논쟁은 양자의 중첩적 모순을 어떻게 인식하고 극복할 것인가를 놓고 복잡다기하게 분화되었다(조희연, 1992). 그렇다 하더라도 급진진영의 기본적 입장은 기존의 자본주의적 산업화에 대해 사회주의적 산업화를, 자유민주주의 지향에 대항해 "사회주의, 프롤레타리아 (독재) 체제"를, 통일 문제에 대해서는 기존의 "친미반공적 통일"에서 "반미연공적[反美聯共的] 통일 (혹은 공존)"을 주장하는 것이었다(조희연, 1992: 257).

또한 혁명적 급진주의자들은 1987년 선거에 의해 출범한 노태우 정부의 정당성을 일반 국민들보다 훨씬 더 강하게 거부했기 때문에 급진주의 이념과 운동은 노태우 정부가 출범한 후에도 치열하게 전개되었다. 그러나 혁명적 급진주의자들은 명지대생 강경대의 타살(打殺)로 점화된 1991년 5월 투쟁에서 노태우 정부 타도라는 소기의 성과를 거두지 못하고 국민여론으로부터도 외면을 받게 되면서 점차 그 세력이 쇠퇴하기 시작했다. 마지막으로 급진진영의 이념논쟁은 전 세계적으로 1989년 이후 사회주의권의 붕괴가 가시화되고, 노태우 정부보다 훨씬 더 민주적인 김영삼 정부가 출범해 광범위한 민주적 개혁을 단행함에 따라 급격히 퇴조하게 되었다.

4) 보수주의 헤게모니의 쇠퇴와 이념적 형해화
: 물리적 강제력에 의해 부축된 권위주의적 보수주의의 붕괴

전두환 정권은 경제적 재도약의 발판을 마련하는 데 어느 정도 성공했으나, 박정희 정권과 달리 그 성과를 정치적 안정을 강조하는 보수주의로 연결할 수 없었다. 또한 북한의 위협을 환기하는 국가안보에 대한 강조도 스스로 드러낸 폭력적인 반민족성으로 상당 부분 설득력을 잃었다. 이에 따라 전두환 정권은 박정희 정권에서 경험했던 대통령의 장기집권에 대한 국민들의 저항감을 누그러뜨리기 위해 '7년 단임제'라는 정권의 한시성을 강조함으로써, '7년만 참으면 된다'는 식으로 국민적 인내심을 유도했지만, 이는 권위주의적 보수주의의 정당화에는 미치지 못하는 것이었다. 이처럼 보수주의를 구성했던 지배이념으로서의 자유민주주의는 물론 경제개발, 반공과 국가안보라는 핵심 고리들이 와해되면서 권위주의적 보수주의의 쇠퇴와 해체는 전두환 집권기에 급속하게 진행되었다.[16)]

이렇게 볼 때, 1987년 노태우가 발표한 6·29선언은 한국정치의 시간표를 1980년 5월 광주 민주항쟁 이전의 시점으로 되돌림으로써 전두환 정권이 물리력으로 힘겹게 부축했던 권위주의적 보수주의의 붕괴를 공인하고 자인하는 것이었다. 6·29선언 이후 개정된 헌법하에서 야당 후보의 분열을 틈타 집권하게 된 노태우 대통령은 민주적 개혁 추진을 공약으로 내세웠지만, 실제로 명실상부한 민주정부와는 거리가 멀었다. 무엇보다 노태우 정부는 대통령 직선제로 출범했을 뿐, 군부정권의 권력기반과 기구를 그대로 물려받고 유지했다는 한계를 벗어나지 못했다. 여소

---

16) 제3장에서 논할 것처럼, 필자는 민주화 이전 한국 정치질서를 자유민주주의와 권위주의라는 이중적 질서의 중첩적 병존으로 본다. 그렇기 때문에 한국 보수주의에는 지배이념으로서의 자유민주주의가 포함된다.

야대 정국에서 정치적 위기를 느낀 노태우는 3당통합을 통해 1990년 민주자유당을 창당하고 자유주의 세력—김영삼과 민주당—을 끌어안아 후계구도를 설정함으로써 겨우 정권을 유지할 수 있었다. 이러한 사실은 이제 한국의 보수 세력이 자기재생산을 통한 권력 유지를 기대할 수 없고 자유주의 세력의 수혈을 통해서만 정권을 재창출할 수 있음을 보여줌으로써, 권위주의적 보수주의의 파산을 최종적으로 공인한 것에 다름없었다.

5) 분단유지적 민족주의의 위축과 통일지향적 민족주의의 부상

민족주의 담론과 관련한 전두환 정권기의 특징은 1970년대와는 역전된 상황이 연출되었다는 점이다. 곧 통일지향적 민족주의가 반미의식과 결합하면서 확산되는 동시에 정권의 분단유지적 민족주의는 급속히 침체되어 갔다. 미국이 1980년 5월 광주항쟁의 유혈진압을 묵인함으로써 전두환의 권력 장악을 사실상 지원했다는 진상이 밝혀짐에 따라, 독재정권의 지속은 물론 분단에 대한 책임을 놓고 미국을 비판하는 태도가 급진 운동권뿐만 아니라 다수 대중 사이에서도 형성되었다. 그 결과 급진 민주화운동은 민족통일운동과 결합해 공동의 '적'인 전두환 독재정권과 미 제국주의를 상대로 혁명적 투쟁을 전개해 나갔다. 그리고 민주화운동을 제국주의에 대한 '민족해방투쟁'의 연장선으로 인식하는 사고에서 혁명적 민족주의·민주주의 담론이 출현했다. 이 과정에서 박정희 정권 시기까지 '위로부터의 민족주의'가 추진해 온 분단유지적 민족주의는 현실적 힘의 차원에서는 존속했지만, 적어도 사상적 차원에서는 급속히 퇴조하게 되었다.

이 같은 사실은 1981년 전두환 대통령의 취임사에도 잘 나타나 있다.

취임사의 서두에서 우리 민족의 문화적 우수성, 지난 100년간의 민족적 치욕, 한반도에서의 평화 정착과 남북 상호 간의 신뢰 조성의 필요성을 언급하기는 했지만, 전두환은 국정지표로 "민주주의의 토착화", "복지사회의 건설", "정의사회의 구현", "교육혁신과 문화창달"을 제시했는데(전두환, 1981, 「제12대 대통령 취임사」, 1981/03/03), 이들은 민족주의와의 관련성이 강한 지표가 아니었다. 따라서 전두환 정권은 박정희의 장기집권을 염두에 두고 비교 우위를 확보하고자, "평화적 정권교체의 전통"을 반드시 확립하고야 말 것이라고 강조했다(전두환, 1981, 「제12대 대통령 취임사」, 1981/03/03).

이와 달리 급진 운동권은 전두환 정권을 미국 제국주의에 예속된 독재정권으로 규정하고, 정권의 반민족성, 반민주성, 반민중성을 주장하면서 압박했다. 대표적으로 1982년 3월 부산 미문화원 방화 당시 발표된 성명서에서, 방화를 주도한 학생들은 미국을 "민주화, 사회개혁, 통일을 실질적으로 거부하는 파쇼 군부정권을 지원하여 민족분단을 고정화"시킨 제국주의 세력으로, 그리고 전두환 정권을 미 제국주의의 예속정권으로 규정했다(김삼웅, 1997: 367). 전두환 정권에 대한 이러한 인식은 급진운동권에만 국한된 것이 아니라 야당 정치인인 김대중과 김영삼이 1983년 발표한 「김대중·김영삼 8·15 공동선언」에서도 표출되었다. 그들은 민주화투쟁을 일제 강점기의 독립운동에 비유하면서 "민주화투쟁은 민족의 독립과 해방을 위한 투쟁"이라고 선언했다(김삼웅, 1997: 369).

민족주의 담론의 변화와 관련해 주목해야 할 또 다른 점은 노태우가 직접선거를 통해 선출된 민주정부임을 자임했을지라도 과거 독재정권과의 연결 고리 때문에 정부의 정당성을 제고할 필요가 있었으며, 이에 적극적으로 통일 민족주의 담론과 정책을 전개했고 또 어느 정도 상당한 성과를 거두었다는 점이다. 노태우 정부는 냉전의 종언이라는 세계사적 상황과 1980년대 통일지향적 민족주의의 열기에 편승해 러시아·중국 등 과거 사회주의국가들과 외교관계를 수립하고, 북한과의 관계 개선을 위한 일련의 시도를 했다. 특히 노태우 정부는 1988년 7월 7일 「민족자존과 통일번영을 위한 대통령 특별선언」, 1989년 9월 「한민족공동체통일방안」 등을 발표해 "북한을 '적'이 아닌 '동포, 동반자'로 규정했으며, 점진적 통일방안, 남북교류의 증진이라는 획기적으로 변화된 대북정책의 틀"을 제시했다(하상복·김수자, 2009: 240). 이를 통해 1991년 9월 남북한 유엔 동시가입, 1991년 12월 「남북 사이의 화해와 불가침 및 교류·협력에 관한 합의서」 채택 등 평화적이고 협력적인 남북관계 개선을 위한 움직임이 구체화되기 시작했다. 이처럼 대전환기 후반에 일어난 일련의 사태 전개는 비록 반공주의가 한국정치에 여전히 강하게 버티고 있었지만, 1990대에 들어와 분단유지적 민족주의가 통일지향적 민족주의로 전환하는 과정을 보여 주었다.

5. 민주화 이후 4대 정치사상의 전개(1993~2007)
   : 수렴과 정상화

1) 한국정치의 민주화

1993년 김영삼 정부의 출범과 함께 민주화는 안정적으로 마무리되는 국면에 진입했다. 1987년 6월 항쟁의 결실로 제정된 제6공화국 헌법은 대통령 직선제를 포함해 권력창출 과정의 민주적 정당성 확보, 대통령에 대한 권력집중의 방지와 삼권분립의 강화, 국민의 기본권 보장 강화, 경제의 균형 발전과 복지제도의 확충을 주요 특징으로 한다. 그러나 노태우 정부는 사실상 군부정권의 안전한 절수를 위해 마지막 퇴로를 지키던 정부로서 민주적 개혁의지가 불분명했다. 노태우 정부는 권위주의적 잔재와 민주적 요소가 혼재한 정부로서 지속가능한 민주화의 전망 역시 밝지 않았다. 김영삼 정부는 이와 달리 과거 권위주의 정권 잔재의 과감한 청산, 정치자금법·선거법·정당법을 포함한 정치 관계법 개정을 통한 공정한 선거제도의 정착, 광역 지방자치 단체장 선거의 실시 등 일련의 민주적 개혁과 조치를 단행해 정치적 민주주의의 확고한 기초를 닦았다. 그러나 임기 말에 불어닥친 외환위기와 국제통화기금(IMF)이 부과한 신자유주의적 개혁은 한국 민주주의의 사회경제적 민주주의[17]를 향한 진전을 가로막는 결정적인 장애를 제공했다. 이처럼 김영삼 정부는 민주주의의 전망에 빛과 그림자를 던졌다.

김대중 정부의 출범은 현대 한국정치사에서 선거에 의한 최초의 평화적인 정권교체를 기록함으로써 민주주의의 정착을 알리는 신호탄이 되었고, 집권 동안 경제위기를 성공적으로 수습하는 한편 지속적인 '햇볕 정책'을 통해 2000년에는 6·15 남북정상회담을 성사시키면서 적대적인 남북관계를 평화적인 남북관계로 전환하는 중요한 기틀을 마련했다. 또한 국가인권위원회와 여성부의 신설, 복지정책의 체계적 도입, 과거사 청산 등을 통해 정치적 민주주의를 보다 심화시켰다. 하지만 경제위기를 수습하는 과정에서 신자유주의적 개혁조치를 무분별하게 도입함에 따라 사회적 양극화와 빈곤의 심화가 진행되었고, 이로 인해 한국 민주주의가

---

17) 여기서 사회경제적 민주주의라 함은 민주화 이후 사회적 시민권의 보장에 따라 복지와 분배가 강화되는 체제를 뜻한다.

당면한 사회경제적 민주주의로의 전환을 더욱 어렵게 했다.

노무현 정부는 깨끗한 정부를 자임하고 과거 김영삼·김대중 정부의 치적을 어둡게 했던 권력형 비리 등 정치적 부정부패를 청산하고자 노력함으로써 정치의 투명화에 기여했고, 김대중 정부의 대북정책 기조를 이어받아 남북의 화해와 평화를 위한 기반을 다졌다. 노무현 집권 기간 주목할 만한 사실은 2004년 4월 17대 총선에서 사회민주주의 세력인 민주노동당이 비록 의석수는 많지 않지만 일약 제3당으로 부상하면서 제도권 정치에 당당하게 진입해 온건한 급진 세력이 제도권 정치에 거점을 마련한 사실이다. 따라서 1987년 이후 20년 가까이 진행된 한국정치의 민주화는 보수 세력의 쇠퇴와 위축, 자유민주주의 세력의 성장과 확충, 민주노동당으로 상징되는 사회민주주의 세력의 약진으로 요약할 수 있다.

물론 한국정치의 민주화는 세계사적 변화로부터 고립된 채 진행된 것이 아니며, 그것과 맞물려 이루어졌다. 먼저 한국의 민주화는 1974년 포르투갈의 민주화를 시발로 전 세계에 걸쳐 진행된 이른바 민주화의 '제3의 물결'과 맞물려 있었으며, 또한 1989년 이후 본격화된 사회주의권의 붕괴 및 구소련과 동유럽의 자유화·민주화와 함께 진행되었다. 나아가 전 세계에 걸쳐 일어난 이 같은 경제의 자본주의화 및 정치의 민주화는, 한편으로는 1970년대부터 시작된 시간과 공간의 벽을 허무는 초국경적 운동인 정보화와 세계화에 의해 촉발되었지만, 다른 한편으로는 이를 더욱 가속화하는 계기가 되었다. 또한 경제적 세계화에 편승한 신자유주의는 20세기 말부터 더욱 위세를 떨치며, 전 세계의 경제를 시장자유주의의 입장에서 재편해 왔다. 이러한 세계사적 흐름으로 인해 선진국에서는 사회적 시민권으로 상징되는 사회경제적 민주주의가 후퇴하고 있으며, 한국과 같은 신생 민주국가에서는 그 도입이 지체되는 것은 물론이거니와 오히려 사회적 양극화와 빈곤의 심화가 가속화되고 있다.

이와 같은 정치적 상황 변화를 염두에 누고 민주화 이후 4대 정치사상이 겪고 있는 변화를 아래에서 간략히 논하고자 한다. 이 변화는 민주화이전 한국 현대정치 이념적 지형의 특징이라 할 수 있는 '비동시성의 동시성'이 민주화 이후 현저히 약화 또는 해소됨에 따라, 4대 사상이 민주주의에 수렴하고 적응하는 과정—물론 일시적인 반발이나 역전 현상이 없는 것은 아니지만—에서 목격되는 현상이라 할 수 있다.[18]

2) 자유주의와 보수주의의 내적 분화와 부분적 수렴

이제 자유민주주의는 민주화 이후 한국정치에서 명실상부하게 지배이념의 지위를 확보했다. 동성애자, 양심적 병역거부자, 장애인, 이주노동자 등 소수자의 인권을 확보하기 위한 투쟁에서 자유주의가 호명되고 있고, 여성의 지위 역시 주로 자유주의의 틀 내에서 향상되어 왔다. 또한 민주화와 함께 야당으로 처지가 바뀐 과거의 보수 세력 역시 개혁적 민주정부의 정책에 반대하기 위해 법치주의와 헌정주의에 호소함으로써 정치적 자유주의의 입지는 더욱 강화되었다.

그런데 문지영이 지적한 대로, 한국 자유주의는 경제정책 및 대북정책과 관련하여 두 가지 변화에 의해 분화의 계기를 맞았다. 하나는 세계화와 신자유주의의 파고에 따른 변화인데, 한국의 경우에는 외환위기를 수습하는 과정에서 신자유주의적 개혁이 더욱 가속화되었다. 이와 더불어

---

18) '비동시성의 동시성'에 대해서는 제3장에서 상세히 다룰 것이다. 한편 조희연은 이런 변화를 '비정상성(=권위주의)'에서 '정상성(=민주주의)'으로의 이행이라는 개념으로 표현한다 (조희연, 2004a). 필자 역시 이 같은 발상을 염두에 두고 4대 정치사상의 변화를 '수렴과 정상화'라는 개념으로 정리하고자 한다.

한국에서도 탈규제, 자본과 금융의 초국적 이동의 자유화, 공기업의 민영화, 노동시장의 유연화를 골자로 하는 신자유주의적 개혁을 지지하는 시장자유주의 세력이 출현해 경제에 대한 정부 개입의 축소를 주장하면서 신자유주의가 지배적 담론으로 부상했다(문지영, 2009: 169~171). 신자유주의는 그 명칭과 달리 서구에서도 보수주의의 새로운 흐름으로 이해되고 있는데, 민주화 이후 한국정치에서도 대기업, 일부 관료와 학자, 정치인 등 과거의 보수 세력이 이를 적극적으로 수용하면서 한국 보수주의의 새로운 흐름을 구성하게 되었다. 이와 달리 반독재 민주화운동 과정에서 활약했던 저항적 자유주의와 급진주의의 일부 흐름은 "개발독재에 의해 왜곡된 시장질서의 민주적 조정·통제, 복지정책의 확대와 분배정의 및 균형발전의 실현을 통한 자본주의 모순 구조의 시정·완화"를 강조하는 개혁적(또는 사회적) 자유주의로 변신해 과거 권위주의 정권에 대항해 강조되었던 사회정의에 대한 주장을 계승하는 한편, 세계화와 신자유주의에 맞서 그 폐해를 저지·완화하려는 주장을 전개해 왔다(문지영, 2009: 171). 또 하나의 변화는 민주화 이후, 특히 김대중 정부에 들어와서 추진된 평화공존형 남북관계의 모색이다. 자유주의는, 이런 상황 변화에 위기의식을 느끼고 "북한 정권에 대한 불신과 반공적 태도를 고수하면서 섣부른 화해 추구를 경계하는" 반공-자유주의적 입장과 "반공주의의 반자유주의적 폐해를 지적하며 평화공존적 남북관계"를 지지하는 평화공존형 자유주의로 분화하게 되었다(문지영, 2009: 168).

한편 김대중-노무현 정부의 출범과 함께 과거의 권위주의적 집권 보수 세력은 분단정부 수립 후 처음으로 정국 운영의 주도권을 상실하게 되었다. 특히 노무현 정부가 대북관계, 대미관계, 언론정책, 복지정책, 경제정책, 교육정책 등의 분야에서 개혁을 전격적으로 추진하면서, 보수

세력의 정치적 상실감과 위기의식은 더욱 고조되었다. 보수 세력은 집권 세력으로서의 지위를 상실하는 정치적 반전(反轉)을 경험하게 되었고, 이와 함께 그들이 내세운 보수주의 역시 지배 이데올로기에서 저항 이데올로기로의 전환을 강요받게 되었다. 그 결과 보수 세력 역시 민주주의의 기본 틀에 적응하되, 민주정부의 '급진적' 또는 '전격적' 개혁에 반대하는 야당(정치적 소수파)의 입장에서 보수적 세계관, 사상, 논리, 정서를 통해 자신들의 주장을 방어하면서 보수주의를 쇄신해야 하는 처지에 내몰렸다. 이와 같은 정치적 반전은 사실상 보수주의의 민주적 자기 쇄신을 강제하는 계기로 작용했다(강정인, 2009b: 94).

　이러한 자기쇄신은 일부 보수 세력이 다원주의와 자유주의를 적극 수용하는 한편 온건한 자유주의자들과 연대해 법치주의 원리와 헌법재판제도를 적극 활용함으로써 민주정부의 개혁과 조치에 반대하는 행동으로 표출되었다. 특히 정국의 주도권을 상실한 야당의 입장에서 이들은 자유민주주의에서 다수의 지배를 제한하고 구속하는 수단으로서의 법치주의와 헌법재판제도를 정치적 무기로 활용해 민주개혁을 저지하거나 봉쇄하고자 했으며, 이는 상당한 성과를 거두기도 했다. 이 점에서 보수 세력 역시 민주화의 결실로 인정받는 법치주의와 헌정주의의 적극적인 수혜자의 대열에 편승한 셈이었다. 대표적인 예로, 2000년 총선연대의 낙천낙선운동을 옹호하는 김대중 대통령의 언급을 불법행위를 조장하는 발언이라며 비판한 사실, 노무현 대통령의 선거 관련 발언을 불법으로 규정하고 국회 내 다수의 지위를 이용해 탄핵소추를 결정한 사건, 행정수도 이전 계획에 관해 헌법재판을 청구해 위헌판결을 받은 사건 등을 들 수 있다(강정인, 2009b: 114-115). 또한 보수적 기독교 교단을 포함한 시민사회의 보수 세력 역시 보수행동주의라 할 수 있는 집단적인 시위와 데모를 통해 적극적으로 자신들의 입장을 일반 대중에게 호소하는 한편, 개혁적 민주정부의 대북정책·대미정책·교육정책 등에 반대해 왔다(강정인, 2009b: 96-100).

이렇게 볼 때, 한국의 보수주의 역시 민주화 이후에는 분화 과정을 겪고 있는 듯하다. 한국의 보수주의자들은 대체로 시장자유주의와 친미적 입장을 옹호하고, 정부의 적극적 개입을 통한 평등한 분배를 지향하는 사회보장제도의 확충에 소극적이다. 다만 대북관계에서는 강경한 입장과 온건한 입장이 대립하고 있다. 전자는 미국 네오콘과 비슷한 입장에서 김정일의 북한체제를 사실상 '악의 축'으로 규정하고 적극적인 대화나 타협을 추진하기보다는 체제변화(regime change)나 체제붕괴를 선호했다. 반면 온건한 입장은 북한과의 대화나 협상을 거부하지는 않지만, 이에 적극적이기보다는 소극적이며, 또 '퍼주기'식의 경제협력은 거부하며 '주고받기'식의 경제협력을 선호했다. 이처럼 온건한 보수주의는 사실상, 앞에서 언급한 시장자유주의를 옹호하고 법치와 헌정 제도를 적극 활용하려는 자유주의의 한 분파와도 이념적으로 강한 친화력이 있으며 양자는 수렴하는 경향이 있었다(강정인, 2009b: 115-116).

3) 열린 민족주의로의 전환과 도전

김영삼 정부에서는 김일성 사망 등 예측하지 못한 일련의 사태 전개로 통일지향적 민족주의는 별다른 진전을 거두지 못했다. 그러나 뒤이어 취임한 김대중 정부는 지속적인 대북 포용정책과 남북정상회담을 통해 과거의 분단유지적 민족주의를 결정적으로 약화시켰다. 그리하여 2002년 10월 불거진 제2차 북핵위기와 그 미해결에도 불구하고 노무현 정부에 이르기까지 남북한 간의 우호적이고 평화적인 분위기가 지속되었으며,

경제협력 —1998년의 금강산 관광사업, 2000년대 초반에 남한이 자본과 기술, 북한이 토지와 인력을 투자해 조성된 개성공단 등— 역시 견실하게 확대되었다. 김대중 정부의 포용정책을 계승한 노무현 정부 역시 "부시 행정부의 강력한 대북압박에도 불구하고 남북관계를 평화적으로 관리하기 위해 노력했고 그 결과 2007년 10월 2차 남북정상회담을 성사시켰다"(전재호, 2012: 99). 이를 통해, 이 두 정부에서 남북한 간 화해와 통일을 모색하는 통일 민족주의가 정부와 시민사회의 차원에서 그 이전 어느 시기보다 안정되게 구축되는 듯 보였다. 이에 따라 북한을 적으로 인식하고 북한의 위협을 강조하면서 북한과의 화해와 협력을 거부하는 정치적 입장 역시 수세에 몰렸다. 이른바 '퍼주기'식의 대북경제협력에 반대하는 정치세력이나 시민단체들도 일방적 반대보다는 '조건부' 협력과 지원을 내세우고, 일반적 구호인 '반공'과 '반북' 대신 선택적 구호인 '반핵·반김'을 주장함으로써 반대 담론의 조건 또한 변하고 있었다.[19]

이제 한국 민족주의는 남북한 관계에서 뿐만 아니라 세계화와 신자유주의의 확산에 맞서 전 세계를 대상으로 하는 차원에서, 또 한·중·일 동북아 3개국 간 상호의존성의 증가와 세계경제의 지역주의화에 부응하고자 동아시아를 향해, 나아가 조선족·북한이탈주민 등 '낯선' 한민족의 대거 국내 이주, 이민족인 이주노동자 및 국제결혼의 증가와 함께 국내의 소수자들에 대해 열린 민족주의로 나아가야 한다는 도전에 직면하고 있다. 이렇게 볼 때, 통일 민족주의의 공개적 분출과 의제화 그리고 다양한 이주민의 유입과 이에 따른 다문화사회의 도전에 적응하기 위한 열린

---

19) 다른 한편 한반도를 탈냉전체제로 이행시키려는 김대중 정부의 햇볕정책은 이른바 '남남 갈등'이라는 격렬한 후폭풍을 초래하기도 했다(경남대학교 극동문제연구소, 2004).

민족주의로의 전환은, 정보화와 세계화라는 전 지구적 변화와 맞물려 진행된 민주화가 한국사회의 이념적·문화적 공간을 개방함으로써 얻게 된 성과라 할 수 있다.

4) 공존 속의 변혁 모색: '온건한' 급진주의의 정치적 시민권 획득

2004년 4월 이른바 '탄핵 정국'에서 실시된 17대 국회의원 선거를 통해 사회민주주의 정당이라 할 수 있는 민주노동당이 제도권 정치에 진입했다. 이 사실은 민주화 이후 자유주의 세력과 보수 세력이 양분해 온 제도권 정치의 두꺼운 벽을 넘어 급진주의 세력이 제도권 정치에 첫발을 내디뎠다는 점에서 중대한 정치적 의미를 띠었다.

다른 한편으로 민주노동당 창당이 급진주의 세력 내에서 격렬한 반발을 무릅써야 했다는 사실은, 급진주의 역시 민주화 이후의 한국정치에 적응하는 데서 상당한 진통을 겪고 있음을 보여 주었다(정승현, 2009: 328-332). 민주노동당 내부의 논쟁을 보면 민주노동당이 추구하는 실천의 방향은 사실상 의회주의에 기초한 사회민주주의를 지향하고 있었음에도 불구하고, 일부 강경파를 중심으로 당의 정체성을 투쟁과 혁명의 논리에 두려는 관성이 여전히 지속되고 있었기 때문이다. 이는 1980년대 이래 한국의 급진주의 진영이 보여 준 '급진성'과 '대중성'의 갈등을 재현하는 것이기도 했다. 또한 1980년대 운동권의 유산인 이른바 '자주파'와 '평등파'의 대립과 분열 역시 심각한 수준이었는데, 두 세력은 급기야 2008년 18대 총선을 앞두고는 진보신당과 민주노동당으로 갈라서기도 했다.[20]

---

20) 두 정당은 이후 19대 총선을 앞두고 2012년 통합진보당으로 재결합했다가, 또다시 분당을 겪는 우여곡절을 겪었다.

그렇다 하더라도 민주노동당의 출현 이후 급진주의 논쟁에 제도권 내의 급진주의적 정당의 존재가 중심축으로 자리 잡게 되었다는 사실, 아울러 선거가 거듭되면서 혁명적 노선을 포기하고 의회주의적 노선으로 진화한 서구 사민당의 역사적 사실 등을 고려할 때, 이제 한국정치에서 급진주의는 과거처럼 혁명적인 체제전복을 모색할 수는 없고 자유민주주의적인 헌정체제와 공존을 모색하면서 변혁을 추구할 것이라고 전망할 수 있다. 이러한 전망에는 사회주의권의 붕괴와 신자유주의의 득세로 요약되는 세계정치의 이념적 지형에서 급진주의에 열린 대안과 운신의 폭이 협소할 수밖에 없다는 현실적 판단이 깔려 있기도 하다.

6. 맺는말

지금까지 필자는 해방 이후부터 노무현 정부에 이르기까지 한국 현대 정치사상의 흐름과 변화를 네 시기—해방 정국(1945~1948), 장기권위주의 시기(1948~1979), 대전환의 시기(1980~1992), 민주화 이후(1993~2007)—로 나누어 자유주의·보수주의·민족주의·급진주의라는 4대 사상을 중심으로 개관했다. 이 책의 결론인 제8장에서는 민주화 이후 한국 현대 정치사상의 흐름을 한국 현대정치 이념적 지형의 특징과 박정희 정치사상에 비추어 검토하고 전망할 것인데, 이에 대비하는 작업으로 노무현 정부 이후 일어난 정치적 변화를 간략히 서술함으로써 이 장을 마무리하고자 한다.

2007년 12월 17대 대통령 선거와 2008년 4월 18대 총선에서 과거 10년 동안 집권한 김대중·노무현으로 상징되는 개혁적 자유주의 세력은, 사회적 양극화의 심화와 실업의 증가 등 경제적 실정(失政), 노무현 대통령의 독선적 리더십 등을 원인으로 권력을 상실했다. 그 대신 실용적이고 온건한 보수주의와 시장자유주의 세력의 연대를 내세운 이명박이 이른바 '747 공약'이라는 화려한 장밋빛 경제성장 공약을 들고 나와 대통령에 당선되고, 야당인 한나라당이 다수당의 지위를 회복했다.[21] 그러나 2008년 미국발 금융위기로 전 세계가 장기적인 경제 불황에 접어들었는데, 이에 대한 이명박 정부의 무능한 대처에 따라 경제실적은 정권의 자화자찬적 선전과 달리 (싱가포르, 타이완 등 처지가 비슷한 경쟁국과 비교해) 저조한 것으로 판명되었고, 사회경제적 양극화 역시 더욱더 심화되었다.[22] 이명박 정부는 김대중-노무현 정부에서 시작·지속되었던 남북한 간의 화해와 협력이라는 기본 틀의 계승을 거부하고 대북 강경정책으로 선회한 결과, 남북한 관계가 경색되었다. 특히 남북한 관계는 2010년 3월 천안함 사건과 2010년 11월 연평도 포격사건을 거치면서 극도로 악화되었으며, 통일 민족주의의 열기 또한 급속히 냉각되었다(전재호, 2012). 개혁적 자유주의 세력은 2007년 대통령 선거에서 패배하고, 2008년 총선에서 한나라당에 패배해 국회의 다수당 지위를 상실하고 야당으로 다시 처지가 바뀌었다(열린우리당 → 대통합민주신당 → 통합민주당 → 민주당). 구심력이 있는 리더십이 부재한 상태에서 그들이 이명박 정부 내내 정치적으로 무기력한 모습을 보임에 따라 1993년 이래 견실하게

---

21) '747 공약'이란 '해마다 7% 경제성장, 10년 내 1인당 국민소득 4만 달러, 세계 7위 부자나라'를 목표로 내세운 공약을 말한다.

22) 이에 대한 치밀한 검토로는 이준구(2013)를 참조할 것. 특히 이준구는 '글로벌 금융위기를 가장 성공적으로 극복했다'는 이명박 정부의 주장과 일부 언론의 동조가 전적으로 허구라고 통박하고 있다.

진행되어 온 한국정치의 민주화 역시, 일시적이든 장기적이든, 권위주의가 강화되고 민주주의가 약화되는 보수적 흐름이 확연해졌다. 이러한 사실은 이명박 정부 들어와 국가인권위원회의 파행적 운영, 공영방송의 독립성 훼손, 표현의 자유와 집회 및 시위의 자유 등에 대한 빈번한 탄압에서 어렵지 않게 확인되었다.[23]

2012년은 국회의원 총선과 대통령 선거가 같은 해에 치러져 두 선거 결과에 따라 향후 한국정치의 향방이 결정되는 정치적으로 중대한 국면이었다. 임기 말 이명박 정부의 국정운영과 경제실적에 대한 국민의 평가가 지극히 부정적이어서 집권당인 새누리당은 불리한 상황에서 총선에 임할 수밖에 없었고, 야권은 전통 야당인 통합민주당과 진보적 정당인 통합진보당을 구심점으로 전열을 재정비하고 야권연대와 연합공천을 통해 총선 승리를 노렸다. 전체적으로 선거일 전까지 야권의 승리를 예상하는 분위기가 지배적이었다. 새누리당은 당의 위기 상황에도 불구하고 대권주자 박근혜 비상대책위원장이 일사불란한 리더십으로 선거를 지휘해 국민의 신뢰를 얻은 반면, 야권은 통합을 이루는 데는 성공했지만, 급조된 통합의 결과 주도권 싸움 등으로 인해 일관된 리더십을 확립하지 못함으로써 선거에서 패배하고 말았다. 통합민주당은 통합의 대가로 지분 나누기와 기득권에 안주하는 구태의연한 공천에 매달림으로써 '새로운 인물, 새로운 정치'에 대한 국민의 열망을 충족시키지 못했다. 또

---

23) 이명박 정부의 인권과 민주주의 정책에 대해서는 후퇴했다는 평가가 지배적이다. 국제사면위원회와 국제연합 역시 같은 평가를 내린 바 있다(《위키백과》, "이명박 정부"; http://ko.wikipedia.org/wiki/%EC%9D%B4%EB%AA%85%EB%B0%95_%EC%A0%95%EB%B6%80#.EB.AF.BC.EC.A3.BC.EC.A3.BC.EC.9D.98.2C_.EC.9D.B8.EA.B6.8C_.ED.9B.84.ED.87.B4_.EB.85.BC.EB.9E.80. 검색일: 2014/03/22.).

한 야권은 이명박 정부 심판론을 넘어서는 새로운 비전을 제시하는 데도 실패함으로써 의제형성 싸움에서도 여권에 밀렸다. 결국, 총선은 초기의 예상과 달리 여당인 새누리당이 과반석을 확보하는 승리로 끝났다. 이어진 대선에서도 새누리당의 박근혜 후보는, 안철수 후보와의 단일화에 성공한 통합민주당의 문재인 후보를 예상보다 커다란 표차로 누르고 승리를 거두었다. 박근혜 후보의 승리 요인에 대해서는 대체로 박근혜 후보가 국정운영능력에 대한 신뢰와 평가에서 문재인 후보보다 우위를 차지했고, "최초의 여성 대통령으로서 새로운 대한민국을 만들어 나가겠다는 미래에 대한 의지"가 담긴 "준비된 여성 대통령"이라는 슬로건으로 유권자들의 마음을 사로잡았으며, 기초노령연금 인상, 4대 중증질환 전액 국가부담 공약 등 "민생 중심의 정책 제안이 주효"했고, "후보자의 이미지 등 개인적 속성"에서도 우위를 점했다는 점 등이 지적되고 있다(이내영·안종기, 2013: 16-18, 7).

2008년 이후 이명박-박근혜 정부의 출범에 의한 보수 세력의 연이은 집권 성공은 한국정치에서 1993년 이후 일관되게 진행되어 온 정치적 민주화가 침체나 후퇴를 겪고 있다는 단기적인 전망을 가능케 하지만, 동시에 이제까지 한국정치가 도달한 민주주의의 하한선을 다지고 확인하는 계기를 제공할 것이다. 또한 역사가 단순히 직선적으로 움직이는 것이 아니라는 평범한 통찰을 한국인들에게도 일깨워 준 사건이라 할 수 있다.

제3장

한국 현대정치의 이념적 지형(1)
비동시성의 동시성의 관점에서

1. 글머리에

이 장의 목적은 민주화 이후 현재의 관점에서 주로 1993년 문민정부 수립 이전까지의 시기에 초점을 맞추어, 자유(민주)주의·보수주의·민족주의·급진주의라는 4대 이데올로기를 중심으로 전개된 한국 현대정치의 이념적 지형을 유럽의 선발국인 영국, 프랑스, 독일 등과의 비교를 통해 살펴보는 데 있다.[1] 이런 작업은 독일의 마르크스주의 철학자 에른스

◆ 이 장은 다음의 논문을 바탕으로 재집필되었다.
  강정인(2013), 〈한국 현대정치의 이념적 지형: 비동시성의 동시성의 관점에서〉, 강정인 지음, 《넘나듦(通涉)의 정치사상》, 275–309, 서울: 후마니타스.

1) 물론 한국정치의 이념적 지형이 지닌 특징에 대한 포괄적 이해는 단순히 근대 서구의 경험과 비교하는 데 그치지 않고, 비서구권인 동남아시아나 라틴아메리카 국가들, 동남부 유럽

트 블로흐(Ernst Bloch)가 고안한 '비동시성의 동시성'이라는 개념을 통해, 중심부 선발국 사상의 수용 과정에서 한국과 같은 주변부 후발국이 겪게 되는 특징적 경험을 조명하면서 수행될 것이다. 이어서 제4장에서는 한국 정치 이념적 지형의 내용적 특징으로 '민족주의의 신성화'를 집중적으로 논하는데, 제3장과 제4장에서 다루는 '비동시성의 동시성'과 '민족주의의 신성화'는 제2부에서 박정희의 정치사상을 본격적으로 분석할 때에도 요긴하게 활용될 것이다. 그렇지만 이 장의 목적이 한국정치 이념적 지형의 개요를 거시적인 차원에서 서구와 비교해 제시하는 데 있는 만큼 여기서의 서술은 구체적인 논의보다는 추상성이 높은 수준에 머물러 있다는 점을 미리 밝혀 둔다.

이 장에서는 먼저 블로흐가 고안한 비동시성의 동시성 개념과 국내 학자들이 사용한 그 개념의 용례를 간략히 소개한 후, 필자가 사용하는 비동시성 개념이 블로흐의 개념과 어떻게 구분되는지 명확히 규정할 것이다. 그리고 민주화 이전 한국정치 이념적 지형의 가장 현저한 특징 가운데 하나로 비동시성의 변증법에 따른 '이중적 정치질서의 중첩적 병존'과 '한국 보수주의의 이념적 모호성'을 지적하고 이를 상론할 것이다. 이어서 비동시성의 변증법에서 파생하는 한국정치 이념적 지형의 여러 특징을 '최종적인 완성물로서 다양한 이데올로기의 수용', '다양한 이데올

국가들 또는 역사적 문화유산이 비슷한 중국·일본과의 비교를 통해야 좀 더 온전한 모습으로 얻어질 것이다. 예를 들어 19세기 동유럽 민족주의에 대한 임지현의 연구는 19세기 후반 이래 전개된 한국 민족주의의 이해에 많은 도움을 준다(임지현, 1999: 215-255). 그러나 서구가 주도하는 세계 학계의 주된 관행은 비서구사회에 대한 지식이 주로 그 사회의 경험을 서구의 개념과 경험에 비추어 검토함으로써 얻어지고 축적된다는 의미에서 다분히 서구중심적이다. 이는 실로 극복되어야 할 개탄스러운 관행이지만, 그 작업이 쉽지 않다는 현실 또한 부정할 수 없다. 이 글 역시 그러한 한계를 안고 있다.

로기의 조급한 충돌과 자유민주주의의 조숙한 보수화', '탈맥락적으로 갈등하는 이데올로기들' 및 '진정성 논쟁'이라는 소주제를 통해 고찰한다. '맺는말'에서는 비동시성의 변증법이 해방 이후는 물론이고 일제 강점기에도 관찰되는 현상이었고, 이중적 질서의 중첩적 병존이 어느 정도 해소된 민주화 이후에도 그 유산이 여전히 존속하고 있음을 지적하면서 이 장을 마무리할 것이다.

2. 비동시성의 동시성: '이중적 정치질서의 중첩적 병존'과 '보수주의의 이념적 모호성'

1) 비동시성의 동시성

남한정부 수립 후 지난 60여 년 동안 진행된 한국(남한)의 민주화, 민주주의의 한국화 과정을 검토하기 위해서는 자유(민주)주의는 물론 보수주의, 민족주의, 급진주의 등 근대 서구에서 연원한 정치사상이 한국에 수용되어 전개된 과정과 그 특성, 곧 한국 현대 정치사상(사)의 이념적 지형을 이해하는 작업이 선행되어야 한다. 필자는 이런 작업이 (서구 문명에 대한) 한국 정치체의 주변성과 후발성에 대한 첨예한 인식과 철저한 해명을 바탕으로 수행되어야 한다고 믿는다. 즉 한국 정치사상의 발전이 서구문명이 주도하는 세계사적 맥락에서 보편성과 특수성을 갖게 되는 구조적 조건에 대한 거시적이고 면밀한 성찰이 필요하다는 것이다. 이 점을 염두에 두고 한국 현대 정치사상의 흐름을 전체적으로 개관할 때, 필자는 서구에서 근대 정치사상의 전개와 구분되는, 주변부 후발국으로서 한국 정치사상의 전개가 드러내는 특징을 '비동시성의 동시성

(simultaneity of the non-simultaneous)'이라는 개념을 통해 파악하고자 한다. 이 개념은 한국 정치사상의 전개 과정에서 세계사적 시간대와 한국사적(일국사적) 시간대의 교차와 충돌 및 불일치가 빚어낸 일방에 의한 타방의 압도·반발·변이를 설명하기 위해 도입한 것으로, 서구와 다르게 전개된 한국 현대 정치사상사의 흐름을 이해하는 데 매우 유용하다.

비동시성의 동시성은 독일의 마르크스주의 철학자 에른스트 블로흐가 나치 정권이 본격적인 맹위를 떨치기 전인 1935년에 펴낸 『우리 시대의 유산(*Erbschaft dieser Zeit; Heritage of Our Times*)』에서 나치즘(Nazism) 곧 '국가사회주의'라는 명칭으로 바이마르공화국에서 출현한 반동적 극우 민족주의의 대두를 설명하기 위해 고안한 개념이다. 블로흐는 비동시성의 동시성 개념을 일국 내에서 급속하게 형성된 자본주의적 구조와 그럼에도 아직 청산되지 않은 과거의 사회문화적 구성체 간 괴리 및 그 괴리로 빚어지는 현상을 지칭하기 위해 사용했는데, 넓은 의미에서 그 개념은 오늘날 우리가 이해하는 '문화적 지체(cultural lag)' 또는 '토대와 상부 구조의 엇갈림'에 해당한다고 할 수 있다. 블로흐에 따르면, 부르주아 혁명이 부재한 상황에서 1918년까지 독일이 수행한 경제적·정치적 변형은 영국이나 프랑스보다 덜 근본적이었기 때문에, 독일에서는 이질적이고 반동적인 사회세력들이 (영국과 프랑스에 비해) 매우 허약한 부르주아지와 나란히 병존했다. 그리고 '청산되지 않은' 과거가 지닌 문제적(problematic) 성격의 확실한 징후는, 근대사회가 경제적으로 합리화되는 상황에서도 과거의 낡은 심성이 집요하게 존속하는 데서 발견되었다. 낡은 심성을 가진 계층들은 당대의 위기에 반응하면서 신성한 신화, 좌절된 기대, 비합리적인 설명에 사로잡혔으며, 나치는 전 자본주의적 과거를 이상화해 호소함으로써 정권을 잡을 수 있었다(Bloch, 1991).

그런데 독일·일본 등 후발 자본주의국가에서 두드러지게 나타난 비동시성의 동시성은 제2차 세계대전 후 독립한 한국과 같은 신생 독립국에서는, 나중에 설명할 것처럼, 훨씬 더 격렬한 양상으로 분출했다. 이런 점에서 다양한 배경을 가진 국내의 학자들 역시 '비동시성의 동시성' 개념을 종종 사용한다. 최근의 예를 들어보면, 먼저 언론학자 강준만은 2013년 펴낸 『갑과 을의 나라』에서 한국은 지난 100여 년 동안의 급속한 사회변동 때문에 비동시성의 동시성—강준만의 경우에는 전근대·근대·탈근대의 특징이 공존하는 현상을 지칭—이 더욱더 극심하게 분출한다고 주장하면서, 이 개념을 통해 한국사회의 불합리한 구조와 이에 따른 갈등의 증폭을 분석한 바 있다(강준만, 2013).[2] 사회학자 김정훈은 비동시성의 동시성을 재벌기업의 행태를 비판하는 데 활용한다. 그는 비동시성을 "다른 시대에 존재하는 사회적 요소들이 같은 시대에 공존하는 현상"으로 규정하면서 "세계 최고의 과학적 합리성과 경제적 효율성을 자랑하는 삼성전자가 전근대적인 세습을 통해 경영권을 유지하는 현상을 생각"하면 쉽게 이해될 수 있다고 지적한다(김정훈, 2004).[3]

이와 달리 뉴라이트 계열의 학자 김일영은 2008년 서울시청 앞 광장에서 미국산 쇠고기 수입을 반대해 일어난 촛불집회를 비판하기 위해 비동시성 개념을 적용했다. 그는 비동시성을 "서로 다른 시간대에 발생하여 동시에 양립하기 어려운 요소들이 혼재되어 있는 현상"으로 정의하면서

---

2) 강준만은 2006년에도 한 신문에 〈비동시성의 동시성〉이라는 제목의 칼럼을 기고한 적이 있다. 강준만, 2006(〈비동시성의 동시성〉, 《한국일보》, 2006/10/17, http://news.hankooki.com/lpage/opinion/200610/h2006101718304224390.htm).

3) 김정훈, 2004(〈지나간 것은 지나간 것이다〉, 《한겨레》, 2004/12/08, http://news.naver.com/main/read.nhn?mode=LSD&mid=sec&sid1=001&oid=028&aid=0000090266).

촛불시위가 초기에 보여 준 "탈중심적", "탈물질적", "축제적", "자율적", "비폭력적" 성격 등에 주목해 그것이 "포스트 모던적" 성격을 띠고 출발했지만, 시위가 후기에 이를수록 이면에 숨어 있던 "반미, 반정부, 폭력성, 그리고 회오리바람 같은 '모던(modern)한' 속성과 '프리 모던(pre-modern)'한 속성"을 드러냈다고 비판한다(김일영, 2008: 48-52).[4] 이와 같이 비동시성은 국내학자들이 한국사회에 존재하는 다차원적 시간대의 공존에 주목해 사회적 갈등의 격렬한 분출을 설명하거나 또는 보수 세력과 진보 세력이 모순적이고 복합적인 사회·정치 현상이나 사건을 설명하고 비판하는 데 사용하는 용어로 통용되고 있다.

박명림은 분단시대 한국 민족주의를 논하는 글에서 비동시성의 변증법을 언급하면서 이를 좀 더 체계적이고 세련되게 규정한다.

> 이 개념[비동시성의 변증법(dialectic of non-contemporaneity)]은 의식과 사회 발전의 불균등성과 부분성, 또는 부분적 발전(partial development)을 지적하는 것으로서 우리의 경우 국가 형성과 근대화, 민주화, 통일 등 상이한 의제의 동시적 존재와 불균등 발전을 지칭한다. 남북한은 짧은 시간에 압축적으로 사회 발전을 이루는 과정에서 전통과 근대가 혼재하는 등 비동시적 요인들이 동시적으로 존재하였다. 즉 이는 '비동시성의 동시성(the contemporaneity of the uncontemporary)'이라 할 수 있는 것이었다. 우리나라에서 상이한 시기에 비동시성을 가장 잘 보여주는 요소의 하나는 민족주의였다. 국가 형성과 근대화, 통일 문제에 걸쳐 가장 강력한 이념적 준

---

4) 여기서 김일영은 '모던한' 속성으로 "반미, 반정부, 폭력성"을, '프리 모던'한 속성으로 '회오리바람'을 지칭한다. 회오리바람이란 조선시대부터 한국인들에게서 발견되는 중앙 권력(또는 정치)에 대한 접근을 열망하는 전통적인 정서와 태도를 지칭한다(김일영, 2008: 52).

거는 민족주의였으나 그 내용은 하나가 아니라 여러 가지 모습을 띠고 상이하게 나타났다(박명림, 1996b: 60).

박명림의 개념 규정을 받아들인다고 할 때 제기되는 문제는, 한 사회 내에서 이처럼 시대를 달리하는 상이한 의제들이 어떻게 상호 작용하여 어떠한 역동성(또는 갈등)을 빚어내는가다. 이에 대해 국내의 논자들은 대체로 비동시성의 동시성이라는 현상을 단편적으로만 지적할 뿐, 체계적인 성찰을 수행하지 않고 있는 것으로 보인다.

　예외적으로 김동춘은 비동시성의 개념을 적용해 한국과 같은 제3세계의 사회운동을 "사회운동에서의 제3의 모델"로 규정하여 나름대로 분석을 시도하면서 그 특징으로 운동주체의 연합성, 운동 목표의 모호성을 지적한 바 있다.

> [비동시성의 동시성이 지배하는] 이러한 조건에서 제3세계의 사회운동은 '노동운동 – 노동자정당의 형성 – 새로운 사회운동의 등장'이라는 서구의 경로를 그대로 답습하지 않게 되었다. …… 그것은 자본주의적인 공업화가 20세기 중·후반에 본격적으로 시작되었고, 역사발전 단계가 중첩되었다는 측면, 즉 비동시적인 것이 동시적으로 공존하게 된 사정에 기인한다고 볼 수 있다. …… 다양한 저항운동은 하나의 부문운동으로 존재하는 것도 아니며, 그렇다고 해서 순수한 계급투쟁으로 존재하는 것도 아니다. 온전한 부르주아 혁명을 거치지 않았기 때문에 저항운동은 대체로 권력투쟁 혹은 체제변혁적 성격을 지니나 그 주체는 반드시 노동자, 농민 등 단일계급에 국한되지는 않았다(김동춘, 1997a: 71).[5]

필자 역시 박명림과 김동춘의 문제의식을 이어받아 비동시성의 개념을 적용하면서 서구와 달리 형성·전개된 (민주화 이전) 한국정치 이념적 지형의 구조적 특징을 살펴보고자 한다.

비동시성의 동시성이 한국정치의 이념적 지형에 미친 영향을 이해하기 위해서 우리는 먼저 사상사를 움직이는 변수들을 개념화할 필요가 있다. 필자는 2007년에 발표한 「한국정치사상 어떻게 할 것인가?: 반성과 대안」[6]에서 "세계의 변화"와 "사상의 혁신"의 상호관계에 대해 세계의 변화가 사상의 혁신을 추동하기도 하고, 사상의 혁신이 세계의 변화를 견인하기도 한다고 지적하면서, 문명의 중심부와 주변부에서 그 양상이 다르게 나타난다는 점을 언급한 바 있다. 그 차이란 중심부에서는 세계의 변화가 내재적으로 또 자율적으로 일어나고 이에 부응해 사상의 혁신이 수반되는 경우가 많은 데 반해, 주변부에서는 외부세력의 침입이나 위협 등과 함께 외부사상이 자발적이든 강제적이든 유입되고 이에 따라 세계의 변화가 일어날 가능성이 높다는 점이다(강정인, 2013: 68-69, 72).[7]

사상의 혁신에서 중심부와 주변부의 차이를 지시하는 이 같은 현상은 기계론적(인과론적) 변화와 목적론적 변화의 구분과 연결되어 있고, 또 '비동시성의 동시성'에 따른 현대 한국 정치사상의 이념적 지형을 검토하

5) 이후 김동춘은 이러한 관점에서 1980년대 민주변혁운동을 고찰하고 있다.

6) 이 글은 강정인(2013: 61-98)에 전재되었다.

7) 그러나 고대 중국에서 주변의 제후국이었던 은(殷)과 주(周)가 각각 하(夏)와 은(殷)을 멸망시키고 새로운 문명을 건설했다는 사실, 지중해 문명의 주변부인 로마가 지중해 문명을 통일해 로마제국을 건설하고 그 중심으로 군림하게 된 사실, 또는 마르크스가 이론화한 사회주의 혁명이 마르크스의 예견과 달리 유럽의 주변부인 러시아에서 발발해 마르크스주의의 혁신—곧 마르크스-레닌주의의 탄생—을 가져왔다는 사실은 중심부와 주변부에 대한 이런 서술이 양자의 '본질적 차이'가 아니라 단지 '정도의 차이'를 지시하는 것으로 이해되어야 한다는 점을 시사한다(강정인, 2013: 69).

는 데 매우 유용하다. 두 가지 변화와 '비동시성의 동시성'의 상호 연관성을 필자는 한국 민주화를 논하는 글에서 언급한 바 있다.

지난 50년 동안 한국사회가 경험한 서구 지향적 근대화는 성격상 인과론적 변화와 목적론적 변화의 특징을 모두 드러내고 있다. 서구중심의 세계질서에 편입된 후 한국사회가 겪은 변화의 특징은 다른 많은 비서구사회와 마찬가지로 그 변화의 필요성이 사회의 내부적 동력이나 발전에 비해 조숙하게 또는 그와 무관하게 출현하고, 그 추동력이 외부로부터 발단되었다는 점이다. 따라서 …… 대부분의 새로운 변화가 한국사회가 발전하면서 생성된 내재적 역동성에 의해 추진되고 규정되기보다는 외부로부터 설정되고 부과된 목적에 부응하는 ─또는 후발국가로서 선진국을 모델(목표)로 삼은─ 목적론적 성격을 강하게 지니고 있었다. 즉 서구 선진국에서의 변화가 주로 사회의 내부적 역동성에 의해 규정되는 인과론적 성격을 강하게 지니고 있는 데 반해, 한국사회의 변화는 인과론적 성격 못지않게 목적론적 성격을 강하게 지님으로써 이중적 성격을 띠게 되었던 것이다. 이런 지적은 '따라잡기'식의 서구 지향적 변화를 추구하는 제3세계 국가들 일반에 적용된다(강정인, 2004: 364-365).

여기서 인과론적 변화는 운동의 과정이 결과를 규정하는 것이고, 목적론적 변화는 도달하고자 하는 목표가 운동의 과정을 규정하는 것인바, 한국의 사상사적 흐름에서는 이렇게 인과론적 변화와 목적론적 변화가 상호 교차하면서 독특한 양면성을 연출해낸다. 교차하는 이 두 가지 변화로 일어나는 비동시성의 동시성은, 나중에 논의할 것처럼, 한국의 정치질서에서 조숙성과 지체성의 역설적 병존, 권위주의와 자유민주주의라는 '이중적 정치질서의 중첩적 병존(overlapping coexistence of dual politi-cal order)'이라는 현상으로 나타난다.

지금까지의 논의가 시사하는 바와 같이, 한국에서 '비동시성의 동시성'의 정치적 발현은 블로흐가 설명한 독일에서처럼 일국 차원에서 형성된 자본주의적 경제구조와 사회문화적 구성체 사이의 부정합 때문이 아니라, 자유민주주의를 정당한 정치이념으로 신봉하고 부과하는 세계사적 시간대의 압도와 이를 받아들이고 적절히 운영할 수 있는 사회구조와 정치문화를 결여한 한국사적 시간대의 반발 및 충돌로 나타났다. 이 점에서 블로흐의 비동시성의 변증법이 '일국적 차원'에서 토대와 상부구조의 괴리를 문제 삼는 전통적인 마르크스주의에 기초한다면, 이 글에서 사용되는 '비동시성의 동시성'은 한편으로는 전 지구적 차원에서 ―제2차 세계대전 이후, 특히 냉전이라는 상황하에서― 이념적 동시화를 압박하는 세계사적 시간대와, 다른 한편으로 경제적 토대뿐만 아니라 사회문화적 구성체 차원에서도 이념적 동시화를 감당할 수 없는 주변부 후발국의 지역적 시간대가 빚어내는 충돌과 갈등에서 비롯된 '세계적 차원'의 변증법에 초점을 맞추고 있다고 할 수 있다. 따라서 이 글에서 비동시성 개념은, 토대에 의한 상부구조의 결정이라는 마르크스의 사적 유물론 공식을 전제로 하지 않고, 세계사적 차원과 일국사적 차원의 역사적 시간대가 상호작용하는 데 초점을 맞추며, 나아가 세계사적 시간대의 조숙한 압박과 지체된 일국사적 시간대의 완강한 저항의 차원에서 이데올로기의 충돌과 반발을 고려한다는 점에서, 블로흐의 비동시성의 변증법과 구별된다. 곧 이 글에서 사용하는 비동시성은 발상과 영감에서는 블로흐의 영향을 받았지만, 구체적인 관점(perspective)과 초점(focus)에서는 중심과 주변의 구분을 전제로 하는 세계체제를 염두에 둔다는 점과 이념들 간의 상호작용을 다룬다는 점에서 블로흐와 구분된다.[8] 또한 필자가 관심을 갖는 비동시성의 변증법은 종래 일정 정도 자족성과 자율성 및 안정성을 유지하던 주변부 후발국이 세계사적 시간대로부터 조숙한 충격을 받으면서, 동시에 종종 식민화 과정까지 겪으면서 전개되는 것이기 때문에, 일국 내의 내생적 사회 역학에 의한 것보다 훨씬 더 '강압적인 작용'과 '격렬한 반작용'의 양상을 띠게 된다. 이 점에서 후발 국가(latecomer)에 해당하는 독일·일본보다 한국과 같은 식민지 경험을 겪은 후–후발 국가(late latecomer)에서 비동시성의 변증법이 더욱 격렬하게 분출되었다.

2) 비동시성의 변증법: 권위주의와 자유민주주의라는 이중적 정치질서의 중첩적 병존과 보수주의의 이념적 모호성

권위주의와 자유민주주의라는 '이중적 정치질서의 중첩적 병존'은 비동시성의 변증법에 의해 나타난 민주화 이전 한국정치의 특징으로서, 한국 현대정치에서 '자유민주주의와 보수주의의 관계' 또는 한국 '보수주의

---

8) 본래 '비동시성의 동시성' 개념은 블로흐에 앞서 독일의 미술사가 빌헬름 핀더(Wilhelm Pinder)가 1926년 출간한 저술에서, 미술사가들이 일정한 시대에 지배적인 화풍을 설정하고 이에 따라 화풍의 시대적 변화를 체계적이고 일관되게 구성한 것과 달리 과거 시대는 물론 당대에서 유래한 또는 조숙하게 미래지향적인 다양하고 상이한 화풍이 교차하고 공존하는 현상을 지칭하면서 제시한 것이다. 이런 관점에 따르면 "모든 시대는 상이하게 경험되기 때문에 한 시대를 통합하는 단일의 정신"이란 있을 수 없으며, 한 시대의 "시대정신"을 구현한 지배적 "화풍의 출현"이란 관념은 해체되어 버린다(Schwartz, 2001: 61-63). 마르크스주의 관점에서 본다면, 한 시기에 목격되는 다양하고 상이한 화풍의 교차와 공존을 지칭하기 위해 고안된 비동시성의 동시성 개념은 단지 '상부구조 내에서 발견되는 불균등한 현상'을 설명하는 것이라 할 수 있다. 그런데 블로흐는 이 개념을 경제적 토대와 사회문화적 구성체의 불일치를 지적하기 위해 마르크스주의적으로 전유한 것이다. 이렇게 볼 때, 비동시성의 동시성 개념을 통해 한국정치의 이념적 지형에서 목격되는 상이한 기원을 가진 다양한 이데올로기의 교차와 착종을 설명하려는 이 글의 시도는, 그 개념을 본래의 미술사적인 것으로 환원시킨 것에 가깝다.

의 이념적 모호성'을 이해하는 데 매우 유용하다. 우리는 민주화 이전 한국정치에 군림했던 이승만·박정희·전두환 정권을 이념적 측면에서 '보수(주의) 정권'이라고 부르는 데 주저하지 않는다. 그런데 한국정치의 보수주의를 (자본주의 체제는 논외로 하고) 그 정치적 측면에서 논할 때, 보수주의의 개념에 충실하고자 하는 한, 우리는 "보수 세력이 지키고자 하는 이른바 '기존 질서' 또는 '현상(現狀, the status quo)'이 과연 무엇인가?"라는 문제에 직면한다. 이 문제는 단명에 그친 제2공화국을 제외한다면 1987년 이전까지 한국의 헌법과 역대 정권이 자유민주주의를 표방했음에도, 실상은 그와 반대되는 권위주의 정권에 의해 통치되었다는 사실에서 비롯된다. 따라서 1987년 이전까지 한국 보수주의의 핵심은 '권위주의'였다. 권위주의 체제에서 정치지도자는 정치권력을 빈번히 그리고 자의적(恣意的)으로 기존의 법과 제도에 구애받지 않고 행사하며, 시민들은 그런 지도자를 자유롭고 공정한 선거를 통해 교체할 수 없다. 한국의 권위주의 정권은 이 점에서 그 개념상 민주주의와 대척점에 서 있다. 이렇게 볼 때, 민주화 이전까지 한국정치에서 자유민주주의는 (실천된 이념이 아니라) 단지 표방된 이념으로만 남아 있었으며, 따라서 보수되어야 할 완성된 체제라기보다는 실현되어야 할 미래였다.

관점을 달리하여 보면, 이중적 질서의 중첩적 병존은 한국 정치질서가 주변부 후발국의 속성에 따라 '조숙성'과 '지체성'이라는 역설적 양면성을 띠고 분출하며 착종한 현상과 맞닿아 있다. 일반적으로 말해, 조숙성은 세계사적 시간대(목적인 또는 보편성)의 견인에 의해 발생하고, 지체성은 일국사적(한국사적) 시간대(운동인)의 제동에 의해 생겨난다. 이는 또한 이론적/이념적 차원에서의 조숙성과 현실적 차원에서의 지체성으로 개념화될 수도 있다. 다시 말하면 목적론적 변화가 조숙성을 견인하면서 동시에 지체성을 인식하는 계기가 되고, 인과론적 변화는 지체성을 초래하지만 동시에 조숙성을 인지하는 기준이 된다. 최장집은 해방공간에서의 한국 민주주의의 위상을 논할 때, "조숙한 민주주의"와 그 '지체적 요인'을 동시에 지적하면서 이런 문제의식의 일단을 적절하게 표현한 바 있다.

> 이 모든 조건들은 민주주의가 발전할 수 있는 조건과는 거리가 멀었다. 사회에서의 정치적 혼란은 내란에 가까울 정도로 극심하고, 정치의 대표체계에 참여할 수 있는 이데올로기적 폭은 매우 협애하고, 자본주의 산업화가 이루어지기 이전에 민주적 제도가 도입되었다는 점에서 당시 한국의 민주주의는 조숙한 민주주의(premature democracy)라고 할 수 있다(최장집, 1996: 21).

최장집은 위 인용문에서 목적론적 변화의 일환으로, 곧 세계사적 시간대의 압력으로 한국사회에 민주주의가 조숙하게 부과되었지만, 사회정치적 조건의 미숙함에서 비롯된 일국사적 시간대의 반발과 제동으로 인해 민주주의의 원활한 작동이 지체되는 현상을 관찰하고 있다. 이렇게 조숙성과 지체성은 세계사적 시간대와 일국사적 시간대가 서로 충돌하면서 동시에 서로를 인식하고 반사하는 거울의 이중성처럼 작용한다.

하지만 민주화 이전 한국의 정치질서를 이중적 정치질서의 중첩적 병존으로 규정한다고 해서, 이 같은 규정이 자유민주주의를 단순히 '허공에 뜬 구름'처럼 무시할 수 있다는 의미로 이해되어서는 안 될 것이다. 먼저 무엇보다도 우리는 앞에서 제시한 권위주의 개념이 암묵적으로(또는 이면적으로) 민주주의를 전제하며 그것에 의해 조형되어 있음을 알 수 있다. 민주주의는 권위주의의 반대말로, 곧 정치지도자가 정치권력을 법과 제도에 따라 행사하며, 시민들은 정치지도자를 자유롭고 공정한 선거를 통해 교체할 수 있는 체제로 정의될 수 있기 때문이다. 이 점에서 현대의 이른바 권위주의 정권은 권위주의와 (자유)민주주의를 동전의 양면으로 하는 이중적 정치체제에서 그 표면을 지칭하는 것으로 해석하는 게 합당할 것이다. 이런 이중적 질서의 중첩적 병존은 단순히 개념적으로뿐만 아니라 현실적으로도 확인된다. 한국은 물론 제3세계 권위주의 정권의 대부분은 자유민주주의로 정향된 세계사적 시간대에 따라, 서구 자유민주주의의 헤게모니적 영향력하에서 항상적인 정당성의 위기에 시달리면서 부단히 민주화의 압력을 받고 있었기 때문이다. 다시 말해 정당성의 잣대로서 권위주의 정권을 시험·비판하는 자유민주주의 역시 한국 정치의 현실을 구성하고 있었던 것이다. 이로 인해 많은 경우 정치 현실과 이를 구성하는 정치적 담론이 자유민주주의적 실천 및 용어와 개념을 통해 구성되어 있었는데, 바로 이런 사실이야말로 심각하게 왜곡된 반민주적 정치 현실의 존재에도 불구하고 그 체제가 부분적으로는 자유민주주의였다는 점을 반증하며, 또 이를 통해 그 왜곡의 정도를 인식하게 하고 나아가 민주화운동을 촉발했다는 점을 시사한다.[9] 한국에서 보수 세

---

9) 당시 한국정치와 그것에 대한 담론이 자유민주주의적 실천 및 개념을 통해 구성되었다는 필자의 주장을 보여 주는 예로, 민주화 이전 한국정치에서 저항세력이 자주 내세웠던 '부정선거 규탄', '언론자유 수호', '민주회복을 위한 개헌' 등을 대표적으로 들 수 있다. 구체적으로 1960년 4월 혁명 당시 이승만 정권을 "민주와 자유를 위장한 전체주의의 표독한 전횡"(「서울대학교 학생회 4월혁명 제1선언문」; 김삼웅, 1984: 19)으로 규탄한다든지 1969년 박정희 대통령의 3선 개헌 추진에 반대하면서 박정희 정권이 "자유민주체제의 마비와 말살을 지향하고 있다"(3선개헌 반대 범국민투쟁위원회, 「역사 앞에 선언한다」; 김삼웅, 1984: 80)라고 비난했을 때, 우리는 이중적 질서의 중첩적 병존을 쉽게 인지할 수 있으며, 반대자들이 자유민주주의를 기준으로 권위주의 체제를 비판하고 있음을 또한 확인하게 된다.

력과 보수주의를 논할 때 부딪히는 이러한 문제는 한국과 같은 비서구 후발 국가가 직면했던 상황, 곧 비동시성의 동시성이 초래한 이중적 질서(과거 질서인 권위주의와 미래 질서인 자유민주주의)의 중첩적 병존으로부터 빚어진 것으로 (자유)민주주의를 표방한 권위주의적 보수 정권이 직면했던 독특한 문제라 할 수 있다.

우리가 익히 알고 있듯이, 서구의 민주화 과정에서 비민주적이고 보수적인 집권세력—예를 들어, 영국의 토리당(Tory Party), 프랑스의 나폴레옹 1세(Napoléon Bonaparte) 집권기, 왕정복고기 및 7월 왕정기, 나폴레옹 3세(Charles Louis-Napoléon Bonaparte) 집권기 등의 정권, 독일의 비스마르크(Otto von Bismarck) 정권, 오스트리아의 메테르니히(Klemens von Metternich) 정권 등—은 자신들의 정권을 민주주의의 이름으로 정당화할 필요가 없었으며, 노골적이고 공개적으로 민주주의에 적대적인 정권이었다. 그러나 앞에서 논한 대로, 한국의 보수 정권은 민주주의의 이름으로 권위주의 정권을 정당화해야 한다는 딜레마에 봉착했다. 따라서 한국의 보수적인 집권세력은, 우리가 이승만·박정희·전두환 정권에서 경험했듯이, 권위주의와 민주주의라는 대립적 정치질서를 어떤 식으로든 연결 짓지 않을 수 없었다.

이렇게 볼 때, 민주화 이전 한국의 보수주의는 '이중적 정치질서의 중첩적 병존'이라는 이념적 지형의 특징에 따라 집권 우익 세력이 공산주의의 침략과 위협으로부터 자유민주주의를 방어하고 국가안보(반공)와 경제발전에 필요한 정치적 안정을 유지한다는 명분을 앞세워 권력이 집중된 권위주의적 정치질서를 옹호하기 위해 제시한 이념'으로 정의하는 것이 온당해 보인다. 바로 이러한 한국 보수주의의 특성 때문에 권위주의적인 보수 정권의 정치지도자나 그 이념적 대변인들은 민주적 정당성의 결여에 민감하게 반응하지 않을 수 없었으며, 그 결과 반공과 경제발전을 민주주의와 연결시키는 담론을 생산해 내야 했다. 다시 말해 공산주의 사상이나 운동을 억압하기 위해 또는 경제발전을 지속적으로 수행하기 위해 권위주의적 통치나 정책을 추진하더라도, 그 궁극적 목표는 '권위주의'가 아니라 '자유민주주의'의 수호나 실현이라는 점을 강변하지 않을 수 없었다.[10]

권위주의와 자유민주주의의 중첩적 병존은 또한 한국의 민주화운동이, 특히 박정희 집권기에 '호헌', '개헌 반대', '민주수호', '민주회복'이라는 다소 역설적인 명칭으로 전개된 사실을 이해하는 데도 도움이 된다. 이들 명칭은 집권세력이 자신들의 반민주적인 정치적 목적을 달성하기 위해 헌법 개정을 시도하거나 단행했을 때, 원래의 헌법적 질서를 유지하거나 회복해야 한다는 명분을 부각시키기 위해 사용되었다. 이는 실제의 정치 현실은 권위주의였지만, 규범적인 정치 현실은 민주주의였다는 이중성을 함축하며, 민주화운동은 전자에 반대해 후자를 강조했고, 때로 민주회복을 위해 개헌을 주장하기도 했다. 물론 '호헌', '민주수호', '민주회복' 등의 용어가 보수적인 논리와 수사학을 내포하고 있다는 점을 부정할 수 없는데, 이는 권위주의 정권이 그 정권에 대한 저항운동을 공산주의자들의 선동으로 몰아붙여 탄압하는 것을 피하려는 전술의 일환으로 부득이하게 채택된 측면이 있지만, 다른 한편으로 이중적 질서의 중첩적 병존 때문에 소기의 효과를 십분 발휘할 수 있다는 장점도 갖고 있었다.[11]

---

10) 박정희의 민주주의 담론을 검토하는 제5장에서 이에 대한 더 구체적인 논의가 이루어질 것이다.

11) 1980년대 전두환 정권기에는 운동 세력의 반정부운동이 혁명화·급진화함에 따라, 운동 세력은 '민주회복', '민주수호' 등 기존의 용어에 담긴 보수성을 배제하기 위해 이를 '민주

이처럼 한국정치에서 이중적 질서의 중첩적 병존이 한편으로 민주화운동의 전개를 용이하게 만들기도 했지만, 다른 한편으로 한국정치의 민주화를 보수적으로 귀결시키는 역설적 요인으로 작용했다고 해석할 수도 있다. 1980년대 전두환 정권기에 '혁명화', '전투화'된 운동권이 민중민주주의 또는 인민민주주의와 같은 급진 민주주의를 제창하기도 했지만, 국민 대다수는 권위주의 정권에 대한 대안을 과거의 '민주회복', '민주수호'라는 논리에 따라 상상해 온 만큼 1987년 이후 한국의 민주화 역시 자유민주주의의 지평 내에서 진행된 것이다. 특히 민주화 투쟁의 대상이 된 역대 권위주의 정권에 대한 경험적 반작용의 일환으로, 대다수 국민은 민주주의를 1인의 장기집권, 국민의 참정권을 사실상 박탈하는 선거인단에 의한 대통령 간접선거, 군사쿠데타에 의한 군부 집권 등에 대한 반대와 동일시했다. 이런 논점은 1987년 6월 항쟁에서 절정에 이른 민주화운동의 최대 연합을 견인한 구호가 '대통령 직선제 개헌 쟁취'였으며, 이는 사실상 '민주회복', '민주수호'라는 용어에 다름 아니었다는 점에서도 확인된다. 이와 같은 맥락에서 필자는 이미 제2장을 통해 지배 이데올로기와 저항 이데올로기로서 자유민주주의의 이중적 측면에 주목한 적이 있다. 필자가 제2장에서 언급한 한국에서 저항 이데올로기로서의 자유민주주의가 지닌 궁극적 보수성은, 지배 이데올로기로서의 자유민주주의가 저항 이데올로기로서의 자유민주주의에 대해 그 정당성을 손쉽게 용인한 반면, 동시에 전자가 후자의 이념적 상상력과 실천적 급진성을 제약하는 궁극적 상한선으로 작용하고 있었다는 점을 지적한 것

화'운동이라 명명했다. 이처럼 수정된 명칭은 자유민주주의를 넘어서는 급진적 민주주의에 대한 지향도 담고 있었다.

이다. 한마디로 말하면, '공짜 점심이란 없다'는 영어 속담을 상기시킨다.

이런 현상은 또한 민주화 이후 김영삼·김대중·노무현 민주정부가 단행한 민주적 개혁에 대한 국민들의 평가가 담담하거나 인색하고, 오히려 그 실정(失政)에 더 민감하며 비판적이었다는 사실과도 연관되어 있다. 국민 대부분에게 민주주의는 규범적 현실이었고 또한 간접적으로나마 경험되고 있었다. 그 때문에 정작 실제적 현실이 규범적 현실에 수렴하게 되었을 때 —개혁정책의 추진 당시에는 일시적인 관심과 지지를 표출하고 성취감을 느꼈을지도 모르지만— 그처럼 수렴된 현실은 오히려 당연시되고, 마치 과거에 아무런 일이 없었던 것처럼 '평범한' 일상생활로 신속하게 흡수되었던 것이다. 더욱이 일반 국민들은 권위주의 정권 시절에도 이미 텔레비전 등의 대중매체와 교육을 통해 서구 민주국가의 정치 현실에 익숙해져 있었기 때문에, 민주화된 한국의 정치 현실에 일시적으로 참신한 느낌을 받더라도 쉽게 '일상적 보수'로 환원되어 버렸다. 그리고 민주화 투쟁 과정에서는 민주주의를 만병통치약으로 간주했지만 민주화된 현실이 이런 기대를 충족시키지 못한다는 점, 또는 한국정치 현실이 서구 민주주의와의 거리를 좀처럼 좁히지 못한다는 점을 발견하고 쉽게 절망과 냉소에 사로잡히기도 했다. 민주화가 진행된 지 25여 년 정도밖에 지나지 않았음에도 대통령 선거나 국회의원 선거에서 유권자의 투표율이 선진국(?) 수준으로 조숙하게 하락하는 현상은 지금껏 실현된 민주주의에 대한 이 같은 절망과 냉소를 반영한다고 풀이될 수도 있을 것이다.[12]

이중적 질서의 중첩적 병존은 민주화 이후 한국정치에 서구의 선발 민주국가들이 경험하지 못한 이른바 '과거사 청산'(또는 '과거사 정리')이라는 정치적 문제를 제기했다. 서구의 민주화는 민주주의가 이미 정당성을

한국 현대 정치사상과 박정희

확보한 상태에서 진행된 목적론적 변화가 아니라 (민주주의가 점차 정당성을 확보해 가는) 인과론적 변화의 성격이 강했기에,[13] 영국과 프랑스 등 선발 민주국가에서는 민주주의가 어느 정도 완성된 이후에도 과거의 정치적 박해나 탄압 등에 대한 '과거사 청산' 문제가 체계적으로 제기되지는 않았다. 예를 들어 1848년 2월 혁명 직후 프랑스혁명 정부는 같은 해 6월 파리에서 일어난 노동자들의 봉기를 무자비하게 진압했고, 1871년 파리 코뮌에서도 수많은 파리 시민과 노동자들이 학살당했지만, 1875년 온건한 민주주의라 할 수 있는 제3공화국이 수립되고 나서도 과거사 청산 문제는 정치적으로 거론되지 않았다. 당대의 시각에서 보았을 때, 보수 세력과 민주 세력 사이의 갈등과 각축은 어떤 의미에서 모두 자신들의 입장이 정당하다고 '주장'하고 또 그렇게 '인정'되는 세력들 사이의 투쟁이었던 만큼 민주주의가 실현된 이후 과거 투쟁 과정에서 빚어진 정치적 박해와 가해에 대한 진상 규명, 가해자의 처벌, 피해자의 명예 회복과 보상 등 과거사 청산 문제가 제기되지 않았던 것이다. 그러나 남아프리카공화국, 아르헨티나, 한국 등 현대의 비서구 국가들이 민주화 이후 겪은 사례에서 목격할 수 있듯이 자유민주주의와 권위주의라는 이중적 정치 질서가 중첩적으로 병존하는 경우에는, 과거 권위주의 정권의 반민주적 통치로 인해 초래된 정치적 박해나 가해를 둘러싼 과거사 청산 문제가

---

12) 1987년 민주화 이후 총선 투표율은 다소 기복이 있지만 지속적으로 하락하고 있다. 2008년 총선의 투표율은 46.1%에 불과했다. 2012년 총선 투표율이 54.2%로 상당히 높아지긴 했지만, 이는 민주화 초기의 70%를 넘는 투표율은 물론 2004년 총선의 60.6% 투표율에도 훨씬 못 미치는 수치다. 대통령 선거의 투표율 역시 민주화 초기의 80%를 웃도는 수준에서 점진적으로 낮아져 2002년에는 70.8%, 2007년에는 63.0%를 기록했다. 다만 2012년 선거에서는 75.8%라는 이례적으로 높은 투표율로 많은 이들을 놀라게 했다.

13) 목적론적 변화와 인과론적 변화의 구분에 대해서는 강정인(2004: 364-367)을 참조할 것.

첨예하게 제기된다.[14]

3. 비동시성의 동시성과 현대 한국정치의 이념적 지형
: 이념적 다양성, 격렬한 충돌, 진정성 논쟁

이 장에서 다루게 될 질문은, 비서구 정치체에서 '비동시성의 동시성'에 따라 자유주의, 보수주의, 민족주의, 급진주의 등 서구의 여러 이데올로 기들의 출현이 압축적·동시적으로 이루어지는 경우, 서구에서처럼 점진 적·계기적으로 일어나는 경우와 비교해서 어떤 특징이 나타나는가 하는 것이다. 앞서 논의한 이중적 질서의 중첩적 병존 이외에 한국정치의 이념 적 지형이 시현하는 다양한 양상들을 간략히 제시해 보면 다음과 같다.

1) 최종적인 완성물로서 다양한 이데올로기의 수용

비동시성의 동시성은 한국 현대정치에서 정치사상이 내재적 발전 계 기를 거치면서 자생적으로 성장하기보다는 그 계기를 생략 또는 압축당 한 채 외부로부터 최종적인 완성 형태로서 수용되는 양상을 빚어냈다.

---

14) 물론 이런 해석이 오늘날 비서구 권위주의 국가들이 민주화 이후 모두 과거사 청산 문제 를 체계적으로 또는 성공적으로 추진했다는 사실을 주장하려는 것은 아니다. 대다수 동남 아시아 국가들이나 라틴아메리카 국가들에서는 민주화가 진행된 후에도 군부 세력이 강 력히 존속하든지 아니면 권위주의적 집권세력의 저항이 드세거나 다른 복잡한 현실적 변 수들이 존재하기 때문에, 과거사 청산을 정치적 문제로서 제대로 제기하지 못하거나 제기 했더라도 온전히 실천에 옮기지 못하는 것이 현실이다. 그렇다 해도 오늘날 민주화된 비 서구 후발국에서는 과거사 청산 문제가 정당하게 제기될 '명분'이 존재한다는 점에서 서 구와 다르다는 점은 명심할 필요가 있다.

정치사상의 혁신 과정을 돌이켜 볼 때, 중심부에서는 대체로 정치 세계의 급격한 변화에 따라, 혹은 이론 내적인 모순에서 기인한 사상적 패러다임의 붕괴 가능성에 의해 내재적으로 또 원초적으로 사상의 혁신을 도모하는 경우가 많다. 반면 주변부에서는 외세에 의한 정치공동체의 생존 위협(및 이를 극복하기 위한 정치공동체 자체의 변화 필요성) 또는 보편적으로 여겨지는 선진적인 외래 사상을 수용할 필요로 인해, 내재적으로 사상을 혁신하기보다 외래 사상을 수용해 자기화(自己化)하는 예가 더 빈번하다. 따라서 사회의 변화는 물론 사상의 변화 역시 목적론적 성격을 강하게 띠게 되고, 나아가 목표로서 추구되는 사상은 주변부 사회에서 내재적인 정당성을 확보하기에 앞서 선진적인(또는 우월적인) 중심부에서 유입되었다는 점에서 '빌려온 정당성(borrowed legitimacy)'을 누리게 된다.

이런 현상은 주변부 사회의 특수성을 강하게 반영할 수밖에 없는 민족주의나 보수주의와 같은 이데올로기보다 좀 더 보편적인 성격을 띠는 자유주의와 사회주의와 같은 이데올로기에서 훨씬 더 현저하다. 또한 앞에서도 언급했지만, 목적론적 변화와 수용의 성격상 주변부에서 파생적으로 출현한 자유주의나 사회주의는 수용 당시 중심부에서의 최종적 산물인 완제품이 수입된 것이었다. 따라서 해방 후 한국에 출현한 자유주의는 17~18세기의 과두제적 부르주아 공화정의 이데올로기가 아니라, 서구에서 진화 과정을 겪으면서 최종적으로 일반 대중의 참정권을 폭넓게 인정한 자유민주주의의 형태였다. 마찬가지로 일제 강점기 한반도 사회주의 사상의 주류는 러시아 혁명 이후 정식화된 마르크스-레닌주의였다.[15] 또한 해방 후 한국에서 전개된 보수주의와 민족주의는, 19세기 유럽 대륙에서 전개된 대부분의 보수주의나 민족주의가 민주주의에 적대적이었던 것과 달리, 민주주의를 포용하는 20세기의 버전이었다. 우리는 이러한 사실을 비동시성의 동시성이 가져온 '선진적' 또는 '선제적 (preemptive)' 효과로 풀이할 수 있다.

이와 같은 식으로 후발적인 주변부에 수용된 사상은 중심부에서와는 다른 역사적 궤적을 밟는다. 서구의 경우 영국에서 자유주의가 처음 등장했을 때, 자유주의는 '저항이념'으로서 "종교적 순응", "귀속적 신분" 및 정치적 절대주의에 저항했고, 혁명·내전 등 정치적 투쟁과 진통을 통해 종국적으로 '지배이념'으로서 지위를 자생적으로 확보했다(볼·대거, 2006: 91-171).[16] 그러나 한국과 같은 후발국에서 자유주의는 자체적으로 수용·소화해 전개되는 경로를 따르기보다는, 세계사적 이념 지형의 선차적 규정과 '빌려온 정당성'에 따라, 그리고 제2차 세계대전 종전과 함께 남한을 점령한 미국의 압도적인 영향력 아래서, 자유주의의 최종적 완성 형태인 자유민주주의가 위로부터 지배이념으로 수용되었다.[17]

해방 이후 남한에서 자유주의는 이처럼 '지배이념'으로 도입되었지만, 그것을 내재적으로 소화해 운용할 역량을 갖추지 못했기 때문에(일국사

---

15) 물론 조소앙이나 여운형과 같은 독립운동가들은 마르크스-레닌주의적 사회주의보다는 사회민주주의를 선호했다. 그렇기 때문에 해방공간에서 좌우합작에 적극적으로 참여했다.

16) 자명한 논점이지만, 영국에서 자유주의가 선진적이고 본격적으로 전개되었을 때 서유럽 국가 대부분은 동일 문명권 내에서 동시대적인 역사적 공간을 공유하며 상호 영향을 주고받고 있었다. 따라서 비록 인접국들이 자유주의를 전개하는 과정에서 영국 자유주의의 영향을 받기는 했지만, 이들 국가에 '비동시성의 동시성'이 적용되었다고 보기는 어려운 것 같다.

17) 물론 이러한 서술이 일제 강점기 상해 임시정부를 비롯한 독립운동 진영에서 조소앙이 정식화한 것으로 알려진 '삼균주의' 등 민주주의의 내면화 과정이 있었음을 부정하는 것은 아니다. 다만 이 내면화 과정 역시 투쟁적 실천이 수반된 것이라기보다는 세계사적 이념 지형의 선차적 규정과 '빌려온 정당성'에 따라 추동되었다 할 수 있다. 이 같은 지적은 해방 후 활동했던 정치지도자 대다수가 민주주의를 표방함에도 민주적 실천에서는 대단히 미흡했다는 점에서 새삼 확인된다. 이 점에서 민주주의의 수용은 여전히 관념적 차원의 이해에 머물러 있었다.

적 시간대의 미숙 또는 반발), 권위주의적 보수 정권을 명목적으로 정당화하는 다분히 허구적인 이념으로 기능했다. 그리고 이로 인해 권위주의에 저항하는 민주화운동 과정에서 자유주의는, 민주화 세력이 주장하는 '저항이념'으로 하강한 후 민주화와 함께 재차 '지배이념'으로 상승하는 역의 경로를 거쳤다(문지영, 2009). 비록 자유주의가 외부에서 한국으로 수용된 것이라 해도, 19세기 말 독립협회 등의 개화파 인사나 애국 계몽 운동을 포함한 개혁운동이 자유주의를 저항이념으로 내세워 유교적 정치질서를 타파하거나 혁신하면서 자율적인 근대화를 이룩했더라면(물론 이는 반[反]사실적인 가정이지만), 자유주의는 그 과정에서 서구에서처럼 저항이념을 거쳐 지배이념으로 상승할 계기를 확보할 수도 있었을 것이다. 그러나 조선은 이런 시도를 변변히 해보지도 못한 상태에서 일본의 식민지로 병합되었다. 뒤이어 일제는 조선의 전통적인 정치질서를 무너뜨렸지만, 그 통치는 정치적 자유주의와는 거리가 멀었다. 일제는 자본주의적 경제질서를 도입해 기업 활동의 자유 등 경제활동의 자유만을 부분적으로 보장했으며, 3·1운동 이후에는 일시적으로만 문화적 자유를 보장했다. 그리하여 식민지 한국에서 정치적 자유주의는 지리멸렬한 상태에서 지배이념으로서도 저항이념으로서도 정치적 활력을 축적하지 못했다.

해방 후에는 분단정부 수립과 함께 자유민주주의가 최종적인 완성 형태로서 수용되어 헌법에 명문화되었지만, 이는 위로부터 표면상의 또는 형식상의 지배이념으로 수용된 것에 불과했다. 무엇보다 자유민주주의가 저항이념으로서 전통문화의 잔재인 권위주의나 군주전제(專制)의 요소를 혁파함으로써 문화적 헤게모니를 축적·장악하는 과정을 거치지 못했을 뿐만 아니라 실제 정치 현실에서도 권위주의가 군림했기 때문에, 현대 한국정치에서 정치적 자유주의는 제도와 현실이 표리부동한 이중적 국면을 겪게 되었다. 따라서 권위주의 치하에서 전개된 자유주의적 민주화운동은 저항이념으로서의 자유주의를 '민주회복' 또는 '민주수호'라는 슬로건으로 재차 호명하면서, 진정한 지배이념으로서 현실화할 것을 촉구하는 측면을 띠게 되었는데, 자유주의의 이러한 이중적 분화 현상은 서구와는 달리 한국과 같은 주변부 후발국에서 자유주의가 지배이념에서 저항이념으로 전환하는 역의 경로를 보여 주었다. 한국의 민주화 과정은 이 점에서 저항이념으로서의 자유주의가 재차 지배이념으로 상승하는 과정이었다고 풀이할 수 있다. 요컨대 영국·프랑스와 같은 서구의 선발국에서 자유주의가 단순히 저항이념에서 지배이념으로 상승하는 과정을 밟았다면, 제2차 세계대전 이후 독립한 한국과 같은 국가에서는 자유주의가 지배이념으로 도입된 후, 권위주의 정권에 저항하는 과정에서 저항이념으로 기능하고 다시 민주화와 함께 지배이념으로 재상승하는 복합적 경로를 밟았던 것이다(문지영, 2009).

또한 자유주의의 최종적 완제품인 자유민주주의가 남한의 분단정부에 수용된 사실은 서구의 경우 자유주의와 민주주의가 상호 보완적이면서도 대립적인 관계를 형성하면서 자유민주주의로 수렴한 데 반해, 한국정치에서는 자유주의와 민주주의 사이의 모순적인 긴장 관계가 적어도 민주화 이전에는 형성되지 않았다는 점과 긴밀하게 연관되어 있다. 영국에서 기원한 자유주의는 보통선거권의 실시에 따른 중우정치의 위험, 다수의 횡포로 인한 재산권 등 개인의 자유에 대한 침해 등을 이유로 민주주의에 반대했던 데 반해, 해방 후 남한에서는 '빌려 온 정당성'의 선제적 효과 덕분에 자유민주주의가 아무런 반발 없이 수용되었다. 또한 권위주의 정권에 저항한 반대세력 역시 자유주의와 민주주의 사이의 갈등을 느끼지 않으면서 민주화를 요구했다.[18] 그런데 한국정치는 상대적으로 진보적인 김대중-노무현 정부가 들어선 이래 오히려 자유주의와 민주주의 간의 첨예한 갈등을 경험한 바 있다. 이는, 뉴라이트 등 자유주의적으로 변신한 보수 세력이 법치주의, 헌법재판, 삼권분립, '작은 정부, 큰 시장', 사유재산권 보호 등을 내세우면서 개혁적 민주정부를 압박하고, 사회보장제도 등 분배정책의 강화와 일반 시민의 정치 참여 활성화에 반대하기 위해 '포퓰리즘(populism)' 또는 '친북좌파 정권'이라는 담론 공세로 개혁적 민주정부를 몰아붙였기 때문이다.[19]

2) 다양한 이데올로기의 조급한 충돌과 자유민주주의의 조숙한 보수화

영국과 프랑스 등 서구 주요 국가 근대 정치사상의 전개 과정에서 자유주의, 보수주의, 사회주의 등 주요 정치사상이 순차적(계기적)으로 출현한 데 반해, 한국과 같은 주변부 후발국에서는 이런 사상들이 동시적(압축적)으로 수용되었다. 예를 들어 영국과 프랑스에서는 자유주의가 먼저 출현하고, 뒤이어 자유주의에 대항해 구체제를 옹호하기 위한 보수주의가 의식적인 전통주의로서 출현했으며, 마지막으로 산업화 및 자본주의의 본격적인 진전과 더불어 자유주의-자본주의를 비판하는 사회주의가 등장했다. 영국의 자유주의는 이 과정에서 18세기 초부터 19세기 후반까지 적어도 거의 150년 동안 사회주의의 본격적인 도전을 받지 않은 상태에서 보수주의와의 투쟁을 통해 지배이념으로서의 지위를 확고히

---

18) 단, 1980년대에 급진 운동권이 지향한 민주주의는 궁극적으로 자유민주주의의 틀을 넘어서고자 했기 때문에 이런 서술이 적용되지 않는다.

19) 서구 민주국가들 역시 민주화 이후 사회보장제도의 확대를 도모하거나 수정자본주의적 정책을 채택하고자 했을 때, 자유주의자들의 격렬한 반대에 부딪혔다. 민주화 이후 한국 보수주의의 전개 과정 또는 자유주의와 민주주의의 충돌에 대해서는 박찬표(2007b)와 강정인(2008a)을 참조할 것.

다질 수 있는 충분한 역사적 여유를 누렸다. 또 프랑스의 자유주의(또는 공화주의)는 1789년 프랑스대혁명 이후 1848년 2월 혁명의 발발 시기까지 혁명적 독재 또는 왕정복고 세력과 힘겨운 싸움을 치르기는 했지만, 상당한 시간을 거치면서 지배이념으로서의 지위를 굳혔다. 나아가 양국에서는 자유주의가 사회주의의 도전과 함께 보수화되고, 보수주의 역시 사회주의라는 급진적인 이념에 맞서 자유주의화되는 과정에서, 자유주의와 보수주의가 점차 수렴·연대하는 경향을 보여 왔다.[20] 아울러 혁명적 사회주의의 도전에 직면하여 자유주의가 부분적으로 사회주의적 요소를 수용해 버전업한 '복지 자유주의(welfare liberalism)'가 토머스 그린(Thomas H. Green) 등에 의해 19세기 후반 영국에서 출현하고, 또 프랑스·독일 등에서는 의회주의를 통해 사회주의로의 점진적 이행을 추구하는 온건한 사회민주주의가 출현해 자유주의와 사회주의가 상호 접근하는 양상을 보여 주기도 했다. 한편 영국과 프랑스에 비해 국민국가의 수립이 지연되고, 또 산업화는 물론 사상의 전개 역시 압축적인 과정을 보였던 독일에서는 독일 민족의 통일 과정에서 민족주의와 자유주의가 연대할 필요성이 제기되었고(Langewiesche, 2000: xiv-xvi), 사회주의의 조숙한 출현으로 자유주의가 그 역사적 진보성을 다 수행·소진하지 못한 상태에서, 국가사회주의라는 이름을 내건 반동적 극우 민족주의(나치즘)의 출현이라는 독특한 양상이 나타났다.

이 점에서 한국은 영국이나 프랑스보다는 독일에 가까운데, 그렇다 하더라도 독일보다 훨씬 더 후발적으로 근대를 맞이한 만큼 비동시성의 동

---

20) 마르크스와 엥겔스의 〈공산당 선언〉이 발표된 1848년을 사회주의의 본격적인 도전이 시작된 기점으로 볼 수 있을 것이다.

시성으로 인한 다양한 이데올로기들 사이의 갈등이 훨씬 더 치열한 양상을 띠었다. 일본의 식민지 상태이던 1920년대에 독립운동 진영에서 독립 투쟁의 전략과 독립국가의 정치적 미래상을 놓고 자유주의와 사회주의가 거의 동시에 출현해 격렬하게 대립했고,[21] 해방공간에서도 자유주의와 사회주의는 아무런 시차 없이 출현해 서로 격돌했던 것이다. 그런데 해방 정국에서 남한이 일제로부터 물려받은 정치경제적 상황을 고려할 때, 보수 세력인 이승만과 한국민주당 등이 추진·추구하고자 했던 자본주의적 경제질서나 자유민주주의적 정치질서는 보수되어야 할 기존 질서라기보다는 오히려 혁신적 또는 개혁적으로 장차 실현되어야 할 '진보적' 성격을 지닌 것이었다. 지주-소작제가 광범위하게 온존된 전근대적 경제체제는 자본주의적으로 향후 개조되어야 할 질서였고, 일본의 파시즘적인 식민지 정치체제 역시 자유민주주의적으로 혁파되어야 할 질서였다. 이 점에서 한국의 보수주의자들에게도 당대의 역사적 과제는 자본주의와 자유민주주의를 좀 더 온전히 실현하기 위해 한국사회를 혁신적으로 개조하는 일이었다. 다시 말해, 자본주의와 자유민주주의는 완성된 체제로서 보수되어야 할 기존 질서가 아니라 미래의 과제로서 실현되어야 할 질서로서의 성격이 더 강했던 것이다(강정인, 2009b: 44).

이렇게 본다면, 해방 정국에서 자유주의와 사회주의는 모두 진보적인 잠재력을 갖추고 있었지만, 지배이념으로 수용된 자유주의는 조숙하게 출현한 사회주의에 맞서 조기에 보수화하는 양상을 드러냈다. 지배이념으로서의 자유주의는 한국의 정치 현실을 자유주의적으로 개혁할 수 있

---

21) 앞에서 언급한 대로 한국에서 자유주의가 출현한 시점을 19세기 말의 개화운동, 독립협회 운동, 애국 계몽 운동 등에서 찾는 경우 자유주의의 기원은 좀 더 소급될 것이다.

는 이념적 활력과 계급적 역량이 미비한 상태에서 자유주의보다 호소력이 더 광범위한 사회주의에 직면하게 되자, 사회주의로부터 자신을 방어하기 위해 일거에 보수화·반동화할 수밖에 없었던 것이다. 게다가 보수적 집권세력은 북한과의 대결 속에서 국가안보를 위한 반공의 필요성, 근대화를 위한 경제발전의 시급성 등을 주장하면서 정치적 우선순위에서 자유민주주의의 온전한 실천을 배제하고 권위주의적 통치를 유지하는 것을 정당화하고자 했다.[22] 이에 따라 분단정부가 수립된 이후 역대 권위주의 정권에서 자본주의적 경제질서는 정착되어 간 반면, 권위주의 정권에 대한 정치적 반대 세력들에게 자유민주주의는 자신의 이념에 적합하게 현실 정치를 온전히 개혁하지 못한 상태에서 사회주의 북한 체제에 맞서 단순히 권위주의 체제를 옹호하는, 다분히 허구화된 명분으로 비쳐졌다(강정인, 2009b: 45-49).

3) 탈맥락적으로 갈등하는 이데올로기들

한국과 같은 후발국에서는 이처럼 동시적으로 출현한 여러 이데올로기들이 "내재적인 가치"나 "논리적인 정합성" 차원이 아니라 사변적 추상성의 차원에서, 곧 상대 이데올로기에 대한 탈(脫)맥락적인 이데올로기적(관념적) 비판을 통해 그 정당성을 둘러싸고 경합하기 때문에, 이데올로기들의 충돌이 적어도 외견상으로는 더욱 격렬하고 급진적인 성격을 띠게 되었다(마루야마, 1998: 70 참조). 서구에서처럼 ― 각국의 구체적인 경험은 상이하지만 ― 여러 사상의 출현이 점진적·계기적으로 이루어지는 경우에는, 진보적 이데올로기인 자유주의가 지배이념으로서 사회적·

---

22) 이에 대해서는 강정인(2004: 297-354)을 참조할 것.

정치적 개혁을 어느 정도 자유주의적 비전에 따라서 추진한 이후에 드러
난 현실적 모순을 놓고 사회주의가 도전하는 만큼, 대립의 지점이 좀 더
실제적이고 구체적이었다. 그러나 한국의 상황처럼, 자유주의가 지배 이
데올로기로서 정치공동체를 주조하기 이전에 도전 이데올로기로서 등장
한 사회주의는 자유주의의 "내재적인 가치"나 "논리적인 정합성"을 비판
하기에 앞서(마루야마, 1998: 70), 자유주의를 그 이데올로기적 측면에서
공박하는 관념적 급진성과 교조성을 강하게 띠었다.[23] 이 경우 자유주의
나 사회주의 모두 현실세계를 장악하지 못한 관념적 차원에 머물러 있기
때문에 이들의 대결은 현실성을 결여한 관념의 세계에서 상호 타협과 대
화를 거부한 채, 훨씬 더 강한 반동성 또는 급진성 그리고 이 둘이 조합
된 내용적 공허성과 교조적 격렬성을 띠고 분출되었다. 해방 이후 좌우
익의 이념적 대결이나 1980년대 급진 운동권에서 진행된 사상적 논쟁은
이런 모습을 잘 보여 주는 대표적 사례라 할 수 있다.[24]

---

23) 민주화 이전은 물론 민주화 이후 상당 기간 한국의 많은 사회주의적 운동 세력이나 지식
　　인들이 부르주아 계급도 제대로 형성되지 않은 한국사회에 대한 면밀한 분석과 성찰은 외
　　면한 채, 그리고 인권 보장, 법의 지배, 권력분립 등 자유민주주의의 기본적 원리가 제대
　　로 실현되지 않은 군부 권위주의 정권하에서, 마르크스주의적 입장에 따라 한국의 자유민
　　주주의를 본질적으로 부르주아 계급의 이데올로기, 한국의 자유민주주의를 부르주아 민
　　주주의라고 규정하고 이를 비판·배척한 것이 그 대표적 사례에 해당한다(임영일, 1991:
　　76-77). 그렇지만 이 책의 본문에서 비동시성의 변증법 효과를 강조하는 논변은 어느 정
　　도 완화될 필요가 있다. 좌파와 우파의 격렬한 이데올로기적 충돌은 남북한의 격렬한 이
　　념적 대결과 그 배후에 있는 전 세계적 냉전이라는 정치 현실을 일정 부분 반영한 것이기
　　때문이다. 그렇더라도, 격렬한 이념적 갈등과 관련해 민족 분단의 영향력을 지나치게 강
　　조하는 입장 역시 근시안적이라 할 수 있다. 마루야마 마사오는 한국처럼 민족 분단을 경
　　험하지 않은 전전(戰前)의 일본에서 이미 동일한 현상을 발견했기 때문이다.
24) 민주화 이후 한국정치에서 드러나는 좌우파의 정치적 논쟁이나 이념적 대결 역시 이러한
　　과거 전통을 계승한 것으로 보이는데, 이는 오랫동안 지속된 권위주의 시기에 억압되고
　　은폐되었던 갈등의 공개적인 분출인 만큼 매우 소란스러운 양상을 드러냈다.

이와 같은 현상은 메이지유신 이후 서구적 근대화를 급진적으로 추진해 온 일본의 지성계에서도 발견되는바, 마루야마 마사오(丸山眞男)는 이를 예리하게 포착하고 있다. 그는 이 현상을 후발국인 일본 정치의 이념적 지형에서 "이데올로기 비판의 조숙한 등장"이라는 개념을 통해 파악하고 있다. 여기서 이데올로기 비판이란 "…… 사상을 그 내재적인 가치나 논리적 정합성이라는 관점에서보다도 오히려 '바깥으로부터', 즉 사상이 수행하는 정치적·사회적 역할 — 현실의 은폐나 미화와 같은 — 을 지적함으로써, 혹은 그 배후에 숨겨져 있는 동기나 의도의 폭로를 통해서 비판하는 양식"을 지칭한다(마루야마, 1998: 70).

이데올로기 비판은 마르크스가 본격적으로 발전시킨 것으로 마르크스의 경우에는 서구의 "근대 시민사회 및 근대 합리주의가 내포한 문제성에 대한 조숙한" 비판으로서 나름대로 당대의 사회에 대한 역사적 맥락을 확보하고 있었다(마루야마, 1998: 70). 그렇지만 마루야마 마사오가 보기에 일본의 상황에는 그런 이데올로기 비판이 일본사회가 아니라 서구의 역사적 맥락을 중심으로, 곧 일본의 현실을 도외시한 채 서구중심적으로 전개된다는 점에서 문제가 심각했다. 그는 이 점을 다음과 같이 지적한다.

메이지유신 이래 일본이 추구하는 진화의 목표는 '선진' 유럽이었으므로, 거기서 사상을 평가하는 데서도 서양 콤플렉스와 진보 콤플렉스는 떼놓을 수 없게 결부되어 사상 상호간의 우[열]이, 일본의 지반에서 현실적으로 갖는 의미라는 관념보다는 흔히 서양사에서 그들 사상이 생겨난 시대의 선후(先後)에 의해 정해진다. …… 온갖 이데올로기를 일본의 현실이라는 장(場)에서 검증하는 절차를 거치지 않고 사회적 문맥을 빼버린 채 사상의 역사적 진화나 발전을 도식화하는 것이었는데 …… (마루야마, 1998: 76-79).[25]

마루야마 마사오는 이러한 관점에서 1950년 일본에서 좌우 이데올로기의 격렬한 대립이 보여 준 표면적 급진성과 내용적 공허함을 다음과 같이 지적하고 있다.

현재 문제가 되고 있는 그런 이데올로기 ― 예를 들어 자유주의라든가 공산주의라든가, 사회민주주의라든가 하는 ― 는 사상(思想)으로서는 어느 것이나 수입된 것이며, 일본인이 스스로 생활 체험 속에서 만들어간 것은 아니지. 민주주의가 미국인에게 이른바 '삶의 양식'이 되어 있는 것과는 달리, 일본인의 일상 생활양식과 그런 다양한 이데올로기는 실은 아직 거의 대부분 무매개적으로 병존하고 있는 데 머물러 있어. 이런 사실은 끊임없이 지적되면서도 일본의 인텔리 내지 의사(擬似) 인텔리는 정작 당면한 정세를 판단하는 단계가 되면 흔히 그런 기본적인 사실을 잊어버리거나 혹은 고의로 눈길을 돌려버려서, 마치 미국적 민주주의와 소련적 공산주의의 투쟁과 같은 도식으로 일본의 정치적 현실을 재단해가려고 하지(마루야마, 1997: 181).

마루야마가 지적한 이러한 경향은 한국에서도 예외가 아니었다. 한국에서도 이처럼 표면적으로 요란스럽게 진행된 이념 논쟁과 대립은 현실과의 매개 없이 담론투쟁의 수준에서만 진행되는 경향이 농후했기 때문에, 논쟁이 되는 이데올로기들이 한국인들의 일상적인 생활양식으로 뿌리를 내리는 데는 실질적인 기여를 하지 못했던 것으로 보인다(김동춘, 1997b).

25) 마루야마 마사오는 이 사례의 대표적 예로 일본의 한 보수적 지식인이 "진화론을 내걸고 천부인권론의 '망상'"을 유행에 뒤떨어진 시대착오적이고 진부한 것으로 비판한 것을 꼽는다(마루야마, 1998: 78-81).

4) 진정성 논쟁

위에서 언급한 논점과 연관된 것이지만, 후발국에서는 비동시성의 동시성이 빚어내는 효과의 하나로 각종 이데올로기에 대한 진정성(authenticity) 논쟁이 서구보다 더욱 빈번하고 격렬하게 일어난다. 서구에서는 사상이 생성되는 과정이 원초적이고 점진적이었기 때문에, 각 사상이 충분한 정치사회적 기반을 확보할 수 있었다. 또 '빌려온 정당성'에 편승해 사회 현실보다 조숙하게 또는 선진적으로 수용된 것이 아니어서, 자유주의, 사회주의, 보수주의, 민족주의 등 각종 사상에 관한 진정성 논쟁이 별로 발생하지 않았다. 게다가 어떤 사상의 발생과 전개에 대한 고찰이 그 사상이 충분히 성숙한 뒤에 사후적으로 이루어진 만큼 당대에 진정성 논쟁이 일어날 소지가 별로 없었다.

예를 들어 우리가 사용하는 '자유주의'의 정치적 용례는 스페인 의회의 한 파벌이 '자유주의자들(Liberales)'이라는 명칭을 사용하기 시작했던 19세기 초에 나타났다. 그 후 이 용어가 스페인에서 프랑스와 영국으로 건너갔는데, "영국에서는 휘그(Whig)로 알려진 정당이 1840년대에 이르러 자유당(Liberal Party)으로 발전했다"(볼·대거, 2006: 92). 그렇기 때문에 그전에 활약한 존 로크(John Locke), 샤를 드 몽테스키외(Charles de Montesquieu), 볼테르(Voltaire), 애덤 스미스(Adam Smith) 등이 진정한 자유주의자인지 아닌지에 대한 (학술적 논쟁은 몰라도) 정치적 논쟁이 당대는 물론 후대에도 제기될 필요가 없었다.

보수주의 역시 마찬가지인데, '보수주의'라는 단어는 프랑스의 프랑수아 샤토브리앙(François-René de Chateaubriand)이 발행해 단명에 그친 잡지 《보수주의자(Le Conservateur)》(1818~1820)의 이름에서 유래했다(Klemperer, 1972: 164). 그러나 잘 알다시피 오늘날 우리가 보수주의의 원조 사상가로 부르는 영국의 에드먼드 버크(Edmund Burke)는 자신의 보수주의 사상을 1789년 프랑스대혁명이 발발한 직후에 본격적으로 주장하기 시작했다(Burke, 1978). 따라서 형식적으로 보면 버크나 그와 동시대에 활동했던 보수적인 토리당의 정치가들은 '보수주의 이전의 보수주의자'라 말할 수 있다. 마찬가지로 프랑스혁명에 격렬하게 반발했던 보수주의 사상가 조제프 드 메스트르(Joseph de Maistre)나 미국 독립 시기에 활약했던 보수주의적 정치가 존 애덤스(John Adams), 알렉산더 해밀턴(Alexander Hamilton) 등도 주로 1820년대 이전에 활동했으며, 이들 역시 사후적(事後的)으로 보수주의 사상가로 평가된 것이다. 그래서 이러한 인물들을 놓고 당대에 이들이 진정한 보수주의자인지에 대한 정치적 논쟁이 제기될 가능성은 아예 없었다. 후대에 논쟁이 일어나더라도 이는 정치적이라기보다는 학술적인 차원의 고증적 논쟁에 불과했다. 예외적으로 마르크스주의는 그 사상이 당대에 또는 사후적으로 얻게 된 교조성과 독점성 때문에 일종의 "이론 신앙"으로 전환되었고,[26] 이로 인해 진정성 논쟁이 당대는 물론 후대에도 마르크스주의의 현저한 속성이 되었다. 그 결과 역사적으로 오랫동안 정통-수정 마르크스주의 논쟁이 일어나게 되었는데, 이는 사상으로서 마르크스주의가 지닌 독특한 특성과 역사에서 비롯한 것으로 해석하는 편이 온당할 것이다.

이와 달리 한국 현대정치에서는 각종 이데올로기에 대해 진정성 논쟁이 빈번하고 격렬하게 일어났다. 이 현상은 좀 더 심층적으로 원인을 탐구할 필요가 있겠지만, 비서구 국가 일반의 속성과 한국정치의 특유한

---

26) 간단히 말해 "이론 내지 사상의 물신숭배 경향"을 마루야마 마사오는 "이론 신앙"이라 부른다. 이에 대한 자세한 설명으로는 마루야마(1998: 118-121) 참조.

속성이 한데 얽혀서 발생한 것으로 추정된다. 무엇보다도 한국 현대정치에 수용되고 논의된 다양한 이데올로기들이 그 원산지를 서구에 두고 있고, 유동적이고 유연한 역사적 전개 과정을 생략당한 채 대부분 최종적인 완제품 형태로 수입되었기에, 서구의 이데올로기를 초역사적이고 본질주의적으로 보편화·이상화해 일종의 모델(이념형)로 설정했다는 점을 들 수 있다. 그러나 역설적으로 한국의 역사적·정치적 상황은 서구의 이데올로기가 원산지에서 실현된 형태로 수용·전개되는 것을 좀처럼 용납하지 않았다. 이처럼 '보편적으로 상정된 서구의 이데올로기'와 '한국정치에서 현실화된 이데올로기' 사이의 현저한 균열 및 괴리가 무엇보다도 진정성 논쟁을 가져온 주된 원인이라고 지목할 수 있다.

이와 같은 진정성 논쟁을 한국사회에서 통용되는 자유주의 담론에 적용해 보자. 필자는 한국정치에서 '반공주의적' 자유주의와 '반공적' 자유주의를 구분하고자 하는데, 전자는 반공을 위해 국민의 자유와 기본권의 본질적 내용에 대한 희생(침해)을 감수할 태세가 되어 있는 입장이고, 후자는 반공을 받아들이지만, 이를 위해 자유와 기본권의 본질적 내용을 희생하는 것을 용납하지 않으려는 입장이다. 전자가 지배이념으로서 자유주의의 입장이라면, 후자는 저항이념으로서 자유주의의 입장이라 할 수 있다.[27] 따라서 지배이념으로서의 자유주의, 곧 반공을 자유보다 우선시하는 '반공주의적' 자유주의는 종종 진정한 또는 서구적 의미의 자유주의에 부합하지 않는다는 이유로 '양심적', '진정한', '진짜' 자유주의(자)에 대비되는 '사이비', '의사(擬似)', '얼치기', '엉터리', '가짜', '타락한', '어용적', '종

---

27) 예를 들어 함석헌, 장준하 등이 후자에 속한다 할 수 있다. 그들 역시 반공적 입장을 견지하여 남한의 분단정부 수립에 동조했지만, 그들은 집권세력의 반공주의적 자유주의에 반발해 저항적 자유주의자로 변신하여 권위주의 정권에 저항했다.

속적' 자유주의(자)로 호명된다. 이는 한국 자유주의자의 행태에 대한 신랄한 비판이기도 하지만 동시에 진정성 논쟁을 담고 있는 것이다.[28]

이와 달리 대체로 보수적인 집권세력이나 정치인들이 자신들과 정치적 의견을 달리하는 정치인들을 '빨갱이', '친북좌파', '좌경' 또는 '불순 좌익' 세력으로 몰아세우면서 제기하는 색깔 논쟁 역시 자유주의에 대한 진정성 논쟁을 역설적으로 함축하고 있다고 해석할 수 있다. 이들은 '반공주의적' 자유주의의 입장에서 중도적인 이념적 입장을 일절 용인하지 않고 한국정치의 이념적 지형을 단순히 '우파 자유주의'와 '좌파 공산주의'의 이분법에 따라 파악한 뒤, 자신에게 반대하는 세력을 모두 '자유주의'에 반대하는 '좌파 공산주의자'로 몰아붙이는 논리를 전개해 왔다.[29] 이 논리는 (자신들이 편협하게 이해한 '반공=자유주의'라는 도식에 따라) 오직 자신들만을 '진정한' 자유주의자로 자처하는 심성에서 비롯하는데, 색깔공세 역시 이 점에서 자유주의에 대한 진정성 논쟁을 역설적 또는 은폐된 차원에서 함축하고 있다고 풀이할 수 있다. 이런 심성은 반공주의에 대한 물신적 숭배(근본적으로는 공산주의에 대한 공포)에서 유래하는 것으로, 이들 보수 집권세력이나 정치인들은 비(非)반공주의적 자유주의를 일종의 형용모순으로 받아들일 법하다.

또 다른 예로, 서구의 자유주의를 온전히 고수하고자 하는 한 자유주의적 지식인은 우리 사회에서 '자유주의'란 서양에서 수입된 말 중 "가장

---

28) 이들 표현은 김동춘(1996a: 2006)과 조희연(2003)에서 발췌한 것이다. 김동춘은 자유주의자가 주장하는 '양심의 자유'를 긍정적으로 보기도 하지만, 대체로 그들의 행적을 부정적으로 평가한다(김동춘, 2006: 171, 173, 179-180, 184 참조).

29) 심지어 이승만 대통령은 정치적 필요에 따라 자신의 정치적 입장에 반대하는 조병옥과 같은 명백한 우파 정치인들마저 '빨갱이'로 몰아붙이는 것을 주저하지 않았다.

오해가 심한 말"일 것이라고 지적하면서, 이를 "수구적 인사들"은 "반공주의와 동일어로 오용"하는 반면에, "진보적 인사들"은 "탐욕스러운 이기주의라고 비난하는" 현실에 대해 개탄한 바 있다. 그는 이 같은 현상이 "억압적이고 차별적이었던 절대군주제와 전통적 계급사회를 무너뜨리고 민주주의와 법치주의라는 근대 시민사회를 건설한 근대 시민들의 건강한 이념"인 자유주의에 대한 오해에서 비롯되었다고 주장한다(이근식, 2001: 13). 한국사회에서 자유주의에 대한 만연된 오해와 올바른 이해를 강조하는 그의 이런 주장에는 '자신과 같은 진정한 자유주의자가 한국 사회에서 오해받고 있다'는 푸념이 섞여 있는데, 이 점에서 그의 주장 역시 진정성 논쟁에 연관되어 있다.

진정성 논쟁은 보수주의에서도 나타나는데, 이는 한국 보수주의를 비난하기 위해 '진정한' (또는 서구적 의미의) 보수주의와 대조적으로 사용하는 '보수 반동', '수구' 또는 '수구 꼴통'이라는 표현에서 직접적으로 발견되며, 또 그러한 비난을 피하기 위해 '개혁적', '합리적', '중도' 보수라는 용어를 사용하는 데서도 간접적으로 확인된다. 반면 정당들이 선거를 앞두고 안정을 희구하는 보수 성향의 중산층의 표를 얻으려고 경쟁할 때에는 '선명' 보수 논쟁이 정치판을 장식하기도 했다. 1996년 실시된 15대 총선을 앞두고 신한국당과 자유민주연합은 스스로를 '보수 원조' 또는 '원조 보수' 또는 '정통 보수'로 자처하면서, 국민들의 반공의식을 동원하는 색깔공세의 일환으로 개혁적 보수를 내세운 김대중의 새정치국민회의를 '위장 보수'라고 공격하기도 했다.[30] 이 같은 현상 역시 보수주의에

---

30) 2007년 12월 대통령 선거를 앞두고 이회창은 정통 보수의 기치를 들고 한나라당을 탈당해 무소속으로 출마했다. 그러나 그가 위장 보수라 공격한 후보가 여당인 대통합민주신당의 정동영 후보가 아니라 한나라당의 이명박 후보였다는 점은 매우 흥미롭다. 정통 보수

대한 진정성 논쟁을 함축하고 있다고 볼 수 있다.

민주화운동이 혁명적 기운을 머금고 있던 1980년대에는 급진 운동권 내에서 누가 진정한 마르크스주의자인가를 놓고 격렬한 논쟁이 일어나곤 했는데, 이는 한국이 후발국으로서 서구의 사상을 수용했다는 사실보다는 앞에서 언급한 마르크스주의의 교조적 성격에서 유래하는 것으로 해석하는 편이 온당하다.

한국 민족주의에 대한 정치적·학술적 논의에서도 진정성 논쟁은 매우 빈번하게 표출된다.[31] 민족주의에서 일어나는 진정성 논쟁은 일제 강점기의 친일 논쟁, 일제의 식민지 통치 평가 및 그 후 국교 정상화 등 한일 간의 정치적 분쟁, 남북분단으로 인해 제기된 민족 통일 문제, 정치지도자들이 취한 다양한 정책 등을 중심으로 특정 정치인의 행적과 사상을 민족주의적으로 해석할 수 있는가를 두고 특히 격렬하게 전개된다. 일제 강점기의 국권 상실 경험과 민족해방투쟁, 해방 후 남북분단으로 인한 통일된 민족국가 수립의 비극적 좌절과 뒤이은 동족상잔의 6·25 전쟁, 민족의 지상 과제로 설정된 통일에의 열망 등으로 한국에서 민족주의는 (오염될 수도 있는) 자유주의·사회주의·보수주의와 달리 '오염될 수 없는' 또는 '오염되어서는 안 되는' 일종의 성역화된 이데올로기로 군림해 왔다.[32] 민족주의를 둘러싼 진정성 논쟁은 남북한 정권 사이와 남한 내 정

를 자처하는 입장에서 볼 때, 위장 보수는 좌와 우 양편에 모두 존재하는 것 같다. 뉴라이트 역시 과거 우익 세력에 의해 기회주의적인 위장 보수라고 공격을 받았다.

31) '민족주의의 신성화'를 다루는 제4장에서 이 문제를 본격적으로 검토할 것이다.

32) 물론 제2차 세계대전 이후 식민지 상태에서 벗어나 독립한 거의 모든 신생국가에서 민족주의는 다른 이데올로기보다 선차적이고 우월한 위상을 확보해 왔다. 그러나 한국은 해방과 함께 진주한 미소 양국에 의한 분단, 동족상잔의 6·25 전쟁, 통일에의 열망이라는 예외적인 경험 때문에 민족주의가 더욱 특별한 지위를 차지하고 있으며, 이는 한국정치 이

치세력 사이라는 두 차원에서 전개되었다. 남북한의 집권세력은 항상 자신들만을 민족을 대변하는 정통적 정권으로 자처하고, 상대방 정권을 외세의 괴뢰(또는 예속정권)이자 분단을 획책하고 유지하는 민족 반역자(또는 반민족, 역도[逆徒])로 비난하면서 합법적인 정치적 실체로서 인정하기를 거부해 왔다.[33] 그리고 현대 남한 정치에서도, 예를 들어 이승만·박정희 대통령의 행적이나 정책을 민족주의적인 것으로 평가할 수 있는가를 놓고 격렬한 논쟁이 진행되어 왔다. 그리하여 민족주의를 논하는 글에서 어떤 학자는 "이승만 시기와 박정희 시기의 민족주의"를, 비록 민족주의적 담론이나 수사를 남발하기는 했지만 "민족주의 세력을 억압하고 탄압하는 반민족주의적 민족주의"였다는 모순어법을 통해 평가하기도 했다 (박명림, 1996b: 66). 이처럼 현대 한국정치에서 민족주의는 일종의 '정치적 종교'의 위상을 차지하고 있는 만큼, 어떤 정치세력이나 정치인을 '민족 반역자', '반민족주의자' 또는 '반민족적'으로 규정하는 언술은 사실상 정치적 사형선고의 효과를 노리는 것이었다.

넘적 지형의 매우 독특한 특징이라 할 수 있다. 필자는 이를 '민족주의의 신성화'로 개념화하여 제4장에서 본격적으로 검토한다.

33) 민주화 이후 남한정부는 북한정권을 반민족으로 몰아붙이는 이런 호칭을 점차 삼갔다. 이에 반해 북한 당국은 남한의 보수 정권, 특히 이명박과 박근혜 정부에 대해 '역적 패당', '괴뢰 패당' 등의 호칭을 여전히 사용하고 있다.

4. 맺는말

　지금까지 해방과 분단 이후 민주화 이전 시기까지 다양한 이데올로기들의 출현이 압축적·동시적으로 이루어진 한국정치 이념적 지형의 특징을 그 이데올로기들이 점진적·계기적으로 일어난 서구와 비교하면서 고찰했다. 물론 이를 통해 드러난 특징은 그것이 전체적인 이념적 지형이든 개별 이데올로기이든 다분히 시론적 수준에서 검토된 것이어서, 현대 한국 정치사상사를 본격적으로 집필하려 한다면, 좀 더 구체적이고 정교한 작업이 필요하리라고 생각된다. 그러나 지금까지의 논의를 토대로 판단하더라도, 서구에서는 300년에 걸쳐 전개·진화된 다양한 이데올로기들이 현대 한국정치에서는 비동시성의 동시성으로 인해 불과 40년 동안에 압축적으로 수용·분출되다 보니, 지금까지 필자가 제시한 무척 흥미로운 양상들이 나타난 것이라고 말할 수 있을 것이다.

　그러나 이는 해방 이후만이 아니라 일제 강점기에도 한국 지식인이나 활동가들 사이에서 어렵지 않게 관찰되는 현상이었다는 점을, 자명하지만, 상기할 필요가 있다. 예를 들어 이승만 집권기에 다양한 정치적 역정을 겪었던 서상일은 자신의 1930년대 경험을 "모두가 구라파의 새로운 지식에 생소한지라 새로운 책을 읽을 때마다 의견이 달라지거나 노선이 바뀌지거나 하는 일이 많았고, 극좌의 정치철학을 논하면서 봉건적 제도의 부활을 주장하는가 하면, 극우의 정치이론을 이야기하면서 모든 재산의 사회화"를 내세우곤 했다고 회고했다(서상일, 1957: 53; 서중석, 2009: 330-331에서 재인용). 이러한 상황은 그로부터 20~30년이 지난 후에도 큰 변함이 없었는데, 한 개인의 내면에 존재하는 '이념의 혼란스러운 잡거현상'을 진보적인 혁신운동에 투신했다가 5·16 군사쿠데타 이후 옥고를 치르기도 한 고정훈은 1960년대에 〈옥중단상〉이라는 시에서 이렇게 표현했다.

> 나는 이중인격자, 아니 삼중인격자다.
> 머리는 사회주의자, 이상주의자, 합리주의자.
> 가슴은 민족주의자, 낭만주의자, 모험주의자.
> 배는 자본주의자, 현실주의자, 본능주의자.
> 이렇게 나는 모순덩어리의 실존적 인간이다.
> (고정훈 외, 1966: 34; 서중석, 2009: 331에서 재인용).

필자는 결론에서 비동시성의 동시성이라는 문제를 총체적으로 조망하고 거시적인 차원에서 민주화와 함께 한국정치 이념적 지형의 구조적 조건인 비동시성의 동시성이 서서히 해소되고 있다는 점을 논할 것이다. 그렇다 하더라도 비동시성의 동시성에서 빚어진 유산이 민주화 이후에도 여전히 강력하게 존속하고 있음을 부정할 수 없다.

민주화 이후 2000년대에 들어와서 한국의 정당체계를 보면 보수적인 자유주의 정당, 개혁적인 자유주의 정당, 사회민주주의적인 경향을 띤 진보정당이 나름대로 이념적 다양성을 시현하면서 정치의 광장을 장식하고 있다. 그러나 한국에서는 서구와 달리 특정 이데올로기를 앞세운 각 정당이 순차적·계기적으로 출현하면서 장기적인 숙성 또는 퇴적 과정을 통해 현실 정치에 내면화되는 과정을 거의 밟지 못했기 때문에, 정당이나 정치인들이 과연 자신들이 내세우는 이데올로기를 진지하게 신봉하면서 정치나 일상생활에서 일관되게 실천에 옮기고 있는지에 대해서는 의문이 제기된다.

가령 우리는 다음과 같이 물을 수 있다. 한국에서 자유주의자는 개인주의, 경제적 자유주의 및 정치적 자유주의를 일관되게 통합·수렴하면서 정치는 물론 일상생활에서 실천에 옮기고 있는가? 보수주의자는 한국의 과거 역사·전통·권위·역사에 뿌리를 내리려고 시도하면서 보수주의적 세계관을 현대정치에서 유기적으로 쇄신·적용시키기 위해 노력하고 있는가? 민족의 독립·발전 및 통일을 지향하는 민족주의자는 특히 대북관계에서 통일지향적 민족주의와 민주주의를 적절히 조화시키고 있는가? 마지막으로 진보적 성향의 사회(민주)주의자는 대외적으로는 사회주의 체제라기보다는 1인 독재체제라고 규정하는 것이 더 합당한 북한체제에 적절히 대처하면서 대내적으로는 신자유주의에 맞서 노동계급과 농민 등 민중들의 이익을 위해 체계적인 정책적 대안을 개발해 그들을 결집·동원하는 데 성공하고 있는가? 한국의 다양한 이데올로기들 또는 그 신봉자들은 이들 질문에 선뜻 긍정적으로 답변할 수 없기 때문에 항상적인 정체성의 위기, 진정성 논쟁에 시달리는 것 같다. 그 이유는 무엇보다도 종래 각종 이데올로기들이 한국적 풍토에 뿌리를 두고 일반 대중과의 상호작용을 통해 내재적으로 성장한 것이 아니라, 위로부터의 정치적 필요에 의해 외부로부터 성급히 수용되어 일시적으로 소모되는 일회용 소비재처럼 활용되어 왔기 때문이라고 생각된다. 즉 다양한 정파들이 상이한 정책의 개발과 집행을 통해 국민들을 설득하고(설득하며) 그 지지를 구하기 위한 생산재로서 이데올로기가 지닌 비전을 활용해야 하는데, 그러한 활용이 지체되어 왔기 때문이다. 그런 만큼 한국 정치에서는 정치적으로 귀감이 될 '용기 있는 보수주의자', '원칙적인 자유주의자', '균형감각을 갖춘 민족주의자', '대중성과 급진성을 겸비한 사회(민주)주의자'를 찾기는 민주화 이전은 물론 민주화 이후에도 여전히 힘들어 보인다.

제4장

한국 현대정치의 이념적 지형(2)
'민족주의의 신성화'

1. 글머리에

한국 현대정치의 이념적 지형의 내용적 특징으로 서구와 구분되는 '민족주의의 신성화'를 이해하기 위해서는 먼저 서구에서 민족주의의 전개 과정을 살펴볼 필요가 있다. 서구, 특히 영국과 프랑스의 근대 민족국가 건설 경험에서 2차적 이데올로기로서의 민족주의는 다른 정치 이데올로기들을 압도하지 않고 상대적으로 자유롭고 유연하게 그 이데올로기들과 협력관계를 형성했다. 왜냐하면 근대 초 영국과 프랑스는, 심각한 안보상의 위협이 없었던 것은 아니지만, 왕조 국가 단계에서 비교적 원만

◆ 이 장은 다음의 논문을 대대적으로 수정·증보하여 집필되었다.
  강정인·정승현(2013), 〈한국 현대정치의 이념적 지형: '민족주의의 신성화'〉, 《한국과국제정치》 제29권 제4호(겨울), 1-31, 서울: 경남대학교 극동문제연구소.

하게 이루어진 영토적 통합과 원민족(proto-nation)의 형성을 통해 강력한 국력을 쌓았고, 그 후에 근대 민족국가의 건설 과정에 접어들었기 때문이다. 안정된 왕조 국가를 기반으로 한 영국에서는 민족주의가 인민주권의 원리를 통해 자연스럽게 자유주의와 결합했고, 프랑스에서는 적어도 프랑스혁명 이후 19세기 후반까지는 민족주의가 공화주의에 편승하여 그 강렬한 색채를 드러내지 않았다.[1] 이러한 사실은 영국 자유주의의 사상적 밑그림에 해당하는 토머스 홉스와 존 로크의 사회계약론에 제시된 자연상태나 시민사회에서 민족형성의 문제가 전혀 거론되지 않았다는 점에서 확인할 수 있다. 프랑스 공화주의 사상을 결정적으로 조형한 장 자크 루소의 사회계약론에서도 마찬가지다. 홉스, 로크 및 루소는 사회계약론이라는 이론적 장치를 통해 자연상태의 개인들이 이미 동일한 언어와 문화를 공유하는 하나의 자연스러운 민족을 형성하고 또 일정한 영토를 확보하는 것을 전제로 해서 그 개인들의 자유와 권리를 보호할 수 있는 바람직한 국가의 모습을 고민했다.[2]

그러나 선발적으로 근대 국민국가를 구축한 영국과 프랑스의 위용과 압박에 직면해 영토와 민족의 미통합은 물론 시민혁명의 부재 등 독일의 후진성을 절감했던 독일의 철학자 요한 고틀리프 피히테(Johann Gottlieb Fichte)는 근대적 시민혁명 문제 못지않게 민족문제에 고심하지 않을 수

---

1) 이에 대한 영국의 경험과 관련해서는 이화용(2010)을, 프랑스와 관련해서는 홍태영(2010)을 참조할 것. 차기벽은 이미 오래전에 영국과 프랑스에서의 민족주의 출현과 관련하여 이 점을 예리하게 지적한 바 있다(차기벽, 1978: 23-24). 또한 프랑스에서는 19세기 말 블랑제(Boulanger) 사건, 드레퓌스(Dreyfus) 사건 등을 경유하면서 공화주의를 위협하는 극우파의 민족주의가 대두했다. 이에 대해서는 홍태영(2010: 특히 174-184)을 참조할 것.
2) 근대 사회계약론은 이처럼 민족의 형성 과정을 제외하는 등 탈역사적 서술로 인해 종종 비역사적이라는 비판을 받아 왔다.

없었다. 그리하여 피히테는 근대 국가가 형성되는 상이한 계기에 주목해 "개인과 공동체의 관계에서 발생하는 권리·의무관계"를 중시하는 "상호성"을 중심으로 수립된 "계약국가"와 (개개인의 선택을 초월한) 개인의 역사 공동체내적 존재를 중시하는 "공동성"을 중심으로 형성된 "민족국가"를 구분하고 양자의 관계에 주목했다(임금희, 2007: 118-121).[3] 다시 말해 영국과 프랑스에서 근대 국가의 건설은 왕조 국가에서 이미 형성된 민족과 영토를 전제로 시민혁명이라는 계급문제를 중심으로 진행되었고, 독일에서는 근대 국가의 건설이 봉건적 계급문제는 물론 민족의 형성과 통일이라는 두 가지 문제의 동시적 해결이라는 이중적 과제로 다가왔던 것이다.[4]

한국 근현대 정치사상사는 이러한 서구의 두 유형과는 또 달리 먼저 서구중심적 세계관이 부과한 비동시성의 동시성으로 인해 민족주의의 출현을 목도하게 되었다. 다시 말해 19세기말 한국사회는 서세동점에 직면하여 서구문명에 대한 열등성을 의식함과 동시에 근대화(개화)에 대한 열망을 싹틔우게 되었고, 이에 따라 이미 형성된 원민족과 일정한 영토에 기초해 (영국이나 프랑스처럼 시민계급이 아니라) 민족을 근대화의 주체로 설정하는 민족주의가 탄생하게 되었다(슈미드, 2009). 그런데 비동시성에 따른 민족주의의 출현은 서유럽과 대비된 동유럽에서 최초로 목격되었으며, 단지 한국과 같은 비서구 후발국에서는 민족주의가 더욱더 절박한 상황에서 출현했다고 할 수 있다. 파타 채터지(Partha Chatterjee)는 그

---

3) 이에 대한 상세한 논의로는 임금희(2007: 110-158)를 참조할 것.

4) 이 점에서 19세기 헤겔에 의한 국가의 신성화, 1930년대 나치에 의한 민족(과 국가)의 신성화가 독일에서 진행된 것은 우연이 아니라 할 수 있으며, 이는 한국정치의 이념적 지형에서 발견되는 '민족(주의)의 신성화'에 시사하는 바가 매우 크다.

출현 과정을 아래처럼 묘사한다.

'동구형'의 민족주의는 …… '자신들에게는 이제껏 낯선 문명에 새롭게 끌려 들어온 인민들' 사이에서 출현했는데, '조상에게서 물려받은 그들의 문화는 세계주의적이면서 갈수록 지배적인 표준들에 따른 성공과 탁월함에 적응하기 곤란한 것으로 보였다.' 그들은 …… 자기 민족의 후진성을 서유럽의 선발국이 설정한 일정한 지구적 표준들의 관점에서 측정했다. …… [그들은] 그러한 표준들이 낯선 문화에서 유래했고, 민족의 상속된 문화는 그 민족으로 하여금 그와 같은 진보의 표준들에 도달할 수 있도록 하는 데 필요한 적응의 수단을 제공하지 못한다는 점을 근본적으로 깨닫게 되었다. 그 결과 '동구형' 민족주의는 문화적으로 민족을 '재정비'하고, 변형하려는 노력을 수반했다. 하지만 그들은 단순히 낯선 문화를 모방함으로써 그럴 수는 없었다. 그렇게 되면 민족은 자신의 독특한 정체성을 상실할 것이기 때문이었다. 따라서 그들은 진보가 요구하는 바에 적응할 수 있게 하는 한편 동시에 그 독자성을 유지할 수 있도록 하는 민족문화의 갱생을 추구했다(Chatterjee, 1986: 2).[5]

비동시성의 변증법 이외에도, 한국 민족주의를 출현시킨 특수한 역사적 체험이 '민족주의의 신성화'라는 특징을 한국정치의 이념적 지형에 각인을 시켰다. 근대 민족국가의 수립 과정에서 서구 근대문명의 동아시아

---

5) 채터지는 이 인용문을 전후해서 존 플라메나츠(John Plamenatz)가 제기한 '서구형' 민족주의와 '동구형' 민족주의의 구분을 비판적으로 논하고 있다. 서구형 민족주의는 전형적으로 영국과 프랑스의 민족주의를, 동구형 민족주의는 동유럽·아시아·아프리카 및 라틴아메리카의 민족주의를 지칭한다(Chatterjee, 1986: 1-6).

침투에 따라 강압적이고 외생적인 근대화에 직면했던 한국은, 급기야 일본 제국주의에 의해 주권을 상실하면서 자력에 의한 근대화가 중단되었을 뿐만 아니라 심지어 역사적으로 오랫동안 당연시해 왔던 '국가와 원민족의 자연스러운 일치'에서 '국가 없는 민족'으로의 추락이라는 충격적 외상을 겪었기 때문에, 영국이나 프랑스는 물론 독일이 맞이한 상황과도 판이한 난관에 봉착하게 되었다. 이에 따라 한국에서는 적어도 1920년대 초 일제 식민지 치하에서 사회주의 이념을 수용할 때까지는 민족문제, 곧 민족의 사활 문제가 계급문제를 압도하면서 군림했다.[6] 게다가 한국의 민족주의는 이런 민족적 위기와 좌절을 겪는 과정에서 종족 민족주의로 응집해 왔다. 그리고 해방 이후 단일민족 이데올로기가 추가되면서 한국 민족주의의 종족주의적 특성은 더욱더 강고해졌다고 말할 수 있다.[7] 특히 식민지 경험을 공유한 다른 비서구 국가들과 달리 한국은 그토록 염원했던 민족해방의 실현이, 해방 직후 미소의 분할점령 및 정치세력의 분열로 뜻하지 않게 민족 분단(과 뒤이은 동족상잔의 6·25 전쟁)으로 귀결됨으로써 온전한 의미의 민족국가 건설로 이어지지 못했다.

이러한 충격과 상처에서 빚어진 콤플렉스로 인해 한국에서 민족주의는 다른 어떤 이념들보다 크고 무거운 정치적 상징성을 내포한 이념으

---

6) 물론 19세기 말 동학혁명이 상징하는 것처럼 반외세 못지않게 반봉건이라는 계급문제가 없었던 것은 아니다.

7) 박찬승의 연구에 따르면, 한국인들이 당연시하는 '단일 민족론'은 "해방 이후 사실상 처음 대두"했다(박찬승, 2010: 22). 단일 민족론은 해방 직후 신탁에 반대하기 위해, 또 남북한의 분단을 우려하면서 대두했고, 분단 이후에는 통일의 당위성을 강조하기 위해 사용되었다(박찬승, 2010: 103-116). 그렇지만 "이천만 민족은 동일한 단군 자손"이라는 《황성신문》(1908/03/13)의 표현처럼, 한국 민족이 "단일한 혈통을 유지해왔다는 의식"은 그 이전부터 존재했다(박찬승, 2010: 104-105에서 재인용).

로서 대다수 한국인들에게 불가침·무오류의 신성성을 획득하게 되었다. 물론 민족주의의 신성화는 한국 민족주의에만 국한된 현상은 아니다. 에릭 홉스봄(Eric Hobsbawm)은 "이념적 갈등이 있는 곳에서 민족이라는 상상된 공동체에 대한 호소는 모든 도전을 제압했던 것으로 보인다"라고 언급함으로써 민족주의의 신성화에 주목한 바 있다(Hobsbawm, 1990: 163). 그러나 남한의 경우에는 후발적으로 추진된 근대화의 과제에 더해, 분단에 따른 북한과의 체제경쟁 속에서 민족사의 정통성을 확보하고 승공통일을 성취하기 위해 사활을 걸고 자본주의적 근대화를 맹렬히 추진하지 않을 수 없었다. 민족주의는 이 때문에 더욱더 강렬한 색채를 띠게 되었고, 또한 강력한 신성화 과정을 겪게 되었다.[8]

　민족주의의 신성화는 민족주의의 신성성을 범접한 정치인과 정치세력 및 그들의 정책을 비판적으로 겨냥한 책의 제목들 —『비극의 현대지도자: 그들은 민족주의자인가 반민족주의자인가』(서중석, 2002),『배반당한 한국민족주의』(서중석, 2004) — 이나 또는 박정희의 민족주의 담론을 (민족주의의 무오류성 및 신성성을 전제하고) "분단국가의 국가주의가 민족주의를 가탁한 것"(강만길, 1987: 27)으로 규정하는 언명들에서 역설적으로 확인된다.[9] 반면, 민족주의의 신성화에 반발하는 임지현은『민족주의는 반역이다: 신화와 허무의 민족주의 담론을 넘어서』라는 도발적인 제목을 단 저서를 통해, 민족주의의 신성화에 관하여 "근대적 민족 국가의 건설

---

8) 물론 이 점은 주체사상과 유일체제를 발전시킨 사회주의 북한에도 동일하게 적용된다. 나아가 북한의 민족주의에 대한 강조는 사회주의권의 붕괴 이후 '우리민족제일주의'로 더욱 강력하게 분출되어 왔다.
9) 조희연 역시 비슷하게 박정희의 민족주의 관련 담론을 "의사 민족주의적 정서"(또는 "의식")에 호소하는 "의제적 민족주의"로 해석하면서, 민족주의의 신성화 및 민족주의를 둘러싼 진정성 논쟁에 가담한다(조희연, 2003: 73-74).

에 실패한 역사인 한국의 근·현대사에서 민족은 도덕적 심판의 준거이자 역사적 판단의 잣대", "역사가 한국인들에게 부과한 도덕적 정언명령이자 사회적 규범"으로 군림해 왔으며, "개개인의 삶 속에 체화된 이데올로기이자 종교"가 되었다고 비판한다(임지현, 1999: 6). 그는 이 같은 현상을 "각질화된 신화적 민족 이해"라고 규정하고 그것이 초래하는 부작용을 예리하게 비판하면서 이러한 "민족 신화 부수기 혹은 딴지걸기"가 민족주의 연구에 대한 자신의 소신이라는 점을 '민족주의는 반역이다'는 자극적인 제목을 통해 밝힌 것으로 보인다(임지현, 1999: 5-6).

이 장에서 필자는 민족주의의 신성화가 한국 현대정치의 이념적 지형에 미쳐 온 영향력을, 주로 민주화 이전 시기에 초점을 맞추어 '민족주의에 의한 여타 이념의 중층결정(overdetermination of other ideologies by nationalism)'과 '민족주의 내에서 민족주의의 어떤 한 과제(요소)가 다른 과제(요소)들을 압도하는 민족주의 내에서의 과잉결정(overpowering presence of one task/element over other tasks/elements in nationalism)'으로 나누어 논하고자 한다. 먼저 필자는 '민족주의에 의한 여타 이념의 중층결정' 개념을 통해 한국 현대정치를 규정해 온 보수주의, 자유(민주)주의, 민족주의, 급진주의 네 가지 이념 가운데 정당성의 원천으로서 민족주의가 다른 세 이념을 중층결정해 온 현상을 검토할 것이다.[10] 이어서

---

10) 이 장에서 '중층결정(overdetermination)'은 루이 알뛰세르의 개념을 빌려 온 것이다. 알뛰세르는 마르크스의 사적 유물론에 대한 해석에서 경제에 의한 상부구조의 결정이라는 종래의 주류적 입장에 반대했다. 그는 사회의 불균등 발전에 주목해 역사적 변화에 영향을 미치는 요인들의 상대적 자율성을 강조하면서 인과관계의 복잡성을 드러내는 '중층결정'이라는 개념을 제기했다. 그는 주로 경제, 정치 및 이데올로기라는 세 가지 요소들(또는 모순)이 "상대적 자율성"과 "고유한 효력"을 유지하면서 복합적으로 역사의 변화를 결정하지만, "최종층위"에서는 "경제가 역사의 흐름을 결정한다"라고 주장했다(알뛰세르,

'민족주의 내에서의 과잉결정' 개념을 통해 주요 정치 행위자 또는 세력들이 민족주의를 둘러싼 담론투쟁을 전개하는 과정에서, 민족주의를 구성하는 다양한 과제(요소), 예를 들어 분단 극복(또는 통일), 경제발전(또는 근대화), 반공(또는 분단), 민주주의 등에서 어느 한 과제를 우선적인 과제로 제시하고 강조·부과함에 따라 그 과제가 민족주의의 여러 과제 중 최고의 중요성을 획득하고 다른 과제들을 주변화하는 현상을 논할 것이다. 여기서 민족주의에 의한 여타 이념의 중층결정은 특히 한국 현대정치의 이념적 지형에서 보수주의·자유주의·급진주의 등 이념들 상호 간의 관

1997: 130-131). 그러나 중층결정 개념은 마르크스주의 틀을 넘어 비교적 느슨한 의미로 널리 쓰이고 있다. 예를 들어 미디어 학자인 엘라 쇼핫과 로버트 스탬(Ella Shohat and Robert Stam)은 서구중심주의와 관련해 서구(또는 서양, the West)의 개념을 논하면서 지리적으로 서쪽에 있는 라틴아메리카는 물론 터키·이집트·리비아 등이 서구에서 배제되는 한편, 그보다 동쪽에 있는 이스라엘이나 일본이 서구에 포함되는 언어관행에 주목한다. 따라서 그들은 오늘날 서구는 지리적 요소보다는 발전된 자본주의와 자유민주주의를 구가하는 국가들을 지칭하는 개념이라는 점에 착안해, "정치가 문화적 지리를 중층결정한다(politics overdetermines cultural geography)"는 표현을 사용한 바 있다(Shohat and Stam, 1994: 13). 필자 역시 중층결정 개념을, 마르크스주의적 맥락을 떠나, 자유주의·보수주의·민족주의·급진주의(사회주의) 등 다양한 이데올로기가 각축해 온 한국정치에서 부분적으로 상호 중복되기도 하는 개별 이데올로기가 그 정당성의 원천에서는 상대적 자율성을 유지해 왔지만, 한국정치를 특징지은 이념적 지형의 구조적·역사적 속성상 궁극적으로는 민족주의에 의해 여타 이데올로기의 정당성이 규정돼 왔음을 지칭하기 위해 사용한다. 여기서 정당성의 원천과 관련해 자유주의나 급진주의(사회주의)는 '개인의 자유'와 '계급의 해방'을 추구하는 보편적 이데올로기인 만큼 정당성의 원천에서 상대적인 자율성을 보유했다. 문제가 되는 것은 권위주의적 집권세력이 내세운 보수주의인데, 보수주의의 두 축인 (이중적 질서의 중첩적 병존에 따라 명분으로 내세운) 자유민주주의와 반공 및 근대화가 나름대로 정당성의 원천을 제공했다. 그러나 필자가 다른 글에서 지적한 바와 같이, 한국의 보수주의는 과거 전통 및 역사와 급격하게 단절된 '위로부터의 근대화'를 돌진적으로 추진하는 과정에서 "정치적 보수주의와 철학적 보수주의 간의 원초적 모순"을 경험함으로써 정당성이 취약했다고 할 수 있다. 한국 보수주의의 이러한 성격에 대한 논의로는 강정인(2004: 316-320)을 참조할 것.

계에 주목하며 정치 행위자들의 주관적 의지를 넘어서 영향력을 행사하는 구조적 현상에 접근하는 개념이다. 이에 반해, 민족주의 내에서의 과잉결정(압도적 현전)은 이념적 지형이 허용한 자율적인 공간에서 담론투쟁을 전개하는 행위자들의 주체적 입장(이념적 입장)과 그들이 행사하는 헤게모니(그람시적 의미에서 지적·도덕적 리더십 또는 합의)에 초점을 맞추고 민족주의 내 다양한 과제(요소) 사이의 경합적인 관계에 착안하는 개념이라 할 수 있다.[11] 이러한 구분을 염두에 두고 이 장에서는 먼저 '민족주의에 의한 여타 이념의 중층결정'을 논하고, 이어서 '민족주의 내에서의 과잉결정'을 검토하겠다.[12]

2. 민족주의에 의한 여타 이념의 중층결정

한국 현대정치에서 민족주의가 신성화됨에 따라 민족주의는 모든 정치이념의 공통분모인 동시에 모든 정치세력의 정통성을 평가하는 원천적 언어로 정립되었다(김동춘, 1996a: 301; 임지현, 1999: 52-53; 하상복·김수자, 2009: 208). 곧 한국정치의 이념적 지형에서 민족주의가 여타 이데

---

11) 과잉결정 역시 정치적 입장이나 이념을 공유하는 정치적 행위자들에게는 중층결정으로 나타날 법하지만, 관찰자 또는 그렇지 않은 행위자에게는 과장된 주장의 결과로 보일 것이다. 이 점에서 과잉결정은 중층결정과 달리 그 결과가 유동적이고 논쟁적이며 미결상태라는 점을 시사한다.

12) 그러나 이 장에서 제시되는 필자의 논변은 한국 현대정치 이념적 지형의 특징을 장기적이고 거시적인 관점에서 시론적으로 개관하는 것이기에 정교한 논변을 전개하기보다는 중요한 특징을 개괄적으로 제시하고 이를 예시하는 데 그치는 한계를 갖는다. 따라서 이는 추후 제기되는 학계의 반박과 논쟁에 따라 좀 더 치밀한 논리구성과 엄밀한 역사해석을 통해 보완될 필요가 있다.

올로기를 압도하고 정당화하는 '최상의 이데올로기' 또는 '이념 중의 이념'으로 군림하는 민족주의의 신성화 현상이 전개되었던 것이다.[13] 이에 따라 현대 한국정치의 이념적 지형은 정당성의 원천에서 민족주의에 의한 여타 이데올로기의 중층결정이라는 현상이 빚어지게 되었다.

민족주의는 "자기 완결적 논리 구조"를 갖추지 못하고 흔히 다른 이데올로기들과 결합해서 그 내용을 보강하고 효력을 발휘하는 '백지 위의 이데올로기' 또는 '이차적 이데올로기'의 성격을 강하게 띤다(임지현, 1999: 24).[14] 이에 따라 민족주의는 역사적으로 근·현대 세계의 변화 및 발전과 함께 그 목표와 의제가 확장되고 추가됨으로써 다른 이데올로기와 중첩되고 또 포괄적인 이데올로기로 전화하는 경향이 있다.

그러나 19세기 말까지 근대 민족주의의 주요 목표는 대체로 민족자결의 원칙에 따라 독립된 민족(국민)국가를 건설하는 것, 곧 "정치적 단위와 민족적 단위의 일치"를 추구하는 것으로 국한되었다(겔너, 2009: 15). 이 경우 민족주의가 반드시 자유주의나 민주주의 이념을 담아내야 하는 것은 아니었다. 따라서 영국·프랑스와 같은 선발 국가의 경우, 민족주의에는 민

---

13) 김보현은 진보적 민족주의자에게 현저하게 나타나는 이 현상을 민족주의의 '신화화'로 규정한다(김보현, 2006: 28). 그러나 '민족주의의 신성화' 현상은 제7장에서 논할 것처럼, 박정희의 민족주의 담론에서도 선명하게 관찰된다. 또한 필자는 '민족주의의 신화화' 개념이 진보적 민족주의자들에 의해 구성된 민족주의가 현실성을 결여한 가공적인 것이라는 점을 예리하게 지적하고 있지만, '민족주의의 신성화' 개념을 통해 필자가 강조하려는 논점, 예를 들어 민족주의를 둘러싼 진정성 논쟁, 민족주의의 무오류성, 모든 것을 판단하는 최상위 규범으로서의 민족주의의 군림 등을 '민족주의의 신화화' 개념이 담기는 어렵다고 생각한다. 이런 이유로 필자는 '민족주의의 신성화' 개념을 더 선호한다.

14) 국내 학계에서는 민족주의가 그 자체가 목적인 독자적 이데올로기인가 아니면 다른 이데올로기가 내포한 보편적 이념과 가치를 실현하도록 도와주는 단순히 수단적인 이데올로기인가를 놓고 의견이 갈린다. 이에 대한 소개와 논의로는 박찬승(2010: 237-239)을 참조할 것.

족주의의 주된 담당자인 부르주아 시민계급이 내세운 자유주의나 공화주의의 요소가 포함되어 있었지만, 독일 통일을 완성하고 제정 독일을 수립하는 데 기여한 비스마르크나 메이지유신을 주도한 일본의 정치가들, 곧 민족국가의 건설과 부흥(부국강병)에 이바지한 19세기 정치가들의 민족주의에는 자유주의나 공화주의가 내포되어 있지 않았고 오히려 보수주의나 국가주의가 실려 있었다. 하지만 이념적 성향이 보수주의적 또는 국가주의적이었다는 이유로 그들을 민족주의자의 범주에서 제외하지 않는다.

그러나 제2차 세계대전 이후 식민지에서 해방된 비서구 신생국들은 민족주의의 최우선적 목표인 자주 독립국가의 지위를 획득하는 데서 더 나아가 다양한 과제 — 경제개발과 산업화를 통한 민족의 경제적 자립과 번영, 민족구성원의 평등한 관계를 정치적으로 구체화하는 민주주의의 실현, 민족의 통합·통일, 강대국으로의 부상을 통한 과거 영광의 재현, 민족문화의 보존과 부흥을 통한 민족정체성의 확립 등 — 를 모두 민족주의의 목표로 설정하고 동시에 추진하지 않을 수 없었다.[15] 이러한 과제들의 성공적 수행이 민족의 "독립과 통일과 발전"에 기여할 것이기 때문이었다. 이처럼 비서구 후발국의 민족주의가 "민족의 독립과 통일과 발전"에 필요하다고 판단되는 다양한 과제를 끌어안게 됨에 따라 한국의 민족주의 또한 다차원적인 이데올로기로 변모하지 않을 수 없었다. 이 점이 20세기 후반에 출현한 비서구 후발국의 민족주의를 19세기 유럽의 고전적 민족주의와 구분 짓는 가장 현저한 특징이다.

일찍이 이극찬 역시 이 점에 주목해 "비서구적 민족주의의 특질[을]

---

15) 제3세계에서 혁명을 통해 사회주의국가를 건설한 경우에는 민족의 자주와 해방의 궁극적 목표로서 사회주의의 성공적 건설을 제시할 것이고, 이 점에서 사회주의 체제의 건설 역시 민족주의와 무관하지 않다.

서구의 민족주의에 있어서 단계적으로 잇따라 일어나는 제 유형이 동시적으로 뒤섞여서" 일어난나는 점에서 찾으면서, "동시성은 서구 세계에서 수세기의 오랜 세월에 걸쳐서 단행된 정치혁명·산업혁명·사상혁명…… 등을 또한 짧은 시일 내에 동시적으로 단행할 것을 비서구의 민족주의에다 강요하는 면"을 가지며 이로 인해 "비서구적 민족주의의 전개 과정에서는 여러 가지 문제점이 노출"된다고 언급한 적이 있다(이극찬, 1976: 21). 제3장에서 이미 인용했듯이, 박명림 역시 블로흐의 '비동시성의 변증법'을 원용하면서, 남한에서 비동시성을 가장 응축한 이념이 민족주의였다고 지적한 바 있다.

이런 상황에서 한국에서도 민족주의가 제기하는 다차원적인 과제들의 적절한 수행을 놓고 다양한 정치세력이 경합·대립했다. 곧 자유주의자, 보수주의자, 급진주의자들은 이들 과제 사이에 우선순위를 설정하는 방식, 그 과제들을 해석하는 방식, 그리고 자신들이 상정한 추진 주체와 전략 등이 실로 상이했기에 정치적으로 격돌했던 것이다. 이 과정에서 그들은 자신들의 입장을 각각의 이데올로기는 물론 신성화된 민족주의에 호소하면서 정당화했고, 이를 통해 민족주의가 다양한 이데올로기의 공통분모로서 궁극적으로 보수주의, 자유주의, 급진주의를 중층결정하는 현상이 빚어졌다. 다시 말해 애초에 다양한 이데올로기의 차이에서 비롯된 갈등이 우파(보수적) 민족주의자, 급진적(민중적 또는 사회주의적) 민족주의자, 자유주의적 민족주의자들 사이의 투쟁으로 전환되고, 그 결과 (중층결정과 과잉결정의 복합적 과정에서) 그들은 개별 이념의 정당성 못지않게 종국적으로는 '누가 진정한 민족주의자인가?'라는 '정통성' 또는 '진정성'을 놓고 충돌하게 되었다. 아래에서 이러한 현상을 개별 이데올로기와 민족주의 간의 관계에 주목하면서 검토할 것이다.

1) 보수주의와 민족주의

먼저 한국(남한) 보수주의를 '민족주의에 의한 여타 이념의 중층결정'이라는 관점에서 살펴볼 때, 한국에서 보수 세력이 권위주의 체제를 옹호하기 위해 내세운 반공과 통일(북진통일, 승공통일 등), 근대화(경제발전) 및 자유민주주의 담론은 모두 민족주의와 연관되어 있었다.[16] 남한의 역대 보수 정권은 남한정부가 한민족을 대표하는 유일한 합법정부이고, 북한정권은 소련을 추종하는 '괴뢰집단'이며 동족상잔의 6·25 남침전쟁을 도발했다고 주장했다. 남한으로서는 이처럼 반민족적인 북한 공산주의 정권의 존재와 그 침략 가능성이 바로 민족의 독립과 통일과 발전에 대한 위협이었다. 이에 따라 소련과 북한 공산주의에 반대하는 반공은 민족의 생존과 자주를 보존하고 민족사의 정통성을 수호하는 이념으로서 당연히 민족주의적 성격을 부여받았고, 나아가 대한민국의 국시(國是)로서 민족을 수호하는 최고의 원칙으로 부상했다. 이렇게 반공이 국시로 격상된 민족주의를 반공 민족주의라 할 수 있다.[17]

예를 들어 이승만은 1948년 5월 31일 「국회개원식축사」에서 기미년 3월 1일에 국민대회를 통해 "대한독립민주국임을 세계에 공포"한 3·1운동과 그 직후 "민주주의에 기초"를 세운 "임시정부"를 계승한 대한민국이 민족 정통성의 상속자라고 주장하는 한편(공보처, 1953: 1, 1948/05/31), 1950년 6월 20일 「정부지지를 요망」이라는 담화에서 북한을

---

16) 제2장에서 간략히 논했듯이, 이승만 대통령 시대에 보수적인 지배 이데올로기로 부과된 '일민주의' 담론은 명시적으로 민족주의적 성격을 드러내고 있는 만큼 여기서는 따로 논하지 않겠다. 이에 대해서는 김혜수(1995), 연정은(2003), 서중석(2005)을 참조할 것.

17) 이에 따라, 나중에 살펴볼 것처럼 민족을 개념화하는 데서 '반공'이념이 민족의 종족성을 압도하는 중층결정이 일어나고, 또 민족주의의 과제들 중에서 반공의 실천이 다른 과제들의 수행을 압도하는 과잉결정이 초래되었다.

"공산주의에 빠져서 남의 속국으로 국가의 독립과 인민의 자유를 다 포기하고 노예"로 지내는 반민주적·반민족적 체제로 규정하고(공보처, 1953: 35, 1950/06/20), 북한의 전복에 의해 남한이 공산화되면 "우리[도] 남의 속국이 되어 노예생활을 하게 될 것"(이승만, 1948, 「청년들은 궐기하여 반역분자 타도하라」, 1948/11/29)[18]이라면서 반공을 민족주의로 정당화했다.

박정희 역시 북한을 반민족으로 규정했는데, 북한 공산주의자들은 주체성이 없이 외세를 맹종하는 괴뢰이고 같은 민족인 남한의 동족을 학살하려고 전쟁 준비에만 광분하며, 우리의 민족사와 고유의 문화전통을 부정하기 때문에, 곧 민족사의 정통성에 반하기 때문에 '반민족'으로 낙인찍혔다.[19] 따라서 반민족으로 규정된 북한 공산주의자에게 맞서는 남한의 반공은 민족의 생존과 자주를 위해 필수적으로 요청되었으며, 또 민족의 양심과 민족사의 정통성을 수호하는 일인 만큼 당연히 민족주의적인 것이었다. 이는 곧 북한 공산주의자에 대한 '반공'을 '민족주의화'한 것에서 더 나아가 반공에 의한 민족주의의 과잉결정으로 해석할 수 있다.[20]

---

18) 이승만, 1948(「청년들은 궐기하여 반역분자 타도하라」, 1948/11/29, http://www.pa.go.kr/online_contents/speech/speech02/1310465_6175.html).
19) 이에 대한 상세한 논의는 박정희의 민족주의 담론을 논하는 제7장을 참조할 것.
20) 김정훈·조희연은 이승만 시기를 반공 민족주의의 형성기로 본다. 그들은 이 시기 "반공주의는 민족주의의 다양한 내용 중 반외세와 결합하여 반공민족주의로 나타났다"라고 하면서, "소련에 대한 반대, 즉 민족주의를 통해 반공=반소=반북을 접합하고" 있다고 해석한다(김정훈·조희연, 2003: 134). 그러나 이런 해석은 단지 부분적으로만 타당하다. 곧 논할 테지만, '반공'이념'이 민족의 '종족적 요소'를 압도하면서 민족 개념을 중층결정함에 따라 북한 공산주의자와 그 동조자들은 '반민족'으로 규정됨으로써 반공 자체가 '반외세'(곧 '반소')를 경유하지 않고 곧바로 민족주의로 전화하기 때문이다. 서중석 역시 친일파의 "극우반공주의"를 "자신들의 반공주의를 제외한 모든 정치적 주장을 억압하려고 하며, 자신들의 반공주의를 따르는 사람들만을 '민족'으로 간주하려고 한다"라고 하면서 "특수한 반공민족주의"로 개념화할 수 있다고 언급한다(서중석, 1996: 124).

이 같은 논리에 따라 북한에 맞서 전개된 남한의 집권 보수 세력의 국가안보 및 통일 담론 역시 자동적으로 민족주의적인 것으로 간주되었다.

이처럼 반공이 민족주의적이 되는 것과 동시에 공산주의자들 이른바 '빨갱이들'은 '반민족'이 되었으며, 민족의 종족주의적 의미가 덧씌워짐에 따라 빨갱이들은 '이념이 다른 같은 민족'이 아니라 '같은 종족이 아닌 별종의 인간'이 되었다. 그리하여 6·25 전쟁 기간이나 그 밖의 다른 시기에 무고한 민간인들을 '빨갱이'라고 규정하면서 학살한 일은 일종의 제노사이드(genocide)의 성격을 띠고 자행되었다. 곧 '빨갱이들(좌익)은 씨를 말려야 한다'는 표현이 이러한 심리적 사실을 웅변으로 입증했다. 다시 말해, '반공 민족주의'에 따라 민족을 구성하는 객관적 요소들(종족, 문화, 언어, 역사 등)이 아니라 정치이념(반공)에 근거해 민족과 반민족을 규정했는바, 이는 반공이 민족의 다른 객관적 요소를 압도하고 민족을 중층결정한 셈이라 할 수 있다.[21] 이어서 민족주의의 종족주의적 성격(인종주의적 성격)을 빌려 와, 민족의 범주에서 제외된 '반민족'을 인종청소적 차원에서 학살하는 비극적 현상 ― 반공의 인종차별주의로의 전화 ― 이 정당화되었던 것이다(김동춘, 2000: 187).

민족주의와 근대화(또는 경제발전)의 연결을 살펴본다면, (박정희 정권기부터 본격적으로 추진된) 경제발전을 통해 달성하고자 한 자립경제 역시 그 자체로 경제적 자립과 번영을 추구하는 민족주의적 목표였을 뿐만 아

---

21) 이와 달리 김구는 유명한 〈나의 소원〉에서 "오늘날 소위 좌우익이라는 것도 결국 영원한 혈통의 바다에 일어나는 일시적인 풍파에 불과"하다고 언명하면서 "사상"이나 "신앙"은 일시적이고 오직 "혈통적인 민족만이 영원"하다고 주장했다(김구, 1997: 370-71). 이 점에서 이승만 및 박정희와 다르게 김구에게는 민족의 종족적 규정이 이념적 규정을 압도했다고 할 수 있다.

니라, 자립경제 위에서만 (민족주의의 또 다른 목표인) 민주주의와 통일이 가능하다는 가정을 수반하고 있었기에 중첩적으로 민족주의적이었다. 박정희는 일찍이 『우리 민족의 나갈 길』에서 "우리 민족은 근대화의 역사적 과제를 앞에 놓고 있다"라고 말함으로써, 근대화가 민족주의의 핵심적(선차적) 과제임을 천명하면서 최우선 과제로 빈곤문제를 해결하기 위한 "경제자립"을 제시했다(박정희, 1962: 128-129).

나아가 한국의 보수 세력에게는 북한의 공산주의에 맞서서 지키고자 하는 자유민주주의 역시 '민족'의 자유와 개별 민족 성원의 자유를 보장하는 체제로 간주되었기 때문에 당연히 민족주의적 과제였다. 게다가 박정희는 "민주주의의 한국화"를 주장하면서(박정희, 1962: 130~131), 시기에 따라 "민족적 민주주의"와 "한국적 민주주의"를 제시했다. 이들 담론은 지속적인 경제발전과 (북한의 침략위협으로부터) 국가안보를 위해 서구식 민주주의를 한국의 전통과 역사에 알맞게 적응시킨 것이며, 한국의 특수성에 맞추어 민족의 자주성이나 주체성을 강조한 것이었다. 즉 박정희의 이 담론들은 '민족주의'에 호소함으로써 '민주적 정당성의 결핍'을 메우고자 한 이념적 기제였다.

2) 급진주의와 민족주의

민족주의에 의한 중층결정은 (사회주의 지향의) 급진주의에서도 발견된다. 먼저 사회주의의 역사를 살펴보면, 유럽에서 마르크스주의적 사회주의 사상은 애초에 자본주의의 발전이 민족과 같은 귀속적 정체성을 무력화시킬 것이라는 전제에서 출발한 보편주의와 국제주의를 표방하고 있었다. 그러나 마르크스주의의 국제주의는 마르크스 생존 당시에도 독일 사회주의 운동 내에서 민족주의의 도전에 직면함으로써 민족문제는 해결이 쉽지 않은 난제로 제기되었다.[22] 심지어 제1차 세계대전이 발발했을 때에는 종래 전쟁에 반대했던 유럽 각국의 사회주의 정당과 노동조합이 애초의 입장을 번복하고 자국 정부를 지지해 전쟁에 적극 참여하고 협력함으로써 급기야 제2인터내셔널(Second International)이 붕괴되는 사태가 초래되기도 했다. 이는 민족주의가 사회주의자들의 국제주의를 압도한 극적인 현상이었다. 또한 러시아 혁명의 성공 이후 결성된 코민테른(Comintern)에서도 사회주의 혁명과 식민지 민족해방을 결합하는 까다로운 이론적·실천적 문제는 지속적으로 사회주의자들을 괴롭힌 난제였다. 그러나 역사는 러시아 혁명 이후 비유럽 지역에서 성공적으로 수행된 사회주의 혁명—곧 중국, 북한, 쿠바, 베트남의 사회주의—의 사례들을 통해 사회주의 혁명 역시, 혁명가들이 내건 공식적인 수사와 상관없이, 제국주의나 식민주의의 굴레로부터 민족의 해방과 자주적인 민족국가의 수립이라는 민족주의적 과제와 결합하고 또 민족주의에 효과적으로 호소했을 때 비로소 성공할 수 있다는 점을 보여 주었다.[23] 이 점에서 적어도 비유럽 지역에서 사회주의 이념은 민족주의에 의해 중층결정되었다고 해석할 수 있다.

---

22) "노동계급은 조국이 없다고 주장했던 국제주의자 마르크스"와 달리, 당시 독일에서 마르크스의 주요 경쟁자였던 사회주의자 페르디난트 라살레(Ferdinand Lassalle)는 "모든 나라의 노동자들은 각자 고유한 사회주의의 길을 찾아야 한다고 믿었던 민족주의의 열렬한 신봉자였다"(볼·대거, 2006: 284).

23) 예를 들어, 마오쩌둥 지도하의 중국 공산당 역시 제국주의와 식민주의가 지배하는 국제관계에 주목해 세계를 부유한 부르주아 억압국가와 수탈당하고 억압받는 프롤레타리아 국가로 나누고 중국 민족 전체가 프롤레타리아라는 구도를 설정했다. 이를 통해 (제국주의의 앞잡이인 일부 반동계급을 제외한) 전체 중국 '민족'의 프롤레타리아 '계급화' 또는 프롤레타리아 '계급'의 중국 '민족화'라는 논리를 전개함으로써 공산주의 혁명을 성공적으로 수행했다고 풀이할 수 있다(볼·대거, 2006: 313-314).

이러한 현상은 한국의 현대정치사에서도 확인되는바, 한국의 경우 급진주의적인 정치 활동가 대다수는 일세 식민지 경험과 해방 후 직면한 남북분단으로 인해 처음부터 계급문제를 민족국가 수립의 틀 속에서 사유할 수밖에 없었다.[24] 해방 정국에서 박헌영 지도하의 조선공산당이 '8월 테제'에서 주장한 부르주아 민주주의 혁명노선 역시 '민족적 완전독립'을 목표로 제시함으로써 1차적으로 민족주의에 호소했다. 그러나 그들은 혁명의 동력에서 민족 부르주아지를 배제하여 과도하게 계급투쟁의 우선성을 선언하는 관념성과 교조성을 보이기도 했다(김남식, 1985). 하지만 여기에도 '계급의 적'은 곧 일본 또는 미국 제국주의에 부화뇌동하는 '민족의 적'이라는 '민족 대 반민족'의 구도가 스며들어 있었으며, 조선공산당이 민중을 동원하는 힘은 계급혁명의 슬로건보다는 오히려 친일파와 (그들을 비호하는) 미군정을 공격하는 민족주의적 수사에서 분출했다. 6·25 전쟁을 거치면서 분단체제가 공고화된 이후, 급진주의는 강고한 반공주의의 위세에 눌려 오랜 기간 노골적인 계급의 언어를 원천적으로 봉쇄당했다.

이승만 집권기에 급진주의가 정치적 힘을 가장 크게 발휘한 사례로서 조봉암과 진보당 그리고 제2공화국 시기에 일시 분출한 급진운동을 살펴보면, 급진주의자들은 그들이 제기한 제도권 정치의 민주화, 주요 산업의 국유화, 계획경제의 실시 같은 사회민주주의적 의제보다는 이승만

---

24) 물론 일제 강점기에도 민족주의보다 보편적 계급해방을 우선시한 국제주의적 공산주의 흐름이 1920년대 초부터 형성되었다. 예를 들어 조선청년회연합회의 산하기관인 서울청년회의 김사국, 김한, 이영 등 공산주의자들은 1922년 2월 4일 자 《조선일보》에 발표한 선언문 〈전국 노동자 제군에게 고함〉에서 '한국의 민족주의자들을 적으로 돌리고 일본의 노동자들과 손을 잡는다'라는 취지의 선언을 함으로써 파문을 일으키기도 했다(《조선일보》, 1922/02/04; 이경남, 1981: 187에서 재인용).

의 북진통일론이나 민주당 정권의 반공통일 또는 '선건설 후통일론'에 반대하면서 내세운 평화통일론, 남북협상론, 중립화통일론이라는 통일지향적 민족주의에서 대중의 더 많은 주목을 받았다.[25] 그러나 박정희 집권기에는 철저한 금압 때문에 대중적 영향력을 가질 수 있었던 급진주의의 공개적인 분출은 거의 찾아보기 힘들다.

급진주의는 1980년 광주 민주화운동과 이에 대한 신군부의 유혈진압으로 점화된 1980년대 민주화운동 과정에서 부활했다. 급진 운동권은 그 전개 과정에서 처음부터 사회주의적 변혁 전망을 전반적으로 공유했지만, 그 강조점과 전략을 놓고 종국적으로는 — 대체로 1989년 이후 — 민족주의를 중요시해 외세 지배 척결을 강조한 민족해방론(NL)과, 계급해방에 좀 더 초점을 맞추어 예속독점자본의 철폐를 중시한 민중민주주의(PD)라는 큰 줄기로 나누어졌다(이재화, 1990). 그러나 급진운동을 이끈 주된 추동력은 전반적으로 분단과 독재정권 및 종속적 경제체제에 대한 주 책임자로 미국과 그 대리정권을 지목하는 반제국주의였으며, 그 바탕에는 민족주의가 깔려 있었다.[26] 다시 말해 분단체제의 성립 이후 전개된 한국 급진주의의 경우, 체제에 대한 변혁과 대안의 제시는 계급적 의제

---

25) 이 점에서 사회주의적 공약보다는 북한을 통일의 당사자로 받아들이는 통일론이, 이승만 정권의 국시였던 '반공'에 더 충격적인 의제였던 것으로 보인다. 그러나 4·19 이후 1960년 7월에 실시된 선거에서 급진주의자들의 이런 주장은 대중적 득표로 연결되지 못했고, 결과적으로 참패로 막을 내렸다. 한편 민주당은 1950년대에는 주로 민주주의 발전을 강조하는 '선민주 후통일론'을, 4·19 이후 집권하고 나서는 경제제일주의를 내세우면서 경제적 실력의 강화를 통한 '선건설 후통일론'을 주장했다(홍석률, 2001: 91).

26) 그러나 반제국주의의 일환으로 전개된 반미투쟁의 직접적인 표적이 '미국정부'가 아니라 전두환 정권이었다는 점에서 독재정권에 대한 민주화운동이 민족주의적 반미투쟁에 실려 분출되었다고 볼 수 있다. 이로 인해 반독재민주화 투쟁에 민족주의적 성격이 강하게 각인되었다. 이에 대해서는 나중에 다시 논할 것이다.

와 민족적 의제의 동시적·중첩적 제기를 통해서 이루어졌지만, 우리는 그 과정에서 전반적으로 민족주의기 시회주의를 중층결정해 온 현상을 발견하게 된다. 이를 좀 더 구체적으로 살펴보자.

1970년대 유신체제하에서 민주화운동 세력의 민족주의는 "민중주의"와 "민주주의"를 주된 내용으로 하고 있었는데, 여기서 민족주의는 "탈종속, 반외세 민족자주를 내용으로 하되 내부의 계급간의 이해의 대립과 갈등을 해결할 것을 지향하는 민중적 민족주의로서의 성격"을 띠고 있었다. 그러나 여기서 '반외세'는 외세에 대한 적극적인 저항이나 직접투쟁이라는 정치적인 측면을 내포하고 있다기보다는 "대외의존적인 정치경제구조에 대한 비판과 저항이라는 의미를 보다 강하게 함축"하고 있고, 독재체제와 분단구조의 형성 및 지속과 외세의 상호 연관성에 대한 명확한 인식은 결여되어 있었다(김동춘, 1996b: 166-167). 그러나 1980년대 전두환 정권에서 민주화운동은 혁명적 변혁을 추구하는 급진성을 띠기 시작했다. 18년 동안 지속된 박정희 정권에 이어 전두환 정권이라는 두 번의 군부 권위주의 정권의 경험으로 인해 이제 민주화운동은 "단순히 정권 교체나 민간정부 수립 혹은 독재 철폐라는 현상의 개혁 혹은 자유민주주의의 실현이라는 차원에서 한걸음 더 나아가 한국사회의 모순구조 자체"에 대한 전면적 해결을 요구하는 혁명적 변혁운동으로 발전했다. 이런 발전은 "제국주의나 자본주의에 대한 사회과학적 인식을 통해" 이루어졌고, 그 구체적 단초는 전두환을 우두머리로 하는 신군부에 의한 광주 민주화 운동의 유혈진압이 제공했다(김동택, 1992: 491).

1980년대 민주화운동을 전체적으로 보았을 때, 이념과 실천의 차원에서 반외세, 특히 반미의식이 크게 고양되었고, 이에 따라 단순히 경제구조의 대외종속성을 넘어 정치적 차원에서 민족의 해방을 추구한다는 민족주의적 이념과 분파(민족해방파)가 계급 모순과 해방을 중시하는 사회주의적 이념과 분파(민중민주주의파)를 종국적으로 압도했던 것으로 보인다. 이는 당시 민주화운동을 '민족'이라는 접두어를 붙여서 '민족민주운동', '민족민주혁명', '민족민주투쟁' 등으로 일컫는 데서도 단적으로 확인할 수 있다. 1970년대에 독재정권에 대한 저항운동이 단순히 '민주회복'이나 '민주수호' 운동으로 통칭된 것과 달리 1980년대에는 저항운동이 스스로를 (계급해방을 추구하는) '변혁운동'으로 자처하면서도 공식적으로는 '민족민주운동'으로 통칭하게 된 데에는 과거와는 다른 두 가지 의미가 추가된 것으로 보인다.

먼저 이 시기 발표·유포된 많은 문건에서 살펴볼 수 있듯이,[27] 저항세력은 자신들의 변혁운동의 기원과 전개 과정을 적어도 "동학농민전쟁 이래 면면히 지속되어 온 항일 민족해방투쟁, 4·19민주혁명, 5월 민중항쟁" 등을 중심으로 한 "반식민, 반봉건, 반독재 민족운동"이라는 장기적이고 거시적인 관점에서 파악했다(신동아 편집실, 1990: 36; 「민주화운동 (전국)청년연합 창립선언―민주, 민중, 민족통일을 우리 모두에게―」, 1983/09/30). 아울러 그들은 과거와 달리 외세에 의한 민족 분단이 독재정권의 지속 및 민중의 수탈과 직접적인 인과적 고리를 형성한다는 점

---

27) 당시 많은 문건이 제작·유포되었지만, 이 글에서는 1983년에 창립된 '민주화운동청년연합(민청련)'과 1985년에 조직된 '민주통일민중운동연합(민통련)'의 창립선언문에 특히 주목한다. 두 단체는 1983년 유화 국면이 조성된 이후 분출한 각종의 민중운동, 민주화운동 및 통일운동은 물론 직선제 개헌투쟁을 포함한 1987년 6월 항쟁을 조직하고 지도한 실질적인 구심체였기 때문이다. 다만 두 단체는 박정희 정권기부터 민주화운동에 종사한 다수의 재야 명망가들을 지도부에 포함하고 있던 만큼, 그들이 유포한 선언문은 1980년대 학생운동권에서 배포된 문건과 달리 '노골적이고 강렬한 구호'와 '자본주의를 직접적으로 부정하는 계급해방'의 언어가 나오지는 않는다. 이 점에서 앞서 논한 바 있는 1970년대의 '민중적 민족주의'를 상당 부분 계승하고 있다고 할 수 있다.

을 인식하고, 이른바 삼민이념(민족통일, 민주쟁취, 민중해방)에 바탕을 둔 "민주주의, 민중의 생존권 보장, 그리고 민족의 평화적 통일"이라는 과제를 상호 불가분적이고 유기적인 것으로 이해했다(앞의 글). 이에 따라 독재 권력은 외세에 편승해(또는 외세의 하수인으로서) 분단체제를 재생산하고 민중을 수탈하고 억압하는 "반민주적이고 반민족적"인 세력으로 인식되었다(앞의 글). 그 결과 반민주적이고 반민족적인 독재정권의 타도를 목표로 하는 저항운동은 단순히 일국 내의 민주화운동 차원을 넘어 지난 100여 년 동안 지속되어 온 외세의 침투와 억압을 극복한 민족해방을 통해 "자주적이고 민주적인 민족통일국가의 수립"을 지향하는 총체적인 민족운동으로 개념화되었다(신동아 편집실, 1990: 38; 민주·통일민중운동연합, 「민주·통일민중운동선언」, 1985/05/10).

둘째로, 1980년대 중반을 거치면서 급진적인 학생운동권 내에서 반미자주화 의식이 고조되면서, 운동의 전략으로서 외세, 특히 미국에 대한 직접투쟁론이 전면에 부상했다는 사실을 들 수 있다. 이는 신군부의 광주 민주화운동 유혈진압을 미국이 어떤 형태로든 승인(또는 묵인)하고 지원했다는 사실이 뒤늦게 밝혀짐에 따라 촉발되었다. 적어도 1970년대까지 한국인들의 미국에 대한 인식은 일반적으로 우호적이었다. 즉 미국은 일제의 압제로부터 나라를 구해 준 "해방자", 6·25 전쟁으로부터 남한을 지켜 주고 그 후 전쟁 복구사업을 지원해 준 "시혜자", 1960년 4·19 당시 자유당 정권의 몰락에 긍정적 영향을 미치고 박정희 정권의 인권탄압에 지속적인 압력을 행사해 온 "민주주의의 수호자"로 인식되어 왔던 것이다(민주화의 길, 1989: 50). 이에 따라 1980년 이전의 민주화운동에서 미국은 "저항의 대상"이라기보다는 "우호적인 실체"로 인식되었다(조희연, 1989: 20). 그러나 뒤늦게 밝혀진 사실을 통해 미국은 광주 민주화운동을 진압하기 위한 한국군의 증원 투입을 승인함으로써 그러한 환상이 허망한 것이었음을 확인해 준 것은 물론, 뒤이어 출범한 전두환 정권을 적극적으로 지원하고 승인해 줌으로써, 신군부의 무자비한 유혈진압에 분노하던 많은 한국인들은 이제 미국에 대해 엄청난 배신감과 함께 반미의식으로 무장하게 되었다.[28] 이 때문에 급진적인 학생운동의 일각에서는 민주화를 위해 단순히 전두환 군부정권만이 아니라 이를 조종하거나 비호하는 미국을 상대로 투쟁해야 한다는 입장이 제기되었고, 이와 함께 민주화운동은 민족해방투쟁의 성격을 더욱더 강하게 띠게 되었다. 이로 인해 1980년대 급진 운동권이 자신들의 운동을 '민족민주운동'으로 호칭하게 된 것으로 풀이된다. 아래에서 이 두 번째 측면을 좀 더 살펴보기로 하자.

1980년대 점증하는 반미의식은 1980년 서울대 유인물 사건(「미국은 과연 우리의 우방인가?」), 1982년 부산미문화원 방화사건, 1982년 강원대생 성조기 소각사건, 1985년 서울미문화원 점거농성사건 등 학생운동을 통해 분출되었고, 미국에 의한 (농산물 등) 수입시장 개방 압력으로 인해 일반 농민들 사이에서도 광범위하게 확산되었다. 그러나 이처럼 반미의식으로 무장한 민족해방론이 1980년대 초반부터 본격적으로 등장했던 것은 아니었다. 오히려 1980년대 초에는 급진 운동권 사이에서 마르크스

---

28) 그 외에도 1980년 주한미군사령관 존 위컴(John A. Wickham)과 1982년 주한미국대사 리처드 루이스 워커(Richard Louis Walker)의 한국민과 한국의 민주 세력에 대한 모욕적 발언은 일반 대중의 반미의식에 불을 질렀다. 1980년 8월 위컴은 "한국민의 국민성은 들쥐와 같으며 한국민에게는 민주주의가 적합하지 않다"라고 말한 것으로, 1982년 워커는 급진적인 학생운동을 가리켜 "광신적 국수주의자", "외국인 혐오의 비현실적 시각", "버릇없는 망나니들" 등의 표현을 사용하면서 비난한 것으로 전해진다(민주화의 길, 1989: 51).

주의 연구가 활기를 띠었고, 1985년을 전후해서는 변혁의 계급적 전망과 관련된 논쟁 — 이른바 'CNP논쟁' — 이 활발하게 제기되었다. CNP논쟁에서 시민민주주의혁명론(CDR), 민족민주주의혁명론(NDR), 민중민주주의혁명론(PDR)이 경합했는데, 이 논쟁은 "한국 사회구성체를 신식민주의적 국가독점자본주의"로 파악하고 "한국사회의 주요 모순을 제국주의 및 독점자본에 기반을 둔 군부파쇼세력과 한국민중간의 모순"이라고 지적하면서 "노동자·농민·빈민 등 기층민중"의 주도 역량과 중산층이 연합해 "반외세 민족자주화와 반군사독재 민주화" 투쟁(또는 반외세반독재 투쟁)을 전개할 것을 주장한 민족민주주의혁명론의 정립으로 귀결되었다(조광, 1989: 182-184). 그리고 이 논쟁에서 "독점자본", "파시즘적 국가권력"과 "이러한 파시즘-독점자본의 유착체제를 비호하는 외세"로 구성된 지배블럭이 변혁의 대상으로 설정되었다(조희연, 1989: 19-20; 조희연, 1992: 231). 이 과정에서 급진 민주화 운동권은 마르크스주의적 방법론을 적용해 한국정치에서 "제국주의의 규정력과 한국자본주의의 특수성"을 통일적으로 파악하고자 했다(조희연, 1992: 233, 239). 여기서 제국주의의 규정력에 대한 문제제기는 미국과 그 대리정권(또는 예속정권)인 전두환 정권으로터의 민족해방을 추구한다는 점에서 민족주의적 요소를 담지하는 것이었고, 한국 자본주의의 모순에 주목하는 것은 급진적인 계급혁명을 추진하는 것이었다. 급진 민주화 운동권 내에서는 이 양자의 관계를 어떻게 설정할 것인가를 둘러싸고 다양한 국면과 단계를 거치면서 첨예한 논쟁이 지속되었다.

이러한 와중에 총선을 앞두고 급조된 강성 야당인 신한민주당이 1985년 2·12 총선에서 압승한 후 국민의 전폭적 지지를 받으며 개헌투쟁을 전개하게 되었다. 급진 운동권 역시 개헌투쟁 참여 여부 및 전략을 놓고 논쟁이 분분했다. 당시 "학생운동의 대세는 '전학련'의 입장으로 대표되는 '파쇼헌법철폐투쟁론'으로 수렴"되고 있었는데, 이들이 제기한 이른바 '민중 민주헌법쟁취 투쟁'을 정면으로 비판하는 반제직접투쟁론이 제기되어 엄청난 파문을 일으켰다(조희연, 1989: 26). 이 입장은 '개헌 국면'에서 개헌을 "외세의 식민지 파쇼체제의 안정화 음모"로 파악하고, "'반파쇼투쟁'을 그 본질적 투쟁인 반미자주화투쟁으로", 즉 "한국민중에 대한 파쇼적 지배의 주체인 미제국주의"에 대한 직접적 투쟁으로 전환해야 한다고 주장했다(조희연, 1989: 26; 신동아 편집실, 1990: 128, 「강철의 '해방서시'」).[29]

이 반제직접투쟁론은 학생운동권의 '반미자주화·반파쇼민주화 투쟁위원회'(이른바 '자민투')에 의해 계승되었다. '자민투'는 종래 반파쇼민주전선을 현실적인 전선으로 설정함에 따라 부차화되었던 반제민족해방투쟁을 우선시하는 '민족해방민중민주주의혁명론(NL-PDR)'을 정식화했다. 자민투는 한국사회를 식민성과 반(半)봉건성을 띤 사회로 파악하고, 한국의 국가를 "신식민지파시즘"으로서 "미제국주의와 예속자본가, 지주의 한국민중 지배도구"에 해당하는 "괴뢰정권"이라고 규정했다(윤석인, 1989: 345). 이와 입장을 달리하는 또 다른 학생운동권 단체인 '반제반파쇼 민족민주투쟁위원회'(이른바 '민민투')는 한국의 구성체를 "신식민지 예속 독점자본주의단계"로 파악하고 "군사파쇼, 미제국주의와 민중 간의 모순"을 근본적인 것으로 설정하면서, '반제반파쇼 민족민주혁명론'을 내세웠다(윤석인, 1989: 344; 신동아 편집실, 1990: 139). 결과적으로

---

29) 1985년 하반기에 유려한 문체로 발표되어 학생운동권을 강타한 「강철의 '해방서시'」는 반제직접투쟁론을 주장한 대표적인 문건이다. 이 문건에 대해서는 신동아 편집실(1990: 127-134)을 볼 것.

자민투가 괴뢰정권에 불과한 군부정권보다는 미제국주의 자체를 직접적인 투쟁의 집중적 대상으로 삼은 반면, 빈빈투는 "미제국주의와 예속파시즘의 유착 고리로서 '매판정치군부 처단'"을 공격 대상으로 설정했다(윤석인, 1989: 345).

자민투와 민민투는 토대와 상부구조의 해석에서는 물론 변혁의 전략이나 대상(주적) 및 단계의 구상에서도 상당한 차이를 보였다(윤석인, 1989). 이런 차이 중 급진주의와 민족주의의 관계를 논하기 위해서는 두 노선이 제시하는 변혁투쟁의 구체적인 대상을 살펴볼 필요가 있다. 먼저 당면목표에서 민민투는 "계급모순에 대한 강조에 치중"하여 "외세로부터 상대적으로 자율성을 지닌 …… 정치군부를 제1의 적대세력으로 설정"하는 반독재투쟁을 우선시한 반면에, 자민투는 민민투와 달리 정치군부세력의 외세로부터의 상대적 자율성을 부정하고, 대신 "총체적 예속성……의 실체인 외세, 특히 미국을 주적으로 설정"하는 반외세투쟁을 우선시했다고 해석할 수 있다(윤석인, 1989: 348-349). 그렇다 하더라도 앞에서 언급한 것처럼 두 입장은 1985년 초에 급진 운동권 사이에서 정립된 '민족민주주의혁명론'에 기초해 전개된 것인 만큼 궁극적 목표로서 반외세(민족해방)와 반독재(계급해방)라는 전망을 공유하고 있었다고 할 수 있으며, 이 점에서 1987년 민주화 이전 급진 운동권의 사회주의적 변혁사상은 정파에 따라 정도의 차이는 있지만, 민족주의에 의해 중층결정되었다고 풀이할 수 있다.

그러나 이와 같은 추상적인 이념논쟁의 지평을 떠나서 볼 때, 1980년대 중반 이후에 현실적으로 급진 운동권에서 주도권을 잡은 세력은 남한을 미국에 의해 점령된 식민지로 규정하면서 반제 민족해방운동을 통해 남한에서 민족자주정권을 수립함으로써 통일된 주권국가로 나아가자는 입장이었다(김동춘, 1996b: 168). 김동춘은 이에 대해 "한국의 사회운동 진영에서 계급이론에 입각한 현실분석과 운동노선이 실제 운동조직이나 대중동원과정에서 상당한 문제점을 노출하고 이에 대한 반발이 더욱 강화되었기 때문"에 "이제 반제민족주의 운동 세력은 민주화운동과 평행하는 것으로 취급되지 않았고, 민주화운동을 흡수한 상위의 독자적인 운동으로 간주"되었으며, 사회주의권의 붕괴를 전후해서는 주체사상의 영향을 받아 "민족지상주의적인 성격"으로 변모하게 되었다고 지적한다(김동춘, 1996b: 170-172). 따라서 한국의 급진운동은 한국사회의 기본 모순으로 계급모순을 설정하더라도, 그것이 궁극적으로 민족주의에 호소했을 때 더욱 커다란 대중적 영향력을 발휘했으며, 이 점에서 급진주의 역시 분단의 현실 속에서 민족주의에 의해 중층결정을 당하고 있었다고 할 수 있다.[30]

이처럼 민주화 이전 격렬하게 대립했던 한국 보수주의와 급진주의가 각각 다른 방향에서 민족주의에 호소함으로써 한편으로 민족주의의 신성화에 편승하고, 다른 한편으로 민족주의의 신성화를 강화하는 과정에서 스스로 민족주의에 의해 중층결정되었다는 사실은 서구와 구분되는 한국정치의 이념적 지형에서 관찰되는 흥미로운 현상이라 아니할 수 없다. 예를 들어 영국 등 서구의 보수주의는 민족주의에 호소하기보다는 평등에 대한 회의, 엘리트의 중요성, 급진적 개혁의 바람직하지 않음과 실현불가능성 등 보편적 논리를 전개하면서 귀족계층이나 유산계급의

---

30) 이 같은 사실은 1987년 민주화 이후 2년이 지난 1989년 당시 한 설문조사에서 대학생들의 55%가 반미의식을 "다수의 생각이며 타당하다"라고 지적한 사실, 85%가 "통일에 대한 미국의 역할"을 부정적으로 생각한 사실에서도 확인된다(김동춘, 1996b: 167에서 재인용). 이러한 유산은 민주화 이후 25여 년이 지난 오늘날에도 대북정책과 대미정책에서 북한에 우호적이고 미국에 비판적인 태도를 진보의 주요한 지표로 설정하는 각종 여론조사의 관행에서도 지속적으로 확인되고 있다.

이익을 옹호하려는 보수주의적 철학에 의존한 반면,[31][32] 한국의 권위주의적 보수 세력은 경제개발·근대화를 통한 자립경제 건설과 국력 배양, 그리고 반공과 국가안보의 필요성을 내세우면서 그 정당성을 민족주의에 호소했다. 마찬가지로, 서구의 사회주의자들은 비록 민족주의적 지향을 어느 정도 지니고 있더라도 노동계급에 의한 사회주의 혁명을 우선적으로 추구했던 데 반해, 한국의 급진 세력은 본연의 사회주의 혁명보다는 외세의 후원을 받는 예속정권을 타도해 민중주의적 또는 사회주의적인 민족 자주정권을 수립한 후 통일된 민족국가의 수립으로 나아간다는 민족주의적 열망에 호소했던 것이다.

3) 자유주의와 민족주의

마지막으로 보수주의와 급진주의 이외에도 자유주의가 민족주의에 의해 중층결정된 현상을 이해하기 위해서는 한국 민족주의의 특성을 다시 한 번 강조할 필요가 있다. 앞에서도 잠시 언급했듯이, 한국 민족주의의 주된 흐름은 단일민족 이데올로기의 바탕 위에 민족을 원초론과 영속론으로 이해하여 유기체적으로 구성했고, 국권상실이라는 참담한 경

---

31) 그러나 영국이나 프랑스의 보수주의자들이 '문명화의 사명'이나, '대영제국의 영광', '백인의 책무' 등으로 제국주의나 식민주의를 정당화했고, 또 우리가 제국주의나 식민주의를 부풀려진(팽창적) 민족주의로 파악한다면, 그러한 보수주의에 민족주의가 담겨 있었다고 해석하는 일은 충분히 가능하다. 이 점에서 우리는 민족주의 일반, 파시즘, 제국주의 등을 진화론에서 말하는 상동기관으로 이해해야 한다.

32) 이와 관련하여 허쉬만(Hirschman, 1991)이 역사적으로 전개된 서구 보수주의의 수사학을 압축적으로 정리한 명제들, 곧 무위론(futility), 위태론(jeopardy), 왜곡론(perversity) 역시 보편적 논리에 기초한 것임을 상기할 필요가 있다. 또한 같은 서구라 할지라도 19세기 후반 프랑스와 19세기 내내 독일의 보수주의는 민족주의적 성향이 강했기에 본문에서 필자가 제기한 지적의 타당성은 제한적으로 받아들여져야 한다.

험과 일제하 파시즘적 국가의 기율 속에서 형성된 만큼, 남북한 정권에서 종족적 민족주의는 강고한 국가주의와 결합하게 되었다. 따라서 이처럼 단일불가분적이고 일괴암적인(monolithic) 유기체적 국가 민족주의가 이념적 지형을 중층결정하는 상황에서 최대의 희생자는 바로 자유주의였다.[33] 곧 개인의 자유를 최고의 가치로 중시하는 자유주의는 정치적 자유주의든 경제적 자유주의든 개인주의를 바탕으로 하는데, 한국 민족주의야말로 조선시대 유교적 전통에서 이미 형성되어 있던 집단주의를 근대화(경제발전, 산업화, 도시화, 합리화 등)가 수반하는 해체 압력에 맞서 지속·강화한 최대 변수로서 자유주의의 필수 요소인 합리적 개인주의가 숙성할 수 있는 공간을 원천적으로 차단해 버렸기 때문이다.[34] 이 점에서 해방과 분단 이후 남한의 자유주의는, 그것이 지배이념이든 저항이념이든, 민족주의에 의해 중층결정되면서, 합리적 개인주의를 바탕으로 하는 서구 자유주의를 기준으로 평가한다면 사실상 심각한 변형과 굴절을 강요당하고 말았다.

제2장에서 논한 한국 자유주의의 이중적 성격—곧 지배이념이자 저항이념으로서의 자유주의—을 염두에 두고, 먼저 지배이념으로서의 자유주의였던 '반공주의적 자유주의'[35]를 살펴보자. 제3장에서 이미 언급한

---

33) 국가 민족주의에 대해서는 박정희의 민족주의 담론을 논하는 제7장을 참조할 것.

34) 이에 대해서는 전통문화의 영향력 역시 무시할 수 없는바, 유교권 문화에서는 서구에 비해 집단주의가 개인주의보다 훨씬 우세하게 나타난다. 이는 근대화와 민주화를 어느 정도 성공적으로 완수한 한국 등 아시아의 신흥공업국가에서도 여전히 확인되는 현상이다(조긍호, 2006: 34–35).

35) 지배이념으로서의 자유주의는, 제3장에서 논한 대로, 민주화 이전 한국의 정치질서가 자유민주주의와 권위주의적 보수주의의 중첩적 병존을 그 특징으로 하고 있었기 때문에 앞에서 보수주의를 논한 것과 중복되는 측면이 있다.

대로, 서구의 고전적 자유주의는 부르주아 계급이 "종교적 순응", "귀속적 신분" 및 "정치적 질대주의"로부디의 해방(자유)을 주요 억제로 설정하고 투쟁하는 과정에서 진보성을 획득하고 사회의 지배 이데올로기로 성장했다(볼·대거, 2006: 91-171). 이에 반해 남한의 반공주의적 자유주의는 냉전질서의 형성과 북한 공산주의 체제의 수립으로 인해 대내외적인 공산주의의 침략과 위협으로부터의 자유를 수호하는 것을 주요 의제로 설정했다. 사실상 한국 자유주의의 잠재적 담지자라고 할 수 있는 유산계급의 입장에서 볼 때, 사유재산권을 비롯한 자유에 대한 최대의 위협은 공산주의였고, 국민 대다수에게도 공산당에 의한 일당독재—현대판 정치적 절대주의—는 그것이 지닌 사회경제적 진보성에도 불구하고 개인주의는 물론 정치적 자유를 가장 위협하는 요소였다.

이런 관점에서 이승만은 "일찍이 인류가 보지 못했던 야만적인 악의 정수인 공산주의자들"이 달성하고자 하는 목표는 오직 "세계 정복"으로 "그것은 모든 자유와 모든 해방의 종멸", "모든 사람에 대한 사상적 지배" 그리고 "수천 년 문명 속에 쌓아 올린 모든 가치"의 "일소"를 의미한다고 강조함으로써 공산주의가 자유를 포함한 모든 가치의 절대부정이며, 그런 만큼 반공이 자유를 포함한 모든 가치를 수호하기 위한 투쟁임을 강조했다(이승만 1954, 「해외출정 재향군인들에 대한 연설」, 1954/08/01; 이승만 1955, 「'미군의 날'을 경축함」, 1955/05/21).[36] 이처럼 이승만이 대변한 지배이념으로서의 한국 자유주의가 반공을 가장 주요한 목표로 설정

---

36) 이승만, 1954(「해외출정 재향군인들에 대한 연설」, 1954/08/01, http://www.pa.go.kr/online_contents/speech/speech02/1310963_6175.html); 이승만, 1955(「'미군의 날'을 경축함」, 1955/05/21, http://www.pa.go.kr/online_contents/speech/speech02/1311032_6175.html).

한 것은 남한 집권 보수 세력의 입장에서 볼 때 나름대로 정치적 타당성을 지닌 것이었다.[37]

그러나 해방 이후 남한에서 집권세력이 주장했던 한국 자유주의의 심각한 문제점은, 자유주의가 일반 국민들이 자유를 충실히 향유할 수 있는 여건의 조성을 외면한 채 조숙하게 반동화하면서, 결과적으로 '반공'의 실질적 목적을 구현하는 데 실패했다는 것이다. 집권세력은 자신들의 권력을 유지하기 위해 공산주의로부터 자유를 지킨다는 명분으로 국민들의 정치적 반대의 자유는 물론 이에 필요한 많은 다른 자유들(언론, 출판, 집회, 결사, 사상, 양심의 자유 등)을 가혹하게 탄압했다. 이로 인해서 지배이념으로서의 자유주의는 반공을 정당화하기 힘들 정도로 빈껍데기만 남게 되었다.

또한 "민족의 후견인"인 국가의 안보가 반민족적인 북한 공산주의에 의해 직접적으로 위협받고 있고, 자립경제를 위한 경제개발에 국민을 총동원하려는 정권의 입장에서는 개인주의적 자유주의에 내어줄 공간 역시 없었다. 박정희는 민족과 국가를 "대아"로, 개인을 "소아"로 규정하면서 양자의 불가분적 공동운명을 주장했고(3: 686, 「연두기자회견」, 1970/01/09), 또 민족과 국가의 자유를 "큰 자유"로, 국민 개인의 자유를 "작은 자유"로 규정하면서 큰 자유를 지키기 위해 작은 자유를 희생하거나 절제하는 것은 부득이하다고 주장했다(5: 312, 「국군의 날 유시」,

---

37) 물론 필자의 이 같은 해석이 자유(민주)주의를 표방한 김성수·조병옥 등 국내의 정치지도자 대부분이 친일 경력이 있었고, 따라서 반공을 통해 자신들의 친일 경력을 무마·상쇄하려 했다는 점을 무시하려는 것은 아니다. 그러나 친일 경력에서 자유로웠던 이승만·김구·이범석·신익희·장준하 등과 같은 해외파 독립운동가들 역시 공산주의에 강력하게 반대했다는 점을 상기할 필요가 있다. 이런 의미에서 두 그룹은 친일 경력의 유무에서는 중대한 차이가 있었음에도 불구하고 반공 동맹을 형성했다고 풀이할 수도 있다.

1974/10/01).[38] 경제적 측면에서도 역사적으로 많은 후발 국가가 그럴 수밖에 없었듯이, 민주화 이전 역대 정부가 '따라잡기식'의 근대화를 추진하기 위해 시장주도의 자유방임적인 경제정책보다는 국가주도에 의한 경제발전을 추진한 터라 경제적 자유주의가 들어설 공간 또한 부재했다. 그리고 한국의 부르주아 계급이나 중산층 역시 국가주도 경제발전의 수혜자였기 때문에 민주화와 함께 한국 경제가 성숙할 때까지, 경제에 대한 국가의 통제와 규제에 부분적으로 불만을 품었을지라도 전체적으로는 경제적 자유주의를 주장할 필요성을 느끼지 못했다.[39] 이렇게 볼 때 현대 한국정치에서 반공과 경제발전의 필요성이 자유주의의 온전한 성장을 위축시켰다고 할 수 있는데, 이 같은 과제가 민족의 생존과 번영이라는 이름으로 정당화되었다고 할 수 있어서 남한의 자유주의는 국가주의 및 민족주의에 의해 중층결정되었다고 할 수 있다.

  한국의 저항적 자유주의 또한 이 점에서 예외가 아니다. 저항적 자유주의는 한국정치의 민주화와 분단 극복을 위해 일관되게 투쟁하는 과정에서 민족주의에 의해 중층결정되는 과정을 겪었다. 이에 대해서는 문지영이 제시한 저항이념으로서의 한국 자유주의가 지닌 세 가지 특징을 재해석하고 확충함으로써 필자의 설명을 대신하고자 한다.

  우선 한국 자유주의는 '개인'보다 전체로서의 '민족' 또는 '민중'을 권리의

---

38) 박정희 사상의 이러한 반자유주의적 요소에 대해서는 박정희의 '반자유주의적 근대화 보수주의'와 '민족주의' 담론을 다루게 될 제6장과 제7장에서 좀 더 상세하게 검토할 것이다.
39) 이와 관련하여 우리는 1960년대 한국 지식인의 60%가 '경제발전을 위해 자유를 희생할 수 있다'는 문항에 긍정적으로 답변한 설문조사 결과를 떠올릴 필요가 있다(김동춘, 1994: 236).

담지자이자 저항의 주체로 강조한다. …… 둘째로, 한국 자유주의는 자율적인 시장이나 사유재산의 절대성보다 균등과 분배정의, 복지를 강조한다. …… 셋째로, 한국에서 자유주의는 계급 이념으로서의 성격이 약하며 처음부터 자유민주주의를 지향했다……(문지영, 2009: 159-161).

문지영이 제시한 특징 가운데서 우리는 첫 번째 특징인 '민족주의' 또는 '민중주의'가 지배이념으로서는 물론 저항이념으로서의 자유주의를 중층결정하면서 약화시켰다는 점에 주목하지 않을 수 없다. 이 점은 독재에 반대해 민주화운동을 치열하게 전개했던 재야 지식인 장준하와 자유주의적 야당 정치인 김대중과 김영삼의 사상을 통해 쉽게 예시할 수 있다.

반공적이고 자유민주주의자이면서《사상계》의 편집인으로서 박정희 집권기에 민주화 투쟁에 앞장서다가 산화한 장준하는 1972년 역사적인 7·4 남북 공동성명 이후 9월에 발표한〈민족주의자의 길〉이라는 유명한 글에서, 민주화운동과 관련해 정치적 자유를 위한 투쟁의 중요성을 인정하지만 동시에 그 투쟁이 민족적 자유를 확보하기 위한 수단임을 강조했다.

우리는 이제까지 정치적 자유의 확보를 위해 싸웠다. 정치적 자유는 그 자체도 기본적인 것이지만 보다 큰 민족적 자유[통일]를 확보하기 위한 수단이기에 더욱 중요한 것이다(장준하, 1985: 58, 「민족주의자의 길」).

장준하에게 통일을 위한 과정에서 모든 자유는 민중의 가난과 부자유의 최대 원인인 민족 분단을 타파하기 위한 '통일운동의 자유'로 집약되며, 통일운동의 자유는 민족의 자유의 시발점이었다(장준하, 1985: 55, 「민족주의자의 길」; 장준하, 1985: 49, 「민족통일 전략의 현단계」). 따라서 민족의 자유에 대한 이와 같은 강조로 인해 그의 자유주의는 민족주의에 의해 중층결정되었고, 이에 따라 나중에 논할 것처럼 민족의 자유를 위해 개인의 자유를 희생할 것을 요구할 가능성이 잠재해 있었다.

1983년 자유주의적 야당 정치인 김대중과 김영삼이 전두환 정권에 맞서 공동으로 투쟁할 필요성을 느끼고 그 첫 시도로 발표한 「김대중·김영삼 8·15 공동선언」은 "민주화 투쟁은 민족의 독립과 해방을 위한 투쟁이다"라는 구절을 부제로 달고 있었다. 그런데 이처럼 그들이 추구하는 민주화 투쟁을 "민족의 독립과 해방"을 위한 투쟁으로 개념화했을 때, 그들이 추구했던 자유민주주의에서 '자유의 공간'은 그만큼 옅어지지 않을 수 없었다. 그렇기 때문에 김대중·김영삼의 발표문에서는 '작은 자유'와 '큰 자유'에 대한 박정희의 구분과 같은 유사한 논리가 작동하면서 반자유주의적이거나 비자유주의적 지향성이 드러나고 있었다.

> 독립운동가들의 해방과 독립을 위한 투쟁이 자신을 버리고 더 큰 나, 즉 민족과 나라를 위해 자신을 바치는 투쟁이었듯이, 우리의 민주화투쟁도 나를 버리고 조국의 민주주의를 위해 자신을 던지는 투쟁이어야 합니다. 민주주의를 위해서는 나 자신을 버리고, 나의 모든 것, 나의 욕망, 나의 생명까지도 던질 수 있어야 합니다(신동아 편집실, 1990: 31).[40]

---

40) 나아가 두 정치인은 "민족의 독립을 위해서는 전체 민족이 하나가 되어 투쟁하여야 했듯이 민주주의를 위한 투쟁에서 우리는 혼연일체 하나가 되어야 합니다"라고 언급함으로써 민주화 투쟁의 강력한 응집력을 '민족주의'에 기대어 강조하고 있다(신동아 편집실, 1990: 31). 두 정치지도자는 발표문의 마지막 부분을 "우리 두 사람은 …… 민족과 민주제단에 우리의 모든 것을 바칠 것을 엄숙히 맹세하는 바입니다"(신동아 편집실, 1990: 35)라고 하면서 마무리 짓는데, 이 구절은 박정희가 1972년 10월 유신을 선언할 때, "나 개인은 조국 통일과 민족 중흥의 제단 위에 이미 모든 것을 바친 지 오래입니다"라고 말한 구절을

이렇게 볼 때, '큰 자유'와 '작은 자유'를 구분하는 박정희에게 민족의 자유를 확보하기 위한 자립경제의 건설이라는 민족주의가 자유주의를 중층결정했다면, 장준하에게는 민족의 자유를 확보하기 위한 통일과 통일운동의 자유, 곧 통일 민족주의가 자유주의를 중층결정했다고 할 수 있다. 이와 달리 독재정권을 상대로 민주화 투쟁에 매진했던 김대중과 김영삼은 민주화 투쟁을 "민족의 독립과 해방을 위한 투쟁"과 동일시하여 민주화 투쟁에 민족주의적 정당성을 부여하면서 민족주의의 신성화에 일조하고 편승했으며, 결과적으로 자유주의적 민주화운동이 민족주의에 의해 중층결정되는 현상을 보여 주었다.[41]

문지영은 자신이 제시한 저항적 자유주의의 둘째와 셋째 특징 역시 직접적으로 민족주의와 연관시키지 않고, 유가적(儒家的) 영향, 세계사적 조류, 사회주의의 영향, 후발국으로서 '기성품' 형태로의 수용 등 다른 변수를 들어 적절하게 설명하고 있다(문지영, 2009: 160-161). 그러나 둘째와 셋째 특징을 앞에서 논한 바 있는 후발 국가의 다차원적인 민족주의의 의제에 포함되는 것으로 해석해도 무방할 것이다. 앞에서도 살펴보았지만 후발국인 한국의 정치에서 민족주의가 자유주의를 중층결정한 결과, 경제적 자유주의와 개인주의가 약화된 것으로 또는 비동시성의 변증법에 따라 완제품으로서 최종적으로 도달한 이념이 후발국에 수

상기시킨다. 시기는 다르지만, 박정희는 "조국 통일과 민족 중흥의 제단"에 그리고 두 김씨는 "민족과 민주제단"에 모든 것을 바친 셈이었고, 결과적으로 장준하는 물론 김대중과 김영삼 그리고 박정희로 상징되는 두 적대적 정치세력은 자신들의 정치적 행위의 정당성을 궁극적으로 민족주의에 호소했다.

41) 당시 두 김씨가 몸 바쳐 투쟁했던 민주화운동의 중요성을 아무리 강조해도 지나치지 않겠지만, 이러한 이념적 습성이 자유주의와 개인주의의 공간을 협애화한다는 점을 부정할 수는 없다.

용되는바, 이에 따라 자유경쟁을 지향하는 고전적 자유주의의 성장 과정이 압축당한 채 20세기 중반에 세력을 확대한 수정자본주의(또는 사회적 자유주의)의 이념에 따라 균등과 분배정의를 강조하는 사회적 자유주의를 수용했다고 해석할 수 있을 것이다. 1948년 제헌헌법에 수용된 한국 자유주의가 19세기 과두제적 부르주아 자유주의가 아니라 보통선거권의 인정을 수반한 자유민주주의였다는 사실 역시 마찬가지 논리에 따라 설명될 수 있으며, 이런 식으로 계급적 성격이 약화된 자유민주주의가 전체 민족의 바람직한 정치체제로서 받아들여졌다고 할 수 있다. 이 점에서 문지영이 제시한 저항적 자유주의의 세 가지 특징은 비동시성의 변증법의 결과이자 민족주의에 의해 중층결정되면서, 개인주의적·경제적·정치적 자유주의의 요소에 대한 일정한 타협을 강제당한 결과로 해석될 수 있다.

4) 소결

지금까지 필자는 민주화 이전 한국정치 이념적 지형의 특징으로 민족주의의 신성화에 의해 보수주의, 급진주의 및 자유주의가 민족주의에 의해 중층결정되어 왔다는 점을 보여 주고자 했다. 김동춘 역시 일제 강점기 이후 1990년대에 이르기까지 한국정치에서 자유주의와 사회주의가 민족주의에 의해 중층결정되어 온 현상을 이렇게 표현하고 있다.

결국 한국에서는 서구 계몽주의의 전통을 이어받은 어떤 근대적 사회사상도 자기완결적 체제를 갖춘 독자적 사상으로 존립하기보다는 민족주의와 결합됨으로써만 생명력을 얻을 수 있었고, 그 자체로는 민족주의의 권위와 도덕성을 압도하지 못했다는 사실을 발견하게 된다(김동춘, 1996a: 301;

김동춘, 1996b: 164-165 참조).[42]

김동춘의 서술을 앞에서 제시된 민족주의의 특성에 대한 통념적 규정, 민족주의가 자기완결적 사상이 되지 못한다는 규정과 연결해 보면 매우 흥미로운 역설이 발견된다. 현대 한국정치에서는 민족주의의 신성화로 인해 자유주의와 사회주의마저 자기완결적인 사상으로 기능하지 못했다는 역설적 해석이 가능하기 때문이다.[43]

3. 민족주의 내에서 한 과제에 의한 다른 과제들의 과잉결정

1) 들어가는 말

한국 현대 정치사상사에서 민족주의 내에서의 과잉결정을 논의하는 데는, 민족주의가 그 목표로서 다차원적인 과제를 성취하고자 하는 포괄적 이데올로기라는 점에 대한 인식이 필요하다. 아울러 해방 이후 한민족이 겪은 분단이 '일민족 일국가(정치적 단위와 민족적 단위의 일치)'라는 민족주의의 가장 기본적인 원칙의 실현을 근본적으로 좌절시킴으로써 '분단과 통일' 문제가 민족주의의 다차원적인 과제에서, 잠재적이든 현재

---

42) 민족주의에 대한 진보적 이해를 강조하는 김동춘은 남한 보수 세력의 이념에 대해 민족주의적 성격을 부정하는 만큼 이 인용문에서는 보수주의에 대한 언급이 없다. 그는 이 글에서 필자가 논한 이승만과 박정희의 사상 전반을 '국가주의'로 파악하며, "최상위의 지배논리는 국가질서의 유지이며, 국가질서의 유지에 반하는 민족주의 = 통일, 민족자주성은 부정되었다"라고 해석한다(김동춘, 2000: 301; 김동춘, 1996a: 304도 참조).
43) 김동춘은 필자와 달리 이를 자유주의, 사회주의 등 "'근대'가 가져다준 공허함' 및 이를 한국에 도입한 선각자들의 '사상적 무능력'으로 파악한다(김동춘, 1996a: 303).

적(顯在的)이든, 결정적인 변수가 됨으로써 이념적 지형에 심대한 변화를 불러온 현상에 대한 검토가 필요하다.

앞에서도 언급한 것처럼 20세기 중반부터 독립한 대부분의 비서구 신생 국가들은 근대성을 실현하기 위한 과제들—국가형성, 산업화, 민주화, 국민통합, 민족 통일 등—을 동시에 떠안게 되었고, 민족주의에 의해 추동되는 '따라잡기식'의 근대화 과정에서 이 과제들을 모두 민족주의의 목표나 의제로 설정하게 되었다. 그런데 민족주의와 관련해 한국과 대다수 비서구 후발국 간에는 결정적 차이가 존재한다. 대다수 후발국들은 국가를 구성하는 소수민족들이 제기하는 민족분규(분리주의 운동 등)에 시달리지 않는 한, 독자적인 정치이념으로서 순수한 민족주의적 과제 —곧 "정치적 단위와 민족적 단위의 일치"를 추구하는 것— 자체가 제국주의로부터의 형식적인 독립의 성취와 함께 일단락되는 것이 보통이다. 그러나 민족 분단으로 이러한 일치를 성취하지 못한 남북한에서는 통일 민족국가 수립의 좌절과 그에 대한 강렬한 열망으로 인해 그 불일치를 해소하고자 하는 민족주의가 거의 종교적 신앙에 가까운 신성성을 획득해 왔다. 이 점에서 한국 민족주의의 전개 과정에서 분단 극복이나 통일 변수는 민족주의의 다른 요소들을 압도하면서 민족주의를 과잉 결정할 수 있는 엄청난 잠재력을 보지(保持)하고 있었다.

그러나 미·소의 대결에 따른 냉전체제의 지속과 이에 편승한 남북한 국가의 적대적 대립으로 민족의 분단상태가 고착되면서, 남한의 민족주의는 다른 비서구 신생국과 달리 더욱 복잡한 양상을 띠고 전개될 수밖에 없었다. 그 대표적 현상으로 남한 정치에서 민족주의가 추진하는 여러 목표 가운데서 일차적으로 민족의 분단 극복 및 통일 관련 과제가 다른 과제들보다 압도적인 우선순위를 차지하게 되었다는 점을 들 수 있다.[44] 그러나 분단 극복 및 통일의 문제는 전 세계적 냉전체제의 확립과 지속은 물론 분단 이후 남북한에 이념적으로 적대적이며 주권국가로서의 면모를 갖춘 사실상 두 개의 '국가'가 수립되고 이후 동족상잔의 내전을 겪으면서, 그 해결 자체가 개별 정권 차원의 의지와 능력을 넘어서는 과제임이 판명되었다. 나아가 남북의 두 국가들은 분단상태에서 ―또한 분단을 전제로 상대방과 대치하면서 또, 그렇다고 과거 동서독처럼 명시적으로 통일을 포기하지 않으면서― 근대화(산업화), 민주주의(또는 사회주의), 민족정체성의 확립과 신장 등 일민족 일국가의 수립을 전제로 한 2차적인 과제들을 각각 수행해야 하는 상황에 봉착했다. 그리고 분단의 역사는 남한에서 두 과제의 개별적 실천이 상호 보완적일 수도 있지만 상호 충돌할 수 있음을 보여 주었다.[45] 예를 들어 통일의 미실현은 2차적 과제들의 실천을 어렵게 하는 상황을 촉발했지만, 후자의 성공적 실천이 전자의 실현을 방해하거나 불필요하게 만드는 상황을 초래하기도 했기 때문이다.[46]

---

44) 이 점을 박찬승은 간명하게 표현한 바 있다. "20세기 한국사에서 '민족'이란 단어만큼 큰 영향력을 발휘한 단어는 없을 것이다. 식민지와 분단의 현실은 '민족의 독립', '민족의 통일'을 20세기 한국의 가장 중요한 과제로 만들었다"(박찬승, 2010: 21, 24도 참조).

45) 물론 2차적인 과제들 중에도 급속한 경제발전(산업화)과 민주주의의 동시적인 실현은 상호 충돌하는 것일 수도 있다.

46) 남한을 예로 든다면, 분단 초기에 제기된 바 있는 '일제 강점기에 형성된 남북한의 불균형적인 산업구조가 남한의 성공적인 산업화를 어렵게 만든다'는 주장이나 또는 1970년대 후반에 제기된 '분단이 남한의 민주화에 결정적인 장애가 된다'는 주장 등은 앞의 상황에 해당하고, 남북한 힘의 격차가 확대되어 열세에 놓인 당사자가 흡수통일이 두려워 통일에 대해 소극적·부정적으로 임하거나 아니면 강력해진 당사자가 이제 통일을 적극적으로 희구하지 않는 경우가 후자의 상황에 해당한다. 이와 달리 이른바 '선건설 후통일론'과 같은 주장은 전자의 성공적 실천이 흡수통일이나 유리한 협상력을 통해 후자의 실현을 촉진한다는 가정에 기초하고 있었다.

분단 극복 또는 통일에 의한 민족주의의 과잉결정이라 할 수 있는 현상은, 1970년대 후반부터 진보적 역사학자들과 민주화 운동가들이 한국 정치에서 상쟁하는 정치세력들을 (다른 민족주의적 의제는 제쳐놓고, 또 정도의 차이는 있지만) 오직 분단과 통일에 대한 입장과 정책에 따라 그들이 민족주의자인가 아닌가―곧 민족적 정통성을 획득할 수 있는가 여부―를 논하는 일원론적인(unitary) 이분법적 주장을 제기함으로써 본격적으로 그 모습을 드러냈다. 그렇지만 분단 이후 지속된 남북한의 사생결단적 대결 상황이 통일지향적 민족주의의 순조로운 전개를 허용하지 않았다는 점 역시 주목할 필요가 있다. 분단체제를 수립하는 데 앞장서거나 이를 전제로 하여 수립된 이승만·박정희·전두환 권위주의 정권은 통일지향적 민족주의의 분출을 반공과 경제발전(근대화), '선건설 후통일론' 등을 명분으로 억압했고,[47] 이로 인해 1980년대의 사상적 대전환기에 이르기까지 분단 극복과 통일에 의한 민족주의의 과잉결정은 오히려 억제되었다고 풀이하는 것이 합당할 것이다.

그러나 유신체제 붕괴 이후 전두환이 집권한 1980년대를 거치면서 한국정치의 이념적 지형에서 본격적으로 세력을 확장한 통일지향적 민족주의, 곧 분단 극복 및 통일을 민족주의의 최우선 과제로 삼는 입장은 분단 및 통일과 관련해 상반된 정치세력의 대치 상황을 크게 "분단국가주의"(이하 '분단유지적 민족주의')와 "통일민족주의"(이하 '통일지향적 민족주의')로 구분하고(강만길, 1987: 27), 역대 남한의 보수 엘리트―집권세력은 물론 대부분의 야당 세력도 포함한―에게 '민족주의(자)'로서의 지위

---

47) 서중석은 박정희의 선건설 후통일론이 이승만의 북진통일론을 이어받아 통일논의를 차단하고 금지하는 역할을 했다고 주장하며, 그 근거로 5·16 쿠데타 이후 통일운동은커녕 통일논의조차 없어졌다는 사실을 든다(서중석, 1995a: 335).

를 인정하기를 거부해 왔다.[48]

그러나 필자는 박정희나 이승만 등 과거 집권세력의 민족주의를 인정하되, 그것이 통일에 전향적이고 적극적이라기보다는 수동적이고 소극적이었다는 점을 수긍하기 때문에, 이하에서 분단 및 통일에 대한 그들의 입장을 '분단유지적 민족주의'라는 명칭으로 논할 것이다.[49] 필자는

---

48) 송건호는 이를 '민족주의'와 '국민주의'로 구분한다. "민족주의에 있어서는 민족문제를 한반도 전체를 통해서 그 운명을 생각하는 입장이며 국민주의에 있어서는 분단상황 속에서 냉전적 사고로 민족문제를 생각한다는 점이 다르다"(송건호, 1986: 211). 강만길은 "분단국가주의"와 "통일민족주의"로 구분한다(강만길, 1987: 27). 그는 이승만과 박정희가 제기한 민족주의 관련 담론을 "반공주의를 민족주의라 강변"한 것으로서, "경제적으로 문화적으로 심한 예속화 현상"을 초래하면서 "억지로 민족주체성을 강조"한 "분단국가의 국가주의"라고 주장한다(강만길, 1987: 27). 김동춘 역시 비슷한 시각에서 "남북한의 역사는 민족주의의 언술을 사용하면서도 실제로는 '국가주의'의 원칙 아래 '민족주의'를 억제해왔다"라고 주장한다(김동춘, 2000: 300; 301, 340도 참조). 이러한 논리에 따라 그는 1980년대 한국의 민족주의를 논하는 글에서 해방 이후 민족주의의 역사를 개관할 때, 이승만이나 박정희의 민족주의는 아예 언급조차 않는 일관성을 보여 주고 있다(김동춘, 1996b). 박찬승은 "자유주의적·통일지향적 내셔널리즘과 국가주의적·일국주의적 내셔널리즘"으로 구분한다(박찬승, 2010: 24, 236-237).

49) 김일영은 박정희 시대 민족주의를 다루는 글에서 당시 한국의 민족주의를, "방어적 근대화 민족주의", "통일지향적 민족주의", "민족경제 지향적 민족주의", "반미민족주의"로 구분하고, 박정희의 민족주의를 "방어적 근대화 민족주의"로 분류하고 있다. 같은 글에서 김일영은 그중 한 입장이 "민족주의 개념을 배타적으로 독점할 수 있다고 주장하는 것은 잘못"이라고 지적하면서 "박정희의 '선성장 후분배'론이나 '선건설 후통일'론 또한 당시 민족주의의 한 차원으로 파악될 수 있음을 보여주고자 한다"(김일영, 2006b: 224). 필자 역시 김일영의 발상에 공감하여 '통일지향적 민족주의'에 대비된 이승만·박정희·전두환 등 권위주의적 집권세력의 민족주의를 '분단유지적 민족주의'로 표현한다. 필자의 이 같은 표현은 오직 자신들이 구상하는 '통일지향적 민족주의'만이 (진정한) 민족주의라고 강조하는 입장에서 볼 때, 일종의 형용모순으로 비칠 것임이 분명하고, 이 점에서 이러한 명칭은 통일지향적 민족주의자들이 제시한 프레임에서 개념적으로 불리한 위상에 처해 있다. 이를 수긍한다면 보수 집권세력의 민족주의를 '분단유지적 민족주의' 대신 '반공 민족주의' 또는 '근대화(또는 산업화) 민족주의' 등으로 바꾸어 표현할 수 있을 것이다. 남북한의 분단문제를 떠나서도, 반미 또는 반일 민족주의가 가능한 표현이듯이, 반공(또는 반소) 민족주의 역시 가능한 표현이라 생각된다. 진덕규는 박정희 집권기를 세 시기로 구분

① 민족의 통일에서 국제정세는 물론 상대방(북한)과의 상호작용 역시 중요한 만큼 분단유지의 책임을 일방적으로 남한의 집권세력에게민 물을 수 없다는 점, ② 남한 집권세력의 민족주의 담론 역시 나름대로 통일방안을 담고 있었다는 점, ③ 또 그들이 제시한 민족주의 담론이 '민족 통일' 못지않게 다른 '이념'(반공, 자유민주주의 등)을 중시하거나 근대화(경제발전) 등 다른 민족주의적 과제를 우선시했다고 해서 그 담론의 민족주의적 성격을 기각할 수 없다는 점을 고려해서 남한의 보수 세력이 전개한 민족주의 담론을 민족주의 발현의 일부로 받아들인다. 이는 그들의 민족주의를 비판하는 것과 그들의 이념에 담긴 민족주의 그 자체를 부정하는 것은 별개의 문제라고 보기 때문이다. 다시 말해, 한국정치에서 자유주의와 급진주의(사회주의)는 물론 보수주의 역시 긍정적인 면과 부정적인 면이 있고 또한 현실세계에서 역사적으로 완벽한 이데올로기나, 심지어 완벽한 종교조차도 없는 것처럼, 민족주의 역시 내재적인 차원에서 발생하는 오류와 과오로부터 자유롭지 못하다고 생각하기 때문이다.[50] 이제

해 각각 "교도적 민족주의(1962~1967)", "산업화 민족주의(1967~1972)", "국가 민족주의(1972~1979)"로 규정한 후 이를 통칭하여 "근대화 민족주의"라는 범주로 묶는다(진덕규, 1992: 153-54). 그는 "근대화 민족주의"에 관해 "근대화, 그것의 기본적 내용을 산업화와 서구화에 두었지만 이러한 내용의 실현을 통한 강한 국가의 완성을 내걸었기 때문에 민족주의는 근대화를 위한 이념적 동원의 성격을 보여주게 되었다"라고 설명한다(진덕규, 1992: 154). 그리고 박정희 시기 민족주의의 전개 양상을 "근대화 민족주의와 민중민족주의의 대립구도"로 파악한다(진덕규, 1992: 155-157). 이선민 역시 2008년에 펴낸 『민족주의, 이제는 버려야 하나』에서 남한의 민족주의를 우파 민족주의와 좌파 민족주의로 나누어 고찰하면서, 박정희의 민족주의를 "근대화 민족주의"로 명명한다(이선민, 2008).

50) 그러나 통일지향적 민족주의를 옹호하는 진보적 국내학자들은 한국 민족주의를 논할 때 민족주의의 내재적인 폐해나 과오를 인정하지 않으려는 경향이 있다. 예를 들어 박호성은 남북한 민족주의를 논하면서 "민족주의는 창(窓)이요, 혹시 생겨날지도 모르는 민족주의의 폐해는 그 창에 낀 성애와 같은 것일 수 있다"(박호성, 1997: 23-24)라고 언급하면서 민족주의의 폐해와 민족주의 자체를 구분하며 민족주의의 무오류성을 주장한다. 박호성

이런 구분에 근거해 1980년대 이전에 반공 및 근대화 민족주의가 군림하던 시기와 그 이후에 세력을 본격적으로 확장한 통일 민족주의가 민족주의 담론에서 우위를 차지한 시기에 한국 민족주의 내에서 과잉결정이 어떻게 발현되어 왔는지를 본격적으로 검토하겠다.

2) 1980년 이전 분단유지적 민족주의의 군림: 반공과 근대화에 의한 민족주의의 과잉결정과 통일지향적 민족주의의 억압

분단 이후 거의 70년이 흐른 지난 역사를 통일지향적 민족주의의 관점에서 개관할 때, 남한에서 그것은 처음부터 좌절과 시련을 겪어 왔다. 통일지향적 민족주의는 이승만에 의한 정부 수립 직전에 이를 저지하기 위해 김구와 김규식이 주도한 남북협상에서 한때 절정에 이르렀지만,[51] 6·25 전쟁과 함께 남한에 반공의 철옹성이 구축됨으로써 급격히 퇴조하지 않을 수 없었다. 이후 통일지향적 민주주의는 1956년 조봉암과 진보당이 주장한 '평화통일론'과 1960년 4월 혁명 직후 제2공화국 정권의 자유로운 분위기에서 용출한 급진 세력의 통일논의를 통해 일시 기세를 회복했지만, 분단유지적인 이승만 정권과 박정희 정권에 의해 각각 철퇴를 맞았다. 전두환의 집권으로 시작된 1980년대에도 반공을 중시하는 분단유지적 민족주의가 제도 정치권에서 여전히 강력한 위세를 떨치

의 논리에 따르면, 성에는 날씨와 습도에 따라 발생하는 것으로 직접적으로 창과는 무관한 현상이며 또한 창과는 분리된 독자적인 실체이기 때문이다.

51) 해방공간에서 분단을 저지하기 위해 남북지도자 연석회의 주도 등 단독정부 수립 반대운동에 앞장선 백범 김구를 통일지향적 민족주의의 효시로 받아들여야 할 것이다. 그의 유명한 다음과 같은 언급은 기억할 필요가 있다. "나는 통일된 조국을 건설하려다가 삼팔(三八)선을 베고 쓰러질지언정 일신의 구차한 안일(安逸)을 취하여 단독정부를 세우는 데는 협력하지 아니하겠다"(김구, 1973: 181, 「삼천만 동포에게 읍고(泣告)함」).

고 있었지만,[52] 통일지향적 민족주의는 전두환 정권의 탄압에도 불구하고 급진 운동권에 의해 본격적으로 부활되면서 그 힘을 비축하고 세력을 확장했다. 1987년 민주화 이후에는 정권에 따라 차이가 있었지만 과거와 달리 통일지향적 민족주의에 대한 가혹한 탄압의 약화와 민주정부들의 통일전향적 자세로의 전환과 함께 좀 더 자유로운 분위기와 공개적인 장에서 통일 논의와 운동이 활성화되었다. 이를 살펴보기 전에 우선 분단유지적 민족주의에 의한 통일지향적 민족주의의 억압 과정을 검토해 볼 필요가 있다.

이러한 역사적 과정을 좀 더 자세히 들여다보면, 먼저 장기 권위주의 시대에 지배 엘리트(집권세력은 물론 보수 야당도 포함한)가 유포시킨 통일 담론은 표면적으로는 '북진통일', '승공통일', '선건설 후통일', '평화통일' 등을 내세우고 있었지만 사실상 통일 문제에 대한 전향적이고 적극적인 정책을 체계적으로 수립하는 것을 기피하는 한편 자유로운 통일논의를 억압함으로써, 오히려 분단체제를 고착하거나 재생산했다는 점에서 분단유지적이었다. 그리하여 남한정권은 소련을 적색 제국주의 세력으로, 북한정권을 괴뢰정부로 규정하고, 남한정권을 공산주의자들의 적화야욕에 맞서는 유일한 합법정부라고 주장하면서 사실상 분단국가를 강화하고 북한의 남한체제로의 '흡수통일'을 지향했다.

이승만 정권은 분단문제의 해결과 통일의 방법으로 일관되게 무력에

---

52) 예를 들어 전두환 집권기인 1986년 10월 유성환 신민당 의원은 국회 발언 중 '반공'을 국시로 하는 것에 대해 비판하고 '통일'을 국시로 할 것을 주장하다가, 정부와 여당에 의해 그 발언이 '용공'으로 규정되어 재판을 받은 적이 있다. 당시 재판부는 그 발언을 용공으로 판단하지는 않았지만, 유 의원은 다른 죄목으로 유죄를 선고받았다(김삼웅, 1994: 209-211).

의한 북진통일을 주장했고, 평화적으로는 (남한이 합법적으로 수립된 한반도의 유일한 정권이라는 전제에서) "유엔 감시 하에서 북한지역에서 전 공산군이 철퇴한 후 선거를 실시하여 대한민국이 주권을 확충하는" 방안(1953년 국회 결의) 또는 "유엔 감시 하에 북한지역에 자유선거를 실시하여 북한 동포로 하여금 그들이 원하는 운명을 스스로 결정하게 하는 방법"(1959년 공보실 발간 책자)만을 용인했다(홍석률, 2001: 30, 50에서 재인용).[53] 1950년대 말에 이르러 휴전이 기정사실화되고 미소 양 진영의 평화적 공존이 정착됨에 따라 야당은 물론 자유당 역시 무력에 의한 북진통일이 현실적으로 바람직하지도 않고 실현가능성도 없다는 점을 자각하게 되면서, 북진통일론은 사실상 폐기단계에 접어들었다(홍석률, 2001: 40, 50).

그러나 북진통일이든 북한만의 선거를 통한 평화통일이든, 양자 다 그후의 시점에서는 물론 당대의 시점에서 볼 때에도 실현가능성이 전혀 없었다는 점을 고려한다면, 이승만 정권하에서의 통일정책은 실제로 통일방안에 대한 진지한 고민이 없는, 사실상 말로만 통일을 내세운 것이라는 점에서 분단유지적이었다고 평가할 수 있다. 그러나 이승만 정권의 입장에서 보았을 때, 북진통일론은 "'적색(赤色) 제국주의'의 북한 강점에서 발단된 문제"를 "'북한 해방론'의 차원"에서 해결하려는 정책으로, "3·1운동의 계승"이자 "민족자결[의] 표방"이라는 점에서 실현가능성 여부를 떠나, 부당한 현실과 결코 타협할 수 없다는 "강력한 민족주의적 논리"에 입각한 것이었다(홍석률, 2001: 32). 물론 이러한 민족주의적 논리의 배경에는 남한 단독정부 수립과 함께 주장되어 온 '대한민국[남한]'이

---

53) 이승만의 북진통일론은 물론 선거를 통한 흡수통일론에 대해 당시 야당도 시종일관 협조적이었다(홍석률, 2001: 26, 30, 50).

한반도의 유일한 합법정부이고 민족사의 정통성을 대변하는 정권'이라는 강한 신념, 따라서 북한은 통일의 당사자나 주체라기보다는 단지 통일의 대상으로서, 무력으로든 평화적인 방법으로든, 흡수되어야 할 정권이자 지역이라는 믿음이 깔려 있었다.

한편 정치적 담론의 측면에서 보았을 때, 해방 후 상당 기간 "민족주의"는 "반미주의"이자 "용공주의"라는 인식이 거의 일반화되어 있었고, "공산당이 후진국에 침투하는 수단으로 이용하는 정치용어로 불신"의 대상이 되었으며, 이승만 치하에서는 "민족주의란 말 자체가 금기시"되었다고 한다(강만길, 1987: 17; 송건호, 1986: 17; 서중석, 1983: 270). 박찬승 역시 "1950년대 이승만 정권에서 권력을 장악한 정치인과 관료, 군인, 경찰들"은 대부분 일제에 협력했던 인물들로서 "극단적인 반공주의, 반북주의를 내세우면서 민족주의를 억압"했는바, 특히 6·25 전쟁 이후 1950년대에 걸쳐 "남북한[이] 서로를 극단적으로 적대시"함에 따라 남한에서 "남북한이 '하나의 민족'임을 강조하는 민족주의 논의는 당분간 실종"되었다고 지적한다(박찬승, 2010: 232). 따라서 좌파를 연상시키는 오염된 '민족'이라는 용어 대신 "오직 남한 정권을 향한 충성"을 의미하는 "국가"나 "국민"이라는 단어가 널리 사용되었다(슈미드, 2009: 595). 이처럼 해방 이후 이승만 집권기의 지배세력은 민족이라는 용어를 반기지 않았다. 그들은 '반공'이나 '반일'을 정당화하기 위해 민족주의적 논리나 정서에 호소하기는 했지만, 자주나 통일을 지향하는 저항세력이 제기했던 '민족'이나 '민족주의' 관련 담론을 환영하기보다는 오히려 '불온시'했다고 보는 편이 합당하다.

4·19 혁명 이후 제2공화국 기간 민족주의는 지식인과 학생층이 주도한 민주주의와 통일 논의가 활성화되면서 부활했다. 하지만 이마저도 5·16

군사쿠데타를 통해 권력을 장악한 군정당국이 제2공화국에서 활발하게 제기된 남북협상론이나 중립화통일론을 용공적이고 반국가적인 것으로 탄압하면서 이내 질식되었다. 그런 만큼 박정희 집권기에도 분단문제와 통일에 관한 한 이승만 정권기와 마찬가지로 공개적 차원에서 통일지향적 민족주의가 활성화될 것을 기대하기란 거의 불가능했다. 박정희는 집권 내내 반공을 국시로 내걸고 북한 공산주의자들을 반민족적 집단으로 규탄했기 때문이다. 물론 박정희 정권의 기본적 통일정책은 무력에 의한 북진통일론을 폐기한 제2공화국 민주당 정권을 계승하여 유엔 감시하에 남북한 총선거를 통한 평화적 통일론이었지만, 유엔이 미국 주도하에 있는 상황에서 북한이 이 제안을 받아들이기란 사실상 불가능했다.

이에 따라 박정희는 민주당 정권으로부터 물려받은 '선건설 후통일론'을 좀 더 구체화했다. 그는 "경제개발"을 "당면 과제"로, "조국의 근대화"를 "중간 목표"로, "분단된 국토[의] 통일"을 "지상 과제"로 설정함으로써 (3: 571, 「저축의 날 치사」, 1969/09/25) 민족주의가 추구하는 목표의 중요성에서는 통일을 최고의 목표로 설정했지만, 목표의 우선순위에서는 경제개발을 당면 과제로 최우선시했다. 따라서 그는 "경제개발 5개년 계획[이] 그대로 조국 통일 운동"이라고 역설했다(3: 326, 「국군의 날 유시」, 1968/10/01). 또한 통일은 "자주적인 경제건설과 민주역량의 배양을 통한 국력증강의 과정에서 추구해야" 한다고 언급했다(3: 25, 「광복절 경축사」, 1967/08/15). 이렇게 볼 때 박정희에게 민족주의의 목표 가운데 우선순위는 '경제발전 → (자유) 민주주의 → 통일'의 순이었다.

1960년대 중반 대다수 국내 지식인들 역시 박정희의 이러한 목표와 우선순위 설정, 곧 '근대화에 의한 민족주의의 과잉결정'에 대체로 동의했던 것으로 보인다. 예를 들어, 차기벽은 1965년 《사상계》에 기고한 논설에서 정부의 한일회담에 접근하는 저자세를 비판했지만, 박정희가 제시한 우선순위를 공유했다. 그는 "근대화"의 핵심이 "산업화", 곧 "경제건설"임을 강조하면서, "민족주의"를 "원동력"으로 하는 "경제건설"이야말로 "민주화의 터전"을 닦는 일이고, "앞날의 국토통일을 위한 올바른 대비책"이라고 역설했다(차기벽, 1965: 106). 철학자 안병욱 역시 "근대화", "경제성장", "공업화"를 동일시하면서, "근대화"야말로 "정치적 독립"에다가 "경제적 독립의 내용을 부여하려는 민족주의의 한 노력"이라고 역설함으로써 근대화가 민주주의나 통일에 선행하는 과제임을 강조했다(안병욱, 1968: 139).[54] 반공주의를 앞세운 정부의 억압과 위협 때문이기도 했겠지만, 당시 제도권 지식인 대부분은 박정희 정권이 내세운 반공 민족주의('분단유지적 민족주의')에 자발적으로 동의하거나 순응한 것으로 보인다.

박정희 집권 초기에 해당하는 1960년대 한국 민족주의의 흐름을 검토한 연구는 "1960년대 한국의 역사적 환경 속에서 구축된 민족주의의 내용은 경제 개발이라는 목적에 부합하는 차원의 민족주의적 요소는 허용하지만, 반면 강대국의 간섭과 예속에 저항하거나, 민족의 통일을 이야기하는 차원의 민족주의는 관 주도의 민족주의에 의해 희석되거나 체제 밖으로 배제되었다"라고 결론을 내렸다(홍석률, 2002: 181). 이러한 맥락에서 이 시기 비판적 지식인의 민족주의는 대체로 "민족경제의 자기완결성을 주장하는 내포적 공업화론을 주장하고 자본주의의 세계 경제가 강

---

54) 물론 안병욱에게 근대화는 단순히 경제성장을 넘어 인간개조를 수반하는 정신혁명이자 도덕혁명으로 승화되었다(안병욱, 1968: 139-140). 이 점에서 '근대' 자체에 대해 비판적인 오늘날의 탈근대주의적 시각에서 보면, 그는 당시 한국의 많은 지식인들처럼 근대화 지상주의자라 할 수 있다.

조하는 예속성에 대한 경계 내지 저항의 논리"를 담고 있는 데 그쳤다(홍석률, 2002: 199). 이 점에서 지배세력이나 비판세력 모두 "자본주의"와 "발전주의"(또는 "개발주의") 및 "반공"을 공유하고 있어서 통일지향적 민족주의는 억눌릴 수밖에 없었다.[55] 이와 같은 상황은 1970년대에도 대체로 지속되었는바, 예를 들어 1976년 진덕규가 편집·출간한 『한국의 민족주의』에서 민족주의를 논한 학자 대부분은 박정희 정권이 내세운 반공(분단유지적) 민족주의를 수긍하고 있다. 그들은 북한을 반민족(적)이라고 규정하는 한편 남한에 민족사적 정통성을 부여했고, 대체로 산업화와 민주화에 뒤이은 국토통일—박정희 정권이 내세운 '선건설 후통일론'—을 주장했다(양호민, 1976; 이극찬, 1976; 이홍구, 1976; 진덕규, 1976; 천관우, 1976; 황성모, 1976).[56]

이런 광범위한 동의를 전제로 하여 경제개발과 자주국방 등 국력 배양을 민족주의의 최우선 과제로 설정한 박정희는 그 목표를 방해하거나 역행하는 북한이나 국내의 정치세력을 단호하게 '반민족' 또는 '용공세력'으로 규정했다.[57] 이처럼 박정희의 민족주의는 집권기에 장준하 등에 의해

---

55) 대표적인 예로 1964년 11월 당시 문화방송 사장 황용주가 남북한 적대 상황을 해소하기 위해 군비축소, 남북한 유엔 동시가입 추진 등을 제안하는 글을 발표했다가 여당은 물론 야당 의원들에게 '북한 괴뢰'의 통일론을 찬양·고무했다는 혐의로 필화를 겪은 사건을 들 수 있다(강준만, 2004a: 323-328).

56) 다만 이극찬은 민족주의를 신성화하기보다는 민족주의에 대한 "숭고한 헌신"이 "추한 집단[적] 이기주의"와 결합되어 있는 민족주의의 이중적 성격에 주목했다(이극찬, 1976: 22). 나아가 그는 "자유를 '독립과 자율과 비판'을 의미하는 것으로 굳게 믿는 올바른 민주주의자야말로 참으로 올바른 민족주의자로도 될 수 있다고 생각한다"(이극찬, 1976: 26)라고 주장함으로써 당시 유신체제에 대한 비판을 우회적으로 표현하고 있는데, 그의 이런 사고에 대해서는 민주주의가 민족주의를 과잉결정하고 있다고 해석할 수 있다.

57) 용공세력은 공산주의를 받아들여 반민족인 북한을 이롭게 하는 동조 세력이기 때문에, 그 논리적 귀결로서 역시 '반민족'으로 치부되었다.

제기된 그리고 1980년대에 본격적으로 제기될 '분단환원론' 또는 '통일지 상주의'에 맞서 '경제제일수의'('경제개발시상주의') 또는 '반공제일주의'(또 는 안보제일주의)로 흐르는 편향을 보였다. 그리고 이 같은 측면에서 박정 희 역시 민족주의의 목표로 반공과 경제발전을 최우선시하고 민주주의, 분단 극복, 통일 등 다른 목표를 후순위로 주변화시켰다. 이로 인해 박정 희의 민족주의에서는 반공과 경제발전(근대화)이 민족주의를 과잉결정했 다. 달리 표현하면 그의 민족주의 역시 통일지향적 민족주의와 마찬가지 로, 하지만 그와 반대 방향인 분단유지라는 관점에서 '분단'에 의해 과잉 결정되었다고 풀이할 수 있다.[58] 물론 박정희에게 분단은 통일지향적 민 족주의와 달리 '도저히 받아들일 수 없는, 따라서 무엇보다도 시급히 타 파되어야 할 역사적 현실'(분단타파)이 아니라 '일단은 받아들여야 할 역 사적 현실'(분단유지)이었기에 통일지향적 민족주의와는 반대 방향에서 분단이 박정희의 민족주의를 과잉결정했던 것이다.

3) 1980년대 이후 통일지향적 민족주의의 확산과 통일에 의한 민족주의의 과 잉결정

이처럼 분단유지적 민족주의가 '민족 대 반민족'의 경직된 이분법적 민 족 개념에 기반을 두고 있었다면, 통일지향적 민족주의는 (분단유지를 정 당화하는) 이분법적 민족 개념의 변화·균열·철회·역전을 지향했다. 통일 지향적 민족주의는, 장기 권위주의 시대에 아래로부터 간헐적으로 제기 되었지만, 광주 민주화운동을 분수령으로 한 1980년대 사상적 대전환기

---

58) 경제발전 역시 근대화라는 일반적 목표 외에도 북한과의 체제경쟁이라는 요소를 포함하 고 있었다는 점에서 특히 그러하다.

에 비약적으로 힘을 비축해 본격적으로 분단유지적 민족주의에 맞설 정도로까지 세력을 확장했다. 즉 통일지향적 민족주의 담론 역시 1980년대에 민주화운동의 혁명화·좌경화와 함께 급진적 변화를 겪으면서 1950년~1970년대의 소극적·수세적 성격에서 벗어나 민족주의 담론 지형에 심대한 변화를 가져왔다. 이러한 변화를 좀 더 상세히 고찰해 보자.

먼저 1948년 대한민국 정부 수립 이후 1979년 유신체제의 붕괴에 이르기까지 위로부터의 분단유지적 민족주의가 압도하고 있었을 때, 통일지향적 민족주의는 분단유지적 민족주의가 표면상 내세우는 통일론—예를 들어 이승만 집권기의 북진통일론—의 허구성을 지적하고 평화통일, 남북협상론, 중립화통일론을 주장하면서 아래로부터 제기되었다. 나아가 1970년대까지의 통일지향적 민족주의가 요구하는 통일은, 그것이 반공의 기조를 유지했음에도 북한정부를 대화의 상대로 인정함으로써 이분법적 민족 개념의 변화를 타진했지만, 이승만·박정희 정권하에서 용공사상이라는 낙인과 함께 반공의 철퇴를 맞곤 했다. 그런데 1972년 남북한의 역사적인 7·4 공동성명이 통일에 대한 진보적 공간을 열어젖힘에 따라, 통일지향적 민족주의는 소생의 조짐을 보이기 시작했다. 7·4 남북 공동성명은 비록 후일 남북한 정권에 의해 악용된 측면이 있었지만, 분단이라는 강고한 둑에 갇혀 있던 통일지향적 민족주의의 물꼬를 텄기 때문이다.[59] 이 시기에 통일지향적 민족주의를 대변했던 대표적 인물로 장준하를 들 수 있다.[60] 장준하는 「민족주의자의 길」이라는 논설에

---

59) 서중석의 해석에 따르면, 당시 "함석헌과 장준하는 7·4남북공동성명[을] 위정자가 한 것이 아니라 민족이 요구하는 역사의 대세가 한 일로 이해하였다"(서중석, 1995a: 336).

60) 물론 《사상계》에서 장준하와 함께 활동한 함석헌의 통일사상 역시 무시할 수 없지만, 여기서는 장준하만을 살펴보겠다.

서 자신의 통일 지상주의적 민족주의를 이렇게 서술했다.

> 모든 통일은 좋은가? 그렇다. 통일 이상의 지상명령은 없다. 통일로 갈라
> 진 민족이 하나가 되는 것이며, 그것이 민족사의 전진이라면 당연히 모든
> 가치 있는 것들은 그 속에 실현될 것이다. 공산주의는 물론 민주주의, 평
> 등, 자유, 번영, 복지 이 모든 것에 이르기까지 통일과 대립하는 개념인
> 동안은 진정한 실체를 획득할 수 없다. 모든 진리, 모든 도덕, 모든 선이
> 통일과 대립하는 것일 때는 그것은 거짓 명분이지 진실이 아니다. 적어도
> 우리의 통일은 이런 것이며, 그렇지 않고는 종국적으로 실현되지도 않을
> 것이다(장준하, 1985: 54).

통일에 대한 장준하의 이 같은 비전은 격정적이고 유토피아적인 면이 있
지만, 한국 민족주의, 나아가 한국정치의 모든 과제가 궁극적으로 통일
의 관점에서 수행되고 판단되어야 한다는 통일 지상주의적 민족주의의
정수를 보여 주고 있었다.[61]

   그러나 7·4 남북 공동성명과 뒤이은 남북대화 과정에서 되살아난 통
일의 민족적 열기는 남북 당국자들의 정략적 활용과 뒤이은 탄압—남
한의 경우 최악의 독재정권인 유신체제의 성립 등—으로 정치권에서 봉
쇄되었다. 그렇지만 통일지향적 민족주의는 먼저 학문적·사상적 차원

---

61) 그러나 장준하의 이러한 사고가 박정희 정권 내의 집권 엘리트는 물론 야당과 민주화 운
   동 세력 내에서 지지를 받고 있었는지는 의문이다. 다만 1969년 말 통일원의 전국 여론조
   사에 따르면, '통일이 꼭 이루어져야 한다'는 의견이 90.6%에 달했고, 통일 성취 시기에
   대해서는 '10년 이내에 통일이 꼭 이루어져야 한다'가 39.5%, '10년 내 불가능'이 19.5%였
   으며, 나머지는 '모르겠다'는 응답이었다(서중석, 1995a: 335에서 재인용).

에서 그 세력을 점차 확장할 것이었다. 이러한 통일 민족주의를 학술적으로 형상화하는 데 가장 선구적 업적을 남긴 인물이 역사학자 강만길이다. 그는 1970년대 중반부터 민족사학의 목표를 통일 민족국가 수립에 이바지하는 것으로 설정하고 통일 민족주의의 단초를 체계적으로 구상·발전시키기 시작했다. 먼저 1975년에 발표한 「민족사학론의 반성: 광복 30년 국사학의 반성과 방향」에서, 강만길은 "해방 이후 우리 민족사의 지도이념"이 "민족의 통일"이며 "19세기 후반기 이후 민족사의 지상과제로 등장하였던 주권의 독립과 근대화 문제도 궁극적으로는 통일 민족국가의 수립 없이는 달성될 수 없는 것"이라고 주장하면서 통일지향적 민족주의를 전면에 내세웠다(강만길, 1978: 35). 그리고 그는 다른 글에서 과거의 일제 강점기를 그것이 극복되어야 할 "식민지시대" 또는 그것을 극복하려 한 "독립운동의 시대"로 파악하듯이, 통일지향적 민족주의의 관점에서 "해방 후 시대"를 "분단시대" 또는 "통일운동의 시대"로 규정해야 한다고 주장했다(강만길, 1978: 14-15). 그러면서 강만길은 분단이 고착화되는 분단시대에 한국 민족의 대다수는 "분단 초기의 들끓었던 민족사적 사명감[이] 동족상잔을 겪으면서 급격히 식어져 갔고, 이후에는 분단체제 자체에 무관심하거나 혹은 분단체제를 철저한 현실적 조건으로 받아들이고 오히려 그것에 편승하여 이 불행한 역사를 연장시키는 데 이바지"해 왔다고 반성하면서 종래의 반공적 혹은 분단유지적 민족주의를 우회적으로 비판했다(강만길, 1978: 15). 따라서 그는 "분단시대" 또는 "통일운동 시대"라는 명명은 "분단체제를 기정사실화하여 그 속에 안주하는 일을 경계하고, 그것이 청산되어야 할 시대임을 철저히 인식하면서 청산의 방향을 모색하는 데 그 본질적인 목적이 있는 것"이라고 강조했다(강만길, 1978: 15).

유신말기인 1979년 10월 한길사에서 출간된 『해방전후사의 인식』(후일 『해방전후사의 인식 1』로 개정 출간)은 해방선후사 언구에 초점을 맞추어 분단의 원인과 과정에 대한 체계적 고찰과 이에 기초한 통일지향적 민족주의에 대한 관심을 지식 대중의 차원에서 광범위하게 촉발·확산시킨 대표적 저작이라 할 수 있다. 이 책은 해방 전후 시기에 초점을 맞추어 "미군정과 민족분단, 친일·반민족세력의 실상과 해방직후의 경제구조"를 주제로 다루었는데, 출간 해인 1979년 10월 26일 박정희 암살 직후 선포된 계엄령하에서 군 당국의 검열에 의해 '판매금지' 조치를 당했다. 한길사는 1980년대 민주화 운동권에서 민족해방과 민중해방을 주장하는 민족주의가 분출하던 1985년 이후에도 『해방전후사의 인식』 시리즈를 계속 출간했고, 이 시리즈물은 한국 현대사에 관심을 가진 독자층 사이에서 비상한 주목을 받았다. 이 책을 계기로 해방전후사에 대한 학문적 관심이 급증하면서 분단의 원인과 과정 및 그 역사적 의미에 대한 연구가 심화되고 통일지향적 민족주의 열기 역시 고조된 만큼, 1979년 『해방전후사의 인식』과 그 이후 나온 동일한 제목의 시리즈물 출간은 하나의 '역사적 사건'이었다 할 수 있다.

이러한 역사적 맥락에서 강만길의 통일지향적 민족주의는 1985년에 출간된 『해방전후사의 인식 2』의 권두논문 「해방전후사 인식의 방향」에서 좀 더 명료하고 간결하게 표현되었다. 그는 먼저 민족 분단의 원인으로 민족사 외적 변수인 "미·소 양군의 분할 점령"과 뒤이은 국제정세를 지적하지만, 동시에 "분할점령에 편승하여 분단국가만이라도 만들어서 집권하려는 민족내적 분단책동"도 강조한다(강만길, 1985: 9, 12). 그리고 그는 책동의 주모자들이 분단과정에서 분단국가의 수립을 지향한 "민족내적 책동"을 "정당화"하거나 "엄폐"하는 한편, "분단의 외세결정론" 등

을 주장하면서 "분단의 불가피론"을 강조하거나 아니면 "분단의 민족사
내적 책임"을 다른 상대방—남한의 경우 북한—에게 전가함으로써 자신
들의 과오에 대한 면책을 도모한 사실을 지적했다. 나아가 남한의 집권
세력에 의한 분단유지적 (반공) 민족주의는 "통일된 민족국가를 수립하기
위해 노력한 정치운동"을 반공 또는 용공의 이름으로 탄압하는 것은 물
론 그 흔적을 인멸하고 철저히 망각시킴으로써 "그 역사성을 전혀 부인
했다"라고 비판했다(강만길, 1985: 12–13). 강만길은 이 같은 현상이 "분
단국가주의"에 의해 시도되었다고 주장하면서 "분단국가주의적 시각을
통일민족주의적 단계"로 높일 것을 주장했다(강만길, 1985: 14).

강만길의 통일지향적 민족주의 시각은 "분단 이후에 일어난 정치·경
제·사회·문화적 현상을 역사적 사실로 인식할 때는 무엇보다도 그것
이 통일민족국가 수립문제와 관련하여 긍정적인 역할을 다했는가 아니
면 부정적인 역할을 했는가 하는 문제에다 가치판단의 기준을 두어야 할
것"을 요구하고 "부정적인 경우 이것이 통일문제에 이바지하기 위해 어
떤 방향전환이 필요한가?"를 고민할 것을 주문한다(강만길, 1985: 14–15).
그 결과 "분단시대의 정치활동, 경제적·사회적 발전, 그리고 문화활동
일반은 궁극적으로 민족 통일에 이바지하는 길과 궤도를 같이 할 때 비
로소 그 역사성이 인정될 수 있다는 시대인식"을 요청한다(강만길, 1985:
15). 강만길의 통일 민족주의적 시각을 따를 때, 앞서 인용한 바와 같이,
이승만 정권이나 박정희 정권이 주장한 위로부터의 반공 민족주의(또는
분단유지적 민족주의)를 "분단국가의 국가주의가 민족주의를 가탁한" 것으
로 규정하는 이유를 이해할 수 있게 된다(강만길, 1987: 27).

이 통일지향적 민족주의의 입장에서 볼 때, 위로부터의 민족주의와 아
래로부터의 민족주의가 단지 분단이나 통일 문제뿐만 아니라, 박정희 정

권에서 추진된 경제개발을 통한 근대화에 대한 해석을 놓고도 충돌하는 것은 당연한 일이었다. 예를 들어, 통일지향적 민족주의자들은 경제발전 자체의 필요성은 인정하면서도 박정희 정권기에 이룩한 경제발전이 "민주주의 발전을 희생시켰다는 측면에서뿐만 아니라 민족 통일 문제와 상치된다는 점에서도 민족주의의 전진 발전과 궤를 같이 할 수 없다"라고 주장했다(강만길, 1987: 29). 비슷한 시각에서 송건호 역시 경제발전이 해외에 의존하거나 분단의 지속을 조건으로 하여 얻어진 것이라면 "통일문제가 그만큼 복잡"해지고, 또 경제발전의 수혜자들이 외세와의 결탁하에 분단에 안주하면서 반통일적 지향을 갖는다고 비판했다(송건호, 1986: 213). 나아가 이들은 통일을 외면하고 경제발전에 진력한 1970년대는 물론 1980년대에 이르기까지 한국의 경제적 상황의 특징을 외채의 급증, 재벌의 비대화와 빈부격차의 심화, 경제성장의 대외의존도 증대, 근로자들의 상대적 빈곤과 노사분쟁의 격화, 농촌의 극심한 이농과 빈곤으로 규정하면서 경제발전 자체를 문제 삼기도 했다(송건호, 1986: 28-29).

따라서 장준하·강만길·송건호 등 통일지향적 민족주의자들은 경제발전이나 민주주의를 민족주의의 중요한 목표로 받아들이고 이승만·박정희·전두환 정권의 실적을 그러한 목표에 비추어 검토하고 비판하기도 하지만, 동시에 그 목표들과 목표 추진의 타당성을 분단 극복과 통일 실현이라는 궁극적 목표에 비추어 평가하고 있다. 이 점에서 통일지향적 민족주의자들은 민주주의의 중요성을 부정하지 않지만, 이들에게 민주주의는 민족 통일의 실현이라는 과제에 비추어 부차적인 지위를 차지하는 듯 보이며 이들은 통일을 위해 민주주의를 어느 정도 유보하는 것을 받아들일 법했다.[62] 통일지향적 민족주의자들의 이런 입장은 1960년대 중반 국내의 대다수 지식인들이 경제개발 우선주의에 따라 경제개발을 위해 민주주의나 분단문제의 해결을 주변화했던 것과 역설적으로 유사한 면을 보여 준다. 다시 말해, 1960년대 중반 국내의 대다수 지식인들이 "박정권이 표방하는 근대화 논리에 상당부분 동의를 표시"하고, "경제성장을 국가의 최고 당면목표"로 설정하면서, "분단국가 유지를 위한 자유의 제한, 경제발전을 위한 국가개입과 자유의 제한", 곧 자유민주주의와 자유방임적 자본주의의 제약을 수용하고 정당화할 준비가 되어 있었듯이(김동춘, 1994: 230, 236), 통일지향적 민족주의자들의 입장 역시 분단문제의 해결 과정에서 과도기적으로 민주주의의 중요한 요소들을 제한할

---

62) 그 예를 장준하에서 발견할 수 있다. 독재와 민주가 첨예하게 대립하던 1972년에 '7·4 남북 공동성명'이 발표되자 장준하는 국내 정치적 상황은 제쳐 놓은 채 이를 열렬히 지지하면서 한동안 통일 문제에 몰입했기 때문이다. 물론 장준하는 '7·4 남북 공동성명'이 기만적인 것으로 판명되자, 박정희의 유신체제에 대한 격렬한 반대자로 복귀했다. 또한 통일을 위한 명분은 아니었지만, 장준하 등 일부 《사상계》 지식인들은 박정희의 5·16 군사쿠데타가 일어난 지 얼마 되지 않은 상황에서 쿠데타가 명백히 반민주적인 헌정유린이었지만, 당시 남한의 혼란스러운 정치적 상황을 이유로 군사쿠데타를 "민족적 활로를 타개"하기 위한 최후수단으로서 불가피한 것임을 일단 수긍하고 "동포들의 자각 있는 지지"를 요청하는 한편, "시급히 혁명과업을 완수하고, 최단시일내에 참신하고 양심적인 정치인들에게 정권을 이양"할 것을 촉구했다(장준하, 1961a: 34-35). 물론 쿠데타가 기정사실화된 조건에서 쿠데타에 대해 즉각적인 비판을 제기하지 않았다고 해서 쿠데타를 승인·수용했다고 해석할 수 있는지에 대해서는 실로 논란의 소지가 있다. 과연 장준하는 1961년 7월에 발간된 《사상계》에 기고한 〈권두언: 긴급을 요하는 혁명과업의 완수와 민주정치에로의 복귀〉에서 혁명정부가 추구하는 민심 수습은 "단시일 내에 해결해야 할 문제"이지만, "경제건설"과 "인간개조"는 오랜 시일을 필요로 하는 것이기 때문에 이에 대해서는 최단 시일 내에 "손 앞의 장애물과 사회악적 요인을 제거"하고 기본 방향을 세운 후에 조속히 "민주주의를 복귀시킬 것"을 촉구했다. 그것도 일정을 정해서 1961년 8월 15일 광복절을 전후해서 총선거일자를 공표할 것을 주문했다(장준하, 1961b: 34-35). 당시 《사상계》의 주요 논객 함석헌 역시 장준하의 〈권두언〉에 이어 기고한 〈5·16을 어떻게 볼 것인가?〉라는 논설을 통해 한층 더 강경한 어조로 민중이 혁명의 진정한 주체가 되어야 한다고 강조하면서, 무엇보다도 혁명에 대한 비판의 자유 등 언론의 자유를 봉쇄하고 있는 혁명정부를 매섭게 질타했다(함석헌, 1961).

수 있는 가능성을 보여 주고 있다. 즉, 민족주의와 민주주의가 충돌하는 부득이한 상황에 직면한다면, 이들 통일지향적 민족주의자들이 과연 민주주의의 유보나 제한에 적극적으로 반대했을 것인가에 대해서는 상당한 의문이 제기된다.[63] 왜냐하면 이들은 민주주의적 관점에서 통일지향적 민족주의를 정당화하기보다는 통일지향적 민족주의적 관점에서 민주주의를 정당화한 것으로 보이기 때문이다.

더욱이 통일지향적 민족주의자들은 이승만—박정희—전두환으로 이어지는 독재체제가 궁극적으로 분단구조와 외세의 묵인·협조하에 지속되었다는 입장을 견지하기 때문에, 그들의 입장은 민주주의의 실현을 위해서도 분단구조가 타파되어야 하고 나아가 남한사회의 거의 모든 모순과 폐해는 분단구조에서 유래한다는 분단환원론으로 수렴되는 경향이 있었다.[64] 이 점은 송건호가 분단상태에 의해 초래되는 폐해를 제시하면서, 분단을 "민주주의의 최대의 적"으로 설정한 데서도 어느 정도 확인된다(송건호, 1986: 221).[65] 나아가 이런 경향은 잠재적으로 '통일지상주의'로 발

---

63) 이에 대해서는 그들이 상정한 민족주의가 시민적 또는 자유주의적 민족주의라기보다는 집단주의적인 민중적 민족주의였다는 점을 상기할 필요가 있다. 물론 이 지적이 통일지향적 민족주의를 주장한 활동가나 지식인들의 약점을 꼬집으려는 것으로 받아들여져서는 안 될 것이다. 그 같은 지적은 1960년대는 물론 1970년대에 이르기까지 일부 지식인이나 재야 운동가들을 제외하고 일반 국민은 물론 지식인들 대부분 역시 민주주의에 대한 신념이 강하지 않았다는 점을 상기시키고자 한 것으로 받아들여져야 할 것이다.

64) 필자의 이와 같은 비판을 염두에 두고, 1990년 벽두에 백낙청은 좀 더 명료하고 분별화된 논의를 개진한 바 있다. 백낙청은 분단체제하에서는 민주화가 이루어지더라도 이는 제한적일 수밖에 없고, 통일이 되었을 때 비로소 좀 더 충만한 민주주의가 실현될 수 있다고 전망했다. "'민주'는 분단극복 운동의 과정에서 이미 쟁취했어야 할 최소한의 민주화와, 분단극복을 통해서만 가능해질 한층 높은 차원의 민주주의를 구별해서 그러나 동시에 생각해야 한다"(백낙청, 1994: 115; 서중석, 1995a: 350에서 재인용). 백낙청의 이러한 통찰은 답보상태에 머물러 있는 한국 민주주의의 현 상황을 일찌감치 내다본 것이라 할 수 있다.

전할 가능성을 내포하고 있었으며, 이는 앞에서 인용한 장준하의 언급에서도 드러나는바, 그에게 통일은 당연히 "정치제도의 민주화", 민중에 대한 복지를 보장하는 것을 포함한 "민족적 동질성 확보", "민족 공동이상의 개발" 등 모든 가치의 완성을 의미하는 일종의 유토피아로 상상되었다(장준하, 1985: 47–49, 「민족통일 전략의 현단계」). 따라서 장준하는 이 같은 유토피아적 비전, 곧 '모든 좋은 것'을 실현하기 위해 역설적으로 개별 민족 성원에게 모든 것을 바칠 것을 요구할 수 있었다. "정치이념도 생활 조건도 심지어 사생활까지도 통일을 위해서 방해가 된다면 이에 대한 집착을 탁 털고 훌훌히 나서는 인간이 되어야만 통일을 말할 수 있고 통일 운동에 가담할 수 있다……"(장준하, 1985: 40). 함석헌 역시 1972년 7·4 남북 공동성명이 발표된 직후 기고한 「민족노선의 반성과 새 진로」에서 "인격이 통일 못되면 사람이면서 사람이 아니듯이 통일된 나라 못 이루면 민족 아니다"라고 설파했다(함석헌, 1984: 30).

물론 이러한 언명은 중요한 역사적 통찰과 각성적 절규―일제 강점기에 독립운동이 있었기에 민족이 민족으로 존재했듯이, 민족이 민족으로서 존재할 수 없게 하는 분단시대에는 "민족의 통일운동이 있었[던] 까닭에 민족이 있었던 것"이라는 명제(장준하, 1985: 44)―를 담고 있고, 또 통일의 중요성을 망각하고 사는 대다수 국민들에게 그 중요성을 강조하려는 강렬한 수사적 표현을 동반한 것이다. 그렇다 하더라도 당시 집권세력은 물론 이에 동조하거나 묵인하던 대다수 국민을 '통일을 위해 모든 것을 훌훌 털어 버리지 못하는 현실의 인간' 또는 '정신분열적인 민족의 성원으

---

65) 그러나 현재 남한의 민주주의가 만족스러운 수준이 아니라고 비판할 수 있겠지만, 송건호의 주장 또는 예상과 달리, 1987년 이후 남한은 비교적 민주주의의 견고한 성장을 이룩했다고 평가할 수 있다.

로 살아가는 현실의 인간'으로 규정하고, 국민을 결국 '비민족' 또는 '반민족'으로 몰아붙이는 통일지상주의의 위험성을 내장하고 있었다는 점을 부정하기란 어렵다. 이 측면에서 통일지향적 민족주의에서는 분단 극복과 통일 문제가 민족주의의 다른 요소들—곧 근대화와 경제발전, 민주주의, 반공 등—을 과잉결정하고 있었다고 볼 수 있다. 박정희와 이승만 등 권위주의적인 집권세력이 반공의 실천 또는 경제발전의 추진에 대한 찬반 또는 협력 여부를 기준으로 민족과 반민족(또는 비민족)이라는 이분법적 구도를 부과했듯이, 통일지향적 민족주의자의 통일 지상주의적 민족주의 역시 자신들이 구상하고 제안한 통일론에 대한 찬반 또는 협력 여부를 기준으로 민족과 반민족(또는 비민족)을 가르는 이분법적 구도를 표출하고 있었다. 다시 말해 이들의 민족주의 역시 이승만과 박정희가 전개한 민족과 반민족의 이분법적 구도를 역으로 재생산하고 있었던 것이다.

유신체제의 압제에 국민의 불만이 고조되던 1970년대부터 함석헌·장준하·송건호·강만길 등이 선구적으로 개척한 통일지향적 민족주의는 1980년대 급진 민주화 운동권에 의해 급속하게 그 세력을 확장했다. 박정희 정권의 뒤를 이어 새롭게 권력을 장악하게 될 전두환을 비롯한 신군부의 '반민족성'이 1980년 광주 민주화운동의 유혈진압을 통해 백일하에 폭로되었을 때, 급진 민주화운동은 한국정치에 고질적인 독재는 물론 민족 분단의 책임을 미제국주의에 귀착시키는 강렬한 반외세성을 표출함과 동시에, 미제국주의에 영합해 분단체제의 영속화를 꾀하고 철권통치를 자행하는 전두환 정권으로 반민족의 화살을 돌렸다. 이처럼 전두환 정권이 미국 제국주의를 대신한 예속정권으로 규정되었을 때, 전두환 정권에 대한 투쟁이 민주화뿐만 아니라 민족해방의 성격을 띠게 된 것은 당연하다 할 것이다. 나아가, 1980~90년대 민족해방론적(NL) 운동권은

'통일지상주의'나 '민족지상주의'로 흐르는 경향을 드러내기도 했다(김동춘, 1996b). 이와 같이 분단 극복 및 통일이 한국정치의 이념적 지형에서 민족주의의 과잉결정적 요소로 본격적으로 표면화된 것은 광주 민주항쟁을 겪은 후 전두환의 엄혹한 독재체제에 맞서 투쟁하는 과정에서 이념적 지형이 급진화·혁명화한 결과로 풀이할 수 있다. 적어도 박정희가 집권하던 1970년대 말까지는 분단 극복과 통일을 최우선시하는 통일지향적 민족주의가 한국정치의 이념적 지형을 장악하지는 못한 것으로 보이기 때문이다.

그러나 1980년대 이후 급진화한 민족주의 담론에서 통일지향적 민족주의가 경제개발을 우선하는 박정희식의 근대화 민족주의를 압도한 것처럼, 진보적 역사학계를 중심으로 한 민족주의 담론에서도 통일지향적 민족주의 담론이 지배적이었다. 민주화 이후 1990대 초에 문익환·임수경 등의 방북으로 절정에 이른 통일지향적 민족주의는, 앞서 장준하·강만길·송건호 등을 논하면서 살펴본 바와 같이, 통일을 신성화(절대시)함에 따라, 박정희의 근대화 민족주의가 그랬던 것보다 더욱더 민족주의를 신성한 것으로 만들었다.[66] 그리고 이러한 시각에 따라 이승만이나 박정희 집권기에 형성된 관 주도의 위로부터의 민족주의는 반민족적 현실인 분단체제의 고착과 재생산에 일조한 것으로 규정되었고, 종국적으로 '민족주의적 성격'을 부정당하게 되었다. 곧 박정희와 이승만의 사상과 정책을 민족주의에 연결하는 것은 이제 형용모순이 되었다. 강만길은 일찍이 이 같은 사태를 내다본 것처럼 예언조로 이렇게 말한 적이 있다. "분

---

66) 박정희의 근대화 민족주의가 민족주의를 신성화한 것에 대해서는 제7장의 논의를 참조할 것.

단시대의 국사학이 분단시대를 청산하는 데 이바지할 수 있는 가장 높은 단계의 작업은 분단국가체제를 지탱하는 데 동원되었던 민족주의론이 가진 비민족적·반역사적 속성을 정확하게 또 철저히 극복하고 통일민족국가 수립을 지향하는 민족주의론을 수립하는 데 있음을 더 분명하게 확인할 필요가 있는 것이다"(강만길, 1978: 21: 서중석, 1995a: 341 참조).[67]

4) 통일지향적 민족주의에 대한 비판적 검토

지금까지 필자는 '민족주의 내에서의 과잉결정'을 논하면서 분단유지적 민족주의와 통일지향적 민족주의 담론을 검토했다. 이승만과 박정희 정권으로 상징되는 분단유지적 민족주의가 초래한 억압과 병폐에 대해서는 학계에서 이미 충분한 검토가 이루어진 만큼,[68] 여기서는 통일지향적 민족주의 담론이 안고 있는 문제점을 좀 더 비판적으로 음미함으로써 민족주의 연구에서 이념적 균형을 회복하고자 한다. 필자는 통일지향적 민족주의를 주장한 국내의 재야 활동가 및 지식인들이 한국 민족주의의 발전과 연구에 기여한 공로를 높이 평가하지만, 그렇다고 해서 이들이 내세운 민족주의 담론에 대한 엄정한 학문적 평가를 소홀히 해서는 안 된다고 생각하기 때문이다.

이에 대해서는, 무엇보다도, 한국의 진보진영이 생산해 온 민족주의

---

67) 여기서 "분단국가체제를 지탱하는 데 동원되었던 민족주의론"이 이승만·박정희 등 권위주의적 집권세력이 주장하고 유포시켰던 민족주의 담론을 지칭하는 것임은 명백하다.

68) 이미 인용한 바 있는 강만길, 송건호, 서중석 등의 논저를 대표적으로 거론할 수 있겠다. 이외에도 이승만과 박정희 집권기의 반민족적 성격에 대한 논의로 서중석(1995b: 2005: 2009)을 추가할 수 있다. 아울러 전재호는 박정희 체제의 민족주의적 성격을 둘러싼 논쟁에 대해 소개하고 있는데, 그의 논문에서 소개된 문헌들도 이를 살펴보는 데 도움이 된다(전재호, 1997: 4-12).

담론을 '민족주의의 신화화'로 규정하고 이를 치밀하게 검토·비판한 김보현의 선구적 연구에 주목할 필요가 있다. 김보현은 통일지향적 민족주의자들의 주장에 맞서 박정희 정권의 출범을 '새로운 민족주의'의 출현과 관련시키면서 당시 민족주의의 최우선적 과제로 "4·19시위 전후의 최대 문제 상황이었던 대중적 빈궁화란 조건"에 주목한다. 그는 "박정희 정권기 경제개발은 민족주의 기획의 한 형태로서 한국자본주의의 프로모터(promoter)"였으며, 실제로 "국민경제의 발전과 자립화를 의도하였음은 물론 촉진"했으며 따라서 박정희 집권기는 "반민족주의가 아니라 민족주의의 시대"로 이해해야 한다는 논변을 제기한다(김보현, 2006: 19, 17, 15). 동시에 박정희의 경제개발이 초래한 모순은 바로 "'민족주의의 모순'이자 '발전의 모순'"으로 받아들여야 한다고 강조한다(김보현, 2006: 15). 나아가 박정희의 '선성장 후통일'에 기초한 승공통일론이 자유로운 통일 논의를 차단하고 봉쇄하는 "하나의 억압담론으로 기능"한 것은 분명하지만, "통일을 준비하는 사전작업으로서 무엇보다 경제발전을 통한 국력 배양을 강조"한 것이기에 "반민족주의의 징표"로 해석될 수는 없다고 주장한다. "승공통일론은 규범적 타당성 여부와는 별개로 1990년대 이후 실현가능성이 높아진 '흡수통일론'의 원형"을 구성한다는 것이다(김보현, 2006: 20).

따라서 김보현은 진보진영의 민족주의 담론이 민족주의를 "중립적 의미"에서 엄격하게 개념화하기보다는 자신들이 선호하는 바람직한 민족주의의 상(像)이나 비전을 특권화하여, "이것만을 민족주의라 주장하고 규범화하는 독단", 그리하여 자신들의 민족주의적 상에 반하는 "해당 상황, 인물, 세력" 등을 "반민족주의적"으로 규정하는 오류를 범해 왔다고 비판한다. 그리하여 그들은 "민족주의의 외연을 상당히 협소하게 보는 한편, 박정희 정권기를 포함한 한국 근대사 전반에 대해 '민족주의의 억압과 패배, 좌절' 국면들로 평가한다"는 것이다(김보현, 2006: 28 31).

다시 말해 김보현에 따르면, 역대 독재정권이 자신들이 제기하고 부과한 분단유지적 민족주의만을 단일의 올바른 민족주의라고 주장하면서 자신들과 입장이 다른 민족주의를 '반민족적'(북한동조적=용공적=반민족적) 규정하면서 탄압해 왔듯이, 진보진영 역시 통일지향적 민족주의에 대한 자신들의 비전과 해석만을 단일의 올바른 민족주의라고 주장하면서 자신들이 동의하지 않는 민족주의적 입장에 대해서는 '반민족'이라는 딱지를 붙여 왔다는 것이다. 그 결과, 진보진영이 완성한 민족주의 담론은 민족주의에 신성불가침의 무오류적인 유토피아적 이상을 불어넣었다고 할 수 있다. 그리고 민족주의의 무오류성(순수성)과 신성성은 자신들의 입장에 반하는 민족주의적 입장을 민족주의에서 추방해 '반민족'으로 제외함으로써 달성되었다 할 수 있다. 어떤 의미에서 국내의 보수-진보 사이의 이러한 민족주의적 담론투쟁은 민족주의를 둘러싼 남북한 간의 담론투쟁을 비슷하게 반영하거나 재생산해 왔다고 풀이할 수 있다.

김보현은 남한의 "진보적 민족주의" 논자들이 이렇게 완성한 민족주의관을 민족주의의 "신화화"로 규정하면서(김보현, 2006: 28), 그 신화화를 규정하는 민족주의의 요소로 네 가지 명제를 제시한다. 그는 ① 민족주의가 '집권의 구실', '국민동원의 방편' 또는 '통치와 지배의 중요한 도구'여서는 안 된다는 "'비도구성'의 원칙", ② 민족주의가 냉전주의의 산물인 반공주의를 수용하거나 "자신의 체제를 상대방에게 확대하려는 통일노선"을 추구해서는 안 된다는 "'탈냉전주의'의 원칙", ③ "민족주의는 국가주의(statism)와 다르며 국가주의와 양립할 수도 없다"는 "'비국가주의'의 원칙", ④ 박정희 정권기 수출주도형, 차관의존형 경제개발 정책을 반민족주의적으로 규정하는 "'내향적(inward-looking) 공업화=민족주의'란 원칙"을 거론하면서, 이를 조목조목 반박하고 있다(김보현, 2006: 31-49).

김보현의 반박을 지면의 한계상 여기서 일일이 다 소개하기는 어렵지만, 필자는 그의 탁월한 비판에 전적으로 공감한다. 김보현이 검토한 네 가지 명제 이외에도 우리는 민족주의가 민주주의를 명실상부하게 실천해야 한다는 '민주주의의 원칙' 그리고 민족주의가 대다수 민중을 착취하거나 수탈해서는 안 된다는 '민중주의의 원칙'을 추가할 수도 있을 것이다. 물론 민족주의에 대한 20세기 후반의 세계사적 시간대의 규정에 따라 민족주의가 민주주의와 민중주의를 비켜 갈 수 없었다는 점은 명백하다. 하지만, 20세기 후반 비서구의 신생독립국에서 분출한 현실의 민족주의가 이 두 원칙(민주주의와 민중주의)을 표방하기는 했지만, 실효적으로 그것을 충족시킨 경우란 거의 없었다. 이 점은 서구의 선진 국가들에도 적용될 것이다. 이렇게 볼 때, 김보현이 비판적으로 검토한 원칙들이나 필자가 추가한 원칙들은 개별 민족주의(자)의 공과를 논하기 위한 평가의 원칙들이지 민족주의의 '성립조건'이나 '필요조건'을 구성하는 원칙들이라 할 수는 없을 것이다. 그리고 이 같은 평가에 따라 우리는 '좋은' 민족주의와 '나쁜' 민족주의를 논할 수 있을 터인데, 현실의 다양한 민족주의들의 실천에서 발견되는 차이는 결국 '정도'의 문제이지 '범주'(종류)의 문제는 아닐 것이다. 필자의 이런 지적은 민족주의 해석에서 일원론적 이분법을 적용해서는 안 되며 다양성과 다원성을 인정해야 한다는 소박한 논리에 기초한다.

현실에 실현된 '역사적 사회주의'와 상관없이 사회주의 원리주의자들이 사회주의 이념의 무오류성을 주장하듯이, 또 자유(지상)주의자들이 '현실화된 자유주의'의 결함을 아랑곳하지 않고 자유주의 이념의 무결점을 강변하듯이, 민족주의의 신성화를 완성한 남한의 통일지향적 민족주의자들 역시 자신들이 지향하는 민족주의에 반히는 모든 이념과 현실을 반민족적인 것으로 재단하고 배제함으로써 민족주의 이념의 고결성(integrity)과 무오류성을 내세우는 듯하다. 그러나 역대 남한의 권위주의 정권의 반민족성을 소리 높여 주장하면서, 그에 못지않은 아니 그보다 심각한 북한정권의 반민족성에 대해서는 다분히 침묵을 지키거나 말을 아끼는 진보적 민족주의자들의 이중적 태도는, 설사 그것이 남북한의 화해와 통일이라는 장기적 관점에서 선택한 전략적 입장이라 할지라도, 그들이 완성한 민족주의가 그들 자신이 표면적으로 주장한 것보다 신성하지 않다는 의구심을 불러일으키기에 충분하다.[69)]

4. 맺는말

지금까지 필자는 주로 민주화 이전 시기에 초점을 맞추어 한국 현대정치 이념적 지형의 현저한 특징으로 '민족주의의 신성화'를 제시하고 이를 '민족주의에 의한 여타 이념의 중층결정'과 '민족주의 내에서 한 요소에 의한 다른 요소들의 과잉결정'으로 나누어 분석하면서 이념적 지형의 주요한 등산로 가운데 하나를 그려내고자 했다. 물론 필자는 이러한 시도

---

69) 필자는 1960년대 중반을 넘어가면서 북한 김일성 정권이 유일체제를 확립하고 권력세습을 준비하면서, 북한정권의 민주성은 말할 것도 없고 민족주의적 성격마저 최소한의 차원에서도 인정하기가 어려워졌다고 생각한다. 나아가 북한 인민의 인권을 짓밟고 상당수 인민이 생계를 위해 탈북을 할 수밖에 없게 만드는 북한정권, 인민에 대한 통치를 하나의 가문이 세습적으로 독점하고 계승하는 해괴한 '가족사회주의' 체제에 대해 민족주의를 인정하기란 불가능하다.

를 통해 민족주의의 신성화를 주제로 한 등산로가, 비유하건대, 한국 현대정치라는 산의 이념적 지형에서 중요한 모든 곳을 빠짐없이 등반해 보여 주었다고 주장할 생각은 추호도 없다. 예를 들어 하나의 거대한 산에는 다양한 등산로가 있고 각각의 등산로가 나름대로 산의 복잡다기한 지형과 경관의 다채로운 모습을 감상할 수 있게 하겠지만, 산 전체를 송두리째 다 보여 주는 일은 사실상 불가능하기 때문이다.

그러나 필자는 '민족주의의 신성화'를 주제로 하여 필자가 개척하고 정비한 등산로가 한국 현대정치라는 거대하고 복잡한 산의 이념적 지형의 가장 중요한 특징을 보여 줄 수 있다고 생각한다. 필자가 보기에는, 무엇보다도 민족주의라는 등산로가 가장 많은 등산객들이 이미 오랫동안 즐겨 찾고 풍성한 등산기를 남겨 놓은 코스이기 때문이다. 또한 이 등산로야말로 자유주의, 급진주의, 보수주의, 반공주의, 발전주의 등 다른 주요한 등산로와 다양하게 교차하고 복잡하게 중첩되는 만큼, 이 등산로를 따라가면 다른 거대한 등산로도 겸하여 탐방하면서 한국 현대정치 이념적 지형의 전반적 특징을 오히려 쉽게 파악할 수 있는 이점이 있다. 게다가 민족주의 등산로는 지역주의·여성주의(가부장주의)·국가주의 등 여러 가지 이유로 잘 탐색되지 않거나 최근에야 개척된 등산로들과도 의미심장하게 만나고 교차한다.[70] 그러므로 민족주의 등산로를 따라서 한국 현대정치라는 산을 오를 때 그 산의 다양하고 복잡한 이념적 지형과 경관을 가장 풍성하게 조망할 수 있을 것이다. 물론 민족주의 등산로를 필자가 처음으로 개척한 것은 아니다. 다만 필자는 민족주의의 '신성화'를 주

---

70) 예를 들어 호남에 대한 지역감정은 반공 민족주의와 지역주의가 만나는 지점이고, 일제 강점기의 일본군 위안부 문제는 민족주의와 가부장주의(여성주의)가 교차하는 지점이며, 민족주의와 국가주의 역시 심각하게 중첩되면서 민족주의를 강화하는 한편 훼손하기도 했다.

제로 그 등산로의 특징을 좀 더 강조하고(highlight) '중층결정'과 '과잉결정'이라는 언걸로를 개척해 다른 등신로들—자유주의, 보수주의, 급진주의 등—과의 관계와 연결망을 좀 더 확충하고 정리하는 한편, 민족주의 등산로의 세부적인 코스를 합리적으로 정비하고자 노력했다.

필자는 제8장에서 민주화 이후 지난 25여 년 동안 한국 현대정치의 이념적 특징의 주요한 특징으로 거론한 '비동시성의 동시성'과 '민족주의의 신성화'에 어떤 변화가 일어났는지를 논할 것이다. 그러나 이에 앞서 여기서는 지금까지 미루어 온 중층결정과 과잉결정의 관계를 고찰하면서 이 장의 논의를 마무리하고자 한다. 중층결정은 보수주의, 급진주의 및 자유주의가 각각 자신들의 정당성 결손을 보충하거나 정당성을 강화하고자 민족주의에 호소하는 과정에서 각각의 이념들이 정당성을 보강했지만, 역으로 민족주의에 의해 중층결정되는 현상을 지시하는 개념이다. 여기서 중층결정론은 이 세 이념이 민족주의와 뚜렷이 구분되는 별개의 독자적인 이념이라는 가정 위에 서 있다. 다른 한편, 과잉결정은 다차원적 이데올로기인 민족주의를 구성하는 상호 경합적 요소들(과제들)인 반공과 경제발전, 분단 극복과 통일 및 자유민주주의가 민족주의 내에서 최우선순위를 부여받기 위해 투쟁하는 과정에서 빚어지는 현상이다. 그 과정에서 보수주의자는 반공과 경제발전을, 자유민주주의자는 민주주의를, 급진적인 통일론자[71]는 분단 극복과 통일을 각각 최우선순위로 배

---

71) 앞에서 여러 차례 지적했지만, 급진적인 통일론자는 정치적 단위와 민족적 단위의 일치를 추구한다는 점에서 민족주의 본연의 과제에 가장 충실한 세력이라 할 수 있다. 그러나 민족 분단이 단순히 민족 내부의 문제의 산물일 뿐만 아니라 외세와 냉전에 의해 초래·강화되었다는 점에서, 결과적으로 그 문제의 해결이 근대화나 민주주의의 실현보다 가장 어려운 것으로 판명되었다.

정하고 나머지 요소는 후순위로 배치함으로써 그 요소들을 최우선순위로 주장하는 세력을 민족주의에서 주변화하거나 아니면 반민족으로 몰아붙이는 경향을 보여 왔다.[72] 따라서 이는 민족주의 내에서 민족주의의 다양한 과제들 사이의 우선순위를 둘러싼 경합이라 할 수 있지만, 달리 보면, 보수주의자, 급진주의자, 자유주의자가 민족주의의 '밖'이 아니라 '안'으로 들어와서 담론투쟁을 벌이는 것이라 할 수 있다. 다시 말해 중층결정론이 보수주의·급진주의·자유주의가 민족주의와 구분되는 독자적인 이념이라는 가정 위에 서 있다면, 과잉결정론은 보수주의자·자유민주주의자·급진주의자들이 민족주의 안으로 들어와 민족주의적 과제의 우선순위를 설정하는 과정에서 자신들이 이념지향에 부합하는 과제에 최우선수위를 부여하면서 민족주의 내에서 헤게모니적 지위를 차지하기 위해 투쟁하는 것임을 보여 준다.[73] 이 점에서 과잉결정론은 자유주의, 보수주

---

72) 필자의 이러한 서술에 대해, 곧 '자유민주주의자가 민주주의를 최우선순위로 배정하고 나머지 요소를 후순위로 배치함으로써 보수주의자나 통일론자를 민족주의에서 주변화하거나 아니면 반민족으로 몰아붙일 수 있겠는가'에 대해, 이는 단순히 이론적 가능성에 불과하고, 한국정치사에서 실제로 그런 사례는 거의 없었다는 설득력 있는 반론이 가능하다. 필자 역시 이 같은 반론을 전반적으로 수긍하지만, 그렇다 하더라도, 앞에서 논한 대로, 김대중과 김영삼이 1983년에 발표한 「김대중·김영삼 8·15 공동선언」에서 민주주의를 민족적 과제에서 최우선순위에 배치하면서 전두환 독재정권을 사실상 '반민족'으로 몰아붙인 바 있다는 점을 상기하고 싶다. 또한 이극찬 역시 민족주의에서 민주주의를 최우선시하는 서술을 남기고 있다(167쪽 주 56 참조).

73) 이 문장에서 사용된 급진주의의 외연에 차이가 있다는 점을 지적할 필요가 있다. 이 글에서 중층결정론과 관련해 사용된 '급진주의'는 계급해방과 민족해방(민족 통일)을 추구하는 이념이나 세력을 모두 지칭하지만, 과잉결정론과 관련해 사용된 '급진주의'는 무엇보다도 통일지향적 민족주의를 주장하는 세력을 지칭한다. 그들은 민중의 생존권 보장을 강조하지만, 직접적으로 사회주의적 계급해방의 전망을 제시하지는 않는다. 이 점에서 1970년대 '민중적 민족주의'의 전통을 강하게 계승하고 있다고 할 수 있다. 만약 마르크스주의적인(보편주의적인) 계급해방적 급진주의가 민족주의를 과잉결정한다면, 이는 적어도 우리가 이해하는 '민족'과 '민족주의'를 해체하는 결과로 귀결될 것이다.

의, 급진주의를 민족주의와 구분되는 독자적인 이념이라기보다는 민족주의와 상당 부분 중첩되고 또 민족주의에 포함되는 이념으로 기정하는 셈이다. 또한, 중층결정은 정치 행위자들의 의지를 넘어서 관철되는 이념적 지형의 구조적 현상에 접근하는 데 반해, 과잉결정은 이념적 지형이 허용한 자율적인 공간에서 정치 행위자들이 투쟁하는 과정에 발생하는 현상이다. 두 현상은 모두 정치 행위자들이 비동시성의 동시성과 한국 근현대의 독특한 역사적 경험이 불러온 민족주의의 신성화를 전제로 이에 편승하고자 투쟁하는 과정에서 발생한 양상으로, 궁극적으로 민족주의의 신성화에 기여했다.

이처럼 다양한 이데올로기가 민족주의의 안과 밖을 드나들면서 경합한다는 사실은, 한편으로 20세기 후반 이래 비서구 후발 국가에서 현대의 민족주의가 다차원적인 이념으로 부상한 이념적 현실, 다른 한편으로 한국 현대정치에서 다양한 이데올로기들이 경합하면서 민족주의의 신성화에 기여하고 편승하는 과정에서 민족주의가 그들 이념의 공통분모로 자리 잡게 된 현상과 연관되어 있다. 그리고 이러한 드나듦의 경합으로 인해 한국정치에서 (가장 내구성이 있는) 구조적 변수인 분단이 초래한 반공과 통일 문제를 때로는 중층결정과 과잉결정이 중첩적으로 작용하는 현상이 나타나기도 했다.

2

박정희의 정치사상

제5장

박정희의 민주주의 담론

'행정적'·'민족적'·'한국적' 민주주의를 중심으로

1. 글머리에

제2부에서는 박정희의 정치사상을 민주주의, 근대화 보수주의 및 민족주의에 관해 그가 제기한 담론을 중심으로 분석하면서, 박정희의 담론이 제1부에서 논한 '비동시성의 동시성'과 '민족주의의 신성화'를 '어떻게' 그리고 '얼마나' 구현하고 있는지를 검토한다. 이러한 구도에 따라, 먼저 제5장에서는 박정희 대통령이 1961년 5·16 군사쿠데타를 통해 권력을 장악한 이래 1979년까지 대통령에 재임하면서 생산한 '민주주의'에 대한 담론을 분석하겠다.[1]

◆ 이 장은 다음의 논문에 바탕을 두고 있다.
  강정인(2011), 〈박정희 대통령의 민주주의 담론 분석: '행정적'·'민족적'·'한국적' 민주주의를 중심으로〉, 《철학논집》 제27권, 287–321, 서울: 서강대학교 철학연구소.

먼저 이 장은 정치가 박정희를 민주주의자라고 규정할 수 있는지의 '여부', 또는 그가 '얼마나' 민주주의자였는지를 밝히는 데 우선적인 관심을 두고 있지 않다는 데에서 논의를 출발한다. 필자는 박정희가 자신의 권위주의 체제를 옹호하기 위해서 민주주의를 유린하거나 민주주의에 대한 반대를 공개적으로 표명했을 때에도, 한국정치를 특징짓는 '이중적 정치질서의 중첩적 병존'이라는 구조하에서 그러한 언술을 민주주의 담론의 틀 안에서 표출해야 했다는 점을 중시한다. 필자는 이러한 인식에 기초해 박정희의 저작 및 연설문을 중심으로 민주주의에 관한 담론을 분석할 것이며, 그런 담론을 통해 박정희가 과연 '어떻게' 그리고 '얼마나 효과적으로' 자신의 권위주의 체제가 안고 있는 민주적 정당성의 결여를 메우고자 했는지 드러내고자 한다.[2]

---

1) 박정희 정권에 대한 다양한 정치학적 선행 연구 가운데 일부는 민주주의에 대한 박정희의 담론을 언급하거나 분석하고 있다. 하지만 그런 경우에도 논의가 대체로 산발적이라 체계적인 분석과 고찰을 결여하고 있거나, 필자가 주목하는 한국 현대정치 이념적 지형의 두드러진 특징인 '비동시성의 동시성'과 적절히 연관해 분석하지는 못하고 있다. 2002년에 발표된 전인권의 「박정희의 민주주의관」은 민주주의에 대한 박정희의 정치사상을 본격적으로 다룬 훌륭한 논문이다. 이 글은 민주주의에 대한 박정희의 입장을 다양한 시각에서 깊이 검토한 후 최종적으로 박정희가 "민주주의가 민족 전체의 행복 또는 어떤 목적 달성에 방해가 된다면, 상당 기간 유보될 수도 있다는 도구주의적 민주주의관"을 갖고 있었다고 결론 내린다(전인권, 2002: 154). 필자 역시 이 결론에 대체로 수긍할 수 있지만, 전인권은 필자가 앞으로 논할 현대 한국정치에서 '비동시성의 동시성'이 초래한 '권위주의'와 '민주주의'라는 '이중적 정치질서의 중첩적 병존'이라는 구조적 특징을 고려하지 않고 있어서 박정희의 민주주의 담론에 심층적으로 접근하지 못한 채 단지 언설 분석에만 그친 아쉬움이 있다.

2) 쿠데타 직후 박정희는 몇 권의 저서를 통해 자신의 정치적 신념을 체계화하는 한편 쿠데타를 정당화하려고 시도했다. 이에 따라 1961년에 『지도자도(指導者道)—혁명과정에 처하여』, 『혁명과업완수를 위한 국민의 길—국민운동의 방향』, 1962년에 『우리 민족의 나갈 길』, 1963년 민정이양을 위한 대통령 선거 직전에 『국가와 혁명과 나』를 출간했다. 처음에 출판된 『지도자도』나 『혁명과업완수를 위한 국민의 길』은 쿠데타 직후의 초기 저술

이를 위해 먼저 분석의 기본 틀에 해당하는 한국정치의 특징인 '이중적 정치질서의 중첩적 병존'과 '민주주의로 분식(紛飾)된 권위주의'라는 두 개념에 대해 논할 것이다. 이어서 박정희가 '민주주의의 한국화'에 대한 고민의 일환으로 시기를 달리해 제기한 바 있는 압축적 세 개념, 즉 '행정적 민주주의'(군정단계), '민족적 민주주의'(제3공화국), '한국적 민주주의'(유신체제)를 중심으로, 그의 민주주의 담론이 지닌 내용상의 지속성과 변화를 살펴본다.[3] 또한 이 세 가지 민주주의 개념은 '서구식 민주주의' 또는 선거·정당·의회를 중심으로 정치 엘리트 사이의 경쟁과 갈등을 제도화한 '정치적 민주주의'를 자신의 정치적 목적과 한국적 실정에 적합하게 수정·변형하고자 한 것이어서, 필자는 이 세 가지 민주주의를 서구

로 뒤에 나온 두 권의 저서와 비교해 내용이나 체재가 빈약하다. 『우리 민족의 나갈 길』은 에세이풍의 『국가와 혁명과 나』에 비해 당시 한국의 정치적 상황과 후진국에서의 혁명에 관해 이론적으로 체계적인 통찰을 제시하지만, 구체적인 정책 대안이 없어 추상적인 편이다. 반면 『국가와 혁명과 나』에서는 쿠데타 직후 2년간의 통치 경험을 바탕으로 당시 한국의 경제상황에 대해 상세히 분석하고 '혁명'정부의 치적, '혁명'의 당위성 및 향후 목표 등을 서술함으로써, 『우리 민족의 나갈 길』에 결여된 정책의 대강과 방향을 제시하고 있다. 『우리 민족의 나갈 길』의 집필에는 분야별로 4~5인의 전문적 조력이 있었으며, 『국가와 혁명과 나』의 집필에는 자유당 국회의원을 역임했고 뒤에 청와대 대변인을 지낸 박상길과 아동문학가 모씨가 깊이 관여한 것으로 알려져 있다(유혁인, 1964: 154~155; 조갑제, 1999: 205~209). 필자는 이 장을 집필하기 위해 박정희가 대통령이 된 이후 그의 이름으로 출판된 『민족의 저력』(1971), 『민족중흥의 길』(1978) 등도 검토했지만, 그 저작들은 너무나 유려하고 학술적인 문체로 분식되어 있어서, 박정희의 초기 저작, 연설문, 담화문(공고문) 등을 분석하는 데 주력했다.

3) 박정희는 '한국적 민주주의'에 비해 '행정적 민주주의'와 '민족적 민주주의'를 자주 언급하지 않았다. 행정적 민주주의는 박정희가 군정연장 또는 민정이양을 놓고 번의를 거듭함에 따라 실천에 옮겨질 시간적 여유가 별로 없었고, 민족적 민주주의는 1960년대에 주로 선거유세에서 사용되었다. 그렇다 하더라도 유신체제에서 박정희가 본격적으로 주장하기 시작한 '한국적 민주주의'가 사실상 '행정적 민주주의'와 '민족적 민주주의' 양자를 합성해 종합한 것이라는 점에서, 양자는 박정희의 민주주의관을 이해하는 데 도움이 된다. 이에 대한 구체적인 내용은 이하에서 나올 것이다.

식(또는 정치적) 민주주의에 대한 박정희의 입장과 대비해 분석한다. 마지막으로 세 가지 민주주의에 대한 필자의 분석을 종합적으로 검토하면서 이 장을 마무리할 것이다.

2. '이중적 정치질서의 중첩적 병존'과 '민주주의로 분식된 권위주의'

박정희의 민주주의 담론 분석에서 필자가 착안하는 지점은 민주주의의 이름으로 권위주의 정권을 정당화해야 했던 한국 보수주의의 독특한 성격, 박정희가 표출한 민주주의 담론이 그 성격을 어떻게 드러내고 있는가다. 제3장에서 필자는 민주화 이전 한국의 보수주의를 "집권 우익 세력이 공산주의의 침략과 위협으로부터 자유민주주의를 방어하고 국가 안보(반공)와 경제발전에 필요한 정치적 안정을 유지한다는 명분을 앞세워 권력이 집중된 권위주의적 정치질서를 옹호하기 위해 제시한 이념"으로 정의한 바 있다. 이처럼 권위주의와 민주주의라는 "이중적 정치질서의 중첩적 병존(overlapping coexistence of dual political order)"이야말로 한국을 비롯한 비서구 국가에서 민주주의를 표방한 권위주의적 보수 정권이 직면해 온 독특한 특징이라 할 수 있다. 다시 말해 '이중적 질서의 중첩적 병존' 현상으로 인해 권위주의 체제는 그 자체로 정당성을 획득할 수 없었다. 즉 권위주의 체제는 '궁극적' 정당성의 원천인 민주주의에 연결되어 단지 '과도기적', '매개적' 또는 '묵시적' 정당성만을 인정받을 수 있었던 것이다. 이러한 특징으로 박정희는 중첩이 빚어낸 민주주의와 권위주의의 괴리, 곧 자신의 정권이 안고 있는 민주적 정당성의 결여에 어떤 식으로든 대처하지 않을 수 없었고, 그 결과 민주주의에 대한 담론을 지속적으로 생산해 내지 않으면 안 되었다.

다시 말해 박정희는 반공(국가안보)과 경제발전(또는 근대화)을 명분으로, 또는 한국의 독특한 역사적 배경과 문화적 전통을 이유로 사실상의 권위주의 정권 수립이 불가피하다고 역설했지만, 이를 명시적으로 '권위주의'라는 이름으로 정당화할 수는 없었다. 따라서 제3장에서 이미 지적한 것처럼 민주적 정당성을 확보하기 위해 다양한 방법과 논리에 따라 그런 명분과 이유를 민주주의와 연결시키는 담론을 생산해 내야 했다. 예를 들어 반공 또는 국가안보에 대한 위협을 내세우더라도, 이 때문에 권위주의가 불가피하다는 주장이 아니라 민주주의를 수호하기 위해 반공 또는 국가안보가 긴요하다든가, 경제발전이 권위주의 체제의 유지를 위해서가 아니라 장차 민주적 질서를 성취하기 위한 필요조건 혹은 선결조건이라는 논리를 개발해야만 했다. 문화적으로는 한국의 독특한 전통이 '권위주의' 체제(의 유지)를 필요로 한다는 노골적인 논리가 아니라 우리 실정에 알맞은 '민주주의'를 필요로 한다는 분식적인 논리를 개발해야 했다. 그 결과 박정희의 권위주의 체제는 민주적 정당성을 차용하는 데 '민주주의의 한국화'라는 발상을 활용함으로써, 곧 "행정적", "민족적" 또는 "한국적"이라는 수식어를 민주주의 앞에 달아야 했다. 그 과정에서 민주주의의 중요한 이론적 요소들이나 개념들은 그 형태를 유지하더라도 내용에서는 권위주의에 알맞게 재해석되거나 재규정되어, '형태'를 통해 '정당성'을 인정받는 한편, 이렇게 변용된 '내용' 또는 '실질'을 통해 권위주의 정권의 목적을 달성하고자 했다.

그리하여 박정희 정권기 권위주의와 민주주의라는 이중적 질서의 중첩적 병존은 그 최종판으로 '한국적 민주주의'라는, '민주주의로 분식된 권위주의'―일종의 가면무도회―로 출현했다. 그렇게 조형된 분식은 나름대로 일정한 정당성을 누릴 수 있었지만, 동시에 그것은 민주주의와 권위주의의 끊임없는 내재적 충돌과 긴장을 단지 미봉(彌封)한 것에 불과했던 만큼 불안정하고 유동적인 상태로 남아 있을 수밖에 없었다.[4] 이에 따라 한국의 민주화운동 역시 이러한 내재적 충돌과 긴장에 주목해 그 위선성을 폭로하는 지점에서 대립의 전선을 형성하게 되었다. 실제로 이같은 지속적인 내적 충돌과 긴장은 민주화운동에 매우 유리한 전선을 제공한 면이 있었다. 만약 박정희가 민주주의의 정당성을 공개적이고 원칙적으로 부정하면서, 가령 경제발전, 안보와 반공 또는 민족 통일을 위해서 자신에게 권력이 집중된 권위주의 체제가 바람직하거나 불가피한 것이라고 명시적으로 주장하고 이를 옹호·선전했더라면, 민주화 세력은 박정희 정권의 실상이 그의 주장과 '상반된' 비민주적 또는 반민주적인 권위주의 체제라는 비판을 제기할 수 없었을 것이기 때문이다. 따라서 박정희의 권위주의 체제는 스스로를 '민주주의'라고 규정함으로써 부분적으로 정당성을 누린 반면, 동시에 '민주주의'에 치명적으로 결박되었던 것이다. 다시 말해, 민주주의는 박정희에게 '양날의 칼'이었던 셈이고 이는 역사적으로도 입증되었다.

이중적 질서의 중첩적 병존은 민주주의에 관한 박정희의 담론에서도 표출되고 있다. 박정희는 자유민주주의라는 규범적 현실의 압박을 인식하면서도, 동시에 한국적 상황이 자유민주주의의 온전한 실현을 가로막고 있다고 항변함으로써 권위주의 체제의 불가피성을 수세적으로 옹호하

---

4) 이와 달리 민주주의가 보편적 이념으로 군림하기 이전인 19세기 유럽에서 출현한 반민주적 또는 비민주적 정권은 그 정당성을 주장하기 위해 민주적 분식이 필요하지 않았다.

고자 했다. 박정희의 이와 같은 입장은 5·16 군사쿠데타를 통해 집권한 군정기부터 제3공화국을 거쳐 유신체제에 이르기까지 일관되게 표출되고 있었다. 예를 들어 박정희는 1963년 펴낸 『국가와 혁명과 나』에서 민주주의에 대한 자신의 이중적 감정을 이렇게 표현했다.

> …… 한국에 있어서의 …… [근본적인] 혁명은 이런 점에 있어 한계가 제약되어 있고, 그 혁명의 추진에 각양의 제동작용이 수반되고 있다. 우리는 공산주의를 반대하고 자유민주주의를 원칙으로 함을 벗어날 수는 없다. 민주주의의 신봉을 견지하는 한, 여론의 자유를 막을 수는 없다(박정희, 1963: 28).

이 인용문에서 박정희는 자신이 추구하려는 근대화 혁명의 수행을 "제약"하는 "한계"와 혁명에 수반하여 그 추진을 억제하는 "제동작용"을 언급한 후, '반공'과 '자유민주주의'를 제시한다. 이어서 박정희는 "…… 여론의 자유를 막을 수는 없다"라고 덧붙인다. 인용문의 "벗어날 수는 없다"라는 다소 애매하지만 부정적인 언급, 혁명 수행에 무언가 거추장스럽고 부정적인 뉘앙스를 담고 있는 (혁명의 수행을) "제약"하는 "한계"와 "제동작용", 그리고 "막을 수는 없다"는 내키지 않는 태도는, 종합적으로 자유민주주의에 대해 내심 부정적이거나 유보적이지만, 동시에 이를 거부할 수 없기 때문에 받아들여야 한다는 미묘한 이중적 태도를 암시한다.[5]

---

5) 이렇게 볼 때, 후일 박정희가 내세운 '한국적 민주주의'는, 근대화 혁명을 제한 없이 추진하기 위해 마침내 '자유민주주의'라는 제동장치를 해체하고 무력화한 결과 출현한 체제로 해석될 수 있다. 여기에 대해서는 다시 논할 것이다.

한편 박정희는 『국가와 혁명과 나』에서 스스로도 내심 거추장스럽게 여기는 민주주의를 비판 기준으로 삼아 자유당·민주당 정권의 정치를 "왜곡된 '위장 민주주의'"라고 비판하기도 했다(박정희, 1963: 281). 그렇지만 박정희는 『국가와 혁명과 나』보다 먼저 펴낸 『우리 민족의 나갈 길』(1962)에서 경제적 빈곤, 북한의 위협 및 한국의 역사적·문화적 특수성 때문에 한국에서는 서구적 민주주의를 온전히 실현할 수 없다면서, 사실상 권위주의 체제가 불가피하다거나 또는 "왜곡된 '위장 민주주의'"가 필요하다고 강변했다. 그는 한국에 "민주주의가 …… 풍요한 결실을 맺을 수 있는 주체적인 조건"이 결여되어 있다고 보고, 그 예로 서구와 본질적으로 다른 "역사적인 배경"과 "문화적 전통", 경제적으로 극심한 빈곤과 대량 실업, "농촌의 방대한 문맹", 열악한 산업화 수준 등을 열거했다(박정희, 1962: 221-222).

이런 현실적 제약조건은 박정희로 하여금 서구적 민주주의를 실현할 수 있는 주체적 조건이 충족될 때까지 한국 실정에 알맞은 민주주의를 실천할 것을 제안하게 했다.[6] 그리하여 그는 『우리 민족의 나갈 길』에서 자유당·민주당 정권의 실패한 민주주의를 비판한 후, "민주주의의 형태

---

6) 박정희는 자유민주주의가 한국에 온전히 실현될 수 없다고 언급할 때는 반드시, '서구', '외래', '수입'과 관련된 수식어를 붙였다. "직수입된 민주주의", "서구민주주의", "외래민주주의", "'구호물자'식 민주주의수입", "서구의 고전적인 민주주의", "서구적인 대의정치", "서구에서 물려받은 자유민주주의", "서구에서 직수입해온 민주주의", "서구적인 민주주의"(박정희, 1962: 3, 84, 86, 212, 222, 229, 230, 231), "흉내낸 식의 절름발이 직수입 민주주의", "서구적 민주주의제도", "서구식 민주주의", "서구적인 민주주의"(박정희, 1963: 24, 76, 227, 254). 이와 비교해 본문의 인용문에서도 드러나는 것처럼 '자유민주주의'라는 용어 자체는 비교적 중립적이거나 긍정적인 의미로 사용된다. 박정희는 자신의 '민족적 민주주의'나 '한국적 민주주의'가 서구적 민주주의와는 다르지만 자유민주주의의 한 형태라고 생각했다.

는 수입하더라도 그 뿌리까지 수입할 수는 없다"라고 주장했다. 그리고 "새로운 지도세력의 대두와 육성"에 기초하고 "한국사상사의 주체성에 접목한 '민주주의의 한국화'"라는 정치적 과제를 제기했다(박정희, 1962: 130-131). 사실 서구적 민주주의가 한국에 그대로 적용되기 어렵다는 박정희의 생각은 집권 기간 내내 지속되었는데, 집권 마지막 해인 1979년 1월 19일 행한 「연두기자회견」에서도 "…… 서구 민주주의도 대단히 훌륭하고 좋은 것은 틀림없지만, 이것을 받아들이는 나라가 그 나라의 소위 역사적인 배경과 사회적인 환경, 다시 말하면 기후 풍토를 고려하지 않고 거기에 알맞는 재배 방법을 실시하지 않을 것 같으면 결국 성공"하지 못한다고 주장했다(16: 46-47).[7]

그러나 서구중심적 세계에서 주변부 후발국인 한국에서의 민주주의를 외세의 영향과 분리해 논하는 것은 몰역사적이다. 이는 한국이라는 정치체를 사상의 생산과 유통에서 자급자족적인 정치공동체로 상정하는 오류를 범하는 일이기 때문이다.[8] 또한 한국정치를 압박한 민주주의는 민주주의의 보편성이라는 세계사적 시간대에서 비롯한 것으로 추상화될 수도 있지만, 더 구체적으로는 제2차 세계대전 직후 소련과 함께 남북한을 분할점령하고, 그 이후 남한정치에 직접적이고 지속적인 영향을 미쳐온 미국의 현전(現前)과도 긴박(緊縛)된 연관관계를 맺고 있었다. 곧 민주주의가 일제 강점기부터 독립운동가들 사이에서 줄곧 보편적 이념으로

---

7) 이 연설에서 박정희는 "강남의 귤나무를 강북에 이식했더니 귤이 안 되고 탱자가 열리더라"라는 중국의 속담을 인용하면서 서구 민주주의라는 귤 역시 한국 같은 나라에서 잘못 재배되면 탱자가 되어 버린다는 비유를 들고 있다. 이는 박정희가 애용한 비유였다.
8) 물론 이러한 지적은 근대사상은 물론, 근대문명을 산출한 서유럽의 개별 국가들에도 적용된다.

서 독립된 영향력을 미쳐 온 것은 사실이지만,[9] 해방 이후에는 미국의 압도적 영향력과 결부되어 '자유'민주주의가 본격적으로 강력한 영향력을 행사하기 시작했던 것이다(박찬표, 2007a).

이러한 맥락에서 최장집은 분단과 함께 출범한 남한의 민주주의를 "조숙한 민주주의"로 규정하면서 "분단국가의 제도수립자(institution builder)"로서 미국의 역할을 강조하고 있다. 그는 남한 민주주의의 제도화에서 미국이 수행한 역할을 "상한선과 하한선을 갖는 '미국의 한계선' (American boundary)"이라는 흥미로운 개념을 통해 설명한다.

> 미국의 한계선은 남한의 분단국가가 반공국가이어야 하되 그것은 민주주의체제를 갖지 않으면 안된다는, 당시의 현실로 볼 때는 이율배반적이라고 할 정도로 두 개의 어려운 과제를 한국정부가 동시에 실현하지 않으면 안 된다는 사실 때문에 개념화될 수 있다. 즉 그것은, 분단국가의 최소한의 안정이라는 하한선과 민주주의의 최소한의 유지라는 상한선 사이의 정치적 공간을 말한다(최장집, 1996: 22).

'미국의 한계선'이 부과한 이율배반적 과제인 반공국가와 민주주의 체제는 "우리는 공산주의자에 반대하고 자유민주주의를 원칙으로 함을 벗어날 수는 없다"는 박정희의 언명과 절묘하게 맞아떨어진다. 곧 미국이 부과한 과제는 한국의 정치지도자에게 '반공'과 '자유민주주의'로 내면화되었으며, 이승만·박정희·전두환의 권위주의 정권 시절에는 하한선에 해

---

9) 다시 말해, 필자는 일제 강점기 동안 독립운동가들을 포함한 정치지도자들과 일반 지식인들이 서구문명의 영향을 받아 일정하게 민주주의를 내면화한 사실을 부정하는 것은 아니다. 이에 대해서는 제3장에서 이미 논한 바 있다.

당하는 (권위주의 정권에 의한) 반공이 '국시'로까지 격상되었다. 미국 역시 대체로 하한선을 절대시하여 남한에서 반공권위주의 정권이 국민적 저항에 부딪혀 심각한 정치 불안에 봉착하지 않는 한, 그 정권의 반민주성을 묵인하는 태도를 취했다.

박정희 역시 군정 당시에 이미 '미국의 한계선'을 숙지하고 있었다. 그는 『국가와 혁명과 나』에서 한국과 미국의 관계를 논할 때, 전체적으로 미국의 지원과 역할을 긍정적으로 평가하면서도 미국이 "서구식 민주주의"를 한국에 강요해서는 안 된다고 주장한다. 박정희는 여기서 "첫째, 미국은 서구식 민주주의가 우리의 실정에는 알맞지 않는다는 것을 이해하여야 할 것이다"라고 일침을 놓았다(박정희, 1963: 226-227). 또한 이러한 입장에서 박정희는 서구식 민주주의를 한국에 그대로 실천하려는 국내 정치인들을 "사대주의자", "가식적 민주주의자"라고 일관되게 비난했다.

'이중적 정치질서의 중첩적 병존'이라는 지형에서 박정희는 군정 시기부터 자유민주주의에 대한 고민의 일단을 표현하고 있다. 박정희는 쿠데타 직후에 집필한 『우리 민족의 나갈 길』에서 당시 한국의 정치 상황에서 자유민주주의의 실천가능성 여부에 관해, 특히 경제개발의 필요성을 염두에 두고, 매우 동요하는 입장을 표명한다. 사실 박정희는 당시의 정치지도자들 —이승만, 윤보선, 장면 등— 가운데서 경제개발의 필요성과 자유민주주의의 양립(불)가능성에 대한 진지한 고민을 최초로 표출한 매우 드문 정치가였다. 이 점에서 박정희는 시대를 앞서가는 뛰어난 통찰력을 가지고 있었다고 할 수 있다. 그는 일반적으로 미국 근대화 이론이 직면했던 중요한 논점, 후일 한국학계에서 학자들이 박정희 정권의 공과를 논할 때 직면하게 될 산업화와 민주화의 관계에 대한 고민을 선구적으로 하고 있었던 셈이다. 그러므로 박정희에 대한 통념적 이해—일제교육과 군 경력 및 당시의 정치적 상황, 강력한 국가와 경제개발의 시급성에 대한 박정희의 신념, 민주주의가 국가의 통합을 저해하고 국력을 낭비한다고 주장한 박정희의 산발적 연설 등—에 기초해 "애초부터 박정희에게는 민주주의에 대한 고민이 별로 없었다"(김갑식, 2007: 103)라고 해석하는 것은 온당치 않다. '박정희가 민주주의자가 아니었다'는 사실에서 "애초부터 박정희에게는 민주주의에 대한 고민이 별로 없었다"는 결론이 당연히 도출되는 것은 아니기 때문이다.[10]

따라서 박정희는 한국을 포함한 아시아 여러 국가들의 경제적 빈곤에 주목하면서 경제발전과 민주주의의 관계에 대해 이렇게 말한다.

국민대중의 생활조건을 개선하려는 시도와 노력[곧 경제개발]이 효과를 거두기 위해서는 말할 것도 없이 대개 비민주적인 비상수단을 쓰지 않으면 아니되기 때문에 정부가 서구에서 말하는 민중의 정부가 되기에는 거의 불가능에 가깝다(박정희, 1962: 226).

정치적 민주주의의 전제가 되는 경제적 조건이나 기반을 이룩할 수 없는

---

10) 또 박정희 사상의 반민주적인 면모를 드러내는 데 "민주주의라는 빛 좋은 개살구는 기아와 절망에 시달린 국민대중에게는 너무나 무의미한 것이다"(박정희, 1962: 228)라는 구절이 흔히 인용되는데(김영수a, 2001: 175), 이 구절은 '아시아 국가에서 민주주의가 경제성장을 가져오지 못함으로써 민주주의의 위신이 실추되었고 이로 인해 경제적인 빈곤과 기아를 극복하기 위한 방책으로 계획경제에 입각한 공산주의 사상이 침투했다'(박정희, 1962: 227-28)는, 원문의 전체 맥락과 연관시켜 이해할 필요가 있다. 그렇게 보면, '빛 좋은 개살구' 운운은 민주주의가 애초에 기대했던 대로 기아와 빈곤 극복을 가져오지 못한 데 대한 좌절과 분노가 실린 반어법적 표현으로 읽힐 수 있다. 또한 우리는 사소한 것을 빗대 '빛 좋은 개살구'로 칭하지 않는다는 점 역시 상기할 필요가 있다.

데서는 민중의 진정한 지지 위에 선 민주주의가 성장할 수 없다(박정희, 1962: 228).

이 두 인용문을 종합해서 분석하면, 첫째, 후진국에서 (한국의 장면 정권처럼) 일시적으로 민주적 정권이 들어설지 모르지만, 경제발전이 이루어지지 않은 곳에서는 '지속가능한 민주주의'를 기대하기 어렵다. 둘째, 후진국에서 경제적 빈곤을 타개하기 위한 경제개발 전략은 비민주적인 비상수단을 요구한다. 따라서 '한국의 현 정치적 상황에서는 경제개발을 단호하게 수행할 수 있는 비민주적인, 곧 권위주의 정권이 필요하다'는 명제가 박정희가 본래 제기하고 싶었던 주장이라 할 수 있다.[11]

그러나 프랑스의 루이 나폴레옹 3세나 독일의 비스마르크가 당면했던 19세기 유럽의 상황과는 달리 이중적 질서의 중첩적 병존에 따라 민주주의가 규범적 정당성을 확보하고 있는 한국에서, 박정희는 민주주의를 정면으로 부정하는 주장을 공식적으로 제기할 수 없었다. 그 결과 박정희는 양자의 관계를 애매하고 두루뭉술한 발언으로 마무리하고 있다.

서구에서 물려받은 자유민주주의의 이념과 체제(비록 외양적인 것이라 하더라도)하에 종국적으로 …… 경제개발계획을 어느 정도 성공적으로 달성할 수 있는가가 비단 한국 뿐만 아니라 아세아에 있어서 진정한 민주주의의 성패와 장래를 결정하게 될 유일한 관건이 될 것이다(박정희, 1962: 229).

---

11) 물론 논리적으로 공산주의 체제도 대안으로 고려될 수 있는데, 박정희는 이 대안 역시 (반공 이데올로기가 아니라) 독재의 불가피성과 경제개발의 성패라는 관점에서 실패한 대안으로 보고 기각하고 있다(박정희, 1962: 228-229).

이와 같이 미묘하고도 애매한 언급은, 매우 어렵기는 하겠지만 자유민주주의를 유지하면서도 경제개발이 가능하냐는 개연성을 어느 정도 시사하고 있다. 그렇다 하더라도 박정희가 일찍이 예견한 것처럼 그리고 역사적으로 후일 자신의 강압적인 권위주의적 통치를 통해 몸소 증명한 것처럼, 아시아에서 "자유민주주의 길은 사실상 형극의 길이 아닐 수 없[었]다"(박정희, 1962: 227).[12]

3. '민주주의의 한국화': '행정적'·'민족적'·'한국적' 민주주의

박정희는 집권 18년 동안 민주주의에 대한 일관된 입장을 견지했다. 이는 유신체제 이후에 그가 민주주의에 대해 언급한 내용의 개요가 군정 시기에 발간한 『우리 민족의 나갈 길』(1962) 및 『국가와 혁명과 나』(1963)에서 민주주의에 대해 언급한 것과 거의 대부분 일치한다는 점에서 확인된다. 이러한 사실은 박정희 자신이 제안한 바 있는 "민주주의의 한국화"를 적용해 고안한 개념들인 '행정적 민주주의', '민족적 민주주의', '한국적 민주주의'에서도 지속적으로 확인할 수 있다. 그가 군정단계에서 내세운 '행정적 민주주의', 제5~6대 대통령 선거 연설에서 내놓은 '민족적 민주주의', 10월 유신과 함께 주장한 '한국적 민주주의' 사이에서는 놀라운 유사성과 지속성이 발견된다.[13] 아래에서는 이 세 가지 민주주의를 서

---

12) 지금까지 논의한 데서 나타났듯이, 경제개발과 민주주의의 상관관계에 대한 박정희의 진지한 고민이 적어도 쿠데타 직후부터 관찰된다는 사실은, 그가 단지 자신의 독재나 장기 집권을 정당화하기 위해 경제발전을 내세웠다는 일방적 해석에 일말의 경계를 요한다는 점을 보여 준다.

구식 민주주의(의 모방)에 대한 박정희의 비판과 대조하면서 차례대로 검토해 본다.

1) 행정적 민주주의

박정희는 5·16 군사쿠데타를 통해 정권을 장악한 후, 정당성의 결여를 메우기 위해 군정 실시와 병행해 잠정적으로 그 성격이 모호한 '행정적 민주주의'를 주장했다. 박정희는 5·16 「혁명공약」에서 "반공", "부패와 구악 일소", "빈곤타파" 등에 밀려 비록 마지막 조항에서이기는 하지만, "…… 새로운 민주공화국의 굳건한 토대를 이룩하기 위하여 …… 최선의 노력을 경주한다"는 구절을 삽입함으로써 민주주의에 대한 공약을 분명히 하지 않을 수 없었다(김삼웅, 1997: 258).[13] 동시에 그는 합헌적인 장면 정권을 군사쿠데타에 의해 불법적으로 전복한 만큼 어떠한 방식으로든 그 정당화가 필요했다. 실제로 그는 쿠데타 직후 1961년 7월에 행한 「제헌절 기념사」에서 분단정부 수립 이후 1961년 초까지 전개된 비민

---

13) 그렇지만 이 장이 보여 줄 것처럼 동시에 의미심장한 차이도 감지되는데, 박정희의 민주주의관을 검토하는 학자 대부분은 이를 중시하지 않거나 아니면 간과한 듯 보인다. 가령 강준만은 "'행정적 민주주의'는 '민주주의의 한국화', '한국적 민주주의'와 교체 가능한 용어였다"라고 언급하는데(강준만, 2004a: 204), 이러한 해석은 넓은 의미에서, 곧 '행정적 민주주의'와 '한국적 민주주의', '민주주의의 한국화'에 대한 박정희의 고민을 표현한다는 점에서, 또한 양자 다 조국 근대화나 경제발전을 추구한다는 점에서 타당하다. 그러나 전자는 군정단계에서 한시적 조치로, 후자는 유신체제에서 사실상 항구적 헌정 형태로 제시되었다는 점에서 근본적으로 다르고, 이로 인해 구체적인 내용에서도 매우 상이하다는 점 역시 주목할 필요가 있다. 조현연은 지배 담론으로서의 자유민주주의를 논하는 글에서 오직 민주주의의 전면적 부정이라는 맥락에서만 박정희가 주장한 '행정적 민주주의', '민족적 민주주의', '한국적 민주주의'를 비교·검토하고 있다(조현연, 2003: 315-320).

14) 박정희는 정치인으로서 최초의 공식적 발언에 해당하는 1961년 7월 3일의 「국가재건최고회의 의장 취임사」에서도, "진정한 민주복지국가"의 건설 또는 "진정한 민주 공화국 재건"에 매진할 것을 다짐했다(1: 4, 「국가재건최고회의 의장 취임사」, 1961/07/03).

주적 정치상황과 이에 대한 정치인들의 책임을 준열히 통박하면서 쿠데타에 의한 비상조치를 의사가 중환자를 위해 행하는 단호한 수술에 비유해 정당화했다.

> …… 정치인들은 이기적인 권력을 위한 투쟁으로 인하여 가장 불행한 의회주의의 타락을 가져오게 하였고 …… 객관적이어야 할 헌법의 모든 규정은 오로지 그때 그때의 집권자들의 편의를 위하여 침해되기가 일쑤였고 …… 그 결과 국민 도의는 땅에 떨어지고, 부정과 부패는 횡행하고, 국민의 빈곤은 확대되어, 그 어떠한 수술을 가하지 않고서는 도저히 그것을 구출할 수 없는 말기적 현상을 가져오고 말았[습]니다. 따라서 건국 이래 우리 사회의 국시가 반공이라고는 하지만 …… 다만 기름없는 등불에 있어서와 같이 …… 언제든지 맥없이 꺼져버릴 위기에 처하게 되었던 것입니다. 여기서 우리는 5·16 군사혁명의 불가피성과 또한 역사적 의의를 가지게 되는 것입니다. 환자에 있어서 그 중병의 치료에는 단호한 수술이 필요한 것처럼, 국가와 민족에 있어서도 그 존립의 안위가 문제될 때에는 그 어떠한 비상조치가 필요하지 않을 수 없는 것입니다(1: 13).

또한 의사가 회복한 환자를 집으로 귀가시키듯이(박정희, 1962: 216), 박정희 역시 군정의 한시성을 강조하지 않을 수 없었다. 그렇기 때문에 그는 이어서 "혁명의 목적이 어디까지나 현행 헌법의 민주적 기본질서의 수호"에 있는 만큼 국가재건비상조치법(1961년 6월 6일 공포)에 의한 헌법조항의 일부 정지는 혁명과업이 완수될 때까지 지속되는 한시적 현상이라고 언명했다(1: 13, 「제헌절 기념사」, 1961/07/17).

박정희는 특히 『우리 민족의 나갈 길』에서 상당한 지면을 할애해 자유당과 민주당 시절에 만연한 정당정치의 타락과 왜곡을 비판하면서 그 책임을 부패한 정치인들에게 돌렸다. 그는 타락하고 왜곡된 정당정치에 대한 대안으로, 곧 "혁명기[군정단계]에 있어서의 민주주의"로, "서구적인 민주주의가 아닌 즉 우리의 사회적 정치적 현실에 알맞는 민주주의", 곧 "행정적 민주주의"를 제창했다(박정희, 1962: 231). 행정적 민주주의의 목표는 무엇보다도 국민의 "정치능력" 그리고 이를 위한 "'아래로부터의' 자치능력"을 향상하는 데 있었다(박정희, 1962: 232).[15] 행정적 민주주의의 주체가 일반 국민이며, 그 목표가 '사회개혁'의 실현을 위한 '인간개조'에 있다는 점은 다음과 같이 강조되고 있다.

> 우리들이 기왕의 부패를 일소하고 국민들의 자치능력을 강화하여 사회정의를 구현하는 것이 당면의 목표라면 그 방법으로서는 민주주의를 정치적으로 당장 달성할 것이 아니라 어디까지나 과도기적인 단계에 있어서는 행정적으로 구현해야 될 것이요, 그 방법으로 민주주의를 '위에서' 내리닥치는 민주주의가 아니라 어디까지나 '아래서' 올라오는 민주주의, 아래서 깨달은 민주주의, 국민 스스로가 자기의 과거의 타성(惰性)을 바로잡고 새로이 출발하며 발전하는 민주주의가 되어야 하기 때문이다(박정희, 1962: 231).

박정희는 이러한 맥락에서 자유민주주의와 행정적 민주주의의 관계에 대해 전자가 궁극적인 목표이며 후자는 혁명단계에서의 과도기적 민주주의라고 주장했다.

---

15) 군정단계에서 직업 정치인이 중심이 된 정당정치나 의회정치는 중지되었기 때문에, 행정적 민주주의가 일반 국민을 그 대상으로 설정한 것은 당연하다.

우리들이 민주주의를 재확립해야 하기 때문에 민주주의적인 가치관과 훈련을 발전시켜야 된다는 이념석인 요청에서 볼 때 비록 우리들이 혁명단계에 있어서 완전한 정치적인 자유민주주의를 [향]유할 수 없다 하더라도 최소한 행정적 '레벨'에 있어서는 민주주의적인 원칙이 고수되고 민주주의적 원칙에 의하여 국민의 의견과 권리가 존중되어야 한다(박정희, 1962: 232).

박정희가 제시한 행정적 민주주의의 구체적인 내용은 다음과 같다.

…… 행정적 민주주의는 정부가 하는 일에 대하여 국민의 정당한 비판과 건의를 봉[쇄]하는 것이 아니라 오히려 이것을 환영하며 국민의 여론 앞에 정부의 업적을 심판하고 국민의 정당한 의견 아래서 정부의 잘못(만일 있다면)이 시정되어 나가는 방향으로 되어야 할 줄 안다. …… 행정부의 모든 직권행사에 있어서 비록 혁명기라 할지라도 민주주의적인 절차와 민주주의적인 원칙하에서 이루어져야 할 것이다(박정희, 1962: 232).

이 점에서 행정적 민주주의는, 정치적 민주주의가 중지된 군정단계에서 "정권의 정당성이나 정권 담당자에 대한 비판[은] 제약하되 정책에 대한 비판은 허용하고 여론을 수렴하는 것"(조갑제, 1999: 158)으로서 "최소한 행정적 '레벨'"에서라도 민주주의를 유지하겠다는 의지를 표명한 것이었다(박정희, 1962: 232).
박정희는 군정단계에서 정치적 민주주의를 유보해야 하는 이유에 대해 아래와 같이 설명한다.

정당정치의 비정상적인 압력 때문에 정치의 조직적인 부패와 부정이 우리

사회의 모든 조직의 세포에까지 스며들어 있는 현실 속에서 정치적 민주주의를 살린다는 명목에서 당장 선거를 한다고 하여 기왕에 묵었던 나쁜 요소가 일조일석에 사라진다고는 할 수 없다(박정희, 1962: 231).

위 인용문의 "정당정치의 비정상적인 압력"이라는 표현이 시사하는 것처럼, 박정희가 보기에 정당정치의 타락과 왜곡은 단순히 특정한 부패 정치인이나 정당에 의해 초래된 것만은 아니었고, 정치적 민주주의를 실천할 수 있는 경제적 또는 문화적 여건의 전반적 미비에 따른 것이었다. 따라서 박정희는 한국 의회정치의 파행을 영국의 경험과 비교하면서, 비동시성의 동시성에 따라 정당 제도를 조숙하게 도입한 결과 불가피하게 초래된 현상으로 이해하기도 했다.

의회정치의 본산이라고 할 수 있는 영국의 경우만 보더라도 그 대의정치는 산업혁명과 더불어 발전해 왔고 어느 의미에 있어서는 산업혁명—왓트의 증기기관—의 결과라고도 할 수 있는 데 비하여 후진민주국의 대의정치는 그 국가가 안전한 산업화를 거치지 않고 단지 제도적인 면에 있어서 서구의 민주주의의 외양만 모방해 왔기 때문에 엄격한 의미에 있어서 근대 민족국가에 요청되는 근대적인 정당제가 확립되기도 전에 이미 정당의 부패와 그 역기능이 전면에 드러났던 것이다(박정희, 1962: 222).

그러나 이처럼 박정희가 당시 한국적 현실에서 정당정치의 폐해, 나아가 정당정치의 실현불가능성을 지적했다는 점에 주목하면서도, 동시에 그가 여전히 원론적인 차원에서 자유민주주의와 그 토대인 정당정치의 불가피성을 인정하고 정당정치를 실시할 것을 다짐하고 있다는 점도 특기해야 한다.

정당제도란 근대적 자유민주주의의 토대다. 근대적 자유민주주의가 의회
제도를 채택하지 않을 수 없는 이상, 정당정치는 필수적인 것이며 …… 우
리는 근대적 자유민주주의만이 우리 민족이 살 수 있고 번영할 수 있는 유
일한 제도인 이상, 어떠한 일이 있더라도 건전한 정당을 마련하는 준비과
정을 밟아 나가야만 되겠다. 정책과 이념으로써 상호비판하고 싸우면서도
일정한 한계와 자제를 가진 국민의 정당, 민족의 정당을 가지지 않으면 안
될 것이다(박정희, 1962: 22; 박정희, 1963: 75도 참조).

그렇지만 당시 박정희는 정치적 민주주의를 당장 복원할 생각이 없었
고, 민정이양을 둘러싼 진통과 거듭된 번의를 통해 드러난 대로 비교적
장기간에 걸쳐 군정을 실시하려는 구상을 했던 것으로 보인다. 그는 이
러한 구상을 전제로 "행정적 민주주의"를 제안했지만, 기성 정치인은 물
론 일반 국민의 반대 여론 및 미국의 강한 압력으로 민정이양을 당초 구
상보다 앞당겨서 실시해야 했기 때문에 그것은 단순히 공허한 주장으로
남게 되었고, 실제로는 거의 실행되지 못했다. 구체적으로 군정 당시 박
정희가 발표한 연설문을 검토해 보아도, 일반 국민들의 자치능력이나 민
주적 역량을 배양하고자 하는 행정적 민주주의에 대한 구체적 제안이나
계획은 별로 발견되지 않는다.[16]

박정희는 민주공화당을 창당(1963년 2월)해 정치에 참여하게 된다. 곧
그 자신은 자유당·민주당 정권의 경험에 비추어 정당정치에 회의적이
고 부정적이었지만, 새로운 정당을 창당해 정당정치의 쇄신을 도모하고
자 한 것으로 풀이할 수 있다. 그리하여 제3공화국이 본격적으로 출범하

기 전인 1963년 「제헌절 기념사」에서는 1962년 12월에 전면 개정된 제 3공화국 헌법을 모범적 민주헌법이라고 치켜세우면서, 새로운 민정에서 의 우선적인 정치적 과업은 "정국의 안정과 정부의 능률을 기할 수 있는 현대적 정당제도의 확립"이라고 역설했다(1: 463-464). 당시 10월 15일 로 예정된 제5대 대통령 선거를 앞둔 상황에서, 박정희는 후일 자신이 최 고 통치자로서 직접 정치에 참여하게 될 제3공화국의 출범을 염두에 두 고 어느 정도 정당정치에 대해 희망과 기대를 품었던 것으로 보인다.

2) 민족적 민주주의

박정희의 민정참여와 함께 1963년 10월 15일 치르게 된 대통령 선거 를 위해 행한 한 유세에서 박정희는 당시 윤보선 후보에 대항하여 '민족 적 민주주의'를 주장했다.[17] 그는 같은 해 9월 23일 정견발표에서 "자주 와 자립이야말로 제3공화국의 집약적 목표"라고 하면서 "민족의식이 없 는 사람들에게 자유민주주의는 항상 잘못 해석되고 또 잘 소화되지 않는 법"이며 오직 "자주와 자립의 민족의식을 가진 연후에야 올바른 민주주

---

16) 군정에 대해 강준만은 5·16 군사쿠데타 직후 군사정권의 통치를 "정치의 죽음"이라고 표 현하면서, "지방자치뿐만 아니라 농협이나 농지개량조합의 조합장 선거 등 자치적 성격 이 있는 것은 모조리 폐지"되었고, 각 시도지사는 모두 군인으로 교체되었다고 서술하고 있다(강준만, 2004a: 54-55).

17) 박정희의 '민족적 민주주의'가 대구 사범 동기인 부산일보 주필 황용주가 제공한 아이디 어라는 증언에 대해서는 강준만(2004a: 239)을 참조. 이승만 역시 1948년 9월 말 국회 시 정연설에서 '민족적 민주주의'를 내세웠다. 그러나 이승만은 이를 박정희와 다른 의미에 서, 곧 "단일민족국가로서 어떠한 개인이나 집단적 특권은 허용되지 않으며, 만민이 균등 한 국가를 지향한다"는 의미로 사용했다(김혜수, 1995: 338). 이 점에서 이승만의 민족적 민주주의는 그 자신이 주장한 '일민주의(一民主義)'와 호응한다. 흥미롭게도, 해방 직후 활 동한 사회주의자 백남운 역시 자신이 제안한 "연합성 신민주주의"를 '민족적 민주주의'로 규정하기도 했다(서중석, 1991: 370 참조).

의를 가질 수 있다"라고 역설했다. 그리고 당시의 선거를 "민족적 이념을 망각한 가시익 자유민주주의 사상과 강력한 민족적 이념을 바탕으로 한 자유민주주의 사상"의 대결로 규정하면서 민족적 민주주의를 제창했다 (1: 519-520).

윤보선은 박정희가 '서구의 민주주의가 한국에 맞지 않는다'고 주장하는 등 이질적인 사상 또는 이질적인 민주주의 사상을 보지한 인물이라고 비난했는데, 이에 대해 박정희는 며칠 후 선거 연설에서 윤보선 등은 외국에서 가져온 양복이 몸에 맞지 않는데도 고치지 말고 그대로 입고 다니자고 주장하고 있으니 이는 "허수아비 민주주의요, 알맹이가 없는 껍데기 민주주의요, 사대주의적 바탕 위에 있는 사대주의적 민주주의요, …… 통틀어서 '가식적인 민주주의'"라고 이들을 비판했다. 그리고 자신이 주장하는 민주주의는 이와 달리 "외국에서 들어오는 주의·사상·정치제도를 우리 체질과 체격에 맞추어 우리에게 알맞는 사회를 만들자는 것"이며, 따라서 "구정치인이 생각하는 민주주의와 근본적으로 원리·원칙"은 같지만 "받아들이는 …… 자세"가 다르므로 그들이 말하는 대로 "이질적인 민주주의"로 보일 수도 있다고 반격했다(1: 529-530, 「대통령 선거 유세」, 1963/09/28).[18]

그로부터 4년 후 6대 대통령 선거 연설에서 박정희는 자신이 실천한 민족적 민주주의의 업적으로 (거의 달성하게 된) "식량의 자급자족", 외국의 원조에 의존하지 않는 경제, 수출증대를 통한 경제발전, 월남파병 등을 통해 한국이 국제사회에서 "주동적 위치"에 올라설 수 있게 된 사

---

18) 박정희는 같은 연설에서 윤보선에 대해 "하필이면 외국 공관 앞에서 어슬렁어슬렁" 돌아다니며 데모나 한다고 말하면서, 이를 "사대주의적 민주주의"라고 비난했다(1: 530, 「대통령 선거 유세」, 1963/09/28).

례 등을 꼽았다(2: 1004, 1967/04/15). 이어서 박정희는 "민족주체성의 확립이나 자립은 말로서만 되는 것이 아니라, 그 생산적 실천에서만 가능한 것"이며 "현실과 동떨어진 원리적인 이념에서 찾을 수 있는 것이 아니라, 일하는 '직장'에서 찾을 수 있"는 것이라고 주장하면서, "민족적 민주주의의 제1차적 목표는 '자립'"이고 "'자립'이야말로 민족주체성이 세워질 기반이며, 민주주의가 기착 영생할 안주지"라고 강조했다(2: 1005, 1967/04/15).[19]

박정희는 이처럼 두 차례에 걸친 대통령 선거 유세에서 민족적 민주주의를 주장했는데,[20] 이를 통해 민족적 민주주의의 몇 가지 특징을 포착할

---

19) 따라서 박정희는 이 연설에서 "헌법을 어떻게 하고 정당법을 어떻게" 하겠다는 윤보선 후보의 정치공세에 맞서, 자신은 제2차 경제개발 5개년 계획의 성공적 수행을 통해 "경제적 완전자립을 성취"하겠다고 다짐했다(2: 1005, 1967/04/15). 1967년 대통령 선거 유세에서 박정희는 윤보선 후보에 대해 '사대주의적 민주주의'라는 식으로 비난하지 않았다.

20) 약간 의외라고 볼 수 있지만, 박정희가 선거유세를 제외한 공식적인 연설이나 저작에서 직접적으로 "민족적 민주주의"를 언급한 경우는 매우 드물다. 1964년 한일회담에 반대하는 격렬한 시위로 빚어진 「6·3 사태」를 수습하기 위한 「대통령 교서」에서 박정희는 민족적 민주주의를 외국의 원조에 의존하지 않는 '자립'의 관점에서 다음과 같이 강조한 바 있다. "우리는 자립하는 날을 맞이하여야 하겠습니다. 우방의 원조도 한정이 있는 것 아니겠습니까? …… 이것이 바로 민족적 민주주의라는 것입니다"(2: 135, 1964/06/26). 이러한 발언은 미국의 원조가 지속적으로 줄어들어 과거처럼 원조에 의존할 수 없게 된 상황에서, 한일국교 정상화를 통해 받게 될 경제협력자금을 당시 추진 중이던 경제개발에 투자할 것을 염두에 두고 이루어진 것으로 보인다. 당시의 상황에서 박정희가 추진한 경제적 자립은 (좀 더 수직적인) '원조에 대한 의존(또는 종속)'에서 (좀 더 수평적인) '차관에 대한 의존'으로, 한 단계 업그레이드된 방향으로 움직인 것으로 평가될 법하다. 그러나 후일 박정희 정권의 경제적 업적에 대한 공과를 둘러싸고 제기된 논쟁이 보여 주는 대로, 한일회담에 반대하는 입장 또는 정치적 관계보다 경제적 관계를 더 중시하는 좌파·진보적 입장에서는, 일본경제에 대한 의존(또는 종속)으로 인해 의존의 상대방이 미국에서 일본으로 바뀌었을 뿐 자립(또는 종속)의 질은 더욱 악화(또는 심화)되었다고 비난할 법도 했다. 이 같은 논점은 박정희 정권의 민주주의적 성격과 관련해서도 핵심적인 쟁점이 되고 있는데, 이에 대한 탁월한 논의로는 김보현(2006)을 참조할 것.

수 있다. 첫째, 제3공화국에서는 자유민주주의가 적어도 헌정제도상으로는 그 대강을 유지하고 있었기에, 박정희가 제안한 '민족적 민주주의'는 '민주주의의 한국화'에 대한 박정희의 발상을 표출하고 있지만 헌정제도로서 민주주의의 내용과 관련해서는 특별한 내용을 담고 있지 않다. 곧 유신체제에서 우리가 목격하게 될 '민주주의로 분식된 권위주의'의 특징을 보여 주지 않고 있다. 둘째, 1963년 대선과 1967년 대선에서 주장된 민족적 민주주의는 다 같이 '자주'와 '자립'을 강조하고 있지만, 강조점에서 일정한 변화를 보여 준다. 1963년에 박정희는 '서구식 민주주의를 있는 그대로 수용해야 한다'는 주장에 맞서 이를 '사대주의적 민주주의'라고 비난하는 한편, 서구식 민주주의의 원리와 원칙은 존중하되 이를 한국적 상황에 알맞게 변형해 적용하는 '자주'적 자세를 강조했다.[21] 그러나 1967년에는 그동안 거둔 경제적 성과에 고무되어 민족적 민주주의를 경제적 자립이라는 물질적 조건의 확보에 좀 더 강하게 연결하고 있다. 이렇게 볼 때, 1963년 대선에서 주장된 민족적 민주주의는 서구와 본질적으로 다른 "역사적인 배경"과 "문화적 전통"을 강조하면서 서구식 민주주의를 한국적 상황에 알맞게 변형해 적용하는 '자주'적 자세를 좀 더 부각한 것이고, 1967년 대선에서 주장된 민족적 민주주의는 한국의 낙후된 경제 상황에 대한 인식은 물론 그간 경제발전의 성과에 기초해 경제적 자립을 좀 더 강조한 것으로 파악할 수 있다. 물론 이런 해석이 민족

---

21) 박정희 정권이 한일협정을 추진하는 과정에서 학생과 시민들은 굴욕외교라는 명분으로 한일협정에 반대하며 1964년 5월 "민족적 민주주의 장례식"을 거행했던바, 그들 역시 박정희의 민족적 민주주의를 주로 '자주'의 차원에서 이해했던 것으로 해석된다. 이 점에서 당시의 저항세력은 박정희의 '민족적 민주주의'에서 '민족적'을 문제로 삼았지, '민주주의' 자체는 크게 문제 삼지 않았던 것으로 보인다.

적 민주주의에 대한 박정희의 사고에 근본적인 변화가 있었다고 주장하려는 것은 아니다. 박정희는 일찍이 『우리 민족이 나갈 길』이나 『국가와 혁명과 나』에서도 경제발전의 필요성을 역설하고 있었기 때문이다. 그보다는 당시 두 차례 대선에서 제기된 선거의제 및 시대적 상황의 변화가 강조점의 이동을 가져온 것처럼 보인다.

한편 민족적 민주주의에 대한 박정희의 주장은 당대 여론의 흐름에도 부합하는 것이었다. 1961년 고려대생 377명을 대상으로 "서구식 민주주의에 대해서 어떻게 생각하느냐"를 묻는 여론조사에서 응답자의 83%가 "서구식 민주주의를 부적합하다고 생각"하는 것으로 집계되었다. 그 이유에 대해서는 40%가 "한국에서는 서구식 민주주의를 받아들일 준비가 되어 있지 못하다"라고 답했고, 30%는 "동·서간의 사회문화적 차이를 지적"했다. 7%는 "이론과 현실[의] 불일치"를 택했고, 마지막으로 6%는 "지나친 자유로 강력한 통제"가 필요하기 때문이라고 응답했다(홍승직, 1962: 121-122). 여기서 '준비 부족'이 경제적 자립 등 경제발전의 필요성을 포함하는 것으로, '사회문화적 차이'가 서구식 민주주의에 대한 변형적 수용의 필요성을 함축하는 것으로 해석될 수 있다면, 박정희의 민족적 민주주의는 나름대로 여론의 추이에 호응한 것으로 보인다.

마지막으로, 박정희가 명시적으로 연관시켜 주장한 것은 아니지만, 그에게 민족적 민주주의는 자주와 자립에 기초해 조국 근대화와 민족중흥의 과업을 성취함으로써 궁극적으로 '민족의 자유와 번영'을 추구하는 이념이었다고 해석할 수 있다.[22] 물론 민족의 자유는 공산주의자의 압제로

---

22) 이 같은 점에서 박정희의 민주주의 사상은 민족주의와의 연관성 속에 이해되어야 하는바, 박정희의 민족주의는 제7장에서 본격적으로 다룰 것이다.

부터 북한 동포를 해방시키는 승공통일을 포함하는 것이었다. 박정희는
안으로는 "국내의 경제사성 즉 빈곤, 기아, 실업 등"이, 밖으로는 공산주
의자의 침략 위험이 민족의 자유에 중대한 위협을 제기한다고 보았다(박
정희, 1962: 41). 따라서 민족적 민주주의는 민족의 생존권 수호를 최우선
으로 삼았지만 궁극적으로 민족의 자유와 번영을 추구한 것으로 해석될
수 있다. 또한 박정희는 "근대적 자유민주주의만이 우리 민족이 살 수 있
고 번영할 수 있는 유일한 제도"라고 천명함으로써 자유민주주의를 민족
의 생존 및 번영과 연결했다(박정희, 1962: 22).[23] 곧 당시 많은 한국인들
이 그렇게 느꼈듯이, 자유민주주의 역시 경제발전 등과 마찬가지로 민족
주의의 다차원적 과제에 포함되어 이해되었다.

  그러나 자유민주주의(또는 정치적 민주주의)와 박정희가 주장한 민족적
민주주의의 관계가 순탄한 것만은 아니었다. 민정이양과 함께 출범한
제3공화국의 경우 헌정 운영상에서는 비민주적·반민주적 요소가 적지
않았지만, 형식적으로만 보면 (1971년 12월 국가비상사태 선포 이전까지)
헌정제도 그 자체에 있어서는 자유민주주의의 기본 틀을 유지하고 있었
다. 물론 박정희의 민족적 민주주의는 정당과 의회 중심의 정치적 민주
주의와 불편한 동거관계에 있었던 것이 사실이다. 따라서 박정희는 정
치적 민주주의에 때로는 긍정적인 언술을, 때로는 부정적인 언술을 행
했으며, 대체로 후기로 갈수록 정치적 민주주의에 대한 자신의 비난을
강화해 나갔다.

---

23) 물론 이때 자유민주주의는 공산주의와 이분법적으로 대비된 개념으로 보아야 할 것이다.
   예를 들어 박정희는 1967년 7월 1일 제6대 「대통령 취임식 취임사」에서도 그동안 이룩한
   경제발전의 성과에 고무되어, "민주주의가 공산주의보다 더욱 능률적인 경제발전을 이룩
   할 수 있다는 사실"을 강조했다(3: 4).

박정희는 제3공화국 기간 세 번에 걸쳐 행한 「대통령 취임사」에서 원칙으로서의 민주주의에 대해 적극적으로 언급하며 자신의 결의를 다짐했다. 예컨대, 1963년 12월 17일 제5대 「대통령 취임사」에서는 "평화적 정권교체를 위한 복수정당의 발랄한 경쟁과 신사적 정책 대결의 정치 풍토 조성에 선도적 역할을 다"하고, "공산주의에 대항, 승리할 수 있는 민주적 역량과 민족진영의 내실을 기하여 …… 민족통일의 길로 매진할 것"임을 역설했다(2: 5-6; 6-7대 「대통령 취임사」에 대해서는 3: 4-5, 4: 4 참조). 박정희는 제3공화국 시기에 행한 「제헌절 경축사」에서도 정치적 민주주의에 관해 대체로 긍정적으로 언급했다. 그는 헌정사를 회고하면서 헌정체제가 민주적으로 운용되지 않은 사실을 헌정체제 자체의 문제가 아니라, "과거의 위정자들"이 자신들의 "편의와 이익"을 위해 헌법을 유린해 온 탓으로 돌리면서 그들을 비판하는 한편, 당대의 정치인이나 정당정치 일반에 대해서는 비판을 삼가거나 온건하게 지적하는 데 그쳤다(3: 13). 아울러 헌법의 민주적 운영을 강조하면서 정치인과 일반 국민에게 '호헌'과 '준법' 정신을 당부하곤 했다. 3선 개헌을 강행한 후 제7대 대통령 선거(1971년 4월 27일)에 출마해 김대중 야당 후보를 힘겹게 물리치고 당선되고 난 1971년의 「제헌절 경축사」에서도, 박정희는 "건전한 헌정 운영을 뒷받침할 정당정치의 이상[이] 점차 그 뿌리를 깊이 내리려 하고 있다"면서 이례적으로 당시 정당정치의 현실에 대해 호의적으로 평가했다(4: 7).[24]

　　이처럼 박정희는 민주주의 실현에 대한 자신의 공약을, 진심으로든 수사적으로든 반복적으로 내세웠지만, 당시의 정치적 상황에 따라 정당정

---

24) 이처럼 이례적인 칭찬은 같은 해 12월 6일 선포하게 될 「국가비상사태 선언」 및 뒤이은 유신체제 선포를 염두에 두고 박정희가 딴전을 피운 것으로 해석될 소지도 있다.

치―사실상 야당의 정치행태―에 대해서는 빈번히 비판을 제기하곤 했다. 예를 들어 그는 1966년 1월 발표한 「대통령 연두교서」에서, 1965년 한일협정의 국회비준 과정에서 여야가 격렬한 대치상태에 있었던 사실을 염두에 두고 정당정치의 실상을 강도 높게 지적했다. "정책이나 이념과는 거리가 먼 개인적 비방과 감정적 반발, 명분 없는 분열과 대립, 관용과 타협을 등진 극한 투쟁― 이 모든 정치적 비리가 우리의 국력과 시간과 정력을 얼마나 낭비케 했으며, 우리 사회를 얼마나 어둡게 만들었습니까?"(2: 591, 1966/01/18). 이 같은 공격은 제3공화국 말에 이를 때까지 점차 강화되었고, 유신체제를 선포하는 1972년에 이르러서는 아예 전면화될 것이었다.

정치적 민주주의에 대한 박정희의 비판적 태도는 정당과 의회 정치에 대한 직접적 공격 이외에도 생산성 혹은 경제발전의 관점에서 정치를 재개념화하는 것을 통해 표출되었는데, 이 역시 유신체제에 이르러 '국력 배양'을 명분으로 정치적 민주주의를 배척하는 데 적극적으로 동원될 터였다. 이를테면 그는 1967년 「제헌절 경축사」에서 "무위의 정쟁을 지양하고 생산적 정치로" 되돌아갈 것을 당부했다(3: 14). 1968년 「제헌절 경축사」에서는 과거와 달리 '호헌'과 '준법'에 대한 언급을 생략하는 한편, "형식적인 자유 평등이 아니라 실질적인 자유 평등"이, "헌법의 조문에만 기록되어 있는 사회정의"가 아니라 "실질적으로 누려지는 사회 정의"가 중요하다고 강조하면서, 이 모든 것을 위한 출발이 바로 "건설, 증산, 수출"이라고 역설했다(3: 249). 여기서 '호헌'과 '준법' 대신 등장한 '실질적인 자유 평등', '사회정의'에 대한 강조는, 실질적 민주주의에 대한 많은 논변이 그렇듯이, 절차와 형식을 중시하는 자유민주주의를 침해할 가능성을 내포하고 있었다.[25]

3) 한국적 민주주의

박정희가 유신체제 출범과 함께 제안한 '한국적 민주주의'는 '민주주의로 분식된 권위주의'의 결정판이었다. 한국적 민주주의를 통해 박정희는 자신의 영구집권에 방해가 될 자유민주주의를 전면적으로 부정하고 과거 제안한 바 있는 행정적 민주주의를 그 대가로 제공하고자 했다.

먼저 박정희는 서구의 민주주의를 미숙하게 모방하여 정치적 부작용과 폐해를 양산해 온 정치적 민주주의에 대한 공격을 전면화함으로써 장차 자신이 내세울 한국적 민주주의의 정당성에 대한 정지작업을 시도했다. 1969년 3선 개헌을 경유해 1971년 4월 대통령 선거에서 당선된 후, 같은 해 12월 6일 박정희는 국가안보상의 위기를 명분으로 '국가비상사태'를 선포하면서 언론의 자유 등 국민의 자유를 일부 유보할 것을 선언했다(4: 87, 「국가 비상사태에 선언에 즈음한 특별 담화문」). 동시에 「특별 담화문」을 통해 민족의 사활을 가름하는 안보상의 중대 위기에도 불구하고 제기되는 야당의 "당리 당략이나 선거전략을 위한 무책임한 안보론", "언론 자유를 빙자[한] 무책임한 안보론"을 비난하면서 정국을 경색시켰다(4: 88-89, 「국가 비상사태에 선언에 즈음한 특별 담화문」, 1971/12/06). 아울러 1972년 「제헌절 경축사」의 모두에서는 7·4 남북 공동성명의 정치적 의의를 조국 통일과 관련하여 장황하게 설명한 후, 당시 헌정제도의 운용을 다음과 같이 신랄하게 비판했다.

우리는 …… 과연 대의제도의 이름으로 비능률을 감수했던 일은 없는지, 자

---

25) 지면의 제약으로 1968년의 「제헌절 경축사」에 대한 자세히 분석하지는 않겠지만, 이처럼 미묘한 변화에 대해서는 당시가 3선 개헌 작업이 물밑에서 추진되고 있던 시점이란 점을 상기할 필요가 있다.

유만을 방종스럽게 주장한 나머지 사회 기강의 확립마저 독재라고 모함하지는 않았는지, 그리고 민주주의가 마치 분열과 파쟁을 뜻하는 것으로 본의 아니게 착각한 일은 없었는지, 깊이 반성해 보아야 할 것입니다(4: 254).

이러한 발언은 표면상 자신의 정책에 반대한 야당 정치인이나 학생 및 재야인사들을 겨냥한 공격이었지만, 사실상 '대의제도', '정치적 반대의 자유', '정당정치' 등 민주적인 헌정체제 자체를 전면적으로 거부하는 의미를 내포하고 있었다. 이어서 박정희는 "앞으로는 민주제도의 운용이 형식의 차원에서가 아니라 실질적인 내실의 차원에서 보다 더 짜임새 있고 능률적인 것으로 발전되어야 할 것"이라고 강조했다. 그리고 마지막으로, "헌법 정신을 올바로 인식하는 길은, 다만 형식적으로 헌법 정신의 수호를 절규하는 데에만 있는 것이 아니라, 한 걸음 더 나아가 헌정 체제의 내실을 거두기 위해 실천적인 노력을 배가하는 데 있"다고 강조하면서 비정상적 방법에 의한 개헌을 암시하는 듯한 발언을 했다(4: 255, 「제헌절 경축사」, 1972/07/17).[26]

급기야 박정희는 1972년 10월 17일 국회해산 등 헌법의 효력을 정지

---

26) 돌이켜 볼 때 1972년 「제헌절 경축사」의 주요 내용은, 당시에는 쉽게 예상할 수 없었지만, 곧이어 단행될 10월 유신을 염두에 두고 구성된 것으로 판단된다. 그리고 이는 당대 정치 현실에 대한 박정희의 평가가 향후 취할 정치적 조치에 따라 급박하게 요동침을 보여 주는 것이다. 1970년은 물론 1971년 「제헌절 경축사」에서도 "정당 정치의 이상[이] 점차 그 뿌리를 깊이 내리려 하고 있다"(4:7)며 헌정적 현실을 긍정적으로 평가하다가, 1년 만에 표변해 이제는 대의제도, 정당정치 등을 송두리째 부정하고 있기 때문이다. 박정희는 급기야 그리고 불길하게, 민주제도나 헌법의 운용에서도 '형식' 대신 '내실'이나 '실질'을 강조한다. 이는 내실이나 실질을 위해서라면 민주주의나 헌정제도의 형식을 무시해도 된다는 논리로 연결되며, 또한 그러한 논리에 기초해 초헌법적으로 추진될 유신체제의 출범을 예고하는 것이었다.

시키는 「특별선언」을 발표하면서, 당시의 의회정치에 정면으로 공격을 가했다.

지금, 우리의 주변에서는 아직도 무질서와 비능률이 활개를 치고 있으며, 정계는 파쟁과 정략의 갈등에서 좀처럼 헤어나지를 못하고 있[습]니다. 그뿐 아니라, 이같은 민족적 대과업[평화 통일, 남북 대화 등]마저도 하나의 정략적인 시비 거리로 삼으려는 경향마저 없지 않습니다. 이처럼 민족적 사명감을 저버린 무책임한 정당과 그 정략의 희생물이 되어 온 대의 기구에 대해 과연 그 누가 민족의 염원인 평화 통일의 성취를 기대할 수 있겠으며, 남북 대화를 진정으로 뒷받침할 것이라고 믿겠[습]니까?(4: 298-299).

이 같은 논리에 입각해서 박정희는 1972년 10월 유신을 단행하고 11월 21일 유신헌법을 국민투표에 회부하여 통과시킨 후, 12월 27일 유신헌법하에서 대통령에 취임했다. 그 과정에서 10월 27일 발표한 「헌법개정안 공고에 즈음한 특별담화문」을 통해 그는 다음처럼 '한국적 민주주의'를 주장하기 시작했다.

나는 이 헌법 개정안의 공고에 즈음하여, 이 땅 위에 한시 바삐 우리의 실정에 가장 알맞[은] 한국적 민주주의가 뿌리를 내려 올바른 헌정 질서를 확립하게 되기를 진심으로 기원하면서 ……(4: 306).

박정희는 지난날 "남의 민주주의를 미숙하게 그대로 모방만 하려"한 결과, 정치 불안, "비능률과 낭비", "국력"의 "소모"만 초래했다고 비판하면서, 한국적 민주주의의 당위성을 이렇게 역설했다.

…… 몸에 알맞게 옷을 맞추어서 입는 것과 마찬가지로 우리의 역사와 문화적 전통, 그리고 우리의 현실에 가장 알맞[은] 국적 있는 민주주의적 정치제도를 창조적으로 발전시켜서 이것을 신념을 갖고 운영해 나가야 할 것이라고 믿습니다(4: 307, 「헌법개정안 공고에 즈음한 특별담화문」, 1972/10/27).

모방적 민주주의에 대한 비판과 '우리의 현실에 알맞은 민주주의'에 대한 박정희의 옹호는 일찍이 『우리 민족의 나갈 길』에서도 제기된 것이며(박정희, 1962: 221-223, 231 등), 또한 그가 주장한 '민족적 민주주의'의 핵심 내용인 만큼 박정희의 한국적 민주주의에 대한 정당화 논리가 새삼스러운 것은 아니었다. 따라서 박정희는 유신체제가 출범한 직후 1973년 1월 1일 발표한 「신년사」에서 "유신헌법에는 정당설립의 자유와 복수정당제의 보장을 명시"하고 있기 때문에 "우리나라의 기본질서가 …… 민주주의에 뿌리박고 있다"라고 강변하면서 한국적 민주주의를 옹호하는 한편, 그 이전의 정치를 염두에 두고 "그렇다고 해서 이것이 지난날처럼 자유를 빙자한 무질서와 민주를 빙자한 비능률을 그대로 허용하고 용납하겠다는 것은 절대로 아닙니다"라고 경고하면서 과거 정치인들의 행태를 "반유신적 작풍"이라고 비난했다(5: 13).

박정희는 민주주의나 정치를 능률성이나 생산성의 관점에서 판단하는 성향이 강했는데, 그런 성향은 유신체제에서 절정에 이르렀다. 그는 1973년 1월 12일 「연두기자회견」에서, 10월 유신 질서가 추구하는 정치적인 기본방향이 국력의 배양과 조직화를 이루기 위해 "'우리의 모든 행동을 생산과 직결시키는 것'"이라고 단언했다. 그리고 국력 배양을 저해한 가장 큰 요인의 하나로 "국회의 비능률적 운영"을 지적하면서 국회야말로 "국력의 배양은커녕, 오히려 국력의 낭비와 국력의 소모를 가져온" 주범이라고 맹비난했다(5: 21-22; 5: 72, 「국회개원식 치사」, 1973/3/12도 참조). 나아가 "우리나라처럼 개발도상에 있는 국가가 특히, 우리처럼 남북이 분단되어 있는 특수 여건하에 있는 나라가 선거 때마다 천하가 떠들썩하고 나라의 기틀이 흔들흔들한 정도로 소란스럽고 타락된, 과열된 선거를 해 가지고는 안" 된다고 지적하면서 과거 선거제도가 "지역 감정"과 "민족분열"을 조장했다고 비판했다(5: 28, 「연두기자회견」, 1973/01/12). 이들 발언을 통해 박정희는 대의정치, 정당정치 및 선거에 대한 공격을 전면화함으로써 바야흐로 정치적 민주주의를 송두리째 부정했다.

박정희는 1975년 「제헌절 경축사」에서도 "무책임한 언행으로 헌정 질서를 유린하고 국가안보를 위태롭게 하는 일은 민주주의를 거부하고 파괴하는 반민주적 행위"라고 (야당의 합법적인 의회활동을) 비난함으로써 사실상 정치적 민주주의를 공격하는 한편, "도시와 농촌에서 묵묵히 땀흘려 일하는 새마을지도자들, …… 산업전사 및 기업인들, 그리고 …… 방위역군들"이야말로 "이 땅에서 민주주의를 육성 발전시키고자 노력하고 있는 진정한 민주역군"이라고 치켜세우면서, 그들이 "땀흘려 일하는 농촌과 공장, 그리고 직장과 가정이 곧 민주주의 실천도장"이라고 역설했다(5: 452). 이때부터 박정희는 한국적 민주주의의 실천에서 새마을운동을 특히 강조했다. 그는 새마을운동과 관련해 "지도자를 중심으로 굳게 단결"할 것과 "부락공동사업"을 "주민의 총의를 모아서 결정"할 것을 당부하면서, 이 점에서 새마을운동이 '한국적 민주주의의 실천도장'임을 거듭 언급했다(6: 120-121, 「전국 새마을 지도자대회 유시」, 1976/12/10). 박정희는 "새마을 운동을 추진하는 과정에서 우리 농민들이 민주주의가 무엇이며, 또 어떻게 하는 것이 민주주의를 올바로 실천하는 길인가를 체험

을 통해 알게 되었다는 사실"을 자랑스럽게 거론하면서 그 근거에 대해
밀했다.

새마을 운동은 마을 주민들이 자율적으로 합심해서 전개하는 잘 살기 운
동이기 때문에, 우선 회의장에 모여야 하고, 스스로 지도자를 뽑아야 하
며, 수많은 토론을 거쳐 사업계획을 세워야 하고 이를 공동으로 추진해 나
가야 합니다. 또한, 새마을 지도자는 마을 사람의 중의를 모아서 확정된
사업의 추진현황과 결산을 마을 주민에게 그때 그때 보고해야 합니다(6:
242, 「전국 새마을 지도자대회 유시」, 1977/12/09).

유신헌법을 통해 제도화된 박정희의 한국적 민주주의는 세 가지 점에
서 그 정당화를 추구했다. 첫째, 한국적 민주주의는 정치적 민주주의가
실패한 결과 출현한 것이라는 주장이다. 여러 차례 인용한 것처럼, 바람
직한 국가의 정치적 목표를 수립하고 정책화하기 위해 정치적 경쟁을 제
도화한 정당과 선거 및 의회 중심의 정치적 민주주의는 낭비와 파쟁과
비능률 등 국력의 소모만 초래하기에 사실상 무제한적으로 유보되어야
했다. 박정희는 과거 자유당·민주당 정부는 물론 자신이 집권했던 제3공
화국의 공화당 정부 역시 "서구 민주주의를 …… 그대로 모방"한 것으로
이 점에서 정치적 민주주의에 대한 실험이 실패로 끝났다고 지적·자인
했다(16: 44, 「연두기자회견」, 1979/01/19).

둘째, 이러한 인식과 각성을 토대로 한 한국적 민주주의는 한국의 "역
사와 문화적 전통", 그리고 한국의 "현실에 가장 알맞"게 서구의 민주주
의를 수정한 것으로서, '총력안보', '국민총화', '국력배양' 등을 극대화하
기 위해 민족적 민주주의에 대한 박정희의 구상을 바야흐로 헌정제도상

으로 구현한 것이었다. 위 두 특징이 결합한 결과는 유신헌법에서 국민의 기본권 보장에 대한 법률 유보의 확대, 대통령 임기 제한의 철폐와 간접선거의 실시 및 대통령의 국회해산권, 긴급조치 선포권 인정 등 대통령 권한의 거의 무제한적 확대, 대통령에 의한 국회의원 정원 1/3 임명, 국정감사 폐지, 국회 회기 단축 등 국회 권한의 대폭 축소, 사법권 독립의 훼손 등 민주주의에서 국민주권의 축소, 정당 및 대의 정치의 훼손, 권력분립의 약화로 나타났다. 과거 제3공화국 시기에는 민족적 민주주의와 정치적 민주주의가 불편하게 동거하고 있었다면, 이제 유신을 통해 새롭게 명명된 한국적 민주주의는 정치적 민주주의와 대립관계에 서서 정치적 민주주의의 근본적인 제한과 축소를 제도화했던 것이다.

셋째, 새마을운동을 한국적 민주주의의 표본으로 제시한 데서 알 수 있듯이, 한국적 민주주의는 이제 정치가 아닌 '행정적 수준'에서 국민들이 집단적이고 자발적인 자치활동을 통해 국가가 설정한 정책의 효율적인 집행에 참여하면서 필요에 따라 정부에 비판과 건의를 하고, 정부 역시 잘못된 정책에 대해서는 시정을 하는 행정적 민주주의를 의미했다. 이는 곧 박정희가 쿠데타 직후 군정단계에서 제안했지만 실천에 옮기지 못한 행정적 민주주의에 대한 구상이 유신헌법을 통해 비로소 구현된 것이었다. 새마을운동으로 구체화된 박정희식의 행정적 민주주의는 일반 국민의 차원에서 국민의 '정치능력'과 '자치능력'을 고도로 향상시킬 것이었다. 요컨대, 한국적 민주주의는 국력 소모의 주범인 정치적 민주주의의 희생 위에 민족적 민주주의와 행정적 민주주의가 결합된 박정희식 민주주의의 완결판이었다. 7·4 남북 공동성명 이후 종국적으로 남북한이 나누어 갖게 된 유일체제의 남한 버전인 유신체제를 부정하고 비판하는 일은 박정희에 의해 이제 "민주주의를 거부하고 파괴하는 반민주적 행위"(5: 452, 「제헌절 경축사」, 1975/07/17)로 규정되었으며, 여전히 서구와 같은 수준이 자유를 누리겠다고 주장하는 자는 세상 물정 모르는 "환상적인 낭만주의자"(5: 312, 「국군의 날 유시」, 1974/10/01) 또는 "환상적 민주주의론자"(5: 378, 「연두기자회견」, 1975/01/14)로 낙인찍혔다.[27]

4. 맺는말

지금까지 살펴본 대로, 행정적·민족적·한국적 민주주의 사이에는 일정한 공통점과 지속성이 존재하며, 특히 제3공화국에서의 통치 경험을 바탕으로 마침내 완성된 한국적 민주주의는 행정적 민주주의와 민족적 민주주의를 종합한 결정판이라 하겠다. 공통점을 요약해 보면, 무엇보다도 박정희는 일관되게 서구의 민주주의를 그대로 이식하는 데 반대했으며, 한국의 역사적 배경과 문화적 전통은 물론 한국의 사회적·경제적·정치적 실정에 알맞은 민주주의를 그 대안으로 주장했다. 둘째, 박정희는 북한의 끊임없는 안보 위협 및 국제적 무한 경쟁 속에서 진행되는 경제발전과 조국 근대화 작업이 마무리되기 전에는, 선거·정당·의회를 중심으로 하는 정치적 민주주의는 낭비와 파쟁 및 비능률 등 국력 소모를 초래하는 만큼 유보되어야 한다는 입장을 취했다.[28] 원래 상당 기간 실시

---

27) 유신체제는 박정희를 종신 영도자로 하여 국력 배양에 전력한 남한판 유일체제라 할 수 있는데, 박정희 스스로도 마치 북한을 모방하듯이 유신체제와 관련해 "유일한"이란 형용사를 빈번히 사용했다. 여기서 자세히 인용하지는 않으나, 다음을 참조할 것(5: 69, 「통일주체국민회의(지역회의) 개회사」, 1973/03/07; 5: 494, 「통일주체국민회의 통일안보보고회 치사」, 1975/12/04; 6: 267, 「연두기자회견」, 1978/01/18).

할 것으로 예상되었던 군정단계에서 박정희는, 건전한 지도 세력의 육성 및 국민의 자치 역량을 향상시키기 위해 행정적 민주주의를 실시하는 한편 정치적 민주주의를 중단시키고자 했다. 하지만 그는 내외의 압력에 의해 조속히 민정이양을 받아들였으며, 이후 제3공화국 시기에는 건전한 지도 세력이자 세대교체의 중심으로 상정된 민주공화당에 기대어 정치적 민주주의에 약간의 희망을 걸었던 것으로 보인다. 그러나 정치와 민주주의를 '생산성'의 관점에서 파악하는 박정희에게, 정치적 민주주의는 조국 근대화라는 과제를 수행하는 과정에서 국력 소모의 주범으로 판명될 터였고, 자신의 영구집권에 걸림돌로 나타날 수밖에 없었다. 그 결과 출현한 것이 '민주주의의 한국화'의 결정판인 한국적 민주주의였으며, 유신헌법을 중심으로 구현된 유신체제는 선거·정당·의회 등 제도권을 중심으로 한 정치적 민주주의의 조종(弔鐘)을 의미했다. 이제 남은 것은 통치권(統治圈)에서 발원한 벌거벗은 공권력과 운동권에서 분출한 '거리의 민주주의'의 물리적 충돌이었다. 셋째, 박정희는 성공적인 조국 근대화의 결과로 경제적 자립과 번영을 구가할 수준에 이르렀을 때 비로소 '서구적 민주주의' 수준에 수렴하는 자유민주주의가 한국에서 실현가능하다고 생각했다.[29]

---

28) 이는 정치를 갈등하는 이념이나 상충하는 이익의 타협과 조정이 아니라 주로 '생산'과 '능률'의 관점에서 파악하는 박정희의 정치관, 달리 말하면 박정희의 정치혐오증에서 비롯한 것이다.

29) 박정희는 근대화 혁명이 완성된 후에 한국이 도달할 수 있는 민주주의를 대개 "진정한 민주주의", "참되고 진정한 민주주의", "참된 민주주의", "건전한(또는 건실한) 민주주의", "신민주주의" 등으로 규정하고 있지만(박정희, 1962; 박정희, 1963), 그 구체적인 내용은 명시하지 않았다. 그러나 박정희는 자유민주주의를 정당제도, 의회제도와 연관시키되, 대체로 한국이 지향해야 할 긍정적인 제도로서 기술했다. 따라서 박정희가 궁극적으로 지향한 민주주의가 자유민주주의 범주에 머물러 있는 것은 분명해 보인다(박정희, 1962:

이 세 요소가 세 가지 민주주의 개념에서 일관되게 발견되는 반면, 한국의 역사적 배경과 문학적 전통 및 한국 현실에 알맞은 민주주의의 구체적 내용이 무엇인지 명확히 제시되지는 않았었다. 특히 유신헌법 이전 시기에는, 그것이 정치적 민주주의에 회의적이거나 적대적이라는 점 그리고 "혁신적 엘리트들에 의한 지도력"(박정희, 1962: 212)을 강조한다는 점을 제외하고는, 군정 시기 제시된 행정적 민주주의나 제3공화국의 민족적 민주주의에서는 그 실체가 불분명했다. 그러다가 마침내 유신헌법으로 구체화된 한국적 민주주의에서 정치적 민주주의의 활력이 거세된 상태에서 모든 권력이 1인의 영도자에게 집중된 정부형태로 그 실체가 드러났다. 다만 박정희가 정치적 민주주의를 포기한 대가로 일찍이 제안했던 행정적 민주주의에 대해서는 10월 유신 직전에 시작한 새마을운동에서 그 구체적 내용을 발견할 수 있는바, 박정희가 보기에 그것은, 앞서 행정적 민주주의와 관련해 인용한 "'아래서' 올라오는 민주주의, 아래서 깨달은 민주주의"에 정확히 부합했다(박정희, 1962: 231).

돌이켜 보면, 한국적 민주주의는 박정희가 쿠데타 직후 서둘러서 집필한 책에 담긴 한국정치에 대한 그 자신의 초기 구상이, 10년에 걸친 통치 경험과 함께 점진적으로 체계화되어 실현되면서 도달한 정점이라고 할 법하다. 1963년 대통령 선거를 앞두고 출간한 『국가와 혁명과 나』에서 박정희는 민주주의와 관련해 "정당과 의회"의 중요성 또는 "민주적 정치권능"보다 "강력한 지도원리"의 필요성을 역설했으며, 애국적 지도자에게 필요한 지도이념이 "규범 민주주의"가 아니라 1인의 강력한 지도자에

226: "우리가 지향하는 자유민주주의체제의 확립 ……"). 하지만 그것이 서구식 민주주의에 어느 정도 수렴할 것인지는 확실치 않다.

의한 "교도 민주주의"일 수 있음을 암시했다.

> …… 민주정치에서도 하나의 강력한 지도원리가 확립되어야 하겠다는 것이다. 물론 민주정치에 있어 그 기간은 정당과 의회에 있고, 그 정신적인 기저나 이념, 정강 정책 등에 있다는 것을 모르는바 아니나, 같은 보수주의 노선으로 동일성의 사회를 실현할 바에는 민주적 정치권능보다 일관성 있는 강력한 지도원리가 요청되지 않을 수 없는 것이다(박정희, 1963: 75-76).

> 특히 서구적인 민주주의의 직수입이 한국적인 체질에 여하히 작용할 것인가에 이르러서는, 이 지도이념은 바로 애국의 이념과도 통할 수 있는 것이다. 교도 민주주의(教導民主主義)이건, 규범 민주주의(規範 民主主義)이건, 이것 또한 지도이념에서 택하여질 수 있는 것이다(박정희, 1963: 254).

박정희의 이 같은 생각은 장차 한국 민주주의의 장래에 불길한 암운을 드리우고 있었다. 궁극적으로 박정희의 이러한 '지도원리'나 '지도이념'은 1인의 영도자에 의한 통치를 가능케 하는 유신헌법을 통해 구현되었다. 박정희는 "5·16 민족혁명"을 "주체의식의 확립혁명", "근대화 혁명", "산업혁명", "민족의 중흥 창업혁명" 등 다차원적 혁명으로 정의하면서 그 혁명은 "정해진 시한"이 없어서 "제3공화국의 수립만으로 혁명이 끝나는 것"도 아니며, 지향하는 목표가 달성될 때까지 대대로 계승되는 "민족의 영구혁명"이라고 선언했는데(박정희, 1963: 27-28), 이 선언은 '권력에의 의지'와 결합될 경우, 정확히 박정희의 영구집권을 가리키는 것이었다.

제6장

박정희의 반자유주의적 근대화 보수주의

1. 글머리에

이 장은 한국 근대 국가의 틀을 주조한 박정희 대통령의 정치사상을 보수주의와 자유주의의 측면에서 조명하는 데 목적이 있다.[1] 박정희 정치사상의 보수주의와 반(反)자유주의적 성격은 그것이 너무나 당연시된 결과, 주로 박정희 시대 체제와 정책의 성격 또는 지배 이데올로기를 논할 때 부수적으로만 다루어져 왔다. 따라서 박정희 개인의 저술이나 연

◆ 이 장은 다음의 논문에 바탕을 두고 전면적으로 수정하여 집필되었다.
　강정인·하상복(2012), 〈박정희의 정치사상: 반자유주의적 근대화 보수주의〉, 《현대정치연구》 제5권 제1호(봄), 181–215, 서울: 서강대학교 현대정치연구소.

---

1) 물론 이에 대해 박정희의 정치사상에서 '자유주의'를 발견할 수 있는가라고 의아해 하는
　사람도 있을 법하다. 그러나 이 장의 일차적 과제는 자유주의와 관련해 박정희가 생산한

설문을 중심으로 그 사상적 함의가 치밀하게 분석된 사례는 오히려 매우 드물었다.[2] 그렇지만 체제와 성책 또는 시배 이네올로기의 싱격에서 유추된 박정희의 정치사상은, 정치인 박정희가 남긴 공식적 언설—저작, 연설문, 담화문 등—을 분석 대상으로 하는 박정희 개인의 사상에 대한 치밀한 연구를 통해 보완될 때 비로소 제 모습을 드러낸다고 할 수 있을 것이다.[3] 이 장은 이러한 문제의식을 염두에 두고 박정희 사상의 보수적 측면과 반자유주의적 측면을 그의 저작과 연설문 등을 중심으로 분석하되, 그 특징을 '반자유주의적 근대화 보수주의'라는 개념으로 파악하고자 한다. 필자는 이 장에서 먼저 박정희의 국가 중심적 정치관을 살펴본 후, 그의 보수주의 정치사상을 '반공과 국가안보', '경제발전'을 중심으로 서술하고, 그의 보수주의를 한국 현대정치 이념적 지형의 특징인 '비동시

정치적 담론을 검토하는 일이므로, 이 과정에서 드러나는 부정적 언술을 통해서도 자유주의에 '대한' 박정희의 사상을 재구성해 낼 수 있을 것이다. 박정희의 사상에서 보수주의 및 반자유주의적 요소와 민족주의의 관계는 민족주의를 다루는 제7장에서 심도 있게 고찰할 것이다.

2) 이 점에서 전인권(2006)의 연구는 예외에 속하는바, 그는 박정희의 저술과 연설문을 상세히 분석하고 있다. 그는 박정희의 정치사상을 7개 논점을 통해 파악하면서, "엘리트주의", "국가주의", "민주주의에 대한 유보적 태도 또는 도구적 민주주의관", "힘의 정치가" 등을 중심으로 분석한다(전인권, 2006: 326-332 참조). 이와 달리 필자는 이 책에서 박정희의 정치사상을 보수주의, 자유주의, 민족주의, 민주주의 등 근대 정치사상의 보편적 범주를 통해 접근하고자 한다. 다만 이 장에서는 보수주의와 반자유주의 측면에 초점을 맞춘다. 또한 뒤에 나오는 것처럼, 필자는 박정희의 '자유관'에 대한 해석에서 전인권과 다른 입장을 취한다.

3) 물론 박정희 사상의 보수적 측면을 박정희 정권기의 지배 이데올로기(또는 지배 담론)를 분석하면서 반공이나 발전주의(경제개발)를 중심으로 다룬 선행 연구는 적지 않다(최장집·이성형, 1991; 조희연, 2003; 김정훈·조희연, 2003; 이광일, 2003 등). 그러나 체제나 정책 또는 지배 이데올로기(또는 지배 담론)로부터 도출된 사상적 요소가 자동적으로 박정희 개인의 정치사상으로 환원되지 않는다는 점에 유의할 필요가 있으며, 이런 맥락에서 박정희의 보수주의를 체계적이고 포괄적으로 다룬 연구는 희소하다.

성의 동시성'과 연관시켜 '근대화 보수주의'라는 관점에서 재조명할 것이
다. 이어서 박정희의 사상이 지닌 반자유주의적 측면을 드러낼 것이다.
마지막으로 필자는 박정희의 보수주의가 '비동시성의 동시성'을 어떻게
드러내는지를 요약하는 한편, 박정희의 민족주의를 다루는 제7장에 제시
될 '민족주의의 신성화'와 어떻게 연결되는지를 시사하면서 이 장을 마무
리할 것이다.

2. 박정희에게 정치란 무엇인가

한 개인의 정치사상을 이해하기 위해서는, 그가 구체적으로 어떤 이념
이나 이데올로기를 신봉하는가를 분석하기에 앞서 그가 근본적으로 정
치를 어떻게 생각하는가, 곧 그 개인의 정치관을 살펴보는 것이 선결작
업으로 요구된다. 1961년 쿠데타를 통해 집권한 박정희는 이후 현실정
치의 구체적 상황—예를 들어 대통령 선거 유세, 연두기자회견 등—에
서 야당 정치인이나 재야인사 및 학생들을 비난하면서 현실 '정치'에 관
해 발언하기도 했고, 제헌절이나 대통령 취임식 등의 연설에서 공식행사
의 취지에 비추어 민주주의나 정치에 관한 규범적 언명을 한 적은 많았
지만, 연설문이나 저작에서 자신의 정치관을 일반적 명제의 형태로 직접
표현한 적은 거의 없었다. 다만 예외적으로 유신 시절인 1978년 4월 3일
육군사관학교 졸업식 「유시(諭示)」에서 박정희가 행한 다음의 언설은 그
자신의 정치관을 총체적이고 압축적으로 가장 잘 드러내고 있다.

한마디로 정치의 목적과 제도의 참다운 가치는 그 나라의 당면 과제를 효

율적으로 해결하고 원대한 국가 목표를 착실히 실현해 나가기 위해 국민의 슬기와 역량을 한데 모아 생산석인 힘을 최대한으로 빌휘할 수 있도록 뒷받침하는 데 있다고 나는 믿습니다. 어떤 명분과 이유에서든, …… 국민총화와 사회안정을 저해하고 국론의 분열과 국력의 낭비를 조장하는 그러한 형태의 정치 방식은 우리가 당면한 냉엄한 현실이 도저히 그것을 용납하지 않을 것입니다(6: 304).[4]

이 언설에서 흥미로운 것은 정치의 목적과 제도가 국가의 목표에 봉사하는 것이라는 점이다. 따라서 박정희에게 "국가 의식"은 "정치 이전에 요구되는 것"이었다(1: 378, 「공군사관학교 졸업식 유시」, 1963/02/22,).[5] 국가가 정치에 선행하고 우위에 있는 이러한 사고는 개인의 생명과 자유 및 재산을 보전하기 위해 부차적으로 정치와 국가의 존재 이유를 상정하는 (사회계약론에 기초한) 서구의 자유주의적 사고와 정면으로 충돌하고, 따라서 다분히 국가주의적인 것이라 할 수 있다.[6] 또한 국가의 "당면 과제"는 물론 "원대한 국가 목표"를 민주적 합의에 입각해서 설정하는 것이 정치, 곧 (현대사회에서는) 민주주의의 본령이라 할 수 있는데, 박정희에게 "당면 과제"와 "원대한 국가 목표"는 위기를 수반하는 "냉엄한 현실"이 우리에게 선택의 여지없이 부과하는 무언가 '긴급하고 자명한 것'으로

---

4) "우리가 당면한 냉엄한 현실"을 끊임없이 강조하는 박정희 사상은 또한 '위기(조장)의 정치 사상'이라 할 수 있다. 이에 대해서는 제7장에서 박정희의 민족주의를 논할 때 좀 더 상세하게 검토한다.

5) 서구 현대정치학에서 정치에 대한 견해는 국가현상설과 집단현상설(또는 권력현상설)로 대별되는데, 박정희의 정치관은 물론 국가현상설에 접근한다. 양자의 구분에 대한 소개와 논의로는 이극찬(2007: 104-109)을 참조할 것.

6) 박정희 사상의 국가주의적 측면에 대해서는 전인권(2006: 257-260)을 참조할 것.

상정되고, 정치는 이 같은 과제와 목표를 실현해 나가도록 뒷받침해 주는 수단으로 인식되고 있다. 그러나 특정한 목표의 실현을 위한 수단으로서의 역할도 정치의 과제라 할 수 있지만, 당면한 문제의 인식과 원대한 목표의 설정 자체야말로 정치 본연의 핵심 과제다. 그렇지만 '긴급한 위기'를 명분으로 과제와 목표 설정이 정치의 영역에서 배제될 때, 다시 말해 과제와 목표 설정이 민주적인 합의의 대상이 아니라 최고 통치자의 결단과 예지의 산물로 귀결될 때, 정치는, 유신헌법으로 구체화되고 당시 박정희의 통치가 전형적으로 보여 준 것처럼, 초월적 영도자에 의한 '주권적 독재'의 모습을 띠게 될 가능성이 높아진다.[7]

박정희는 위에서 인용된 발언에 뒤이어 "총력안보, 국력배양만이 우리가 나라를 지키고 민족의 생존권을 수호하며 평화와 번영을 다져 나가는 유일한 길이요, 그것만이 조국의 평화통일을 앞당기는 첩경이 되는 것입니다"(6: 305, 「육군사관학교 졸업식 유시」, 1978/04/03)라고 언명하면서 국정의 목표와 실천 방법을 구체적으로 밝혔다. 그는 '국가와 민족의 수호', '평화와 번영' 및 '평화통일' 등 국정 목표를 제시하면서, 오직 자신의 판단과 해석에 기초한 '총력안보'와 '국력배양'만이 그 유일한 실현수단임을 지적한 것이었다. 그러나 역사가 보여 주듯이 실행수단으로서의 총력안보와 국력 배양은 민주주의를 질식시키는 결과를 가져왔다. 특히 총력안보와 국력 배양을 추진하면서 생산성을 강조할 경우, 여야의 자유로운 정치적 경쟁을 통해 권력의 전횡을 방지하고자 하는 정치적 민주주의는 고비용과 저효율의 낭비 또는 사치로 치부된다.[8] 이런 사고는 박정희가

---

7) 주권적 독재에 대해서는 민족주의를 논하는 제7장에서 좀 더 검토할 것이다.
8) 박정희는 제헌절, 대통령 취임식, 국회 개원식 등 공식적 정치 행사에서 연설이나 치사를 할 때, 의례적이거나 원칙적인 차원에서 정당과 의회 정치를 옹호하는 발언을 적지 않게 했다.

유신체제를 옹호하는 발언에서 흔히 발견된다.

유신헌법은 국정 전반에 걸쳐 능률의 극대화를 기하고 국력을 조직화함으로써 위기를 극복하고, 우리 실정에 맞는 민주주의를 알차게 길러 가자는 것인데 그 중 잊어서는 안 될 것이 선거 비용을 비롯한 과도한 정치 비용을 최소화해서 국력배양에 온갖 자원을 총동원하자는 데 그 취지가 있다는 점입니다(6: 74, 「기자회견」, 1976/08/04).

박정희는 바로 이러한 맥락에서 1979년 1월 19일 「연두기자회견」에서 제1, 2공화국은 물론 (자신이 집권한) 제3공화국까지 모두 싸잡아서 "지극히 비생산적이고, 비능률적이고, 또는 혼란과 무질서만을 가져왔다"라고 비판했다(16: 44). 이렇게 볼 때 박정희의 정치관이 서구적인 자유주의나 민주주의에 정면으로 반하는 것임은 명백하다. 박정희의 이 같은 정치관을 염두에 두고 지금부터는 박정희의 정치사상을 보수주의 및 자유주의와 관련된 담론을 중심으로 살펴본다.

3. 박정희의 보수주의

필자는 제3장에서 민주화 이전 한국 정치질서의 이념적 특징을 권위주의와 자유민주주의라는 '이중적 정치질서의 중첩적 병존'으로 파악하

물론 이들 발언은 정당과 의회 정치를 무력화한 유신 시기보다 군정기, 제3공화국 시기에 더 빈번했다. 그렇지만, 제5장에서 이미 검토한 것처럼, 쿠데타 이후 집권 기간 내내 박정희는 서구적인 민주주의가 한국의 정치적 상황에 부적합한 것이라고 강조했다.

면서, 민주화 이전 한국의 보수주의를 "집권 우익 세력이 공산주의의 침략과 위협으로부터 자유민주주의를 방어하고 국가안보(반공)와 경제발전에 필요한 정치적 안정을 유지한다는 명분을 앞세워 권력이 집중된 권위주의적 정치질서를 옹호하기 위해 제시한 이념"으로 정의했다. 여기서는 이러한 개념 규정에 기초해 박정희의 보수주의를 국가안보(반공)와 경제발전에 대한 옹호로 나누어 분석하고, 이어서 비서구사회에서 후발적으로 근대화를 수행하기 위해 추진된 급진적인 개혁 과정에서 드러난 박정희식 보수주의의 특징을 '비동시성의 동시성'이 빚어낸 '근대화 보수주의'라는 개념으로 고찰하겠다.

1) 반공과 국가안보

박정희는 자신의 권위주의 체제를 정당화하기 위해 무엇보다도 반공과 국가안보를 적극적으로 활용하고 강조했는데, 국가안보를 위협하는 가장 주요한 세력은 북한이었다. 북한은 6·25 전쟁을 일으켰을 뿐 아니라 그 후에도 적지 않게 무력도발을 감행했기 때문에, 국가안보는 대내외적으로 북한을 주 대상으로 하는 반공·반북주의로 자연스럽게 응축되었다.

박정희를 비롯한 쿠데타 세력은 1961년 5·16 군사쿠데타를 결행한 직후 "백척간두에서 방황하는 조국의 위기" 속에서 "부패하고 무능한 현 정권과 기성 정치인들에게 이 이상 더 국가와 민족을 맡겨둘 수 없다"라고 판단했기 때문이라며 쿠데타를 정당화한 바 있다. 또한 그들은 혁명공약 제1조에서 무엇보다 "반공을 국시의 제1의로 삼고 지금까지 형식적이고 구호에만 그친 반공태세를 재정비 강화할 것"이라고 선언했다(김삼웅, 1997: 256). 나아가 박정희는 1961년 7월 자신이 정치인으로서 최초로 행한 공식 연설인 「국가재건최고회의 의장 취임사」에서도 "공산주의의 침략을 저지"하겠다고 밝혔다(1: 4, 1961/07/03).

특히 1971년 12월 6일, 유신체제의 전주곡에 해당하는 '국가비상사태'를 선언할 때에도, 박정희는 안보위기의 관점에서 이를 정당화했다. 그는 1971년 10월 중국의 유엔 가입과 안전보장이사회 상임이사국 선출, 미국의 주한미군 추가 감군 논의, 북한의 전시동원체제 등 당시 대내외적 안보상황을 지적하면서 "지금 우리 대한민국의 안전 보장은 중대한 위기에 처해 있다"라고 주장하고, "민주주의가 우리에게 가장 소중한 것이라면, …… 이것을 수호하기 위[해] 필요할 때는 우리가 향유하고 있는 자유의 일부마저도 스스로 유보하고, 이에 대처해 나아가겠다는 굳은 결의가 있어야" 한다고 강조했다(4: 90, 「국가비상사태 선언에 즈음한 특별담화문」).[9] 물론 박정희의 안보위기론은 세력균형의 변화 자체보다는 그 변화가 북한의 무력도발 의지를 부추긴다는 데 초점이 맞추어져 있었다.

남한의 보수주의는 이처럼 근·현대의 서구 보수주의와는 달리 국가안보를 유난히 강조한다는 점에 그 특징이 있다.[10] 물론 냉전체제하에서는 미국을 비롯한 '자유진영'의 보수주의자들 역시 공산주의의 세계적 팽창을 강조하고 반공을 내세웠지만, 남한에는 분단과 6·25 전쟁, 무장공비 침투 등을 통해 수시로 무력도발을 자행하는 북한 공산주의자의 위협이 무엇보다 절박하게 다가왔다. 다시 말해 박정희에게 북한은 "반민족적인

---

9) 이와 거의 동일한 발언을 이듬해인 1972년 1월 1일 「연두기자회견」에서도 반복했다(4: 133).

10) 물론 역사적으로 영국과 프랑스 및 미국의 보수주의는 강대국의 보수주의여서 한국과 같은 수준의 항상적 안보공포증에 걸려 있을 필요가 없었다는 점 역시 지적되어야 할 것이다. 그러나 미국과 같은 강대국에서도 냉전시대 쿠바 핵위기와 같은 전쟁 위기의 상황이 종종 있었고, 9·11 이후 강경 우파가 득세하는 것을 보면, 강대국의 보수주의 역시 '안보공포증'으로부터 항상 면제되어 있는 것은 아니라는 점을 보여 준다.

이질사상과 공산독재체제를 …… 강요할 목적으로 일[찍이] 6·25 남침 전쟁을 일으켰고, 지금도 전쟁 도발의 기회를 엿보면서 한반도의 긴장을 고조시키는 데 광분하고 있는" 위협적인 존재였다(6: 88, 「개천절 경축사」, 1976/10/03).

북한의 위협이 상존하는 상황인 만큼 박정희의 보수주의가 반공과 국가안보를 강조한 것은 나름 타당한 논리적 근거를 확보했다. 물론 현대 서구의 보수주의 역시 공산주의가 신봉하는 "진보", "인간본성과 사회의 궁극적인 완성 가능성" 및 국가개입에 의한 경제적 "계획" 등을 받아들일 수 없었기 때문에 정치철학과 정책지향의 측면에서 공산주의에 반대했고, 이는 박정희의 보수주의와도 일맥상통한다. 그러나 서구의 보수주의는 국가안보를 중시한다고 해도 냉전과 공산주의의 확산에 대처하기 위한 체제경쟁과 국방력의 강화 등 대외지향적 성격을 강하게 지닌 데 반해(볼·대거, 2006: 208-212),[11] 한국의 보수주의는 북한의 위협에 대처하기 위해서는 물론 국내의 정치적 반대자들을 탄압하기 위해서도 반공과 국가안보를 수시로 동원했다.[12]

모든 보수주의가 그런 것처럼 박정희의 보수주의 역시 '법과 질서의 유지'를 통한 국내 질서의 안정을 강조했다. 서구의 경우 이는 범죄예방과 치안유지의 필요성에서 비롯한 것이라는 점에서 일차적으로 시민적 질서의 유지를 주목적으로 하는 '민생치안'의 의미를 갖는다.[13] 그러나 박

---

11) 박정희식의 '근대화 보수주의'는 '진보'와 경제적 '계획'의 유용성을 받아들였다는 점에서 서구의 현대 보수주의와 판이했다고 할 수 있다.
12) 물론 미국의 경우에도 매카시즘과 같은 사건이 없었던 것은 아니다.
13) 이러한 서술이 사회주의적 지향성을 강하게 띠는 노동계급의 투쟁을 억제하려는 목적이 있음을 부정하는 것은 아니다.

정희의 경우에는 권위주의적 통치를 강화하고 정권에 대한 반대를 탄압하기 위한 '시국치안'의 성격이 더 강했다. 그래서 법과 질서의 유지라는 일상적 치안의 문제 역시 빈번히 국가안보와 같은 차원에서 다뤄졌다.[14]

이러한 지적은 박정희가 1970년부터 1979년까지 매년 연두기자회견을 한 후 다른 어떤 행사보다 먼저 '전국 치안 및 예비군관계관 중앙회의'[15]를 챙겼다는 사실에서도 확인된다. 박정희는 그 회의 「유시」에서 북한의 침략에 대비하기 위한 국가안보의 필요성을 상기시키고, 학생 데모 등으로 정치 불안이 조성되면 북한이 도발할 것이라는 점을 역설함으로써 국가안보가 단순히 국방의 문제가 아니라 치안유지(국내의 정치적 안정)와도 직결됨을 각별히 강조하곤 했다. 이 점에서 '중앙회의'는 연초에 국가안보는 물론 시국치안을 강조하고 점검하는 연례행사로서 매우 중요한 의미가 있었다. 따라서 유신이 절정에 이른 1976년 1월 21일 중앙회의 「유시」에서 박정희는 모든 불안과 혼란은 물론 심지어 '퇴폐적인 풍조'마저 국가안보 차원에서 다룰 것임을 선언했다.

우리 사회의 정치적 불안, 또는 사회적인 혼란, 국론의 분열, 사회 기강

---

14) 1970년 12월 말경 당시 중앙정보부장으로 취임한 이후락은 취임식에서 "중앙정보부는 국가 안보의 보루다. 국가 안보는 대통령의 안보다. 대통령을 보위하는 것은 바로 국가를 보위하는 것이다. 우리는 박대통령을 보위하는 전위대다"라고 선언했다고 한다(중앙일보 특별취재팀, 1998: 28에서 재인용). 여기서 대내적으로 박정희의 권위주의 체제를 수호하고자 하는 시국치안이 국가안보와 동일 선에 놓이게 되는 소이를 새삼 확인할 수 있다. '국가안보＝정권안보＝박정희 개인안보'.

15) 1970년부터 1972년까지 '치안 및 예비군관계관 중앙회의'였으나 1973년 이후 '전국 치안 및 예비군관계관 중앙회의'로 개칭되었다. 1968년 북한은 무장공비를 두 차례 남한에 침투시켰는데, 이러한 사태에 대비하기 위해 그해 향토예비군이 창설되었고, 이 연장선상에서 1970년부터 '중앙회의'를 연초에 개최한 듯하다.

의 해이, 퇴폐적인 풍조, 기타 여러 가지 반사회적인 부조리 등등이 우리의 허점인 것입니다. …… 이런 것들을 우리가 과감하게 추방하고 깨끗이 없애는 것은 국가 안보적인 견지에서 매우 중요하다 …… 따라서, 나는 이런 문제들을 국가 안보와 같은 차원에서 다루겠다는 것을 강조한 바 있[습]니다(6: 34, 「전국 치안 및 예비군관계관 중앙회의 유시」).[16]

이처럼 장발이나 미니스커트 등 이른바 '퇴폐적인 풍조'의 단속까지도 국가안보의 차원에서 엄정히 다루겠다는 의지의 표명은, 곧 국가안보를 위한다는 명목으로 국민의 일상적인 자유가 심각하게 제약되리라는 것을 의미했다.[17]

더욱이 반공으로 무장한 국가안보 사상은 군인의 집권으로 파급되기 시작한 군사문화의 일상화로 권위주의와 강고하게 결합되었다. 1968년 1월 청와대 부근까지 접근하는 데 성공한 북한의 무장공비 침투 사건을 계기로 같은 해 향토예비군이 창설되었고, 1969년에는 고등학생과 대학생을 대상으로 국가관을 확립하고 안보의식을 높이는 군사교육에 해당하는 교련수업을 실시했으며, 1975년에는 각급 고등학교와 대학교에 학생과 교직원으로 구성된 학도호국단을 발족시켰다. 그리고 위에서 언급한 1976년 1월의 「전국 치안 및 예비군관계관 중앙회의 유시」에서, 군대와 경찰, 향토예비군과 학도호국단, 민방위대 등 "군·관·민이 혼연일체

16) 박정희는 1975년 4월 29일 「국가안보와 시국에 관한 특별담화」에서 월남과 크메르가 공산화된 이유를 "국론이 통일되지 않고 국민의 총화단결이 되어 있지" 않은 데서 비롯한 "정치불안과 혼란"에서 찾았다(5: 425)
17) 박정희에게 장발은 '외래 퇴폐풍조'의 상징이었다. 박정희의 장발 혐오와 장발·미니스커트 단속 및 그 정치적 의미에 대해서는 강준만(2002b: 110~116)을 참조할 것.

가 [된] '유비무환'의 정신자세"를 당부하고 이를 "'총력안보의 생활화'"로 규정함으로써, 전시를 방불케 하는 '안보의 일상화'가 진행되었다(6: 35, 1976/01/21).

1962년 제정되고 1968년에 처음으로 개정된 주민등록법 역시 1968년 1월의 무장공비침투 사건이 그 정치적 배경이었다. 특히 1970년의 2차 개정에서는 "간첩이나 불순분자를 용이하게 식별·색출하여 반공태세를 강화"한다는 목적이, 1975년의 3차 개정에서는 "안보태세를 강화"하고 "총력전 태세의 기반을 확립"한다는 목적이 명기되었다(홍성태, 2008: 95-96). 이처럼 행정상의 편의와 국가안보를 명분으로 제정된 주민등록법을 통해 국민들은 "총체적 감시사회"의 그물망에 갇히게 되었다(홍성태, 2008: 85). 1970년부터 본격적으로 추진된 새마을운동 역시 "표면적으로는 '소득증대', '농촌근대화'라는 농민들의 경제적 삶의 개선이라는 목표"를 내세웠지만, 그것은 또한 '국력의 배양', '애국의 길', '총력안보의 길'과 같은 담론과 결합되어 안보의식의 강화를 추구했다(고원, 2008: 28).[18] 그리하여 처음에는 정계와 경제계—중앙정보부와 민주공화당 조직 및 정부 내각에 깊이 스며든 군사문화, 전시작전을 방불케 하는 방식으로 추진된 경제개발계획 및 수출증대 등—를 중심으로 시작된 한국사회의 군사문화가 점차 학교는 물론 일반사회에까지 확산되면서, 한국사회 전체의 병영사회에 가속이 붙었다.[19]

---

18) 이 장이 박정희의 보수주의 사상에 초점을 맞추고 있는 만큼, 여기서 자세히 논하지는 않겠지만, 박정희 정권하에서 1963년부터 고등학교 교과목으로 채택되고, 또 1970년대부터 대학에서 교양필수과목으로 채택된 '국민윤리' 과목의 주요 내용에 반공교육이 포함되어 있었으며, '민족주체성의 확립'이라는 명분으로 강화된 국사교육 역시 '국난 극복의 역사'를 주된 소재로 포함시킴으로써 안보의식의 강화에 이바지했다(장영민, 2008).

2) 경제발전

박정희의 보수주의에서 경제발전은 자립경제와 경제적 풍요(복지사회)의 달성뿐만 아니라 자주국방과 민주역량의 배양을 위한 필수적 전제조건으로서 다차원적이고 긴요한 의미가 있었다. 집권 초기 박정희는 우선 민주당 정권이 내세운 경제제일주의를 수용하고 실천에 옮겼다. 박정희는 『국가와 혁명과 나』에서 "민족 제일주의와 경제 우선주의"를 내세웠는데(박정희, 1963: 255), 제3공화국에서는 경제제일주의를 더욱 응축하여 "수출제일주의"라는 말을 애용했다(예컨대, 2: 855, 「제3회 수출의 날 치사」, 1966/11/30; 6: 371, 「제15회 수출의 날 치사」, 1978/11/30 등).[20] 그러나 유신체제 이후에는 노골적으로 "국가안보제일주의"를 강조하기 시작했다(예를 들어 6: 8, 「연두기자회견」, 1976/01/15; 6: 94, 「1977년도 예산안 제출에 즈음한 시정연설」, 1976/10/04 등). 물론 수출제일주의와 안보제일주의는 상호 대체관계보다는 병용관계였다.

사실 경제발전이야말로 다른 무엇보다 박정희 체제를 지탱하는 원동력이었다고 할 수 있다. 박정희 집권기에 연일 신문의 1면 또는 경제면을 장식하던 수출신장 및 경제성장을 위주로 한 눈부신 경제실적의 보도는 오늘날의 프로스포츠 기사 못지않게 전 국민의 시선을 사로잡았다. 또한 연두교서, 연두기자회견, 일반적인 기자회견, 예산안 제출에 즈음한 시

---

19) 김정훈·조희연은 남한사회를 전체적으로 "반공규율사회"로 규정하는 한편, 박정희 정권이 "시민사회를 군대식으로 재편하고 군사문화를 강요"하면서 "군사화·병영화"한 데 주목해 박정희 정권기를 "반공병영사회"로 특징지은 바 있다(김정훈·조희연, 2003: 130).

20) 박정희는 1963년을 '수출의 해'로 지정하고 11월 30일을 '수출의 날'로 제정하면서, 수출에 공이 큰 기업인들을 표창하기 시작했다. 강준만은 박정희 정권에서 '수출제일주의'는 "일종의 신앙"이었으며(강준만, 2004a: 277), 박정희는 "강력하고 유능한 수출 총사령관"이었다고 평가한다(강준만, 2004b: 13).

정연설, 수출의 날과 각종 기공식·준공식 등에 행한 연설에서 흔히 관찰할 수 있는 대로, 박정희는 항상 구체적인 수치와 업적을 장황하게 나열하여 경제발전의 성과를 과시하는 한편 앞으로 달성할 경제발전의 목표를 제시함으로써 정권에 대한 지지를 극대화하고자 했다.[21] 이 같은 "발전주의"야말로 박정희 권위주의 체제에 대한 국민의 지지를 창출하는 데 가장 효과적인 이념적 자원이었다.[22] '잘 살아보세'로 요약되는 박정희의 이러한 정책에 전 국민이 열렬히 그리고 헌신적으로 호응하면서 한국사회는 경제발전의 열병에 걸려 있었던 것이다. 이처럼 박정희는 이승만 집권기의 '반공주의'에 '발전주의'를 새롭게 접목시킴으로써 정치적 안정을 강조하는 보수주의적 권위주의 체제에 경제발전이라는 당근을 보충했다(강정인, 2009b: 73; 최장집·이성형, 1991: 219).[23]

경제발전의 목적은 「5·16 혁명공약」에서 밝힌 것처럼 무엇보다 "절망과 기아선상에서 허덕이는 민생고를 시급히 해결"하는 것이었으나, 이는 또한 "국토통일을 위하여 공산주의와 대결할 수 있는 실력의 배양"이라는 측면에서 반공·승공 통일과도 맞닿아 있었다(김삼웅, 1997: 256). 박정희에게 경제발전은 사실상 최우선과제였으며, 박정희는 군정기인 1962년 1월 1일 「국민에게 보내는 연두사」에서도 "당면한 우리의 지상목

---

21) 강준만의 비유를 따른다면 우리는 이를 수출 총사령관이 수출전사 또는 수출역군이기도 한 국민 앞에서 혁혁한 전과를 알리고 향후 전쟁계획을 브리핑하는 것으로 재해석할 수 있을 것이다.
22) 사회과학에서 발전(development)과 발전주의(developmentalism)의 개념 및 연원에 대해서는 러미스(Lummis, 1996: 58-60) 및 강정인(2004: 332-335)을 참조할 것.
23) 일찍이 최장집·이성형은 박정희 시대의 지배 이데올로기를 서술하면서 "반공주의와 권위주의는 발전주의와 접목됨으로써 비로소 소극적·방어적 내용으로부터 적극적·공격적인 내용을 갖게 되었다"라고 지적한 바 있다(최장집·이성형, 1991: 218-219).

표는 경제재건을 위한 산업개발"이라고 강조했다(1: 157). 같은 해 「울산 공업지구 설정 및 기공식 치사」에서는 "5·16 혁명의 진의는 …… 오로지 이 겨레로부터 빈곤을 구축하고, 자손만대를 위한 영원한 민족적 번영과 복지를 마련할 경제재건을 성취해야겠다는 숭고한 사명감에서 궐기했던 것"이라고 하면서 쿠데타를 정당화했다(1: 177–178, 1962/02/03). 빈곤에 시달리던 당시 한국 민중에게 '잘 살아보세'를 외치며 매진하는 박정희 정권의 경제제일주의는 강한 공감대를 형성했고, 군사쿠데타에 광범위한 지지를 끌어온 가장 중요한 명분으로 작용했다.[24] 따라서 김동춘은 1960년대 "민중의 탈빈곤 열망"과 "발전주의 논리"가 결합되어 "박정권과 농민들" 사이에 "일종의 민중주의적(populist) 동맹"이 형성되었다고 지적했다(김동춘, 1994: 233; 김동춘, 1996a: 287).

또한 경제개발은 반공과도 긴밀히 연계되어 있었는데, 박정희는 군정 당시 펴낸 『우리 민족의 나갈 길』에서 빈곤이 "공산주의가 침투해 들어올 수 있는 통로"라는 점을 강조하며(박정희, 1962: 35; 32, 223도 참조) 반공, 곧 공산주의 침투를 예방하는 차원에서 경제개발의 필요성을 역설했다. 1960년대 경제개발전략은 전 세계를 대상으로 한 경제경쟁이라는 측면도 있었지만, 북한을 상대로 한 "경제경쟁에 승리"한다는 "승공의 전략"으로서의 성격을 강하게 띤 만큼, 경제개발을 통한 "실력배양"을 수반하지 않는 반공은 박정희에게 "관념적[인] 반공"―곧 혁명공약에서 비판하는 "형식적이고 구호에만 그친 반공태세"―에 불과했다(1: 573, 「반공학생의 날 제7주년 기념식 치사」, 1963/11/23).

---

24) 제3공화국은 물론 유신시기에 이르기까지 박정희 연설에는 "잘 살아보자", "잘 살아야 하겠다", "잘 살아 보겠다"는 구절이 매우 빈번하게 등장했다.

경제개발은 국방 및 통일 전략과도 직결되어 있는 사안이었다. 박정희는 1966년에 발표한 담화문에서 "자립경제건설과 조국 근대화" 작업은 공산침략에 대한 무력투쟁 못지않게 "승공을 위한 또 하나의 중요한 과업"이라고 강조했다(2: 596-597, 「자유의 날 제12주년 기념일 담화문」, 1966/01/23). 그렇기 때문에 박정희는 1970년 1월 9일 「연두기자회견」에서 "국방 '이퀄' 경제 건설, 경제 건설 '이퀄' 국방이다. 즉 국방과 건설은 동의어이다"라고 말하기도 했다(3: 670). 바로 이런 맥락에서 경제발전은 통일 담론의 한 축을 구성하고 있었다. 그래서 1966년 「6·25 제16주년 담화문」에서 그는 "조국 근대화작업과 자립경제건설이야말로 통일을 위한 진취적인 계획이며 통일을 향한 전진적인 노력"이라고 규정하면서 "국토통일은 자립과 근대화의 중간 목표가 달성된 연후에 비로소 가능하다는 것을 다시 한 번 분명히 해 두고자" 한다고 강조했다(2: 712). 이를 통해 박정희는 자신의 '선건설 후통일론'을 확고히 다졌다.[25]

3) 근대화 보수주의: 형용모순?

19세기 초 유럽의 보수주의는 산업혁명과 자유주의적 프랑스 혁명, 곧 '근대화'에 반대하는 것을 1차적 사명으로 삼으면서 봉건적 농업사회 및

---

25) 박정희는 1966년 「대통령 취임 제3주년 기자회견」에서 "우리 정부가 1970년대 후반기에 가서 통일 문제를 다루자 하는 얘기는, 앞으로 한 10년 동안 우리의 국력을 더 축적해 가지고 1970년대 후반기쯤 가서 통일문제를 우리가 보다 더 본격적으로, 대담하게 다루어 보자는 것"이며, "통일문제를 다루기 위해서는 …… 북괴와 우리와의 실력대비에 있어서 월등하고 우월한 지위를 확보해 가지고 여기에 임해야" 된다고 언명했다(2: 886-887, 1966/12/17). 그러나 박정희의 이러한 '선건설 후통일론'은, 제4장에서 논한 것처럼, 그의 비판자들에게서 사실상 통일논의를 유예시키는 전략이라고 비판받았다. 박정희의 통일론에 대해서는 제7장에서 그의 민족주의 담론을 논하면서 좀 더 살펴본다.

귀족적 질서를 옹호하고자 했다. 물론 서구의 이러한 보수주의는 1848년 이후 사회주의 사상의 본격적 대두 및 1917년 러시아 혁명의 발발과 함께 종래의 입장에서 후퇴해 사회주의 또는 수정 자본주의적 국가의 개입에 대한 반대를 선결과제로 삼았다. 그리고 개인적 자유와 제한적 정부의 옹호를 핵심적 과제로 설정함으로써, 결국 근대화의 결과를 일정 부분 수용하고 고전적 자유주의에 수렴하는 현대 보수주의로 변모하게 된다(강정인, 2009b: 40-43).

이에 반해 해방 후 집권한 남한의 보수 세력은 세계사적 시간대가 일국사적 시간대를 압도하는 비동시성의 동시성에 따라 '위로부터의 근대화'를 수행하기 위해 산업화를 추진했고, 자유주의(또는 자유민주주의)를 자신을 정당화하는 이데올로기로 삼았다. 이 점에서, 근대화와 관련해 한말 위정척사파가 19세기 초 서구 보수주의와 유사한 면모를 보였다면, 해방 후 남한의 보수 세력은 서구의 현대 보수주의와 비슷한 모습을 띠게 되었다.

제2차 세계대전 이후 독립한 비서구 신생국가의 보수 세력이 근대화를 위로부터 추진하면서 채택한 '근대화 보수주의'는 '서구 따라잡기'의 일환으로서 민족의 절대적인 생존전략이었다.[26] 따라서 '근대화 보수주의'는 서구 근대 사상사의 맥락에서는 형용모순일지라도, 한국과 같은 비서구의 신생 독립국가에는 역사적 당위이자 (우파) 민족주의의 중요한 속성으로 부각되지 않을 수 없었다. 더 나아가 서구의 현대 보수주의가 개인의 자유를 보호하기 위해 국가의 광범위한 경제개입에 반대한 것과 달리, 한국의 근대화 보수주의는 국가주도에 의한 위로부터의 경제개발

---

26) 이에 대해서는 제4장에서 자세히 논한 바 있다.

을 추진했고, 이에 따라 국가의 광범위한 시장개입을 당연시하면서 경제
활동의 자유에 대한 정부의 직간접적인 제약을 주도하고 용인했다. 반공
과 국가안보에 바탕을 둔 권위주의적 통치가 개인의 정치적·사회적 자
유를 억압했다면, 국가주도의 경제발전은 중소기업이나 자영업 등 일반
서민의 경제적 자유 역시 상당 부분 제약했다.[27]

또한 서구의 보수주의—특히 에드먼드 버크(Edmund Burke)에 의해
대표되는 영국의 보수주의—가 과거로부터 현재까지 연면히 이어져 내
려온 전통·종교·역사·권위 등에 비추어 점진적 사회 변화를 수용하는
한편 현존 질서의 유지를 강조한 데 반해, 박정희의 근대화 보수주의는
민족주의와 결합해 (과거의 역사적 과오 등으로 초래된) 현재의 시련과 위
기를 극복하기 위한 급진적 사회 변화(=근대화)의 필요성을 역설했다.
나아가 박정희 정권이 추진한 근대화 보수주의는 '조국 근대화'라는 현
재의 급진적 개혁을 통해 고도 산업화, 풍요한 복지사회의 실현 등 미래
에 대한 장밋빛 전망을 제시함으로써 19세기 서구의 진보사상과 유사한

---

27) 이와 달리 김동춘은 박정희 정권 시절에 "기업활동의 '자유'는 금과옥조의 논리로 확고한
위치를 차지하게 되었"다고 주장한다(김동춘, 1996a: 288). 그러나 김동춘의 이러한 주
장은 과장된 감이 있다. 당시 정부의 각종 물가단속, 이자율 통제, 대기업에 대한 특혜지
원 등을 고려한다면, 이는 기껏해야 수출을 주도한 대기업에, 그것도 부분적으로 적용되
었다고 보는 편이 더 합당할 것이다. 당시 정부의 각종 인허가 정책 및 다양한 경제 통제
를 고려할 때, 기업 활동의 자유는 오늘날처럼 보장되지 않았다는 것이 필자의 소견이다.
일부 대기업을 제외하면 일반 국민의 사유재산권도 적절히 보장받지 못했다. 각종 개발
을 위한 토지의 수용·사용에 대한 헐값 보상, 그린벨트 지정, 부실기업들의 재정난을 덜
기 위해 긴급명령으로 기업에 대한 사채를 동결시킨 1972년의 이른바 '8·3 조치'와 그로
인해 커다란 타격을 감수해야 했던 소액 채권자들을 대표적으로 거론할 수 있을 것이다
(8·3조치에 대해서는 강준만, 2002a: 217-220 참조). 이와 관련해 오늘날 자유주의를 주
창하는 뉴라이트 역시 박정희 정권기의 정부 주도 경제발전에 반대하면서 '큰 시장 작은
국가'를 주장한다는 점을 상기할 필요가 있다(예를 들어 김일영, 2006a: 393-396).

모습을 띠게 되었다. 동시에 이러한 미래는 민족주의와 결합해 이상화된 과거의 영광을 상상하고 재현하는 수사적 구절들—이를테면 "민족중흥", "단군 성조", "고구려의 용맹과 기개", 신라의 "화랑정신", 한글을 창제한 세종대왕 등의 찬양—을 통해 표현되어 복고적 비전을 투영하기도 했다. 곧 근대화 보수주의는 진보적 전망과 복고적 비전을 한데 아우르고 있었다.[28]

이처럼 근대화 보수주의가 지닌 진보적 성격으로 박정희의 연설에서는 변화와 혁신을 강조하는 전형적인 진보주의자의 논리와 수사가 어렵지 않게 발견된다. 예를 들어 박정희는 1967년 「서울대학교 졸업식 치사」에서 졸업생들에게 "승리는 미래에 사는 편에 있고, 희망과 용기로써 전진하는 편에 있는 것이며, 퇴폐적인 과거의 잔재를 저버리는 대가로서 얻어지는 것"이라고 강조했다(2: 959, 1967/02/27).[29] 또한 박정희는 1969년의 한 연설에서 당대의 상황을 "온갖 전통적인 것, 수구적인 것, 낡은 것이 급속하게 근대화되고 개혁되고 새로워지는 변화의 과정"으로 규정했다(3: 540, 「한국기자협회 창립 제5주년 기념식 메시지」, 1969/08/18).

그러나 이와 동시에 박정희는 고도 산업사회, 풍요한 복지사회의 실현 등 근대화의 영광스러운 목표를 성취하기 위해 정치적 안정을 일관되게 강조함으로써 기존 정치질서의 보수를 주장했다. 그는 1967년 7월 1일 「제6대 대통령 취임사」에서 "우리는 민족사상 참으로 획기적인 역사

---

28) 굳이 앤서니 스미스(Anthony Smith)나 베네딕트 앤더슨(Benedict Anderson)의 저작을 거론하지 않더라도, 이러한 특징은 제2차 세계대전 이후 독립한 신생국가들이 추구한 민족주의의 전형적인 모습이기도 했다.

29) 비슷한 구절로 「제12회 전국 토지개량조합장 대회 및 미곡증산경려회 포상식 치사」(2: 982~983, 1967/03/30)를 참조할 것.

적 과업에 이미 착수"했다고 선언하면서 "'균형 있는 경제성장'으로 아시아에 빛나는 공업국가를 만들기 위하여 우리는 위내한 전진"을 하고 있다고 치켜세우는 한편, "정국의 안정은 경제발전의 대전제"라고 역설했다(3: 4). 따라서 "사회적 불안과 혼돈"은 민족의 영광을 위해 달성하고자 하는 "근대화 작업"을 "필연적으로 공전(空轉)"시키고 "지연"시키는 위협을 상징하게 되었다(3: 10, 「국방대학원 제12기 졸업식 치사」, 1967/07/10).

또한 민주화를 위해 반정부운동을 전개하는 학생들의 '급진성'을 비판할 때, 박정희는 보수주의자의 전형적인 논리에 따라 학생들의 개혁 요구를 거부했다.

> ······ 학생들의 눈으로 본다면 현실사회나 세상의 모든 것이 전부가 다 부조리 투성이고 ······ 데모라도 실컷 해서 다 뒤집어 엎어 버리고 [싶겠지만] ······ 사회라는 것은 그 구조가 대단히 복잡하고 서로 이해관계가 얽히고 설키고 해서, 학생들의 단순한 생각으로 생각하는 것처럼 그렇게 간단치가 않다는 것을 학생들은 알아야 합니다(5: 240, 「연두기자회견」, 1974/01/18).

박정희는 이어서 농민들을 위한 쌀값인상이 노동자의 임금인상을 가져오고, 이로 인해 결국 공산품의 물가앙등이 초래되어 결국 농민들이 손해를 보게 된다는 예를 들어 자신의 논리를 뒷받침하고 있다(5: 240-241). 이 같은 입장은 기존 질서에 대한 급격한 변혁에 반대하기 위해 '생태학적 사회관'을 피력한 영국 보수주의자 버크의 논리와 매우 유사하다. 버크의 논리에 따르면, 새로운 정책이나 변화를 단기간에 전면적으로 도입하게 되면 인간이 통제하거나 예견할 수 없는 변화를 초래하고,

그 결과 생태학적 균형이 깨어질 우려가 있다. 이는 대개 그러한 시도에 따른 변화의 폭이 일종의 연쇄효과로 인해 애초에 의도하거나 상상했던 것보다 훨씬 더 광범위하기 때문이다. 그 결과 나중에 발생하는 유해한 부작용이 원래 의도했던 이익을 넘어설 위험이 상존한다는 것이다(강정인, 2007b: 482-483).[30]

4. 박정희의 반(反)자유주의적 사상[31]

19세기 후반 근대 서구문명의 본격적인 동북아시아 공략과 함께 외생적으로 비서구판 근대화의 계기를 맞으면서, 한국은 민족과 국가의 생존을 위해 '서구적 근대화'의 과제에 직면하지 않을 수 없었다. 그러나 한국의 강인한 유교적 전통은 물론 일제에 의한 국권침탈과 식민지의 경험 및 일제가 부과한 파시즘과 국가주의적 교육, 해방 후 겪은 민족 분단과 동족간의 참혹한 6·25 전쟁 등, 민족과 국가가 당면했던 존망의 경험과 위기는 국가나 사회 또는 민족보다 개인의 자유를 우선시하는 서구적 자유주의의 온전한 수용을 어렵게 만드는 결정적 요인으로 작용했다.[32]

---

30) 앨버트 허시먼(Albert Hirschman)은 보수의 수사학을 분류하면서, 무용론, 위태론, 왜곡론을 제시했는데, 박정희의 이러한 논리는 위태론에 접근한다(Hirschman, 1991). 물론 근대화를 돌진적으로 추진한 박정희가 생태학적 사회관을 충실히 신봉했다고 말할 수는 없다. 다만 일부 학생들의 급진적인 요구를 거부할 때 생태학적 사회관에 기초한 보수주의적 수사를 차용했다고 할 수 있다.

31) 박정희 정치사상에 내재한 반자유주의적 측면은 제7장에서 박정희의 민족주의와 국가주의를 논할 때 추가적으로 논의될 것이다.

32) 김동춘에 따르면, 현대 한국 정치사상사에서 자유주의의 빈곤과 민족주의의 압도는 동전의 양면을 이룬다(김동춘, 1996a: 298, 302). 그러나 자유주의의 빈곤이 민족주의의 강화

정치가로서 박정희 역시 이 모든 경험으로 인해 자유주의 이념을 온전히 내면화할 수 없었을 것이다. 게다가 민속과 국가의 대의를 위해 개인의 목숨을 기꺼이 바쳐야 한다는 사고를 체화해야 했던 군인으로서의 오랜 경험은 개인적으로도 박정희에게 자유주의를 받아들이기 더욱 어렵게 만들었던 추가적인 요인이었음이 분명하다. 따라서 박정희에게 서구의 개인적 자유주의는 거리가 먼 사상이었을 것이다. 그 결과 자유주의에 대한 박정희 사상의 주된 특징은 공산주의를 주적(主敵)으로 설정하는 냉전 자유주의, 개인의 자유보다 민족의 자유를 우선하는 '민족적 자유주의', 그리고 개인의 인권에 대한 폄훼로 요약된다.

박정희는 1969년 「광복절 경축사」에서 해방이 "민족의 자유"를 뜻하는 것이었지만, 한국인들에게는 "해방이 그대로 자유를 뜻하는 것이 아님을 알게" 되었다고 언급하면서 "국가의 안보와 국가의 안정"이야말로 "우리들의 지상 과제요 …… 지상 명령"으로서 "이것이 보장되지 않으면 해방의 의미"는 물론 "자유의 가치도, 평화의 희망도, 모두 다 허사"로 돌아가 버린다고 역설했다. 그리고 "해방과 자유와 평화를 우리 것으로 만들기 위해서 우리는 무엇보다도 먼저 공산 침략을 근절"해야 한다고 주장함으로써 해방과 분단 이후 자유의 주적이 북한 공산주의자들임을 분명히 했다(3: 537, 539). 왜냐하면 공산주의자들이야말로 "인간의 존엄성을 부정하며, 자유를 부인하는 것을 기본 교조로 하고 있는" 집단이었기 때문이다(3: 832, 「제6차 아시아기독교 반공대회 치사」, 1970/09/30). 또한 박정

___

를 가져왔는지 아니면 민족주의의 선제적 강화가 자유주의의 빈곤을 가져왔는지에 대해서는 상당한 해석상의 논란이 있으며, 이는 깊이 연구해 볼 만한 주제다. 전반적으로 볼 때 김동춘(1996a)은 전자의 입장에, 필자는 박명림·신기욱과 더불어 후자의 입장에 가깝다(박명림, 1996a; 신기욱, 2009).

희는 1970년 「세계반공연맹 제4차 총회에 보내는 메시지」에서도 "공산주의를 타도하고 자유주의를 수호"하기 위해 "자유 애호 인민들의 철석같은 단결과 우의" 및 "총동원"을 주문함으로써 한국뿐만 아니라 전 세계적으로도 자유의 주적이 공산주의임을 분명히 한바, 이는 '박정희의 자유주의(?)'가 냉전 자유주의임을 확인케 하는 대목이다(3: 824, 1970/09/16). 이러한 측면에서 자유의 내실을 기하기보다는 공산주의를 주적으로 설정해 사실상 국민의 기본적 자유와 인권을 탄압해 온 박정희와 한국 보수주의자들의 냉전 자유주의에 대해 자유주의의 본분을 저버린 것이라는 비판은 타당해 보인다(김동춘, 1996a: 285-286 등).

그러나 행위자에 대한 정치 윤리적 비난을 제쳐 놓고 현대 한국정치의 이념적 구조를 고려할 때, 한국에서 냉전 자유주의가 고전적 자유주의를 좌절시킨 현상은 부분적으로 '비동시성의 동시성'이 초래한 현상으로 이해되어야 할 것이다. 고전적 자유주의가 탄생했던 영국과 프랑스에서 자유주의가 자유를 위해 투쟁해 온 주된 대상은 유럽의 전근대적 질서가 부과한 종교적 순응, 귀속적 신분 및 정치적 절대주의(전제군주정)였다(볼·대거, 2006: 91-171). 하지만 해방 당시의 한국은, 한말의 개혁 및 일제의 식민치 통치와 뒤이은 패망 과정에서 종교적 순응(유교의 전일적 군림), 귀속적 신분(반상제도), 전제군주정(이하 '자유의 3대 주적')이 사실상 타파되고, 일제의 식민지 통치라는 또 다른 정치적 절대주의 역시 붕괴한 상황이었다. 그렇기 때문에 해방 직후 제기된 (북한에서의 공산주의 체제의 정립을 포함한) 공산혁명의 위협과 냉전체제의 전개로 인해 한국의 보수주의자나 자유주의자가 정치적 절대주의, 곧 프롤레타리아 독재를 주장하는 공산주의를 자유의 주된 위협으로 설정한 것은, 그들의 신조와 당대의 시대적 상황에 충분히 부합했다. 다시 말해 해방 후 한국 자유주의에 부과된 과제는 고전적인 '자유의 3대 주적'과의 투쟁이 아니라 공산주의와의 투쟁이었다.[33] 다만 남한 집권세력의 자유주의는, 18~19세기 '3대 주적'의 타파에 앞장섬으로써 스스로 혁명적 열기를 축적한 서구 자유주의의 진보적 동력이 거세된 채, 임박한 공산혁명의 위협에 따라 조숙하게 반동적 이데올로기로 타락해 반공을 앞세우고 국민들의 자유와 인권을 침해하거나 무시했다는 점에서 근본적인 자가당착에 봉착했던 것이다. 그들의 반공은 정치적 반대 세력을 숙청하기 위한, 곧 자유주의의 핵심가치 중 하나인 정치적 반대의 자유를 탄압하고자 한 '반공을 위한 반공'이었지, 진정한 의미에서 '자유를 위한 반공'이 아니었다.

자유에 대한 박정희 사고의 또 다른 특징은, 빈번히 "민족의 자유"를 언급하는 그의 연설에서 짐작할 수 있듯이, 자유를 향유하는 우선적 주체가 '개인'이라기보다는 개인이 속한 국가나 민족과 같은 '집단'이라는 점이다.[34] 그가 자주 사용하는 "자유 **인민**", "자유 **아시아**", "세계 **자유민**", "자유 **우방**" 등의 용어는 이 점을 잘 보여준다(강조는 필자). 박정희의 논

---

33) 이와 관련해 우리는 셸던 월린(Sheldon Wolin)이 18~19세기 서구 근대 정치사상사에 혼재되어 있던 민주적 급진주의의 전통과 자유주의의 전통을 구별하고, 자유주의를 통상적 이해와 달리 혁명적 열기로 무장한 전복적 이데올로기가 아니라 중산계급 특유의 '소심함(timidity)'과 '신중함(prudence)'을 반영한 '차분함의 철학(philosophy of sobriety)'으로, 곧 두려움에서 태어나고, 환멸에 의해 숙성되며, 인간의 조건이란 고통과 불안의 연속이며 앞으로도 그러리라고 믿는 성향을 내면화한 철학으로 해석한 점에 주목할 필요가 있다(월린, 2009: 152-250). 이 같은 해석은 한민당을 비롯한 남한 보수 세력에 일반적으로 적용될 법한데, 박정희는 한민당을 위주로 한 제1, 2공화국의 대다수 보수 세력과 달리 저항적 측면이 강한 일종의 '민족적 자유주의'를 '죽기 아니면 살기'식으로 신봉함으로써 그러한 성향에서 비켜서 있었다.

34) 박정희는 민족의 자유를 위협하는 요소로 국내적 사정과 국제적 상황을 제시하는데, 전자는 "국내의 경제사정 즉 빈곤, 기아, 실업" 등을, 후자는 물론 '북괴'를 앞세운 "공산제국주의의 침략"을 지시했다(박정희, 1962: 41).

리에 따르면, 개인은 그가 소속된 집단이 (외부로부터 독립된) 집단적 자유 (=자주독립)를 누릴 때, 비로소 개인의 사적 자유를 향유할 수 있다.[35]

사상사적으로 볼 때 자유의 향유자로 이처럼 민족이나 국가 등 집단을 우선적으로 지목하는 일이 박정희에게만 국한된 것은 아니다. 19세기 말을 풍미한 민족주의, 인종주의, 사회적 다윈주의, 사회적 유기체론, 제국주의 등 다양한 이데올로기들은 민족과 인종 사이의 집단적인 생존투쟁에 초점을 맞추고 개인 대신 국가·민족·인종 등 집단을 정치적 투쟁의 기본단위로 설정했으며, 자유 역시 집단적 차원에서 개념화했다(전복희, 1996; 신기욱, 2009; 슈미드, 2009). 19세기 말과 20세기 초에 걸쳐 활약한 중국의 계몽 사상가 엄복(嚴復; 1853~1921)은 J. S. 밀, 찰스 다윈, 토머스 헉슬리, 허버트 스펜서 등 서양의 다양한 사상가들의 저술을 중국에 소개했지만, 그 역시 자신이 접한 서양의 자유주의 사상가들과 달리, "국민과 사회의 자유"와 "개인의 자유"를 구분하면서 "우리가 중국의 정황을 보자면 개인의 자유는 아직 최우선적인 일이 아님을 알게 된다. 일각이라도 지체할 수 없는 일은 다른 나라의 침입에 대해 우리 자신을 보전하는 일이다. 국민과 사회의 자유는 개인의 자유보다 절박하다"라고 주장함으로써 이러한 경향을 대변했다(슈워츠, 2006: 229에서 재인용).

또한 이 점은 영국 자유주의의 초기 발전단계에서도 발견되는데, 비록 절대주의 왕권을 옹호했지만 이를 원자론적 개인주의에 기초한 사회계약론의 논리구도를 통해 정당화함으로써 본의 아니게 자유주의의 맹아를 뿌린 홉스의 『리바이어던(Leviathan)』(1651)이 바로 적절한 사례다.

---

35) 그러나 박정희는 쿠데타 직후 출간한 저작에서 이러한 자신의 논리가 한국과 같이 식민지 경험이 있는 국가에만 적용된다는 주장을 전개하기도 했다(박정희, 1962: 40).

홉스는 자유(liberty)를 "사사로운 개인의 자유"가 아니라 "코먼웰스의 자유" 또는 "공공(公共)의 권리"로 개념화하면서 '국가'나 '코먼웰스(commonwealth)'는 그것을 "대표하는 개인 또는 합의체의 판단"에 따라 자유를 누린다고 주장했다(홉스, 2008: 286~287). 여기서 홉스가 긍정적으로 언급하고 가치를 부여한 자유는 지배자에게 저항할 수 있는 시민의 사적인 자유라기보다는 독립된 공동체가 외부의 압력으로부터 누리는 자유이다.[36] 이 점에서 홉스가 긍정한 '코먼웰스'의 자유는 박정희가 역설하는 '민족의 자유'와 부합하는 면이 있다.

또한 박정희는 민족적 자유와 개인의 자유를 구분하는 연장선상에서 다시 '큰 자유'와 '작은 자유'를 나누었다. 그는 1974년 「국군의 날 유시」에서 유신체제를 "공산침략자들로부터 우리의 자유를 지키자는 체제"로 규정하면서, "큰 자유를 지키기 위해서는 작은 자유는 일시적으로 이를 희생할 줄도 알고, 또는 절제할 줄도 아는 슬기를 가져야만 우리는 큰 자유를 빼앗기지 않"을 것이라고 주장했다(5: 312). 그렇기 때문에 민족이나 국가의 '큰 자유'를 위협하는 개인이나 소집단의 '작은 자유'는 불온시되는 것이다. 박정희는 일찍이 1962년 「세계인권선언 기념식에서 행한 기념사」에서도 사적인 자유를 부정적으로 언급했다.

---

36) 그렇기 때문에 홉스는 『리바이어던』에서 이렇게 언급하고 있다.

오늘날에도 루카 시의 성탑에는 자유(LIBERTAS)라는 말이 큰 글씨로 씌어 있다. 그러나 그렇다고 해서 루카의 시민 개개인이 콘스탄티노플의 시민보다 더 많은 자유를 지니고 있다든가, 코먼웰스에 대한 봉사를 면제받고 있다고 추론할 수는 없다. 군주정이건 민주정이건 코먼웰스의 자유는 동일한 것이다(홉스, 2008: 286~287).

물론 그렇다고 해서 홉스가 자연상태의 개인에게 부여한 원자론적인 급진적 자유를 우리가 도외시해서는 안 될 것이다.

인간에 있어 생명 이상일 수도 있는 소중한 자유를 편협된 자기중심의 세계에서만 욕되게 할 것이 아니라, 국가민족의 이익과 사회공공의 복지 향상에 부합되도록 조절하고 행사하여야 하며, 그 능력도 길러야 합니다(1: 338, 1962/12/10).

이 점에서 박정희에게 자유는 국가의 간섭이나 침해를 배제하는 자유, 곧 타인에게 해를 끼치지 않는 한 자기 마음 내키는 대로 행동할 수 있는 근대 서구의 개인주의적 자유가 아니라, 국가를 위해 봉사하는 자유였다.

국가의 안보와 민족의 생존을 우선시하는 태도를 '큰 자유'의 이름으로 정당화하는 박정희에게 자유란 자연법상의 권리라기보다는 실정법의 테두리에서 전체 공동체의 질서와 안정을 유지하는 한도에서만 허용되는 법실증주의적 개념에 가까운 것이었다.[37] 박정희는 이러한 시각에서 "사회를 혼란시켜 가면서까지 회복하여야 할 '자유'나 '민주'가 따로 더 있는 것이 결코" 아니라고 언급하면서, "국민에게 어느 정도의 자유를 허용하고 어느 정도의 자유를 제한하느냐 하는 것은 그 나라 사정에 따라 각기" 다르다고 주장했다.[38] 또한 그와 같은 사정으로 "역사적인 현실

---

37) 이 자유 개념은 홉스가 언급한 신민의 자유와 일치한다. 홉스에게 "백성의 자유"는 주권자가 법률을 제정하면서 "불문에 부친 모든 종류의 행위"에 대해 "자신의 이성이 가장 유리하다고 시사하는 것을 행할 자유"를 의미하기 때문이다(홉스, 2008: 282-283).

38) 이러한 관점에서 유신헌법은 개별적 기본권 조항 대부분에 법률 유보를 붙이고, 나아가 기본권 제한의 일반 규정에서 제3공화국 헌법에서 명문화된 '본질적 내용의 침해금지' 규정을 삭제함으로써(유신헌법 제32조 제2항), 기본권 보장의 성격을 자연법적인 것에서 법실증주의적인 것으로 전환했다(김영수b, 2001: 562-563). 또한 나아가 "국민의 자유와 권리의 잠정적 정지"를 가능케 하는 대통령의 긴급조치권을 명문화함으로써(유신헌법 제53조), 유신시대의 정치사가 보여 준 것처럼 통치자의 자의적인 권력 행사에 국민의 자유와 권리를 사실상 무방비상태로 노출시켰다.

과 시대적인 환경 또는 사회적인 여러 가지 특수성"을 예시했다(5: 400-401, 「국민투표 실시에 즈음한 특별담화」, 1975/01/22; 5: 377, 「연두기자회견」, 1975/01/14). 궁극적으로 박정희는 "국가 없는 민주가 있을 수 없고, 민족의 생존권의 보장 없는 자유도 있을 수 없"다고 보았다.[39] 이 때문에 이기주의 역시 사적인 차원에서가 아니라 국가와 민족이라는 공적이고 집단주의적인 관점에서 "국가와 민족을 도외시하는 이기주의"로 개념화되었던 것이다(5: 396, 「전국 치안 및 예비군관계관 중앙회의 유시」, 1975/01/21; 6: 29, 「연두기자회견」, 1976/01/15).[40] 요컨대 박정희는 추상적인 개인 차원에서의 자유, 곧 서구식 자유주의에 대해 적대적이었다.[41]

이러한 맥락에서 박정희는 큰 자유를 지키기 위한 유신체제에 반대하는 자들을 "언필칭 자유니, 민주니 외치면서, 그 실은 자유와 민주가 자라날 수 있는 있는 바탕이 되는 국력 배양과 법질서를 파괴하려 들고 있으며, 국민을 위하는 것처럼 말하면서 그와는 반대로 국민의 이익과는 상반되는 행위만을 자행하"는 자들이라고 규탄했다(5: 349, 「통일주체국민회의 통일안보보고회 치사」, 1974/12/16). 즉 박정희 체제를 비판하는 정치적 반대자들은 북한 공산주의자와 연결된 세력으로서 남한체제의 생존

---

39) 박정희는 유신체제하에서 언론의 자유를 주장하는 반대 세력에 대해서도 비슷한 논리를 구사하면서 비판했다(16: 48, 「연두기자회견」, 1979/01/19).

40) 개인의 자유가 "국가민족의 이익과 사회공공의 복지 향상"에 기여할 것을 주장하는 한편 이를 도외시하는 개인의 이기주의를 비난하는 박정희의 (개인적) 자유 개념은, 바로 이 지점에서 법률이 불문에 부친 행위에 관해서는 개인의 이기주의를 허용하는 홉스의 자유 개념과 결별한다.

41) 박정희는 5·16 군사쿠데타를 일으키기 전인 1960년 4월, 이승만 하야 직후 어느 사석에서 일본의 전후 부흥이 자유주의자들 덕분이라는 주장에 대해 "자유주의? 자유주의 갖고 뭐가 돼. 국수주의자들의 기백이 오늘의 일본을 만든 거야. 우리는 그 기백을 배워야 하네"라고 말한 것으로 전해진다(조갑제, 1998b: 187).

과 자유를 위협하기 때문에 '국사범'으로서 척결되어야 할 대상이지, 인권이 보장되어야 하는 국민이 아니었다. 박정희는 1976년 1월 15일 「연두기자회견」에서 남북대화의 조건으로 민주애국인사를 석방하라는 북한의 주장에 대해 이렇게 힐난했다.

> …… 민주애국인사들이 어떤 사람들인지 모르지만, 또 공산주의자들이 볼 때는 그들을 민주애국인사라고 보는지 모르지만, 우리가 볼 때는 그들은 국가에 반역을 한 큰 국사범들입니다. 공산주의자들인 간첩, 공산주의에 협력한 자들을 어떻게 …… 석방할 수가 있[습]니까(6: 23-24).

1975년 1월 14일 「연두기자회견」에서 박정희는 민청학련(전국민주청년학생총연맹)사건을 놓고 고문을 했다는 등 인권침해와 연관시키는 비판적 입장에 대해, 이 사건은 "그 주모자들[이] 폭력으로써 현 정부를 전복하려는 내란음모를 했기 때문에 구속해서 재판에 회부"된 사건이라고 답변하면서도 "고문을 했다"는 주장에 대한 답은 회피했다. 그리고 이 과정에서 박정희는 "자유와 인권이라는 것은 절대적인 것이 아니라, 역시 이것도 헌법과 법 테두리 안에서 보장되는 것"이라고 강변하면서, "자유와 인권이라는 것은 아주 천부의 절대 신성불가침으로서, 헌법이나 법을 가지고도 규제할 수 없는 그런 것이라고 생각"하는 정부 비판 세력에 대해 "그것은 잘못이다, …… 우리나라 법에도 정부를 비판할 수 있는 자유는 보장되어 있지마는, 폭력으로써 정부를 전복할 수 있는 자유는 보장이 되어 있지 않"다고 대꾸했다(5: 379).[42]

---

42) 박정희는 1970년 이전에 행한 세계인권선언 기념일 「기념사」나 「치사」에서는 세계인권선

물론 그렇다 하더라도 자유민주주의를 명문화한 헌정체제에서 개인적 자유주의가 강조하는 인권의 보장을 박정희가 무작정 비켜 갈 수는 없었다. 이 문제를 가장 민감하게 느끼고, 이에 대한 자신의 입장을 공식적으로 밝혀야 하는 때가 바로 세계인권선언 기념일(12월 10일)이었다. 이 때문인지 박정희는 권력을 장악한 이후 1962년부터 1970년까지 줄곧 세계인권선언 기념일에 「기념사」나 「치사」를 발표했다.[43]

세계인권선언 기념일에 행한 박정희의 「치사」는 전형적인 구조를 갖추고 있다. 먼저 그는 세계인권선언이 인간이 나면서부터 가지고 있는 고귀한 존엄성, 자유 및 권리를 존중할 것을 엄숙히 선언한 날이라고 언급하면서 인권보장을 위한 인류 투쟁의 역사 또는 인권보장의 가치를 거론한다.[44] 이어서 인권선언이 보장하는 인권과 자유에는 책임과 의무가 따른다는 점과 함께, 인권보장을 위한 '법에 의한 지배'를 주로 공직자와 국민의 준법의무로 이해하여 이를 강조한다.[45] 그러나 박정희는 남한정부에 의한 국민의 인권 침해 실상에 대해서는 침묵을 지키며, 대신 북한

언의 기본 정신에 따라 인권을 천부불가양의 권리라고 빈번히 언급하곤 했다. 그러나 앞에서도 인용한 바 있는 많은 구절들이 보여 주는 대로, 유신헌법 제정 이후의 연설은 국민의 기본적 자유와 권리에 대한 그의 해석이 자연법이 아니라 법실증주의에 입각한 것임을 보여 준다. 주 38)과 해당 본문에서 보듯, 박정희는 유신체제로 이행하면서 긴급조치나 법을 통한 기본적 인권이나 자유에 대한 현저한 제약을 정당화하기 위해 법실증주의적 논변을 원용한 것으로 보인다.

43) 다만 1964년은 그 기간 중에 박정희가 독일을 방문하고 있어 「기념사」를 발표하지 않았다.

44) 박정희에게 천부인권설을 옹호하는 듯한 이 같은 선언적 언급이 자유와 권리의 실정법상 제약과 모순되는 것은 아니었다. 이 점은 자연상태와 시민사회를 단절적 계기로 파악하는 홉스에게도 마찬가지였다.

45) 원래 근대 헌정주의에서 '법에 의한 지배'는 '인간에 의한 (자의적) 지배'와 대립되는 것으로서 국민의 준법의무를 강조하는 것이 아니라 국가에 의한 국민의 권리 침해를 방지하기 위한 것이다. 국민의 준법의무는 근대의 '법에 의한 지배'라는 원칙에 의존하지 않고도 역사적으로 모든 통치자가 강조했던 것이다.

의 끊임없는 무력도발의 위협을 역설한다. 동시에 공산주의 일반은 물론 북한 공산체제에서는 인민이 기본적인 권리와 자유를 박탈당한 채 노예 상태에서 신음하고 있음을 지적하면서 북한 동포를 구출하기 위한 통일의 필요성을 언급한다. 또한 남한에서 인권이 온전히 실현되기 위해서는 빈곤 해방, 경제적 번영이 시급한 만큼 이를 위해 정부가 노력하고 있으며, 따라서 경제성장 및 조국 근대화의 대열에 국민들이 적극적으로 동참할 것을 촉구한다.[46] 결국 박정희는 북한과의 대조를 통해 자유민주주의 체제인 남한이 북한보다 인권보장이 충실히 구현되어 있다고 주장하고, 북한 동포의 해방을 위한 통일의 필요성을 다짐하며, 이를 위해 경제성장과 조국 근대화에 진력하는 정부의 노력에 국민의 적극 참여를 종용함으로써 남한의 인권상황에 불만을 느낄 법한 일반 국민들을 무마하고 있었다고 할 수 있다.

그런데 흥미롭게도, 박정희는 1971년 12월 6일 국가비상사태를 선포하고 유신체제로 들어선 이후에는 세계인권선언 기념일에 아무런 「기념사」나 「치사」도 하지 않았다. 그 대신 그는 이 시기를 전후해 '전국 새마을 지도자대회'에서 「유시」를 발표하곤 했는데, 1975~76년에는 세계인권선언 기념일인 12월 10일 당일에 전국 새마을 지도자대회가 개최되었다. 아마도 박정희로서는 자유민주주의 헌법을 정면으로 유린한 유신체제에서 세계인권선언 기념일에 치사를 하기에는 나름대로 자괴감이 들었거나, 아니면 정부 비판 세력이나 미국의 카터 행정부가 '인권'을 유신체제를 비판하는 강력한 무기로 들이댔기 때문에 '인권'이라는 단어에 식

---

46) 이상의 내용은 박정희가 1967년(3: 97-98), 1968년(3: 385-386), 1969년(3: 643-644) 세계인권선언 기념일에 행한 「치사」를 중심으로 정리한 것이다.

상해졌을 법도 하다. 아무튼 과거와 달리 인권에 대한 최소한의 관심과 공약마저도 회피해 버림으로써, 박정희는 자신의 영구집권을 보장하기 위해 수립된 유신체제가 '반자유주의'적임을 암묵적으로 시인하고 있었다고 할 수 있다.

5. 맺는말

지금까지 필자는 박정희의 보수주의 사상을 '반자유주의적 근대화 보수주의'라는 관점에서 논했다. 제3장과 4장에서 필자는 한국 현대정치 이념적 지형의 특징으로 '비동시성의 동시성'과 '민족주의의 신성화'를 논한 바 있다. 박정희의 정치사상에서도 이러한 특징이 관찰되는바, 먼저 '비동시성의 동시성' 관점에서 볼 때, 한국 보수주의 일반, 특히 박정희 보수주의의 중요한 요소인 '권위주의적 정치질서를 그 자체로 정당화하고 보수하는 것이 아니라, 이를 자유민주주의를 방어한다는 명분으로 정당화하고 보수하려는 성격'이야말로, 자유민주주의를 보편적 모델로 부과한 세계사적 시간대의 압도와 권위주의 질서를 강행하고자 하는 일국사적 시간대의 반발이라는, 비동시성의 동시성이 초래한 복합적이고 모순적인 현상이라 할 수 있다. 아울러 근대화의 핵심인 자본주의적 산업화에 격렬히 반대했던 19세기 유럽의 과거지향적 보수주의와 달리 박정희의 보수주의가 20세기 후반에 서구 따라잡기식 근대화의 일환으로 자본주의적 산업화를 돌진적으로 추진해야 했던 (서구 역사에서는 형용모순에 해당하는) 미래지향적 '근대화 보수주의'라는 사실, 곧 서구적 관점에서 볼 때에는 보수적 요소와 진보적 요소가 혼재한다는 사실 역시 '비동시성의 동시성'이 초래한 복합적이고 모순적인 현상이라 할 수 있다.[47] 또한 박정희의 근대화 보수주의는 제5장에서 검토한 것처럼 민주주의로 분식하는 것은 물론 민족주의에 호소함으로써 그 정당성의 결손을 보충하고자 했는데, 그 과정에서 박정희의 보수주의는 민족주의 담론과 결합하여 '민족 통일'과 '풍요로운 복지국가'라는 미래의 청사진을 제시함으로써 '민족주의의 신성화'라는 비전을 완성시켰다. 필자는 이 점을 박정희의 민족주의 담론을 검토하는 제7장에서 다루게 될 것이다.

---

47) 전재호 역시 이 점에 주목해 박정희를 "반동적 근대주의자"라는 모순어법으로 묘사한 바 있다(전재호, 2000).

제7장

박정희의 민족주의 담론
민족과 국가의 강고한 결합에 기초한 반공·근대화 민족주의

1. 글머리에

박정희의 통치이념과 관련해서는 박정희 정권의 민족주의에 대한 연구가 가장 활발한 편인데, 대부분의 연구는 민족주의에 대한 각 연구자의 개념 규정에 따라 규범적인 관점에서 박정희 체제의 민족주의적 성격에 초점을 맞추어 진행되어 왔다. 이와 관련해 전재호는 기존 연구를 세 가지, 즉 박정희의 통치이념을 "민족주의로 규정하는 입장", "민족주의에서 반민족주의로 변화했다는 입장", "반(反)민족주의 또는 민족주의의

◆ 이 장은 다음의 논문에 바탕을 두고 전면적으로 수정하여 집필되었다.
강정인(2012), 〈박정희 대통령의 민족주의 담론: 민족과 국가의 강고한 결합에 기초한 반공·근대화 민족주의〉, 《사회과학연구》 제20집 제2호, 40-78, 서울: 서강대학교 사회과학연구소.

부재로 규정하는 입장"으로 구분하고 있다.[1] 이 연구들은 대체로 박정희 정권의 성격—5·16 군사쿠데타, 유신체제 등—이나 지배 이데올로기 또는 박 정권이 추진한 정책—한일국교 정상화, 경제개발, 반공과 통일 관련 대북정책, 전통문화 진흥정책 등—을 분석하면서, 그것들이 과연 '진정으로 민족주의적이었는가?'라는 규범적 평가를 내려 왔다. 그러나 '박정희 개인 또는 정권이 과연 (진정으로) 민족주의적이었는가'라는 문제의식은, 푸코가 지적한 것처럼 '진실/거짓'의 이분법적 사고에 매달림으로써 한국정치에서 민족주의가 지배세력과 저항세력 사이에서 치열하게 전개된 담론투쟁의 영역을 구성했다는 현실을 간과하게 만드는 효과가 있다.[2]

따라서 '과연 민족주의자였는가'라는 문제에서 한 발짝 벗어나 현실에 눈을 돌려 보면, 박정희가 역대 대통령 중에서 민족주의 담론을 가장 열성적으로 생산하고 가장 광범위하게 유통시킨 인물이라는 점이 드러난다. 이는 박정희 체제가 이전의 정권과 달리 민족주의 담론을 지배 담론으로 능동적으로 활용하면서 '반공', '경제발전'(또는 '근대화'), '국가주의', '민족적/한국적 민주주의' 등을 민족주의에 적극적으로 포함시키고, '절차적 민주주의', '경제적 민주주의', '남북교류론', '통일 문제' 등에 대해

---

1) 세 가지 입장을 취하는 개별 학자들 및 이에 대한 구체적인 검토로는 전재호(1997: 4-12)를 참조할 것. 전재호는 기존의 연구경향과 달리 그러한 논쟁과 거리를 유지한 채, 담론 분석의 입장에서 박정희가 생산한 민족주의 담론을 분석한다(전재호, 1997). 필자 역시 그와 비슷한 입장에서 박정희의 민족주의에 접근할 것이다. 이 점에서 서구 정치사상사를 '담론의 전통'이라는 관점에서 접근한 월린의 발상을 참고할 필요가 있다(월린, 2007: 26).

2) 이 글의 목적은 박정희의 민족주의 담론을 분석하는 데 있는 만큼, 저항세력의 민족주의 담론에 대해서는 논하지 않는다. 박정희 정권 당시 저항세력의 민족주의 담론에 대해서는 제4장에서 이미 어느 정도 검토된 바 있다. 그 밖에도 이 주제에 대해서는 홍석률(2002), 김보현(2005; 2006), 김일영(2006b) 등을 참조할 것.

서는 민족주의에서 제외하거나 낮은 우선순위를 부여했기 때문이다. 그런 만큼 박정희 정권은 경제발전(근대화)을 민족주의의 최우선 목표로 설정함으로써, 제2공화국에서 5·16 군사쿠데타 직전까지 민족주의의 핵심으로 간주되던 저항세력의 통일 담론을 사실상 민족주의에서 배제하거나 주변화했다고 평가해도 무방할 것이다(전재호, 1997: 23).

이 점에서 민족주의 담론은, 체제에 대한 국민의 지지를 확보하고 경제발전(=근대화)을 위한 국민의 동원을 극대화하기 위해 박정희 체제가 생산하고 활용한 지배 담론의 핵심을 구성한다. 그렇지만 박정희 개인의 저술이나 연설문에 나타난 민족·민족주의 담론을 체계적이고 치밀하게 분석해 재구성한 연구는 상대적으로 드문 편이다.[3] 이 장은 선행 연구의 이런 공백을 메우기 위해 박정희의 저술이나 연설문을 집중적으로 분석함으로써, 그의 민족주의 담론을 체계적으로 재구성하고 그 특징을 밝혀내고자 한다.

이를 위해 먼저 한국정치 이념적 지형의 특징을 민족주의와 관련시켜 '비동시성의 동시성' 개념을 통해 살펴볼 것이다.[4] 이어서 박정희 민족주

---

3) 이러한 측면에서 전재호(1997)와 김정훈(2000)의 연구는 예외에 속한다. 전재호는 박정희 체제의 민족주의 담론을 분석하고 있는데, 그 체제를 "국가재건(1961~1963)", "조국 근대화(1964~1971)", "국민총화(1972~1979)"의 시기로 구분하고, 민족주의 담론의 구성요소로서 "반공", "경제발전", "민주주의와 국가주의"에 주목하는 한편 "민족주의 담론의 시기별 비중 변화"를 추적하고 있다. 아울러 민족주의 담론의 변화 원인과 중요한 외교 및 국내 정책에 민족주의 담론이 활용된 사례를 정교하게 분석하고 있다. 김정훈(2000) 역시 남북한의 민족주의 담론을 시기별로 나누어 비교 분석하고 있다. 최근에는 김보현이 박정희 정권기의 경제개발을 민족주의와 관련해 분석했다(김보현, 2006).

4) 전재호나 김정훈의 연구처럼 박정희나 그 외 집권자의 민족주의 담론을 시기별로 구분해 분석하는 것은 역사적 변화를 추적한다는 점에서 나름대로 유용한 의미를 갖는다. 그렇지만 이 장의 목적은 집권 기간 박정희가 생산한 민족주의 담론에 나타난 일관성 및 총체성을 드러내는 데 있기에 민족주의 담론을 시기 구분을 통해 정교하게 분석하지는 않는다. 글의 목

의의 특징이 민족과 국가가 강고하게 결합한 '국가민족주의'라는 점을 제시할 것이다. 그리고 박정희의 보수주의 사상을 구성하는 반공(국가안보)과 경제발전이 어떻게 민족주의와 연결되는지 살펴본 후, 마지막으로 그의 통일 담론을 분석할 것이다. 결론 부분에서는 지금까지의 논의를 요약하고, 박정희의 민족주의 담론이 한국정치에 전일적으로 군림한 것이 아니라 저항세력의 아래로부터의 민족주의 담론에 의해 격렬하게 공격받았으며, 이로 인해 한국정치의 이념적 지형에서 민족주의는 양날의 칼이었고, 또한 담론투쟁이 치열하게 일어난 대립 지점이었음을 지적하면서 이 장을 마무리할 것이다.

2. '비동시성의 동시성'과 한국 민족주의

필자는 제4장에서 이미 한국 현대정치 이념적 지형의 특징으로 '민족주의의 신성화'를 논하면서 세계사적 시간대와 일국사적 시간대의 불일치가 일으키는 '비동시성의 동시성'을 그 일반적 원인으로, 그리고 19세기 후반 이래 한국이 겪어온 독특한 역사적 경험—19세기 말 자체적 근대화의 좌절, 일제 식민지 경험, 남북한 분단 등—을 그 특수한 원인으로 지적한 바 있다.[5] 이러한 개념적·역사적 배경에서 박정희 민족주의의

적에 따라 다르겠지만, 전인권과 김보현 역시 필자와 마찬가지로 시기 구분에 중요성을 부여하지 않는다. 전인권은 박정희 정치사상에 대해 "집권 18년 동안 변화를 겪었다기보다는 기존의 정치사상이 줄곧 강화되는 양상을 띠었다"라고 주장한다(전인권, 2006: 18). 김보현 역시 "박정희 정권기 전체에 걸쳐 권력블록의 민족주의가 그다지 주목할 만한 변화를 보여줬다고 생각하지 않는다"면서 시기 구분에 오히려 비판적이다(김보현, 2006: 20).

중요한 핵심을 근대화(또는 경제개발)로 파악할 때, 최장집의 아래와 같은 언급은 정치경제학적 관점에서 20세기 후반 비동시성의 변증법과 민족주의적 열망의 상관관계를 잘 보여 준다.

…… 생산과 교환의 체계로서의 자본주의는 세계적 수준에서 조직화되어 있는 반면 경제적으로나 정치적으로 이를 구성하는 단위는 민족국가이다. 그것은 자본주의 체제의 발전과정에서 중심부와 주변부라는 지역적 편차에 따라 공간적 불평등구조가 창출되었음을 말한다. …… 겔너는 민족주의의 흥기를 파도에 비유하여 특정 국가에 따라 시차가 다르게 밀려오는 자본주의 근대화의 파도에 대응하는 운동으로 민족주의를 정의한 바 있다. 이러한 퍼스펙티브에서 민족주의란 주변부 후발자본주의국가가 중심부 국가로 상승하고자 하는 투쟁이자 이를 뒷받침하는 이념이라고 할 수 있다. …… [이처럼] 세계자본주의의 경쟁의 단위가 민족국가인 한에서 민족주의는 지배적인 이념이 될 수밖에 없다(최장집, 1996: 197).

후발국이 선발국을 따라잡기 위해 추진하는 '근대화'는 세계자본주의 체제가 창출한 '불평등한 공간'을 전제로 주변부에서 중심부로 이동하려는 공간적 운동인 동시에, 세계사적 시간대와 일국사적 시간대의 불균등이 빚어낸 '비동시성의 동시성'을 타개하려는 역사적 과정이라 할 수 있다(박명림, 1996b: 59~60). 이 맥락에서 후발국의 민족주의는 중심과 주변의 균열이라는 공간적 불평등, 두 개의 역사적 시간대의 불균등한 공존

---

5) 따라서 제4장에서의 논의와 중복을 피하기 위해 이 장에서 '비동시성과 동시성'에 대한 개념적 논의는 최소한으로 국한한다.

이 빚어낸 비동시성의 동시성을 해결하고자 하는 이중적 성격을 근본적으로 내장하고 있다. 다시 말해, 앤서니 스미스(Anthony Smith), 어니스트 겔너(Ernest Gellner), 파타 채터지(Partha Chatterjee) 등의 통찰이 보여 준 것처럼, 후발국의 민족주의는 '비동시성의 동시성'이 초래하는 불안과 모순을 해소하고자 집합적으로 노력하는 가운데 채택되는 이데올로기였다(Smith, 2000; 겔너, 1995; Chatterjee, 1986). 다시 말해 서구 선발국에서 발생한 근대 민족주의는 주로 근대의 산물이지만, 여타 후발국에서 민족주의는 근대의 산물인 동시에 근대에 도달하려는 의식적인 근대화 이데올로기로서의 이중적 성격을 부여받았다. 따라서 후발국에서 근대화에 대한 열망이나 압박이 고조되면 될수록 그만큼 민족주의 역시 신성화된다 할 수 있다.

좀 더 구체적으로 서구 선발국의 경험과 한국을 비교해 볼 때, 먼저 서구 특히 영국과 프랑스의 경우에는 왕조 국가에서 영토적 통일성과 원민족(proto-nation)이 안정적으로 형성된 상황에서 '통일된 국민국가 건설 → 산업화 → 민주주의'순으로 비교적 순탄하고 순차적으로 민족주의의 과제를 성취했다. 그러나 자체적인 근대화의 노력에 실패하고 식민지 상태로 전락했다가 제2차 세계대전의 종전과 함께 비로소 독립한 대부분의 비서구 국가들은, 독립과 함께 민족의 통일(또는 통합)과 국민국가의 건설, 산업화(근대화), 민주주의 등 다차원적인 과제를 민족주의의 목표로 동시에 끌어안게 되었다. 그러나 이들 국가는 여러 가지 이유로 이러한 과제를 동시에 수행할 여건과 능력이 미흡하거나 결여되어 있었다. 개별 과제들의 수행에서는 상호 충돌이 일어났고, 그 우선순위의 설정에서도 비슷한 이념을 신봉하는 민족주의자들 사이에서 치열한 갈등이 발생했다. 게다가 식민지 시기부터 자유주의와 사회주의 등 좌우 이데올로기가 거의 동시에 출현하면서 장차 수립할 민족국가의 미래상을 놓고 민족주의를 선점하려는 치열한 경합을 벌임에 따라, 달리 말해 민족주의 내에서 좌우 대결이 불가피해짐에 따라, 한국 현대정치에서는 민족주의가 신성화하는 동시에 민족주의 자체가 가장 첨예한 담론투쟁이 발생하는 각축장이 되었다.

3. 박정희 민족주의 담론의 특징: '영도적 국가민족주의'

박정희의 민족주의 담론에서 발견되는 가장 중요한 특징은 민족과 국가가 강고하게 결합한 '국가민족주의'라 할 수 있는데, 이는 1972년 이후 유신체제에 들어와서는 '영도적 국가민족주의'를 통해 절정에 이른다.

1) 국가민족주의 탄생의 역사적·개인적 배경

박정희는 1966년 3·1절 「경축사」에서 "민족혼"의 "상징"인 3·1정신의 특징을 "민족의 자주와 독립과 번영, 그리고 세계평화가 우리 겨레의 …… 염원"임을 만방에 선언한 것으로 규정했다(2: 621).[6] 이러한 규정은, 민족주의를 민족(nation)의 "통일·독립·발전을 지향하여 밀고 나가는 이데올로기 및 운동"(마루야마, 1997: 323)으로 파악하는 통상적 정의와 잘 맞아떨어진다. 그러나 여러 차례 언급했듯이, 겔너와 같은 서구의 사회과학자들이 민족주의를 "정치적 단위와 민족적 단위가 일치해야 한다고

---

6) 박정희는 같은 연설의 말미에서 3·1정신을 "자주와 자립, 번영과 평화"로 요약하고 그 목표로 "조국의 근대화와 세계평화"를 설정하고 있는데, 이 역시 민족주의의 고전적 정의와 대체로 일치한다(2: 623).

믿는 정치적 원리"(겔너, 2009: 15)로 규정하면서 민족주의를 근대적 현상으로 이해한 것과 달리, 한국인들은 전통시대에 이미 그런 일치가 '자연스럽게' 성취되었다고 믿는 경향이 있었고 그만큼 민족주의를 당연시해 왔다.[7] 뿐만 아니라 20세기 초 일제에 의해 '국가를 상실(망국)'함에 따라 국가와 민족의 오랜 역사적 일치가 깨진 데서 빚어진 정신적 상처는, 한국 민족의 국가에 대한 집착을 더욱 강고하게 만들었다.[8] 또한 해방 이후 분단으로 남북한에 독립된 정권이 수립되면서 그러한 일치에 대한 민족의 기대가 다시 한 번 무산된 것은 물론, 민족사의 정통성을 놓고 남북한이 적대적으로 대결하게 되면서 민족에 대한 남북한 정부(국가)의 집착, 달리 말해 민족주의 콤플렉스 역시 격화되었다. 따라서 한국의 민족주의는 한편으로 단군의 혈통을 이어받은 단일민족임을 강조하는 종족적 민족주의의 자부심에 국권강탈, 식민지 경험, 분단과 6·25 전쟁의 체험 등이 덧씌워짐으로써 형성된 손상된(상처 받은) '민족주의'가, 다른 한편으로 식민지 시기에 박탈당한 국가에 대한 강렬한 집착, 일제 강점기에 부과되고 내면화한 파시즘적 국가관, 남북한에서 분단국가가 민족을 온전히 대표한다고 고집하는 분단국가주의 등이 한데 응축된 '국가주의'가 복합적으로 결합해 강고한 국가민족주의로 출현하게 되었다.[9]

---

7) 한국 민족주의에 대한 이 같은 원초적 해석에 반대하는 최근의 연구로는 박동천(2008), 슈미드(2009) 등을 참고할 것.

8) 일제 강점기에 흔히 일컬어지던 구절, '국파산하재(國破山河在)'에서 '산하'는 민족을 상징한다. 또한 당시 시인들의 시에는 '아버지'가 부재하고 '어머니'만 나오는 예가 빈번했는데, 여기서도 아버지는 '권위'와 '국가'를, 어머니는 '민족'을 상징했다. 이광수 소설에서는 주인공이 고아인 경우가 적지 않은데, 이 역시 '국가'의 상실을 암시한다. 또한 일제 강점기 한국인들은 나라를 잃고 일본에 예속된 자신들의 처지를 '망국노의 서러움'으로 표현하곤 했다. 그 이후 '망국'의 담론은 한국 현대정치에서 정적을 공격하는 데 자주 사용되는 언설이 되었다. 이에 대해서는 강정인·정승현(2011)을 참조할 것.

박정희의 민족주의 담론은 이러한 역사적 요인 외에도 박정희 자신의 개인적 성장배경으로 인해 국가민족주의를 더욱더 강렬하고 집약적으로 재현했다. 즉 박정희는 일제 강점기부터 국가를 잃은 민족의 애환을 체험하고, 분단과 6·25 전쟁이라는 유례없는 민족의 수난시대를 살아왔을 뿐만 아니라, 일제 강점기와 해방 후 남한에서 받은 사관학교 교육 등을 포함해 오랫동안 군인으로서 국가주의적 사고와 기율을 내면화해 왔다. 이 같은 측면에서 박정희는 한국 민족주의의 국가민족주의로서의 특성을 극단적으로 체현한 인물로 이해될 수 있다. 각각 단일불가분적이고 신성한 실체로 인식된 국가와 민족이 다시 불가분적으로 결합되어 탄생한 국가민족주의는, 박정희에 의해 그 구성요소인 개인과 시민사회의 자율성을 철저히 부정하고 동시에 개인과 시민사회를 초월하는 엄청난 무게와 신성성을 획득하게 되었다.

---

9) 필자가 사용한 '국가민족주의' 개념은, 영국과 프랑스처럼 통일된 왕조 국가가 시민계급을 기반으로 한 민주혁명 과정에서 형성한 '국가민족'과 다수의 소국가로 민족이 분열된 독일 지역에서 민족 통일 과정을 거치면서 형성된 '문화민족'을 구분한 프리드리히 마이네케(Friedrich Meinecke)의 '국가민족' 개념과는 다르다(박호성, 1994: 212-215 참조). 물론 박정희의 국가민족주의는 유럽의 파시즘, 일본의 초국가주의와 유사한 전체주의적 측면이 강하다. 그러나 후자가 민족적 우월감, 인종주의, 위로부터의 후발 근대화 및 국가주의의 결합과 관련을 맺고 있다면, 박정희의 국가민족주의는 본래의 국가주의 및 종족적 민족주의에 국권강탈과 식민지 경험에 따른 민족적 열등감과 그에 대한 반발, 분단과 6·25 전쟁으로 인한 극우·반공적 분단국가주의, 위로부터의 '후-후발' 근대화가 덧씌워져 발현된 현상이라는 점에서 후자와 구분된다. 하버드대학의 한국사 연구자 카터 에커트(Carter Eckert) 역시 한국 민족주의의 이런 측면에 주목하여 그 역사적 원인을 분석하는 한편, 한국의 역사가들에게서 발견되는 이들 현상에 대해 "헤겔의 망령을 벗어나라"는 식의 비판을 한 바 있다(에커트, 2006). 이 점은 브루스 커밍스(Bruce Cumings) 역시 지적하고 있다(커밍스, 2007).

2) 박정희의 '민족'과 '민족주의' 담론: 민족적 양심과 일반의지

한국인들은 서구처럼 개인주의적 자유주의 혁명을 거치지 않은 상태에서 민족을 구성원의 총합을 초월한 단일불가분의 실체로 인식해 왔다(슈미드, 2009). 특히 식민지 시기에 '국가 잃은 민족'의 사기를 고취하기 위해 민족을 영구적인 영적 실체로 개념화한 '민족혼', '민족정신' 또는 '민족정기' 등은, 구성원인 개개인의 독자성 또는 개체성을 인정하지 않는 단일의 인격체로서 민족을 상상하도록 조형해 왔다. 그래서 박정희 역시 1962년 「연두사」에서 "하나의 민족이란 영원한 생명체"라고 언급했다(1: 158, 1962/01/01). 또한 그는 '민족의 양심' 또는 '민족적 양심'이라는 단어를 통해서도 민족을 하나의 인격체로 표상했다.[10]

---

10) 박정희는 부정 공무원이나 야당 정치인을 비난할 때(3: 646, 1969/12/27; 3: 1096, 1971/04/23), 광복절 경축사 등에서 북한정권을 비난할 때(3: 515, 1969/06/25; 4: 264, 1972/08/15; 16: 121, 1979/04/23), 대학생들이나 통일주체국민회의에서 의원들에게 당부할 때(3: 258, 1968/08/06; 3: 960, 1971/02/26; 3: 1003, 1971/04/02; 4: 327, 1972/12/23) 이 구절을 사용하곤 했다. "민족적 양심" 또는 "민족의 양심"이라는 표현은 「민주공화당 창당선언문」에도 나온다(1963/02/26; 김삼웅, 1997: 265). 그러나 "민족적 양심" 또는 "민족의 양심"이라는 용어는 박정희 집권기에 저항세력에 의해서도 적지 않게 사용되었다. 예를 들어, 1964년 '한일 굴욕회담 반대 학생총연합회'가 발표한 선언문 「민족적 민주주의를 장례한다」(1964/05/20; 김삼웅, 1984: 42)와 1967년 '6·8 망국선거"를 비난한 "4월은 죽지 않는다. 민주화의 물결을 일으키자"라는 제목의 「서울대학교 4월혁명 제8선언문」(1968/04/19; 김삼웅, 1984: 34)에서도 이를 찾아볼 수 있다. 박정희 정권에 맞서 민주화운동을 가장 격렬하게 벌이다가 의문사를 당한 장준하 역시 "민족적 양심"이라는 표현을 자주 사용했다. 그는 "민족주의자가 가야 할 길"을 "민족적 양심에 따라 자기의 생애를 살아가는 길"과 동일시했다(장준하, 1985: 50, 「민족주의자의 길」). 또 그는 "진실로 통일을 원하는 사람"을 "민족적 양심"에 따라 살려는 사람으로 규정하고, 구체적으로 "통일을 해야만 살 수 있는 이 땅에 백성들, 분단 때문에 생활이 파괴되었고 분단 때문에 생명을 잃어가는" 민중을 "민족적 양심들"이라고 지칭했다(장준하, 1985: 40, 「민족외교의 나아갈 길」). 장준하 문집에 '간행사'를 쓴 문익환은 장준하를 '민족적 양심'의 화신으로 추모했다(문익환, 1985: 3). 이 점에서, 양심을 집합적으로 파악하는 '민족적 양심' 또는 '민족의 양심' 개념이 지닌 부정적 요소를 저항세력 역시 공유하고 있었다고 할 수 있다.

그런데 한 인간이 두 가지 양심을 가질 수 없듯이, 하나의 민족이 다원적으로 개념화하는 것이 불가능하며 애매한 지점을 인정하지 않는 직관적 '양심'을 갖는 것으로 상정한다면, 민족의 양심에 무감각하거나 반하는 자가 바로 그 사실로 인해 '비민족' 또는 '반민족'으로 규정될 수 있으리라는 점은 명확하다.

이런 맥락에서 박정희가 『우리 민족의 나갈 길』에서 개인 이익과 전체 이익의 조화와 충돌을 논하며 민족적 양심에 대해 정의한 내용은 필연적으로 매우 집체주의적이고 국가주의적인 함의를 지닐 수밖에 없었다.

> 그러나 개인과 전체의 이익은 조화되기보다 오히려 상반되기 쉽다. 이러한 상반과 대립을 적절하게 조절하는 데서 '형평의 원리' 즉 사회의 정의가 회복되는 것이다. 전체의 이익과 개인의 이익이 상반 대립할 때는 개인의 희생과 통제로써 합치점을 발견하지 않으면 안 될 것이다. 개인과 전체의 이익이 상반 대립할 때, 거기서 자기를 통제하고 억제하면서 전체와 개인의 합치점을 모색하고 발견하는 것이 소위 '양식'이요, 이것을 민족적 견지에서 본다면 '민족적 양심'이라 할 수 있다. 양식이 회복되고 민족적 양심이 부활됨으로써 앞으로 우리 민족전체가 번영할 수 있는 사회정의가 실현될 것이다(박정희, 1962: 29).

여기서 박정희가 언급하는 민족적 양심은 장 자크 루소(Jean-Jacques Rousseau)가 『사회계약론』에서 주장한 일반의지와 상당히 많은 점을 공유한다. 박정희에게 민족적 양심이 항상 올바른 것이듯이, 루소의 일반의지도 항상 올바르다(루소, 1994: 44, 47). 박정희에게 민족적 '양심'이 자명하고 직관적인 개념이듯이, 루소의 일반의지 역시 타락하지 않은 시민들이라면 누구나 쉽게 인지하고 공감할 수 있는 것이다(루소, 1994: 133-134). 또한 박정희에게 민족적 양심이 사회정의의 실현과 연결되듯이, 루소의 일반의지도 형평, 평등 및 공동(공공)의 이익을 지향한다(루소, 1994: 40, 44, 47, 48). 그리고 루소에게 일반의지가 단일불가분이고 파괴할 수 없는 것이듯이(루소, 1994: 41-43, 133-135), 박정희의 민족적 양심 역시 단일불가분이며 파괴되지 않는다—예를 들어 일본 제국주의의 통치가 아무리 잔혹하고, 또 설사 친일파가 민족의 이름으로 민족을 매도하더라도 '민족' 자체가 파괴될 수 없는 것처럼—고 봐야 할 것이다. 그뿐만 아니라 박정희가 "전체의 이익"과 "개인의 이익"이 대립할 때 개인이 "민족적 양심"에 따라 자신의 희생과 통제를 통해 합치점을 발견해야 한다고 보듯이, 루소에게 개인은 "자기의 신체와 모든 힘을 공동의 것으로 하여 일반의지⋯⋯의 최고 지도" 아래 맡겨야 하는 존재다(루소, 1994: 30). 달리 표현하면, 루소의 『사회계약론』에서 시민들이 파괴할 수 없고 불가분적인 '일반의지'를 끊임없이 내면화하면서 자신의 정치적 의사를 이에 부합하게 결정해야 하듯이(루소, 1994: 40), 박정희의 사고에서 일반 국민은 민족의 독립과 통일 및 번영을 추구하는 민족주의의 강령에 따라 '민족의 양심'을 내면화하고, 이에 자신의 행동을 일치시켜야 한다.[11]

---

11) 그러나 박정희의 민족적 양심에 대한 이해와 루소의 일반의지론 사이에는 건널 수 없는 심연이 있다. 루소의 일반의지는 시민적 공화국에서 시민들이 입법 활동에 직접 참여하는 직접민주주의를 통해 발현되는 데 반해, 박정희에게 민족적 양심은 시민들의 적극적인 민주적 참여를 통해 발견되고 입법화되는 것이 아니었다. 그렇지만 역사적으로는 프랑스 혁명기에 일반의지가 자코뱅파의 독재를 정당화하기 위해 이용되었던 사례에서 잘 드러나듯이, 일반의지 개념이 박정희의 민족적 양심과 비슷한 전체주의적 성향을 어느 정도 내포하고 있음이 드러나기도 했다.

3) 국가주의적 담론: 군대식 '총화체제'

이러한 민족주의적 사고 외에도, 박정희는 국가주의적 사고의 화신이라 할 수 있다.[12] 일제 강점기는 물론 해방 이후 남한에서 오랫동안 축적된 박정희의 군 경력은 그가 국가주의적 사고를 배양하고 강화하는 근본적인 요인으로 작용했다. 1963년 8월 30일 전역식에서 행한 연설에서 박정희는 "'생'과 '사'의 극한에서 감히 사를 초극하는 군인의 '죽음'은 정의와 진리를 위해 소아를 초개같이 버리는 희생정신의 극치로서 군인만이 가지는 영광되고 신성한 길"이라고 군인의 사명을 정의한 후 "이 거룩한 '죽음' 위에 존립할 수 있는 국가란, 오직 정의와 진리 속에 인간의 제 권리가 보장될 때에만 가치로서 긍정되는 것"이며, "국가가 가치구현이라는 문제 이전으로 돌아가 그 자체가 파멸에 직면했을 경우"에는 혁명이 불가피하다면서 자신의 쿠데타를 정당화했다(1: 489, 「전역식에서의 연설」). 이 연설은 국가주의적 사고로 무장한 군인이 어떻게 해서(예외적으로 어떤 상황에서) 정부(국가)를 전복하는 쿠데타를 할 수 있는지 정당화한 것이지만, 동시에 군인을 "정의와 진리"의 구현체인 국가를 위해 자신의 목숨("소아")을 "초개같이 버리는" 존재로 규정함으로써 군인으로서 지닌 국가주의적 사고의 진수를 유감없이 보여 주었다.

박정희는 1970년 1월 19일 「연두기자회견」에서도 단순히 "물량의 근대화"가 아닌 "정신적 근대화"가 무엇인가에 대한 질문을 받고 "건전한 국민 도의"와 "사회 윤리"의 확립을 강조하면서, 정신적 근대화의 핵심

---

12) 필자는 이 글에서 '국가주의'를, '국가는 그 구성원인 개인을 초월한 윤리적 가치를 가지고 있으며, 따라서 개인은 국가를 위해 봉사하고 희생해야 한다'는 이념으로 해석하고자 한다. 박정희의 국가주의 사상에 대한 비교적 상세한 검토로는 전인권(2006, 257-265)을 참조할 것.

이 국가주의를 내면화하는 것임을 다음과 같이 밝혔다. "우리들은 인간의 모든 행동 중에서도 국가에 대해서 충성을 하고 봉사를 하며, 특히 자기 개인을 희생하면서 국가를 위해서 일한다 하는 것을 인간 사회의 가장 훌륭한 미행이요 본보기라고 하며, 이런 것을 대의명분에 산다고 말합니다"(3: 686).

이어서 박정희는 "'나'라는 우리 개인을 …… '소아'", "'나'를 확대하고 연장한 …… 국가"를 "'대아'"라 하는데, "우리 민족" 역시 국가와 마찬가지로 "나를 확대한 '대아'"라고 규정함으로써 '대아'인 민족과 국가가 사실상 불가분적이고 호환적임을 재확인했다(3: 686). 그리고 이렇게 답변을 마무리했다.

> …… 조국 근대화나 민족 중흥이란 말도 그 속에 나오는 조국, 민족이라 하는 것은 '나'를 확대한 '대아'가 조국이요 또 민족인 것이며, 조국 근대화와 민족 중흥에 우리가 흔연히 참여해서 봉사하는 것은 남을 위해서 하는 것은 아니라, 나 자신을 위해서 하는 것이고, 우리 후손들을 위해서 하는 일이다. 이러한 연대 책임 의식과 공동 운명 의식을 우리가 확실히 인식해야 하겠[습]니다(3: 688).

군인으로서 체화된 국가주의적 사고는 박정희가 행한 육군·해군·공군 사관학교 졸업식 「유시」와 6·25 전쟁 「담화문」 등에서 국가와 민족을 위한 희생정신을 군인들에게 당부하거나 그들의 죽음을 애도하고 찬양할 때 빈번히 나오는 단골 메뉴이기도 했다.[13] 이런 사고의 틀 내에서는 영미 자유주의에서처럼 상이한 이념과 가치 및 이해관계를 지닌 다양한 개인들이 자신의 생명·자유·재산을 보전하기 위해 자발적인 계약을 체결함으로써 국가를 구성한 것으로 개념화하는 것, 곧 국가를 다원주의적이고 도구적으로 개념화하는 것은 전적으로 불가능한 일이었다.

따라서 일반 국민을 대상으로 한 박정희의 연설문에서도 군사주의적이고 국가주의적인 사고에 따라 (다양한 의견의 표출을 국론분열로 재단하는) '국론통일'은 물론 국민의 일사불란한 단결과 동원 및 복종을 상징하는 단어들, 전체주의를 방불케 하는 용어들이 1971년 이후, 특히 유신 시기 이후에 집중적으로 쏟아져 나오기 시작했다. '총진군', '총동원', '총매진', '총궐기' 등 '총'을 접두어로 붙여 군사적 동원의 의미를 강조한 낱말들은 물론 '총력안보', '총화유신', '국민총화', '총화호국', '민본총화', '총화단결', '총화전진', '총력체제', '총화의 대행진', '(국민)총화체제' 등 '총력' 또는 '총화'가 덧붙여진 낱말들이 각종 연설을 장식했다. 예를 들어 1974년 1월 1일 「신년사」에서 박정희는 "총화유신", "국민총화", "총력안보태세"를 언급한 후 그 종합판─일종의 종합선물세트─으로서 유신체제를 "총화체제"로 규정했다(5: 193-195). 당연한 얘기지만, 이와 같은 용례는 박정희 체제나 그 정책에 대한 이론(異論)과 반대를 불용하겠다는 의지를 천명하는 것으로 받아들여야 할 것이다. 이러한 국가주의적 사고를 지닌 박정희가, 민주주의의 원리에 기초해 정치적 갈등을 제도화한 선거, 대의정치와 정당정치를 혐오한 것은 오히려 당연한 일이었다.

이처럼 박정희의 사고에서 국가와 국민은 사실상 '군대'와 동일시되었으며, 이에 따라 비군사 분야나 정책에서도 교사·공무원·기업인·대학생·노동자·농민 그리고 일반 국민이 ("산업", "수출", "건설", "생산", "조국

---

13) 예를 들어 「육군사관학교 졸업식 유시」(2: 954, 1967/02/23), 「6·25 동란 담화문」(2: 1110, 1967/06/25) 등을 볼 것.

근대화의", "자립경제건설의", "역사창조의", "민족중흥의", "민족통일의", "조국 재건의", "민족의") "역군" 또는 "전사"로 호명되었다. 즉 "자립경제건설과 조국 근대화" 작업을 "안보"와 동일시하는 박정희의 사고(2: 596-597, 1966/01/23; 3: 670, 1970/01/09)에서 민간 분야와 국방 분야의 구별은 사실상 별 의미가 없었으며, 따라서 군인의 국가주의적 사고는 당연히 국민의 일상생활에도 적용되어야 할 것이었던바, 이를 확대 적용해 국민생활의 지침으로 정리·선언한 것이 바로 1968년 12월 선포된 '국민교육헌장'이었다.

이와 같은 국가주의적 사고에 따라 부정부패를 저지른 공무원들도 '국가의 반역자'로 규정되었다. 박정희는 1969년 1월 10일 「연두기자회견」에서 "지금 우리가 민족 중흥이란 역사적 과업을 추진하고 있는 이 거창한 [시기]에 …… 부정을 저지르거나 양심을 썩히는 이"는 "국가[의] 반역자"라고 선언했다(3: 430). 또한 이러한 공무원들은 단순히 '반국가적'일 뿐만 아니라 '반민족적'으로 매도되어도 무방할 것이었다. 부패한 공무원에 대해 단순히 개인적 비행을 저지른 것으로 비난하는 데 그치지 않고 '국가의 반역자'로 규정하는 박정희의 언설은 국가주의가 자유주의와 얼마나 양립하기 어려운가를 단적으로 보여 준다.

4) 국가-민족의 불가분적 결합과 이를 체현한 영도자

박정희의 연설에서는 각각 단일불가분적인 국가와 민족이 동시에 짝지어 나옴으로써[14] 국가와 민족의 결합이 더욱더 공고해진 국가민족주의

---

14) "국가와 민족", "나라와 겨레", "조국과 겨레", "애국애족", "구국구족(救國救族)" 또는 조합을 바꾼 "국가와 겨레", "나라와 민족" 등이 흔히 나오는 표현들이다.

로 표출되었다. 여기서 짝지어 나온다 함은 단순히 두 단어가 직접적으로 병렬될 뿐만 아니라 "조국 근대화"와 "민족중흥", "조국의 발전"과 "민족의 영광", "국토통일"과 "민족중흥", "올바른 국가관과 민족의식", "겨레를 구하고 …… 나라를 지킨", "겨레를 위하여 고귀한 생명을 조국에 바친", "개인보다는 겨레를, 집단보다는 국가를", "국토를 수호하고 민족을 보위하는" 등 여러 수식어나 서술어를 동반하고 다양한 조합을 이루면서 변주됨을 지시한다. 심지어 "국가민족"이라는 용어도 자주 나오는데, 이 용어가 어떤 때는 짧은 연설에서 네 번씩이나 사용되었다(1: 537-538, 「개천절 경축사」, 1963/10/03).

이처럼 강고한 국가민족주의로 무장한 박정희는, 제6장에서 그의 반자유주의를 논할 때 이미 언급하고 인용한 것처럼, '이기주의'를 단순히 타인의 이익을 도외시하고 자신의 이익만을 추구한다는 도덕적 관점(혹은 일반적 관점)에서가 아니라 그 타인을 확대해 "국가와 민족을 도외시"한다는 확장된 도덕적 관점에서 새롭게 규정했다(6: 29, 「연두기자회견」, 1976/01/15). 나아가 "'남이야 어떻게 되든 나만 잘 먹고 잘 살면 된다. 그것도 자유다'[라는] …… 극단적인 이기주의" 풍조가 만연되면 "국민의 단결과 총화"를 해친다고 비난함으로써 이기주의를 '정치화'시켰다(5: 23, 「연두기자회견」, 1973/01/12). 물론 박정희는 쿠데타 직후부터 집권 내내 다양한 맥락에서 정치인, 기업인, 근로자, 대학생의 이기심을 비판하면서 국가와 민족에 대한 사명감과 애국심을 강조했다. 박정희가 10월유신의 목표 가운데 하나로 "국민의 기강" 확립을 든 것 역시 이 맥락에서 이해되어야 할 것이다(5: 23, 「연두기자회견」, 1973/01/12).

이기주의에 대한 비난의 이면에는 박정희가 자주 강조한, 국가와 민족을 위해서는 기꺼이 자기 목숨마저도 바칠 것을 요구하는 희생정신 또는 군인정신에 대한 강조가 내포되어 있었다. 이런 맥락에서 박정희는 6·25 전쟁 때 전사한 군인과 민간인들을 "생명을 던져 겨레를 구하고, 목숨을 바쳐 나라를 지킨 국군장병과 애국동포"(2: 711, 「6·25 제16주년 담화문」, 1966/06/25)라 칭하면서, 국가와 민족을 동일시하는 병렬적 구절을 통해 이들을 국가와 민족을 위해 목숨을 바친 것으로 애도하고 찬양했다. 이 뿐만 아니라 국가민족주의를 조선시대에까지 소급 적용 하면서, 민족의 훌륭한 조상이란 "국가를 위해서, 민족을 위해서 자기 일신상의 희생이라든지 생명이란 것은 솜과 같이 가볍게 생각하고, 대의를 위해서 흔연히 목숨을 건 훌륭한" 인물들이라고 언급했다(2: 999, 「금산 칠백의사탑 제막식 치사」, 1967/04/11).

박정희의 국가민족주의적 사고는 그가 집권한 후 행한 연설에서 일관되게 나타나다가 유신체제의 수립 시기에 그 절정에 이른다. 유신체제 수립 직후인 1973년 1월 「연두기자회견」에서 박정희는 "민족과 국가"는 "영생하는 것"이고, "'국가 없는 민족의 영광과 발전이라는 것'은 있을 수 없는 것"이라며 "국가는 민족의 후견인"이라고 강조했다. 나아가 이 회견에서는 '나라'와 '나'의 구분, 이전에 구분했던 '소아'와 '대아'의 구분마저 폐기하면서, "'나라'와 '나'라는 것은 별개의 것이 아니라 하나인 것"이라며 "투철한 국가관"을 강조했다(5: 20, 1973/01/12).

박정희는 유신헌법 제정 이전에도 대통령인 자신을 사실상 국가와 민족의 불가분적 결합을 매개하는 유일무이한 지도자로 자처하는 위험한 사고의 일단을 이미 내비치고 있었다. 1967년 대통령 선거 유세에서 그는 한일회담과 월남파병을 옹호하면서 "······ 특히 국가와 민족의 운명을 좌우할 수 있는 중대한 문제의 최종적인 결심은 결국은 대통령이 해야 되는 것"이라고 강조했다(2: 1052, 「5·3 대통령선거 대구유세 연설」,

1967/04/23). 박정희는 1971년 12월 6일 국가비상사태를 선포할 때 발표한 「특별담화문」에서도 국가의 안전보장에 관한 책임과 의무는 전적으로 대통령인 자신에게 귀속된다고 주장했다.

> 대통령의 직책 중에 무엇보다도 우선해야 할 일이 곧 국가의 안전 보장인 것입니다. …… 따라서, 국가 안보상 위험도의 측정은 전적으로 나에게 주어진 의무인 것입니다. 또한 위험도 측정에 따라 적절한 조치를 적시에 강구하여야 할 책임도 바로 나의 안보상의 일차적 책임인 것입니다(4: 90, 「국가 비상사태에 선언에 즈음한 특별 담화문」).

위 인용문에서는 국가안보와 관련된 사안이 대통령의 '전적인 의무'와 '일차적 책임'으로, 즉 '의무'와 '책임'이라는 관점에서 서술되었지만, 사실상 이는 국가안보 사안이 일반 국민이나 다른 정치인들의 자유로운 비판이나 다양한 입장을 용납하지 않는 대통령의 '배타적 권한'임을 강조하는 것이었다.

우리는 이와 관련해 근대 초 절대군주정하 영국의 정치적 상황과 박정희가 즐겨 인용했던 율곡 이이의 이른바 "10만 양병설"을 떠올려 볼 필요가 있다. 영국 내전(청교도혁명) 발발 이전 영국 국왕 찰스 1세(재위 1625~49)는 네덜란드가 제기하는 안보상의 위협을 명분으로 선박을 건조하는 세금을 영국 국민들에게 부과하려 들면서, 주권자인 왕이 안보상의 위협이 존재하는지에 대한 유일한 판단자라고 주장했다. 그러나 1637년에 선박세를 내지 않은 의회파 지도자 존 햄던이 기소된 사건(Hampden's Case)에서 국왕에 대항한 반대 측은 여론, "특히 의회"를 통해 대표되는 "여론도 또한 [안보상의] 위협이 존재하는지의 여부"에 대해 판단할 수 있다고 주장하면서, "분명히 영국의 안보는 네덜란드에 의해서 위협받지 않는다"라고 반박했다(틱 외, 1993: 40-41).[15] 즉, 왕정시대에서도 역시 의회의 의견이 중요시되었으며 왕의 의견은 절대적이지 못했던 것이다. 그러나 박정희의 배타적·절대적 판단 권한은 사실상 이를 뛰어넘는 것이었다.

또한 박정희는 앞의 「특별담화문」 말미에서 일본의 침략 위협에 대비하기 위해 이른바 '10만 양병설'을 주장했던 율곡 이이의 경고를 상기시키면서 "우리 다같이 이 율곡 선생의 경고를 받아 들이지 않았던 그 때 우리 조상들의 과오와 우를 다시 범하지" 말자고 당부했다(4: 90, 「국가비상사태에 선언에 즈음한 특별 담화문」, 1971/12/06). 이러한 언급이 시사하는 것처럼, 이른바 '전제군주제'로 알려진 조선시대에도 왕은 신하가 올린 안보상의 경고를 경청해야 했으며, 동시에 왕의 과장된 안보인식에 신하가 반대할 수도 있었다.[16] 그렇다면 조선시대에 신하인 율곡이 안보상의 중대발언을 할 수 있었던 것과 마찬가지로, 아니 더 나아가 그때와 달리 "자유 민주 체제"를 수호하기 위해 국가비상사태를 선언하는 당시

---

15) 그러나 후일 홉스의 『리바이어던』에 묘사된 사회계약론은, 주권적 권력을 가진 통치자 (개인이나 회의체)가 개별 구성원들의 "평화와 공동방위를 위해 모든 사람의 힘과 수단을 …… 임의로 사용할 수 있도록" 함으로써 주권자의 입장을 옹호한 이론이었다(홉스, 2008: 232-233). 홉스의 사회계약론은 이런 측면에서 안보상의 위기에 대한 판단을 전적으로 주권자에게 일임함으로써 찰스 1세의 입장을 옹호하는 이론이었다. 홉스의 사회계약론에 대한 개괄적 논의로는 조긍호·강정인(2012: 37-153)을 참조할 것.

16) 군인으로서 박정희 역시 6·25 전쟁 직전에 북한의 남침을 예상하는 보고서를 냈던 것으로 알려져 있다(조갑제, 1998a: 251-254). 사실 '전제군주제'로 흔히 알려진 조선정치에서도 '공론정치'의 이념에 따라 조정의 신하들은, 특히 언론을 담당한 3사(사간원, 사헌부, 홍문관)의 언관들은 원칙적으로 거의 모든 국정 사안에 관해 자유롭게 발언할 수 있었다 (이현출, 2002; 박현모, 2004).

한국의 정치적 상황에서는 당연히 야당 정치인은 물론 일반 국민이 제기한 안보상의 제언과 발언은 설혹 그것이 비판과 반대의 내용을 담고 있더라도 허용되었어야 할 것이다. 그러나 이「특별담화문」은 물론 유신체제하에서 국가안보를 이유로 수시로 선포된 긴급조치에서도 확인되듯이, 박정희는 이를 용납하지 않았다.

국가와 민족의 불가분적 결합은 이 둘을 매개하고 체현하는 인격화된 권력을 요구하는바, 이는 최종적으로 유신헌법의 제정을 통해 대통령이 영도자의 지위에 오름으로써 명실상부하게 제도화되었다. 유신헌법의 제정에 관여했던 헌법학자 갈봉근은 "통일이라는 민족적 과제를 완수"하기 위해 "시급히 구현"되어야 하는 "국민총화의 구심점은 국가원수에게 두어야" 하는데, "교과서적인 대통령중심제는 권력분립의 논리에 따르는 권력간의 상호제동으로 인하여 효율성의 극대화를 이루지 못할 때가 많았다"라고 지적하면서, 새 헌법에서는 "국가원수의 권력을 인격화"하고 "대통령의 헌법적 지위를 향상시킨" 결과 대통령이 "국민적 조정자의 지위와 아울러 국가의 존속을 보장하는 영도자의 지위"를 확보하게 되었다고 해설했다(갈봉근, 1976: 272). 그 결과 당시 유신헌법상의 정부 형태에 관한 해석으로는 박일경이 제안한 "영도적 대통령제"(박일경, 1972: 1)가 다수 헌법학자의 지지를 받고 있었다(김철수, 1978: 354-357). 이에 따라 유신체제에서는 "국가수호자로서의 지위"가 대통령의 헌법상 지위에 추가되었다. 이는 "대통령은 국가의 수호자로서 국가의 독립·영토의 보전·국가의 계속성과 헌법을 수호할 책무를 진다"는 헌법 제43조 제2항의 조항을 신설함으로써 명문화되었고, 대통령은 국가의 수호자로서 긴급조치권과 계엄선포권을 발동할 수 있게 되었다(김철수, 1978: 404).

유신헌법은 히틀러의 집권을 정당화했던 독일의 헌법학자이자 정치학자 카를 슈미트(Carl Schmitt)의 주권적 독재론(sovereign dictatorship)을 가장 완벽하게 헌법으로 명문화한 최초의 사례였나. 슈미트의 "주권 독재"는 "인민의 헌법제정권력에 의거한 항구적인 독재기관의 창설"을 통해 "입헌주의적 정당성"과 "독재사상"을 결합한 입헌적 독재라 할 수 있는데, "비상사태 내지 예외적 상황에서의 정치적 결정"의 불가피성을 그 명분으로 한다(최형익, 2008: 248-249, 255). 슈미트에 따르면, "주권독재는 구체적으로 예외 [상황] 또는 위기 상황에서 직접적으로 헌법에 의거[하거나] 또는 헌법을 대치하여 법, 즉 명령을 발동할 수 있는 헌법제정권력의 대표자로서 인격적 권력의 형태"를 취하는데, "바이마르 헌법 제48조에 의거한 대통령의 비상명령권"이 그 대표적 사례다. 그러나 "히틀러의 집권 당시 주권독재론의 가장 핵심적인 민주적 정당성의 정치기제로 강조한 인민의 헌법제정권력이 전혀 작동"된 바 없는데, 슈미트는 이를 전혀 문제 삼지 않고 인민의 헌법제정권력의 문제를 애매한 '정치신학'의 문제로 돌려 도피해 버렸다(최형익, 2008: 257)[17] 이에 대해 최형익은 유신헌법이 "개인의 종신집권을 위한 헌법적 장치"였다는 일반적 해석을 부정하지 않지만, 동시에 유신헌법이야말로 이러한 "정치적 난제"를 '통일주체국민회의'라는 상설적인 "주권적 수임기관" 혹은 "최고주권기관"을 창설함으로써 "의회와는 다른, 그러나 동시에 별도의 헌법제정권력의 영속적 제도화"를 시도한 헌법 이론과 제도상의 특기할 만한 혁신으로 평가한다(최형익, 2008: 257, 261-263).

　최형익은 유신헌법에 슈미트의 주권독재론이 영향을 미친 가장 눈에

---

17) 슈미트의 정치신학에 대해서는 이 장의 목적과 직접적인 상관이 없는 만큼 여기서는 논하지 않는다. 이에 대한 비교적 상세한 논의로는 이해영(2004)과 최형익(2008)을 참조할 것.

띄는 대목으로 유신헌법 전문에 나오는 "조국의 평화적 통일의 역사적 사명"이라는 문구에 주목한다. 유신헌법은 '조국의 평화적 통일'이라는 국가적 목표의 설정을 통해 "우적관계[友敵關係]를 형상화하고 유신헌법이 예외상황에서의 정치적 결단임을 강조"하는바, 이에 따라 "조국의 평화적 통일에 방해가 되는 세력"이 곧바로 "적으로 규정"된다는 의미였다(최형익, 2008: 258-259). 유신헌법에서 주권독재의 가장 전형적인 요소가 대통령의 긴급조치권인데, 이는 "[카를] 슈미트가 말하는 '비상명령'을 원용한 것"이고, 또 프랑스 제5공화국 헌법에 규정된 "대통령의 비상대권과 그 유형"을 같이했다(최형익, 2008: 259). 여기서 긴급조치권이 사법적 심사의 대상에서 일괄적으로 배제된다는 점(유신헌법 제53조 제4항), 그리고 "국가의 안전보장 또는 공공의 안녕질서가 중대한 위협을 받"는 경우뿐만 아니라 "받을 우려가 있"는 경우에도 발동될 수 있다(유신헌법 제53조 제1항)는 점에서 대통령이 사후적인 통제는 물론 사전적인 견제 없이 무제한적으로 권력을 행사할 수 있는 길을 열어 놓았다고 할 수 있다.[18]

박정희는 1972년 10월 17일 국회를 해산하고 정당 및 정치 활동의 중지 등 헌법 일부 조항의 효력을 정지시키고, 새로운 헌법개정안을 마련하는 것을 골자로 하는 「대통령 특별선언」을 발표했다. 이를 통해 결과적으로 유신헌법이 제정되었는데, 박정희는 「특별선언」에서 닉슨독트린, 미중 화해, 주한미군 철수 논의 등 국제질서의 긴장완화를 안보상의 위기로 상정하고, 7·4 남북 공동성명 이후 진행되고 있는 남북대화를 둘

---

18) 물론 국회는 재적의원 과반수의 찬성으로 긴급조치의 해제를 대통령에 건의할 수 있고, 대통령은 특별한 이유가 없는 한 그 건의를 받아들여야 하지만(유신헌법 제53조 제6항), 국회의원 정수의 1/3을 대통령이 추천하는 당시의 제도하에서, 이는 사실상 실현 불가능한 시나리오였다.

러싼 국내의 정치적 논란을 무책임한 "파쟁과 정략의 갈등"으로 규정하면서, 국회를 "민족의 염원인 평화 통일"의 중대한 방해꾼이라고 비난했다. 이어서 이 같은 비상사태 또는 위기상황에서 헌법과 법령 등 일대 체제 개혁을 단행하기 위해서 부득이 비상조치를 취하게 되었다고 주장했다(4: 297-299, 「10월 17일 대통령 특별선언」).

박정희는 「특별선언」의 마지막 부분에서 "나 개인은 조국 통일과 민족 중흥의 제단 위에 이미 모든 것을 바친 지 오래입니다"라고 언급했다. 이 구절은 목숨을 건 쿠데타에 성공한 후 박정희가 군정 기간에 발간한 『국가와 혁명과 나』(1963)에 나온 다음 구절을 상기시킨다. "…… 5·16을 기점으로 한 지금의 본인은 조국과 민족과 역사 앞에 자신의 생명을 걸지 않을 수 없게 되어 있다"(박정희, 1963: 25). 박정희는 5·16 쿠데타 당시에도 당시를 민족과 국가의 존망이 걸린 총체적 위기의 시대, 비상한 상황으로 파악하고 자신의 혁명이 "민족 중흥창업의 마지막 기회"라고 주장한 바 있다(박정희, 1963: 27). 따라서 일부 학자들이 유신체제 성립 전후 시기에 안보상의 위기는 오히려 과거보다 약화된 상황이라 하면서 박정희의 「특별선언」에 담긴 주장을 비판한 것은 합당하지만(마상윤, 2003), 사실 박정희의 입장에서 볼 때 한국의 현대사는 쿠데타를 단행한 1961년이나 유신체제를 출범시키게 된 1970대 초반이나 "항상적인 시련과 위기의 연속", 곧 "영원한 긴급 상황(permanent emergency)"이었다(전인권, 2006: 254-257).

돌이켜 생각해 볼 때, 앞서 인용한 바 있는 "국가는 민족의 후견인"이며 "'나라'와 '나'라는 것은 별개의 것이 아니라 하나인 것"이라는 박정희의 연설문 구절을 상기한다면, 바야흐로 유신체제는 "국가=민족=나(박정희)"라는 삼위일체적 결합을 공식화한 것이었으며,[19] 이는 박정희 개인이 권력의 최정상에서 민족과 국가의 화신이자 영도자로서 군림하게 됨을 의미했다. 박정희가 쿠데타 직후 군정 기간에 출간한 두 권의 책 제목은 각각 『우리 민족의 나갈 길』과 『국가와 혁명과 나』인데, 불길하게도 이는 영도적 국가민족주의의 완성판인 유신체제의 출현을 암시하고 있었던 것이다. 결과적으로 5·16 군사쿠데타와 유신쿠데타라는 두 차례의 '혁명'을 통해 '나(박정희)'가 '민족'과 '국가'가 나갈 길을 영도하는 삼위일체적 결합이 완성되었고, 그 결합의 불가분적 매개고리인 유신체제는 박정희와 존망을 함께할 것이었다.

4. 박정희의 보수주의와 민족주의

박정희가 권위주의 정권을 정당화하던 보수주의의 요소로는 흔히 반공(국가안보)과 경제발전(근대화)이 제시된다. 그가 강조한 반공과 경제발전은 궁극적으로 민족주의에 대한 호소를 통해 그 정당성을 보강했다. 이 점에서 박정희의 보수주의는 '우파에 의한 위로부터의' 민족주의적 담론의 성격을 동시에 아우르고 있었다. 박정희 사상에서 반공과 경제발전은 그의 보수주의를 검토하는 제6장에서, 그 둘과 민족주의와의 연관성은 민족주의의 신성화를 논한 제4장에서 상세하게 검토한 만큼에, 여기서는 민족주의의 요소로서 반공과 경제발전에 대해 논하되 가능한 중복을 피하도록 노력하겠다.[20]

---

19) 이에 대해서는 필자가 제6장의 주14에서 1970년 12월 중앙정보부장 이후락의 취임사를 인용한 후 구성한 '국가안보=정권안보=박정희 개인안보' 등식을 상기할 필요가 있다.
20) 따라서 이하의 서술은 제4장의 논의를 토대로 하되 보다 심층적인 분석에 주력했다.

1) 반공과 국가안보

박정희가 끊임없이 강조했던 반공과 국가안보는 모두 국가주의와 민족주의의 요소를 담고 있었다. 특히 북한 공산주의 세력에 대한 반공은 민족주의의 요소를 강하게 내포하고 있었다. 그렇다 하더라도 국가민족주의에 의해 국가가 민족을 보호하는 후견인으로 개념화되었을 때, 국가의 안보 역시 민족주의적 위광을 부여받는 것은 당연했다.[21]

박정희에게 북한정권은 무엇보다도 "반민족"으로 규정되고 인식되었다. 박정희는 우리 민족을 혈통에 근거한 단일민족으로 규정했다. 이는 특히 통일의 당위성을 언급하면서 북한을 비판하는 언설에서 빈번히 등장했다. 박정희는 북한 공산주의자들에게 "양심"과 "자책감"을 촉구하면서, 인간으로서 "일말의 희망과 기대는 버리고 싶지" 않다며 "하물며, 같은 조상으로부터 같은 핏줄기를 이어 받은 같은 민족에 있어서랴!"라고 덧붙이기도 했다(3: 839, 「국군의 날 치사」, 1970/10/01). 그러나 이와 동시에 "일말의 희망과 기대"를 줄곧 짓밟아 온 북한은 '반민족' 또는 '비민족'으로 간주되었다.

박정희가 북한을 반민족으로 규정한 논거로는 대체로 세 가지를 들 수 있는데, 먼저 "소련공산당의 앞잡이가 되어 수단방법을 가리지 않고 적화의 손을 뻗치려고 노리는 북괴"는 "민족도 없고 국가도 없는" 존재, 곧 민족으로서 주체성이 결여된 '반민족' 또는 '비민족'이었다(1: 86, 「방첩 강조주간 담화」, 1961/11/07).[22] 둘째, 북한 공산주의자들은 "평화로운 이 땅

---

21) 이에 대해서는 박정희 정권이 "민족이란 미명을 내세운 국가주의적 성격을 지닌" 체제였다는 비판이 가능하다. 한편 이런 비판에 대해 김보현은 "'민족적인 것'의 현실적인 주요 담지자 또는 구현자는 잠재적·현재적으로 국가가 아닐 수 없다"라고 반박한다(김보현, 2006: 37).

에 전면 전쟁을 도발하여 수많은 동족을 학살하여 민족의 양심에 못을 박아 놓고, 수려한 강산을 불살라 초토로 만들어 버"린 데 만족하지 않고, 그 후에도 여전히 "오직 폭력과 무력에 의한 적화 침략 노선만을 변함없이 추구"하면서 "줄곧 민족반역적 전쟁준비에만 광분해 온 …… 침략집단"으로서 '반민족'이었다(3: 515, 「6·25 동란 제19주년에 즈음한 담화문」, 1969/06/25; 6: 41, 「민주 공화당 창당 제13주년 치사」, 1976/02/26; 6: 180, 「제31기 해군사관학교 졸업식 유시」, 1977/04/12). 마지막으로, "북한 공산주의자들은 우리의 민족사를 부정하고 고유의 문화 전통을 말살하면서 광신적인 이질 외래 사상에 사로잡혀 우리의 올바른 민족사를 단절시키려고 집요하게 기도하고 있기 때문"에 '반민족'이었다(6: 40, 민주 공화당 창당 제13주년 치사」, 1976/02/26). 이들 논리에 따라 박정희 역시 이승만과 마찬가지로 반공을 민족주의화 했다.

천인공노할 범죄를 저지른 흉악범이 생물학적으로는 '인간'이지만 윤리적으로는 인류에 반하는(패륜적인) '반인간'이듯이, 북한 공산주의자들 역시 혈통과 종족적으로는 같은 '민족'이지만 정치적으로는 '반민족'이라는 이중적 지위를 부여받은 것이다. 이 점에서 민족의 정치적(이념적) 규정이 종족적 규정을 압도했다. 그렇지만 이 같은 반공 민족주의는 북한 공산주의자가 반민족으로 규정된 위의 행위들을 포기하고 회개하면 해제되는 조건부 명제였다.[23] 다시 말해, 북한 공산주의자들에 대한 반민족

---

22) 흥미롭게도 이러한 규정은 19세기 말 위정척사파가 서양의 오랑캐를 '무부무군(無父無君)'으로 규정한 것과 궤를 같이한다. 여기서 부를 혈통(종족)의 지속성을 상징하는 민족으로 치환하고 또 군주를 국가를 상징하는 존재로 간주한다면, 북한은 무부무군에 해당할 것이다. 이렇게 보면 북한은 인륜을 저버린 패륜적 존재가 된다.

23) 이와 관련해 이승만과 박정희가 공식적 언설에서 북한 공산주의자들과 북한 동포를 구분하면서 오직 전자만이 반민족에 해당하고 후자는 같은 민족이라고 강조했다는 점을 기

규정은 생물학적 속성처럼 불변적이고 절대적인 어떤 것이 아니며, 북한 공산주의자들이 "민족의 양심으로 되돌아와서" 반민족적 행위를 중단하고 조국의 평화적 통일에 협력한다면 ―예를 들어 "이산가족의 인간적인 고통을 덜어"주기 위해 그들의 재회를 허용하는 등― 해제될 수 있는 것이었다(4: 264, 「광복절 경축사」, 1972/08/15).[24] 박정희는 이 점을 이렇게 표현했다.

> …… 나는 북한 동포들에게 호소하는 바입니다. 우리는 비록 남북으로 갈라져 있다 해도 같은 말, 같은 역사 그리고 하나의 피로 이어져 온 운명공동체입니다. 이데올로기는 변해도 민족은 영원합니다. 하루 속히 한민족으로서의 자아를 회복하고 북녘 땅에 민족의 양심이 소생되는 역사적 전기를 마련하는 데 과감합시다(4: 264, 「광복절 경축사」, 1972/08/15).[25]

위 구절은 종족민족주의에 근거한 민족 논리가 궁극적으로는 이념적 차이를 압도할 가능성을 시사하는바, 여기에 내재된 조건부적이고 한시적

억하는 것은 중요하다. 예를 들어 박정희는 더 나아가 "북한 동포 여러분들도 바로 이 위대한 한민족의 일원"이라고 명시적으로 언급한 적이 있다(4: 264, 「광복절 경축사」, 1972/08/15). 물론 이 같은 구분은 북한 동포 대부분이 북한 공산주의 체제를 적극 지지하기보다는 공산주의자들의 강압에 의해 그 체제에 순응하는 것으로 해석함으로써 남한 체제의 정당성을 고양하려는 수사적 논리를 담고 있었다.

24) 이처럼 북한 공산주의자들이나 동포들이 북한 공산주의 체제에 대한 지지를 철회하거나 복종을 거부하고 자발적으로 남한 체제를 지지해 남한의 지배권으로 들어올 때, 그들은 '같은 민족'으로서의 지위를 회복했으며, 이는 적이었던 사람이 반항심을 버리고 스스로 돌아서서 복종하거나 순종하는 의미를 지니는 '귀순(歸順)'으로 불렸다.

25) 박정희의 이 연설문은 "사상"이나 "신앙"은 일시적이고 오직 "혈통적인 민족만이 영원"하다라고 주장한 김구의 발언을 상기시킨다(김구, 1997: 370-371).

인 '반민족'과 영구적인 혈통상의 '같은 민족'이라는 이중적 규정이야말로 모순을 야기하지 않고 남북 간의 협상이나 대화의 가능성을 열어주는 공간이었다.

2) 경제발전(근대화)

박정희는 근대화를 한국 민족주의의 역사적 과제로 제시하면서, 근대화의 핵심으로 경제개발을 강조했다(박정희, 1962: 128). 그리고 그는 한국 근대화의 과제로 첫째 "반봉건적(半封建的) 반식민지적(半植民地的) 잔재로부터 민족을 해방시켜야 한다"라고 언명했다. 박정희는 "오늘날 후진국의 민족주의는 '빈곤세계의 소리'요 그들의 생존을 위한 의지"이고 "과거 모든 민족은 전통사회를 벗어나 근대사회로 비약할 때에는 어느 경우에나 민족주의적 정열이 작용"했는데, 이를 위해 먼저 "근대화의 무[드]를 만들어 놓지 않고서는 안 된다는 것을 자각"하는 것, 곧 근대화에 대한 각성이 필요하다고 말했다(박정희, 1962: 128). 이어서 그는 근대화를 위한 두 번째 과제로 "빈곤으로부터 민족을 해방시켜 경제자립을 이룩"하는 것을 들었다(박정희, 1962: 129).[26] 또한 박정희는 "빈곤, 기아, 저소득은 우리 민족이 표방하는 근대 자유민주주의에 대한 가장 위험한 도전이 될 것이다"라고 말함으로써 경제개발이 민주주의의 선결조건임을 강조했다(박정희, 1962: 32).[27]

다른 곳에서 박정희는 경제개발의 목표를 "자주경제의 건설"로 설정했

---

[26] 세 번째 과제로 박정희는 "건전한 민주주의의 재건"을 들었는데(박정희, 1962: 129), 이에 대해서는 박정희의 민주주의 담론을 검토하는 제5장에서 이미 충분히 검토한 바 있다.

[27] 곧이어 보여 줄 것처럼, 당대를 대표하는 적지 않은 지식인들 역시 경제발전을 빈곤타파의 유일한 해결책이자 정치적 민주주의의 선결조건으로 제시했다(김보현, 2003: 372).

는데 자주경제의 건설은 "전국민이 일치 단결하여, 최대한의 노력을, 최대한의 인내와 최고의 피와 땀을 그리고 정열을 경주하는 곳에서만 보장되는 민족의 결실"이라고 주장하면서(박정희, 1963: 264-265), 이러한 목표를 위해 전 국민을 그 직분에 따라 동원하고자 했다.

> 교수는 좋은 이론을 제공하고, 정치가는 적절한 시책과 국민을 계도하며, 학자는 민족 재생의 철학을 창조하고, 문화 예술인은 건설의 의욕을 고조시키고, 전상공인은 각기 산업에 매진할 것이며, 농민, 노동자는 땀을 흘리고, 학생은 검소한 기풍으로 일신되고, 군은 천금의 중량으로 늠름하고, 전공무원은 진실한 봉사자가 되어야만 우리도 '한강의 기적'을 이룩할 수가 있는 것이다(박정희, 1963: 265).

역사적 사실이 증명하는 것처럼, 박정희는 자신이 제시한 민족주의의 과제 가운데, "민주주의의 한국화" 과제의 성취에는 분명 실패했지만, "빈곤으로부터 민족을 해방"시키는 과제, 곧 경제발전 과제는 그 자신이 가장 역점을 기울여 추진했고, 또 상당한 성공을 거두었다 할 수 있다.

박정희뿐만 아니라 당대의 대다수 지식인들에게도 근대화는 한국 민족이 당면한 시대적 요청이었다. 당시 급진적인 입장을 표방하던 《사상계》는 쿠데타 발발 직후인 1961년 6월 〈권두언: 5·16혁명과 민족의 활로〉에서 조속한 시일 내에 민정이양을 촉구했지만, "4·19 혁명이 …… 민주주의혁명이었다면 5·16혁명은 부패와 무능과 무질서와 공산주의의 책동을 타파하고 국가의 진로를 바로잡으려는 민족주의적 군사혁명"이라고 규정하면서 사실상 쿠데타에 동조했다(장준하, 1961a: 34). 양호민 역시 《사상계》(1961년 11월)에 기고한 논설에서 "…… 산업혁명에 의한 경제적 빈곤의 극복 없이는 자유니, 인권이니, 민주주의니 하는 일련의 가치체계가 결국은 공염불화하지 않을 수" 없다고 주장하면서 경제발전을 통한 빈곤 극복을 최우선 과제로 제기했다(양호민, 1961: 48).

사상계에 논설을 기고한 다른 필자들 역시 이와 비슷한 지적을 함으로써 이 같은 시대적 분위기를 선도하고 또한 공유했다. 대부분의 지식인들 역시 박정희와 마찬가지로 경제발전을 주로 총량적 자료를 통해 파악했다. 이창렬은 1963년에 기고한 논설에서 "하루라도 빨리 국민 1인당 소득수준을 100불 또는 200불선으로 올려놓"고 그 수준을 "계속적으로 상승"시킬 때, 비로소 "자주경제"의 확립과 "발전"이 기대될 수 있다고 주장했다(이창렬, 1963: 113: 김보현, 2003: 350에서 재인용). 후일 박정희의 경제개발 정책은 경제개발이 막대한 외채(외자)에 의존함으로써 국민경제의 대외의존성을 심화시키는 반민족적 성장전략이었다고 비판받았지만, 실제로 당시 많은 지식인 사이에서는 "자립 경제의 건설을 주장하면서도 외자동원은 개발을 위해 불가피한 선택지"라는 인식이 일반적이었다(김보현, 2003: 359). 김보현은 이러한 당대 지식인들의 견해를 다음과 같이 요약한다.

사실 그들은 내·외자를 불문하고 가능한 자원을 총동원해야 한다고 생각했다. 외자에 의존한 경제 자립화가 불가능하다고 보지 않았으며, 외자에 의존한다고 해서 내자동원을 등한히 한다는 것은 아니었다(김보현, 2003: 360).[28]

---

28) 이 주제에 대한 상세한 검토로는 김보현(2003: 359-364)을 참조할 것. 또한 후일 적지 않는 논자들이 '수입대체 공업화 대 수출주도 공업화'란 대립항 속에서 수입대체 공업화를 민족주의 전략으로 유형화하는 한편 수출주도 공업화를 매판적이고 반민족적인 전략으로

박정희는 1964년 「광복절 경축사」에서 "오늘날 한국이 직면한 모든 불안과 혼돈은 궁극적으로 그 태반이 '가난'에 연유"하고 있다고 지적하면서 "민주주의의 건전한 발전도 복지국가의 건설도 승공통일을 위한 국력배양도 결국 경제건설의 성패여하에 달려"있다고 언명했다(2: 162). 이처럼 박정희의 사상에서 경제발전은 자립경제와 경제적 풍요(복지사회)의 달성은 물론 국력과 민주 역량의 배양 및 승공통일을 위한 필수적 전제조건으로서, 민족의 독립과 번영 및 통일이라는 민족주의의 다양한 과제를 충족시키는 데 필수적인 만병통치약이었다. 경제발전은 이런 측면에서 통일 담론의 한 축을 구성했다. 따라서 박정희는 1966년 「6·25 제16주년 담화문」에서는 "조국 근대화작업과 자립경제건설이야말로 통일을 위한 진취적인 계획이며 통일을 향한 전진적인 노력"이라고 규정하면서 "국토통일은 자립과 근대화의 중간 목표가 달성된 연후에 비로소 가능하다는 것을 다시 한번 분명히 해 두고자" 한다고 강조했다(2: 712). 이를 통해 박정희는 자신의 '선건설 후통일론'을 확고히 밝혔다.[29] 그러나 박정희의 이러한 통일론은 후일 통일논의를 사실상 유예시키고 억압하고 있다는 비판을 받았다.

비판하는 경향이 있었고, 《사상계》 필진들도 여기에 대해서는 의견이 나뉘었는데, 김보현의 검토에 따르면 수출주도 공업화를 옹호하는 이들이 훨씬 많았다(김보현, 2003: 364-367). 이에 따라 박정희가 주장한 '수출제일주의' 역시 높은 평가를 받았다(김보현, 2003: 365).

29) 박정희는 1966년 「대통령 취임 제3주년 기자회견」에서 "우리 정부가 1970년대 후반기에 가서 통일문제를 다루자 하는 얘기는, 앞으로 한 10년 동안 우리의 국력을 더 축적해 가지고 1970년대 후반기쯤 가서 통일문제를 우리가 보다 더 본격적으로, 대담하게 다루어 보자는 것"이며, "통일문제를 다루기 위해서는 …… 북괴와 우리와의 실력 대비에 있어서 월등하고 우월한 지위를 확보해 가지고 여기에 임해야" 된다고 언명했다(2: 886-887, 1966/12/17).

5. 박정희의 통일 담론과 민족주의

조선시대 한민족이 근대 민족으로서의 자의식을 획득했는가라는 문제를 논외로 한다면, 한민족은 정치적 단위와 민족적 단위의 일치를 당연한 역사적 사실로 받아들여 왔다. 그래서 해방 후 예기치 않게 분단과 동족상잔의 6·25 전쟁을 겪은 한민족에게 남북한이 민족 통일을 통해 단일 국가로 거듭나는 일은 절체절명의 민족주의적 과제였다.

그러나 경제발전, 근대화, 민주주의, 민족 통일 등 민족주의의 목표로 설정된 과제들은 상충하기도 하고 또 일거에 해결될 수도 없기에 각각의 중요성과 시급성에 대한 판단에 따라 우선순위가 설정되어야만 했으며, 이를 두고 다양한 정치세력이 자신들의 입장에 따라 대립하지 않을 수 없었다. 통일이 지상과제이자 최우선적 과제라는 장준하 등의 민족주의자들과 달리, 박정희는 통일이 지상과제임을 인정하기는 하되 시간적 우선순위에서는 통일을 최종 순위에 배치했다. 아울러 민족주의의 과제로 "민주주의의 한국화"를 언급한 앞에서의 인용 이외에도, "한국의 민족주의는 …… 우리의 자유민주주의 이념과 제도를 더욱 신장하고 토착화하는 방향으로 전개되어 나가야 하며 ……"(3: 961, 「서울대학교 졸업식 치사」, 1971/02/26)라는 표현에서 드러나듯, 박정희는 민족주의의 과제로서 민주주의의 중요성도 인정하고 있었으며,[30] 더불어 북한과의 대결 속에서 지켜야 할 남한 체제가 민주주의 체제라고 굳게 믿었다. 그렇지만 동시에 남한 체제가 민주성 면에서 미숙하다는 점을 인정

---

30) 박정희는 1966년 「광복절 경축사」에서도 통일의 중간 목표로 "자립경제건설"과 "민주역량"의 배양을 나란히 언급한 바 있다(2: 751).

한 만큼, "통일의 성업은 …… 우리의 경제적 번영과 민주역량이 확고한 것이 될 때 비로소" 이룩된다는 식의 언급을 하곤 했다(2:729, 「제헌절 경축사」, 1966/07/17).[31] 또한 박정희는 1966년 「국방대학원 졸업식 훈시」에서는 통일의 선행조건으로 "자립경제건설과 근대화작업", "민주역량[의] 배양", "국제적 지위[의] 강화"를 제시함으로써, 통일의 필요조건으로 국제적 지위의 향상과 국제적 협력의 강화를 추가하기도 했다(2: 734-735, 「국방대학원 졸업식 훈시」, 1966/07/25 등).[32] 이러한 박정희의 사고에 따르면, 설사 통일이 지상과제라 할지라도 이 통일은 반드시 경제성장과 근대화, 민주역량의 배양, 국제적 지위의 강화를 거쳐 "모든 면에서 주도권을 우리가 완전 장악할 수 있다고 내다보는 1970년대 후반기"에 가서나 본격적으로 다룰 수 있는 궁극적 과업이었다(2: 712, 「6·25 제16주년 담화문」, 1966/06/25; 3: 1111, 「4·27 대통령 선거 서울유세 연설」, 1971/04/25 등).

통일의 방식으로 박정희는 "아무리 국토 통일이 민족의 숙원이요, 국가의 지상 목표라 하더라도, 동족상잔의 피비린내 나는 전쟁 수단만은 피해야겠다는 것이 우리의 진심"이라고 말하면서, 이승만의 북진통일

---

31) 그러나 유신체제에 들어선 이후 박정희의 연설에서 "민주역량의 배양"이라는 말이 과거처럼 자주 나오지 않는다는 점은 매우 시사적이다. 유신체제 이후 박정희는 "민주역량"보다는 더 포괄적인 "국력배양"이라는 표현을 훨씬 더 자주 사용했다.

32) 이들 용례를 볼 때, 박정희는 근대화와 경제개발을 구분해서 사용하기도 하고 뭉뚱그려서 거의 동의어로 쓰기도 하는 것 같다. 한 연설에서 박정희는 '조국의 근대화'를 "비단 경제건설만이 아니라, 정치적 민주화, 사회적 합리화"를 포함하는 장기간에 걸친 변화를 지칭하는 포괄적 개념으로 사용했다(2: 925, 「대통령 연두교서」, 1967/01/17). 이 점에서 '자립경제 건설', '경제발전', '경제성장' 등은 그보다는 단기적 차원에서 경제적 상황의 개선을 의미하는 것으로 보인다. 그러나 박정희는 어떤 때는 '근대화'의 압축적 표현으로 '경제적 번영'이라는 용어를 쓰고 있다.

론과는 달리 전쟁을 통한 무력통일에 반대하며 평화통일을 주장했다(3: 575, 「국군의 날 유시」, 1969/10/01).[33] 그리고 평화통일의 선행조건으로 평화정착을 내세웠다(5: 460, 「광복절 경축사」, 1975/08/15). 평화적 통일의 구체적 방식에 관해서는 박정희 정권도 이승만 정권과 마찬가지로, '유엔 감시하의 인구비례에 따른 남북한 자유 총선거를 통한 평화적 통일'을 공식적인 정책으로 표방했다(3: 157, 「서울수원간 고속도로 기공식 치사」, 1968/02/01). 그렇지만 북한이 이를 수용할 가능성이 없다고 보고, 장기적으로 경제력과 민주주의 면에서 북한에 대한 남한의 절대 우위를 확보한 상태에서 "우리의 경제, 우리의 자유, 우리의 민주주의가 북한으로 넘쳐"흐르게 하여 북한을 평화적으로 수복 또는 흡수통일하는 것을 목표로 삼았다(2: 926, 「대통령 연두교서」, 1967/01/17).[34]

박정희에게는 민족의 자주와 독립 및 번영을 위해 자립경제, 조국 근대화, 자주국방, 한국적 민주주의를 포함한 자유민주주의 및 통일이 기필코 성취되어야 할 과제였기 때문에, 이들 과제의 추구가 자연스럽게 민족주의의 과제에 포함되었다.[35] 다른 한편 통일이 민족의 지상과제라

---

33) 물론 박정희는 1972년 7·4 남북 공동성명 이후에도 자신의 평화통일 구상을 1973년 6월 23일 발표한 「6·23 평화통일외교정책선언」, 1974년 1월 연두기자회견에서 제안한 「남북한상호 불가침협정제의」, 1974년 광복절에 제시한 「평화통일 3대 기본원칙」을 통해 밝힌 바 있다.

34) 북한 공산주의자들은 이북지역을 강제로 점령하고 외세의 지령에 따라 북한 동포의 자유를 억압하고 있는 반민족적인 반란집단이었기 때문에, 통일을 위해 과도기적 협상이나 대화를 하더라도 통일의 대상일 뿐 통일의 주체가 될 수는 없었다. 따라서 박정희 시대에는 '민족통일' 대신 요즘 세대에는 생소한 '국토통일' 또는 '국토수복'이라는 용어가 빈번히 사용되었다.

35) 박정희는 유신체제가 표방하는 한국적 민주주의가 자유민주주의라고 주장했다(16: 152, 「국군의 날 담화문」, 1979/10/01).

는 단순한 논리를 따르더라도, 이를 성취하기 위한 필수적 수단이나 단계로서 경제건설, 자주국방, 민주주의, 조국 근대화 등은 민족주의적 색채를 부여받았다.

6. 맺는말

지금까지 이 장은 박정희의 민족주의 담론에서 드러나는 특징을 '영도적 국가민족주의'로 파악하고, 박정희가 권위주의 체제를 옹호하기 위해 내세운 보수주의 담론—곧 반공과 국가안보 및 경제발전(근대화)—은 물론 승공통일론·민주주의 담론 등이 민족주의의 구성요소이기도 했으며, 동시에 이 담론들을 정당화하기 위해 민족주의에 호소했다는 점을 논했다. 이 점에서 박정희의 민족주의 담론은 남한의 우파 세력의 입장을 대변하는 위로부터의 보수적 민족주의 담론으로 해석될 수 있을 것이다.

필자는 앞 장에서 박정희의 보수주의를 서구적 경험에서는 역설에 해당하는 '근대화 보수주의'로 명명했다. 박정희와 같은 근대화 보수주의자에게 현재라는 시점은 서구의 보수주의자처럼 자랑스러운 전통·종교·역사·권위를 보존하고 확충하면서 "지속적이고 끊임없이 진행되어 온 과거가 도달한 가장 최근의 지점"이 아니라, 진보주의자처럼 장차 도달해야 할 영광스러운 목표를 차질 없이 성취하기 위해 혁명적으로 분투해야 하는 "미래의 출발점"이었다(니스벳, 1997: 100의 표현을 변형한 것). 따라서 1970년 「광복절 경축사」에서 원대한 비전을 제시함으로써, 근대화 보수주의와 결합한 박정희의 민족주의 담론은 신성한 유토피아적 성격을 띠고 출현했다.

서기 2천년경의 …… 우리 조국은, ─국토 통일을 이룩한 지 이미 오래된 강력한 민족 국가로서, ─온 국민이 다 함께 번영을 구가할 수 있는 풍요한 선진 복지 국가로서, ─세계사의 주류에 당당히 참여하고 기여해 나가는 보람찬 모습으로 변모해 있어야 할 것입니다(3: 811).[36]

그러나 박정희 정권을 비판하거나 그에 저항하는 정치적 반대 세력은, 박정희의 반공과 통일 담론이 분단체제의 재생산 또는 '분단국가주의'의 강화에 일조하면서 진정한 통일을 지연시키거나 방해하기 때문에, 또한 박정희가 추구하는 자립경제를 위한 경제개발이란 것이 사실상 경제적 불평등의 심화와 대외적인 예속경제를 통해 민중의 복지와 민족의 자주를 외면했을 뿐만 아니라 박정희가 말하는 자유민주주의는 허구에 불과하고 반공과 국가안보, 한국적 민주주의 등은 사실상 민족 성원의 자유를 억압하는 독재정치를 정당화하는 데 동원하는 무기이자 수사이기 때문에, 궁극적으로 박정희 정권의 정책 대부분을 '반민족적'인 것이라고 비판했다. 그 결과 박정희 정권은 단순히 '반민주'로 비판받았을 뿐만 아니라, 일본 제국주의와 마찬가지로, 민족의 자유를 짓밟는 '반민족'이라는 비난도 함께 받을 수밖에 없었다. 그렇기 때문에 한일협정에 반대할 때나 1967년 6·8 부정선거와 1970년대 유신체제에 항거할 때, 저항세력

---

36) 박정희는 1979년 10월 26일 암살되기 두 달 전에 행한 「광복절 경축사」에서도 이와 비슷한 비전을 제시한 바 있다(16: 147, 1979/08/15). 사실 1968년 12월 5일 박정희가 발표한 「국민교육헌장」의 첫 문장, "우리는 민족 중흥의 역사적 사명을 띠고 이 땅에 태어났다"는 구절이야말로 개인의 삶에 궁극적 의미를 부여하는 것이 바로 민족(또는 민족주의)이라고 선언함으로써 민족주의의 신성화의 진수를 보여 주는 것이다. 마찬가지로, 민족 사관의 입장에 충실하게 오직 민족의 독립·해방·통일의 관점에서만 한국사를 해석하는 역사학자들 역시 이 같은 입장에서 자유롭지 못하다 할 수 있다.

은 박정희 정권을 민족의 이름으로 단죄하곤 했다.[37]

이 같은 맥락에서 박정희 정권에 대한 중요한 민주화 투쟁이, 일제에 대한 저항적 민족주의의 상징적 기념일인 3·1절에 중요한 선언서나 메시지를 발표함으로써 종종 전개되었다는 사실은 의미심장하다. 3·1정신은 민족주의는 물론 민주주의를 포함하지만, 3·1절에 발표된 민주화 관련 선언서들은 무엇보다도 민주화 투쟁의 정당성이 궁극적으로 민족주의로 귀결된다는 점을 극적으로 보여준다. 예를 들어 1975년 3월 1일 '민주회복 국민회의'가 발표한 「국민에게 보내는 메시지—56주년을 맞은 3·1절과 민주국민헌장 발표에 붙여」(김삼웅, 1984: 256-258)는 "선열들이 그토록 희원하던 자주와 자립"이 일본 자본을 끌어들인 매판적 박정희 정권에 의해 유린당하고, "선열들이 외쳤던 국민의 기본적 자유는 이 민족 아닌 동족의 독재정권에 의하여 무참히 짓밟히고" 있다고 비난함으로써 반민족적·반민주적 박정희 정권이 저항적 민족주의의 타도 대상임을 천명했다. 또한 민주화 세력이 유신 시절은 물론 제3공화국 시절에, 3·1절뿐만 아니라 다른 일자에 발표한 선언서들 역시 단순히 '민주주의'를 외치는 데 그치지 않고 '위기에 처한 국가를 구하자'는 '구국'—"구국 비상결의", "구국투쟁", "구국 선언문", "구국대열", "구국기도", "민주구

---

37) 예를 들어 1964년 '한일 굴욕회담 반대 학생총연합회'가 발표한 「민족적 민주주의를 장례한다」라는 유명한 선언서는 '한일 굴욕회담'을 '반민주성'보다는 '반민족성'에 초점을 맞추어 규탄했던바, "민족적 양심" 등 다양한 어휘로 민족주의적 논리와 수사를 동원하여 '민족적' 민주주의의 허구성을 비난했다(김삼웅, 1984: 41-42). 1967년 '서울대학교 문리대 학생회'가 발표한 「6·8 부정선거를 통탄한다」(김삼웅, 1984: 60) 선언문 역시 부정선거의 '반민주성'을 비판하는 논리를 펼쳤지만, 동시에 "민족정기" 운운하면서 "부정선거 주구들을 우리는 민족의 이름으로 서슴지 않고 단두대에 올리노라"라고 천명함으로써 '반민주'가 또한 '반민족'임을 선언했다.

국(선언)" 등—이라는 용어를 핵심어로 자주 사용했다.[38] 이러한 선언서들은 국가의 독립과 민족의 자유를 되찾기 위해 저항했던 일제 강점기를 명시적이든 묵시적이든 상기시키면서 독재정권에 투쟁할 것을 선언·촉구하고 있는 데, 독재적 집권세력은 이 점에서도 '반민주'일 뿐만 아니라 '반민족'으로 규탄되었다. 다시 말해, 민주화 세력이 민주화 투쟁을 구국적 차원에서 전개하고 모든 국민에게 호소함으로써 국민의 동원을 극대화하고자 했다는 점은 민주주의가 민족주의의 목표 가운데 하나임을 드러내는 동시에 민주화 투쟁의 궁극적 정당성이 민족주의임을 확인케 하는 것이었다.

이렇게 볼 때 '조국 근대화', '민족중흥' 등으로 요약되는 박정희의 민족주의 담론이 당대 한국정치에서 전일적으로 군림한 것은 아니었다. 박정희 정권을 공격하고 비판한 반대 세력이 내놓은 저항 담론 역시 그 정당성의 근거와 호소력을 필경 민족주의에서 구하고 있었기 때문이다. 따라서 정당성의 궁극적 원천으로서 민족주의는 박정희 정권만이 독점할 수 있는 것이 아니었다. 민족주의는 박정희 정권 반대자들 역시 정권을

---

38) 물론 박정희 역시 '구국'이라는 단어를 애용했다. 그는 5·16 군사쿠데타를 "민족재활의 구국운동"(2: 1097, 「5·16민족상 수상식 치사」, 1967/05/16)이라는 식으로 빈번히 추켜세웠고, 충무공 등 국난 극복에 앞장선 역사적 인물이나 의병, 윤봉길 의사 등 독립운동가들을 언급할 때도 '구국'이라는 용어를 자주 사용했다. 특히 충무공은 "애국애족"의 대명사이자, "구국의 영웅"이었다(예컨대 3: 217, 「충무공탄신 제423주년 기념일 기념사」, 1968/04/28). 박정희는 3·1운동도 "거족적 구국투쟁의 금자탑"으로 찬양했다(3: 711-712, 「3·1절 경축사」, 1970/03/01). 따라서 박정희에게 외적의 침략에 맞서고 나라의 독립을 위해 용감히 목숨을 바친 사람들은 모두 '구국' 또는 '호국' 영령이었다. 또한 박정희는 1976년 초에 10월 유신 체제를 "압도적 다수 국민이 염원하는 참다운 구국의 길"이며, 이에 대한 국민의 지지를 "구국 의지의 발로"라고 정당화했다(5: 38, 「제3차 통일주체국민회의 개회사」, 1976/02/16; 5: 29, 「연두기자회견」, 1976/01/15). 이런 점을 볼 때, '구국'이라는 단어는 박정희와 그의 반대자들이 공유하는 민족주의의 상징어였다.

겨냥해 휘두를 수 있는 양날의 칼이었다. 이로 인해 민족주의는 정권과 그 저항세력이 치열하게 맞붙는 격렬한 담론투쟁의 장이 되었다.

3

민주화 이후
한국 현대 정치사상

제8장

결론
민주화 이후 한국 현대 정치사상의 흐름

　필자는 제1부에서 한국 현대 정치사상의 흐름에서 발견되는 주요한 특징을 서술했다. 먼저 해방 직후부터 최근까지 한국 현대 정치사상의 흐름을 개관하고, 이어서 민주화 이전 시기까지 현대정치 이념적 지형의 특징으로 '비동시성의 동시성'과 '민족주의의 신성화'를 부각시켰다. 그 과정에서 비동시성을 세계체제와 세계사적 측면에서 주변부 후발국인 한국과 중심부 선발국인 서구의 시간적·공간적 격차에서 빚어지는 구조적 조건으로, 민족주의의 신성화를 그러한 구조적 조건과 19세기 말 이래 한국이 겪은 독특한 역사적 경험이 한데 어우러져 형성된 내용적 특징으로 파악했다.

　제2부에서는 한국 현대정치에 막강한 영향을 미쳤고, 현대사 해석과 관련해서도 치열한 논쟁의 중심에 서 있는 박정희 대통령의 정치사상을 한국 현대정치를 구성하는 주요 이념, 곧 자유(민주)주의·보수주의·급진

주의(반급진주의로서의 반공)·민족주의의 관점에서 조명했다. 이와 동시에 제1부에서 필자가 제시한 두 가지 중요한 특징, 곧 비동시성의 동시성과 민족주의의 신성화가 박정희의 사상에 어떻게 투영되었는지를 검토했다. 물론 이 같은 검토는 두 가지 특징이 박정희의 정치사상에 오롯이 관철될 것이라는 (순진한) 가정하에 최선의 사례로서 그의 정치사상을 선택해 이루어진 것은 아니었다. 다만 필자는 박정희의 정치사상이, 그의 개인적 사상이든 아니면 당대 우파 보수 세력의 사상을 대변한 사상이든, 구조적 조건과 내용적 특징을 전적으로 비켜 갈 수 없었으며, 오히려 그런 조건과 특징을 매개하면서 발현될 수밖에 없었다고 생각했기 때문이다.

이 책을 마무리하는 장에서 이제 필자는, 제1부의 주제, 곧 1987년 민주화 이후 지난 25여 년 동안 민주화 이전 한국정치 이념적 지형의 특징인 비동시성의 동시성과 민족주의의 신성화에 어떤 변화가 일어났고 그 전망은 또 어떠한지에 대해 논할 것이다. 이어서 제2부의 주제, 그러한 구조적 조건을 매개하면서 발현되었던 박정희의 정치사상이 민주화 이후 어떤 변화의 궤적을 그려왔고, 향후 어떤 유산으로 남아 있을 것인가를 검토하겠다.

이 장에서 필자가 제시하는 기본적인 주장은 이제 한국정치가 근대화와 민주화라는 과제를 기본적인 수준에서 마무리하고 세계화·정보화라는 전 지구적 대변환에 합류함에 따라 이념적 지형의 구조적 특징인 비동시성의 동시성이 완화 또는 해소되고, 나아가 이로 인해 민족주의의 신성화 역시 전반적이고 점진적으로 약화되고 있다는 것이다. 민족주의의 신성화의 약화는, 남한에서 이제껏 추진된 근대화 및 민주화에 대한 민족주의적 열망과 대조적으로, 두 과제(근대화, 민주화)의 성취 이후 목격되는 통일에 대한 민족주의적 열망의 감소라는 역설적 현상에서 가장 뚜렷하게 발견된다. 또한 두 과제의 성취 이후 한국사회가 개방사회로 전환되고, 이와 맞물려 진행되는 세계화와 정보화라는 전 지구적 변환 역시 통일 민족주의는 물론 민족주의 일반의 약화 현상에 큰 영향을 미치고 있다. 이와 관련해 최근 국내학계에서 대두하는 민족주의의 신성화에 대한 비판 또는 이른바 '탈민족론'을 간략히 소개하도록 하겠다. 물론 민족주의의 신성화를 유지시키는 변수들 역시 무시할 수 없다. 남북한 사이 적대적 분단의 지속, 분단에 대한 미국 책임론 및 통일 문제, 일제 강점기에 대한 과거사 해석과 정리 및 과거 독재정권 시기에 대한 과거사 정리의 대내외적 미해결 때문에, 이에 기반을 둔 저항적 민족주의의 신성화는 상당 기간 여전히 강한 영향력을 행사할 것이다.[1] 나아가 최근 동북아시아에서 한·중·일 3국 간에 영토분쟁과 역사분쟁을 중심으로 격화되고 있는 민족주의적 대결 역시 민족주의를 강화시킬 수 있는 잠재력을 보지(保持)하고 있다.

필자는 바로 이와 같은 이유로 민족주의의 '강화'와 민족주의의 '신성화'를 명확히 구분하여 인식한다. 가까운 미래에 대내외적인 이유로 한

---

1) 여기서 자세히 논하지는 않겠지만, 2005년부터 한국사회에서 진행된 고등학교 한국사 교과서를 둘러싼 격렬한 논란의 중심에도 '민족주의의 신성화'가 자리 잡고 있다. 2000년대 중반부터 뉴라이트 계열 등 보수 세력은 금성출판사가 출판한 『고등학교 한국 근·현대사』 교과서를 친북적·반미적임은 물론 대한민국의 역사와 정체성을 부정하고 위협하는 것이라 비판하고, 그 대안으로 자신들의 견해를 담은 『대안교과서 한국 근·현대사』를 2008년에 출간했다. 그 후 2013년 뉴라이트 계열의 지식인들이 기존의 시도를 더욱 발전시켜 『고등학교 한국사』 교과서를 집필하여 국사편찬위원회의 검정을 통과한 후 교학사를 통해 발간했는데, 교과서가 나오자마자 다수의 역사학자들은 그 교과서를 일제의 식민지 지배와 친일파를 미화하고 이승만·박정희 등 독재 세력을 옹호하는 등 역사를 왜곡했다고 격렬하게 비판했다. 이 논란은 언론에서 종종 '역사 전쟁', '역사 교과서 전쟁', '교과서 전쟁'이라 불리기도 한다. 이에 대해서는 전재호(2010), 이준식(2013), 홍석률(2013) 등을 참조할 것.

국 민족주의가 새롭게 강화될 수 있겠지만, 그 민족주의는 산업화·민주화의 성공, 북한에 대한 결정적 우위의 확보, 지구화·정보화에 따른 개방화로 인해 과거처럼 강한 신성성을·유지할 수 없을 것이라고 보기 때문이다. 다시 말해 '민족주의의 신성화'의 약화는 그것에 수반해 한국정치의 이념적 지형을 규정했던 민족주의에 의한 여타 이념의 중층결정이나 민족주의 내에서의 과잉결정이 더 이상 과거에 그랬던 것처럼 강력하게 작동하지 않는다는 점에서 확인될 것이다.

또한 필자는 보수우익 세력의 이념을 대변하고 조형했던 박정희의 정치사상 역시 상당 부분 두 가지 구조적 특징, 곧 비동시성의 동시성과 민족주의의 신성화를 반영한 것이기 때문에, 그 특징의 약화는 물론 전반적 민주화로 인해 장기적으로 퇴조할 수밖에 없다고 예상한다. 그러나 분단의 지속과 그 과정에서 형성된 강력한 유산을 중심으로 응축된 반공주의(반북, 종북 논란 등)는 당분간 완강하게 지속되리라 전망한다. 아래에서 이러한 내용을 좀 더 상세하게 제시하고자 한다.

1. 비동시성의 동시성

제3장에서 필자는 민주화 이전 한국 현대정치 이념적 지형의 구조적 특징으로 에른스트 블로흐(Ernst Bloch)가 고안한 '비동시성의 동시성' 개념을 '세계사적 시간대와 일국사적(=한국사적) 시간대의 교차와 불일치가 빚어낸 일방에 의한 타방의 압도·반발·변이'라는 개념으로 수정·적용해 이념적 지형의 다양한 측면을 조명했다. 그러나 이제 민주주의의 공고화와 함께 한국정치의 이념적 지형이 서구에 점진적으로 수렴함으

로써 비동시성의 동시성이 점차 약화되고 있다는 것이 필자의 판단이다. 이를 설명하기 위해 먼저 필자는 현대 한국정치 일반에 나타난 세계사적 시간대와 일국사적 시간대의 상호작용을 유형화해 살펴보고, 이어 정치이념에서 비동시성의 약화를 개괄적으로 서술한다. 마지막으로 필자는 비동시성의 변증법이 단순히 비서구 후발국에서만 발견되는 현상이 아니라, 1930년대 나치 독일에서는 물론 20세기 말 냉전의 종언 이후 유럽에서도 목격되는 일반적 현상이라는 점에 주목하면서 그 함의를 음미하고자 한다.

1) 세계사적 시간대와 일국사적 시간대의 상호작용: 다양한 양상

해방 이후 지난 70년 동안 한국사회의 경험을 돌이켜 볼 때, 우리는 세계사적 시간대와 일국사적 시간대의 상호작용에 관한 몇 가지 유형을 상정해 간략한 설명을 시도해 볼 수 있다. 그 유형으로는 세계사적 시간대가 한국사적 시간대를 진보적으로 압도한 경우, 세계사적 시간대가 한국사적 시간대를 보수적으로 압도한 경우, 한국사적 시간대가 세계사적 시간대의 압박에 성공적으로 저항한 경우, 그리고 비동시성의 동시성의 점진적 해소 또는 두 시간대의 수렴을 생각해 볼 수 있다. 이제 이런 유형들에 대해 고찰해 보자.

먼저 세계사적 시간대가 한국사적 시간대를 진보적으로 압도한 경우로는, 해방 후 분단과정에서 남한과 북한에 각각 자유민주주의 체제와 공산주의 체제가 들어선 사실을 지적할 수 있다. 당시 남한의 제헌헌법에 선언된 체제는 기본적으로 혼합경제 지향적인 자본주의와 민주주의 정치질서였다. 그러나 당시의 사회경제적 여건을 고려할 때, 곧 한국사적 시간대에 비추어 볼 때, 민주주의는 물론 자본주의 체제 역시 남한의 정치와 사회를 혁신적으로 개조해서 장차 실현해야 할 체제였다.[2] 또한 북한에 도입된 공산주의 체제 역시, 해방 후 북한사회의 일국사적 시간대에 따라 인과적으로 도달한 것이라기보다는 (마르크스-레닌주의적으로 규정된) 세계사적 시간대의 진보적 압도에 따라 목적론적으로 도입된 체제였다.[3]

그렇다고 해서 세계사적 시간대에 의한 진보적 견인이 미군정이나 소련 점령군 등의 정치적 전략과 활동에 의해 일방적으로만 이루어진 것은 아니었다. 남한의 경우에는 자본주의-자유민주주의보다 더 급진적인 사회주의 혁명의 가능성을 차단하기 위해 급진 좌파와 일부 민족주의자들을 배제하는 가운데 보수적 우익 세력이 자유주의적 진보에 편승했다. 또한 19세기 말 조선에서 진행된 자유주의적 개화운동과 애국계몽운동이 자유주의와 민주주의를 지향하고 있었고, 나아가 일제 강점기에 상해 임시정부를 중심으로 진행된 정치이념의 전개과정 역시, 대표적으로 조소앙이 주창한 삼균주의가 시사하듯이, 혼합경제와 민주주의 체제를 중심으로 합의가 형성되고 있었다. 따라서 제헌헌법에 도입된 정치경제적 체제가 전적으로 한국의 이념적 지형에 낯선 것은 아니었다는 인식은 타당하다. 그리고 헌법 제정과정에서 한국정치의 이러한 내재적 발전이 반영된 것은 물론이었다.[4] 북한 역시 남한과 반대 방향에서 김일성을 비롯

---

2) 여기서 다루는 많은 부분이 이미 3장에서 살펴본 것이다. 따라서 앞에서 지적된 부분들은 반복을 피하기 위해 여기서 자세히 논하지는 않겠다.
3) 물론 세계사적 시간대가 일국사적 시간대를 진보적으로 압도한 현상이 과거에만 국한된 것은 아니다. 현대 한국사회에서 (특히 급진적 부류의) 페미니즘과 생태주의 사상의 도입과 확산 역시 일국사적 시간대보다는 세계사적 시간대의 진보적 견인에 힘입은 바가 크다고 해석할 수 있다. 그 경우 조숙한 이념적 감수성을 가진 일부 지식인과 활동가들이 진보적인 세계사적 시간대에 편승해 국내에서의 수용과 확산을 주도했다고 풀이할 수 있다.

한 좌파 세력이 우파와 일부 민족주의자들을 배제한 가운데 사회주의적인 세계사적 시간대에 탑승한 것으로 보아야 한다.

물론 세계사가 단선적인 진보로 움직이는 것은 아니기에 세계사적 시간대가 한국사적 시간대를 보수적으로 압도하는 경우 또한 상정할 수 있다. 이런 예를 1980년부터, 특히 사회주의권의 붕괴와 그로 인한 냉전의 종언 이후 더욱, 본격화된 복지국가론의 후퇴와 신자유주의의 세계화가 한국정치의 이념적 지형에 미친 충격에서 어렵지 않게 발견할 수 있다. 한국정치는 민주주의의 발전이라는 시간표에서 김영삼 정부를 지나면서 적어도 민주주의로의 이행과 정착(공고화)을 완료하고 민주주의의 심화를 지향하는 단계에 진입했다고 해석할 수 있다.[5] 민주주의의 심화를 위해서는 민주적 참여의 확산과 사회경제적 평등의 내실화가 필요했고, 이를 위해서는 사회복지제도의 도입과 강화가 필수적으로 요청되었다. 그러나 김영삼 정부 때부터 세계사적 시간대에 따라 본격적으로 도입된 신자유주의와 여기서 파생한 '국가경쟁력강화' 담론은 이런 민주주의의 심화를 탈의제화하면서 한국사적 시간대를 보수적으로 압박했다. 더욱이 1998년 출범한 김대중 정부는 김영삼 정부의 말기인 1997년에 밀어닥친 외환위기를 극복하는 과정에서 국제통화기금(IMF)이 강제한 신자유주의적 구조조정을 전격적으로 받아들일 수밖에 없었다.[6] 즉 세계사적 시간

---

4) 제헌헌법의 제정과정에 대한 탁월한 연구로는 서희경(2012)을 참조할 것.
5) 필자의 이 같은 서술은 서구중심적인 목적론적 역사관에 입각해 있다는 비판에서 자유롭지 못할 것이다.
6) 잘 알려져 있다시피, 신자유주의는 국가권력의 시장개입에 반대하며, 자유시장과 규제완화, 재산권을 중시하는바, 이에 따라 근로의욕을 감퇴시키고 국가의 재정지출을 증대시키는 사회복지제도에 반대한다. 따라서 국가개입의 축소, 시장기능의 활성화, 공기업의 민영화, 노동시장의 유연화 등을 주장한다.

대에 출현한 신자유주의가 한국사회에 그대로 수용되면서 이른바 복지국가 단계를 생략한 신자유주의 체제가 탄생한 것이다.

물론 신자유주의의 수용에 따른 한국정치의 변화가 세계사적 시간대의 일방적 압박에 의해서만 이루어진 것은 아니다. 한국의 경우에는 장기간에 걸친 국가주도의 경제발전에 따라 국가의 불필요한 통제와 규제가 시장과 기업 활동의 자유를 위축시킨 것도 사실이었다. 이에 따른 정경유착과 부정부패의 만연 및 불투명한 경제활동이 한국경제의 효율성과 대외신인도를 떨어뜨리고 있었다. 따라서 국가의 개입과 규제를 축소하는 한편 경제의 투명성과 시장경쟁의 활성화를 확보하는 일 역시 한국경제의 선진화를 위해 어느 정도 필요한 조건이었기 때문에 신자유주의의 도입이 일국사적 시간대에서 볼 때, 역설적으로, 얼마간의 진보성을 담지하고 있는 면도 있었다. 그리고 이 같은 논리와 주장에 편승해 뉴라이트 계열 지식인 등 일부 보수적 지식인과 정치인 및 경제계는 신자유주의의 수용과 확산에 앞장섰던 것이다.

그렇다 해도 복지제도가 부재한 상황에서 성급한 노동시장의 유연화는 무엇보다도 사회경제적 평등을 급격하게 악화시킬 것임이 분명했다. 김대중 정부 역시 국제통화기금의 압박에 따라 급진적으로 추진된 구조조정이 초래한 빈부격차의 심화와 그에 따른 사회적 갈등의 분출을 완화하기 위해 국민기초생활보장제도 도입, 국민연금 확대, 의료보험 개혁 등 복지제도의 신설 및 확충을 추진했다. 이렇게 보면 한국은 신자유주의의 도입과 함께, 그 폐해를 완충하기 위해, 사회복지제도가 보강되었다는 역의 코스를 밟았다. 이에 대해 손호철은 "…… 서구는 복지국가가 신자유주의로 '후퇴'해왔다면, 우리는 복지국가의 부재에서 출발해 신자유주의적 복지국가로 '전진'해오고 있다"라고 예리하게 표현한 바 있다

(손호철, 2011: 667-668).

따라서 민주주의와 관련하여 서구 선발국과 한국의 궤적을 비교해 보면 흥미로운 대조를 보여 준다. 서구는 "과두적 자유주의 → 자유민주주의 → 복지국가적 자유민주주의(또는 사회민주주의) → 신자유주의"라는 궤적을 밟은 반면에, 한국은 '복지국가' 단계를 생략당한 채 "냉전반공 자유민주주의(또는 권위주의) → 자유민주주의 → 신자유주의(+복지의 확대)"라는 궤적을 밟게 되었다.[7] 서구의 경우에는 비록 신자유주의의 도입이 사회복지제도의 대폭적인 축소를 기도했지만, 그렇다 하더라도 계급 간의 (한국과 비교해 상대적으로) 대등한 세력배치나 이미 정착된 사회복지제도 등으로 인한 반발이 거셌기 때문에, 신자유주의의 도입에 따른 폐해와 충격이 완화되었다. 그러나 본래부터 사회복지제도가 미비하고 계급 간의 세력배치가 노동계급에게 불리하게 형성된 한국과 같은 상황에서 신자유주의의 조숙한 도입으로 빚어진 폐해는 서구보다 훨씬 더 심각한 충격을 초래하지 않을 수 없었다.

그러나 현대 한국사에서 정치사상의 흐름이 항상 세계사적 시간대에 압도당한 것만은 아니었다. 오히려 한국사적 시간대가 세계사적 시간대의 압박에 성공적으로 반발하면서 일국사적 시간대를 주장·고수한 경우도 있었다. 우리는 이런 사례로 1980년 광주 민주화운동과 이를 탄압한 전두환 군부정권의 수립을 겪으면서 1980년대에 급속하게 진행되었던 좌파 사상 및 급진 민족주의 사상의 대두와 확산, 그리고 냉전체제의 붕

---

7) 영국의 선발적·역사적 경험을 중심으로 마셜(T. H. Marshall, 1965)이 정리한 바에 따르면, 서구의 선발국은 시민권(citizenship)의 차원에서 "인권 → 참정권 → 사회적 권리(복지권)"로의 이행이 이루어졌다가 신자유주의에 의해 '사회적 권리'가 부분적으로 회수된 반면, 한국은 민주화 이후 '사회적 권리'의 확보 자체가 상당 부분 저지되었다고 할 수 있다.

괴 이후에도 지속되는 남북한 간의 적대적 대립상태를 들 수 있다.

먼저 1980년내에 남한에서 분출한 좌파 사상 및 통일지향적 급진민족주의는, 해방공간에서 남북한의 분단정부 수립 과정에서 궤멸되었던 좌파 사상과 급진 민족주의 사상의 '복고적 재출현'이라는 점에서 무엇보다도 세계사적 시간대와는 괴리된 것이었다. 잘 아는 바와 같이, 해방공간에서 좌파 사상과 통일지향적 민족주의 세력은 일시적으로 정치적 활동의 자유를 누렸지만, 전 세계적 냉전체제의 형성과 남북한에서 적대적 분단국가의 수립, 6·25 전쟁, 남한 내 반공체제의 강화와 지속 등으로 철저하게 억압·배제되었다. 반면에 1980년 전두환 체제의 등장은 1980년대에 급진적인 변혁운동이 출현하는 도화선이 되었다. 그러나 역사적으로 사회주의 혁명이 산업화와 도시화가 고도로 진척되지 않은 자본주의 초기 단계에서 일어났다는 점, 1980년대 중반부터 진행된 소련의 페레스트로이카(Perestroika) 정책 등 공산권의 개혁·개방 정책이 결과적으로 사회주의권의 붕괴로 귀결되었다는 점, 1978년 이후 진행된 중국의 개혁·개방 정책 역시 자본주의에 대한 대안으로서 사회주의 이념의 포기로 이행하고 있었다는 점 등을 상기한다면, 한국에서 일어난 급진 민족해방운동과 혁명적 사회주의 운동의 출현은 세계사적 시간대와 동떨어진 복고적인 움직임이라 할 수 있었다. 변혁 세력의 문제의식은 남한의 독재체제와 분단구조의 재생산에 미국이 지속적으로 관여하고 있고, 민주화와 통일을 추진하기 위해서는 한국의 경제구조와 미국의 역할을 근본적으로 재검토해야 한다는 것이었다. 물론 이 같은 주장은 한국사적으로 적실성을 확보하고 있었을지 모르지만, 그렇다고 그 해결책을 급진적 민족해방이나 사회주의 혁명에서 찾는 것은, 후일의 역사의 진행이 보여 주듯이, 세계사적 시간대와 엇박자로 움직인 시대착오적인 현상으

로 판명되었다.[8]

둘째로, 냉전체제의 붕괴에도, 같은 민족으로 구성된 한반도에서 분단된 두 국가 사이에 지속되는 적대적 대립과 긴장 역시 한국사적 시간대가 세계사적 시간대에 완강하게 저항하는 현상을 보여 준다.[9] 물론 김대중─노무현 정부에서 진행되었던 대북 화해정책으로 조성된 남북한 사이의 긴장완화는 한때 세계사적 시간대와 한국사적 시간대의 수렴을 시사하는 조짐으로 보이기도 했다. 그러나 이들 두 정부의 대북 화해정책으로 오히려 '남남갈등'이 고조되었고, 북한이 지속적으로 추진한 핵·미사일 개발과 실험 역시 남북관계를 경색시켰다. 이명박 보수정부의 복귀와 함께 북한이 보여 준 호전적인 대남도발과 3대에 걸친 세습 독재체제(또는 '가족사회주의')의 구축으로 남북한의 적대적 대립은 여전히 완강하게 지속되고 있으며, 이 점에서 남북한 관계는 냉전적 시간대를 녹이지못하고 있다.[10] 또한 분단체제의 이러한 지속은 나중에 논하는 민족주의의 신성화의 전반적 약화에 대한 강력한 제동장치로 작용하고 있고, 이승만·박정희 체제가 그 기본 구도를 형성한 반공주의의 퇴장을 결정적으로 가로막고 있다.

---

8) 이에 대한 적절한 논의로는 김동춘(1996b; 1997b)을 참조할 것.
9) 그러나 1990년대 중반에 체제 붕괴의 위기에까지 몰렸던 북한정권의 지속이 장기적으로 중국의 정치경제적 지원에 힘입은 것이고 이로 인해 과거 냉전체제의 유산인 분단이 '갱신'되고 있다는 해석이 가능하다면, 이제 분단체제의 지속은 동아시아에서 미국과 중국을 중심으로 새롭게 형성되는 세계질서의 양강(G2) 구도에 예시적(豫示的)으로 부합하고, 따라서 세계사적 시간대와 엇박자로 움직이는 게 아니라 그 시간대에 선행적으로 동조하는 일이라고 풀이해도 될 것이다. 이와 관련해 해방 직후 미·소의 한반도 분할점령이 냉전체제의 결과가 아니라 그 수립에 선행했다는 역사적 사실을 상기하는 것은 중요하다.
10) 그러나 만약 2013년 말 북한의 2인자 장성택의 돌발적인 처형이 일부에서 주장하는 대로 김정은 체제의 동요와 불안정성을 시사하는 신호탄이라면, 북한의 급변사태에 따른 분단

세계사적 시간대와 일국사적 시간대의 충돌에서 어느 일방에 대한 타방의 압도나 반발 이외에도 우리는 비동시성의 동시성의 해소를 통한 양자의 수렴이라는 새로운 현상을 목격하고 있다. 즉 1980년대 이후 한국사회의 정보사회로의 선도적 진입, 민주주의의 정착, 선진국 클럽인 경제협력개발기구(OECD) 및 세계무역기구(WTO)의 가입과 적극적인 자유무역협정의 체결 등 선진국 경제로의 진입, 신자유주의의 수용, 대중적 소비문화의 전 세계적 동시화, 이주노동자와 국제결혼 배우자 등의 유입에 따른 다문화사회의 도래 등은 한국사회의 많은 현상이 이제는 세계사적 시간대와 일국사적 시간대가 수렴하는 지점에서 일어나고 있음을 보여 준다. 다시 말해 한국사적 시간대와 세계사적 시간대의 공유지점이 확충되면서, 이제 한국인들은 세계사적 시간대에 적극적으로 동참하고 또 그것을 향유할 수 있게 되었다.[11]

이런 현상은 무엇보다도 20세기 후반부터 진행된 시공간적 장벽의 약화나 소멸로 요약되는 세계화·정보화라는 전 지구적·혁명적 변환에서 비롯하는 것이다. 그러나 한국이 1960년대부터 추진한 '근대화'라는 서구 따라잡기식 발전에서 눈부신 성공을 거두었다는 일국적 요인도 무시할 수 없다. 민주화와 경제발전에서 얻게 된 확신을 바탕으로 김영삼 정부가 1995년부터 '세계화'를 국정 목표로 설정하고 구체적인 정책을 본격적으로 추진한 사실은 한국에서 세계사적 시간대와 일국사적 시간대의 수렴이 본격적으로 시작되었음을 극적으로 알리는 신호탄이었다. 본래 세계화의 '세계'에서 '세(世)'는 시간(또는 시대)을, '계(界)'는 공간을 지시하는

체제의 일방적 붕괴나 해체가 불가능한 것은 아니다.

11) 조금은 다른 시각에서 사회학자 조희연 역시 민주화 이후 한국사회가 겪는 변화를 논하면서 이를 "정상성" 또는 "정상국가"란 개념으로 요약한 바 있다(조희연, 2004a).

개념으로서 세계는 동일한 시간과 공간을 공유하는 인간의 거소(居所)를 의미한다. 따라서 박정희 정권 이후 추진된 '근대화'가 한국이 세계사의 '과거'와 '주변부'에서 '현재'와 '중심부'로 진입하기 위한 서구 따라잡기식의 변화, 곧 비동시성의 동시성을 타개하기 위한 변화를 지칭했다면, '세계화'는 이제 그 변화를 성공적으로 완료했다는 인식, 한국이 시간과 공간에서 (물론 서구 주도의) 세계와 동조화되었다는 인식과 지향을 시사한다. 1970년에 박정희 대통령이 1960년대 거둔 급속한 경제성장에 고무되어 이제 우리나라가 "아시아 속의 한국"에서 "세계 속의 한국"이 되었다는 표현을 자랑스럽게 사용한 데 반해(3: 885, 「제2회 모범공무원 포상식 치사」, 1970/12/17.), 그로부터 40년이 지난 2009년 8월 15일 광복절 경축사에서 이명박 대통령이 선진화 담론을 앞세우며 "세계 속에 우뚝 선 대한민국을 만들자"라고 다짐한 데서도 이 같은 인식의 변화가 재차 확인된다.[12]

2) 민주화 이후 '비동시성의 동시성'의 약화

1987년 이후 진행된 민주화와 함께 한국정치의 이념적 지형에서 목격되는 최근의 새로운 변화 역시 비동시성의 동시성의 점진적 해소를 보여준다. 권위주의 시대 이념적 지형의 가장 큰 특징이었던 권위주의와 자유민주주의라는 이중적 질서의 중첩적 병존 현상이 거시적 차원에서 해소되었고, 이에 함께 비동시성의 변증법 또한 현저히 약화되고 있기 때문이다.

가령 민주화 이후 25여 년이 경과한 현 시점에서 한국 국회에서 활동

---

12) 이명박, 2009(「제64주년 광복절 경축사」, 2009/08/15, http://www.pa.go.kr/online_contents/speech/speech02/1330170_6175.html).

하는 정당의 이념적 분포를 본다면, 전체적으로 한국의 정당 구도는 서구의 민주국가, 그중에서도 사민주의적 정당과 자유주의적 정당이 양당 체제를 형성하는 유럽의 정당 구도가 아니라 진보적 자유주의 정당과 보수적 자유주의 정당이 양당 체제를 형성하는 미국의 정당 구도에 수렴하는 현상을 보이고 있다.[13] 이 구도는 선거를 통한 최초의 평화적 정권교체가 일어난 김대중 정부와 뒤이은 노무현 정부 등 개혁적 민주정부가 들어서면서 기본적 모양새를 갖추기 시작했다. 그리고 2004년 17대 총선에서는 진보적 자유주의 정당이자 여당인 열린우리당이 처음으로 다수당(152석)으로 부상하고 (권위주의적 집권세력의 후계자인) 보수적 자유주의 정당이자 전통적으로 다수당이었던 야당인 한나라당이 소수당(121석)으로 자리바꿈하는 이변이 연출되는 한편, 한국 선거 역사상 처음으로 사회민주주의적인 민주노동당이 일약 제3당(10석)으로 부상하고, 한나라당보다 더 보수적인 자유민주연합(4석)이 포진하게 되었다. 이후 한국정치의 정당구도는 기본적으로 보수적 자유주의 정당과 진보적 자유주의 정당이 경합하는 양당제로 자리 잡는 한편, 약간의 이념적 다양성을 갖추게 되었다. 2012년 19대 총선에서도 보수적 자유주의 정당이라 할 수 있는 새누리당이 2008년 총선에 이어 여당이자 다수당(152석)의 지위를 유지하면서, 진보적 자유주의 정당이라 할 수 있는 야당인 민주통합당(127석)과 경합하는 양당 구도가 실현되었다. 여기에 10석이 넘는 의석을 차지한 사민주의적 성격의 통합진보당(13석)과 보수주의적인 자유선진당(5석)이 자리 잡음으로써 이념적 다양성이 가미된 2004년의 구도를 기

---

13) 진보적 자유주의와 보수적 자유주의는 현재의 시점에서 수렴된 것이며, 실제로 87년 이후 양대 정당 혹은 세력의 이념적 분포가 변화와 부침을 거듭한 것이 사실이다. 따라서 진보적 자유주의와 보수적 자유주의라는 현재의 평가는 어느 정도 잠정적이고 유동적이다.

본적으로 유지했다.[14] 비록 앞서 지적한 정당들의 이념적 특징과 다양성이 일관되고 체계적으로 드러나는 것은 아니지만, 이들 정당이 정책이나 선거공약을 통해 어느 정도 식별 가능한 이념적 특징과 차이를 표출하고 있다는 점을 고려할 때, 적어도 민주적 선거를 통한 평화적 정권교체의 가능성과 정당체제에서 한국 민주주의와 서구 민주주의 사이에 존재하는 비동시성의 동시성 역시 크게 약화되었다고 평가할 수 있다.

이러한 정치상황은 21세기 한국정치의 전망과 관련해 민주화 이후 한국정치에서 진행 중인 정치이념의 거시적인 수렴과 분화가 향후 어떤 식으로 귀결될 것인가에 대한 흥미로운 질문을 제기한다. 4대 정치사상이 당분간 지속된다고 전제할 때, 이에 대해서는 두 가지 전망이 가능하다. 하나는 한국정치가 미국이나 일본처럼 보수적 자유주의와 개혁적 자유주의를 주된 대립축으로 하여 전개되는 것이고, 다른 하나는 서유럽의 주요 국가들처럼 자유주의와 사회민주주의를 주된 대립축으로 하여 전개되는 것이다. 현재의 시점에서 판단하건대, 한국인들이 지역주의의 오랜 유산과 강한 반공주의적 성향으로 계급의식이 약하다는 한국정치의 특수한 요인과, 사회주의권의 붕괴와 신자유주의의 득세로 인한 세계정치의 전반적 보수화를 감안하면, 전자의 전망이 현실화할 가능성이 높을 것으로 예상된다.

---

14) 그러나 총선 이후 통합진보당의 일부 의원이 탈당해 2012년 10월 진보정의당(나중에 '정의당'으로 개칭)을 창당하면서, 2012년 10월 현재 통합진보당은 6석, 진보정의당은 7석을 각각 차지하게 되었다.

3) 근대성에 상존하는 비동시성의 동시성?

마지막으로 영국 · 프랑스 등 선발 서유럽 국가와 한국 산 성치의 이념적 지형에서 드러나는 차이를 선명하게 대조하기 위해 사용한 '비동시성의 변증법' 개념의 이론적 한계를 지적하면서 이 논의를 마무리하고자 한다. 『탈근대주의, 또는 후기 자본주의의 문화적 논리(*Postmodernism, Or, the Cultural Logic of Late Capitalism*)』(1991)를 출판해 일약 탈근대주의에 대한 최고의 마르크스주의 이론가로 부상한 프레드릭 제임슨(Fredric Jameson)은 그 저서에서, 블로흐의 비동시성의 동시성 관념에 호소하면서 근대주의(modernism)를 "사회 발전의 불균등한 계기에 독특하게 상응하는 것," 다시 말해 "역사의 근본적으로 상이한 계기들에서 비롯되는 현실들의 공존"에 독특하게 상응하는 것으로 특징짓는다(Jameson, 1991: 307). 그의 언명은 이제껏 자신이 견결하게 옹호해 온 죄르지 루카치(György Lukács)의 "모든 것을 포섭하는 자본주의의 총체성" 관념, 곧 '동시성의 변증법'을 포기하고, 근대주의의 근본적 특징을 "에른스트 블로흐가 이른바 '비동시성의 동시성(Gleichzeitigkeit des Ungleichzeitigen)'이라고 부른 것, 곧 상이한 시대에서 비롯하는 경제구조와 사회문화적 구성체의 공존이 빚어내는 종종 혼란스러운 배치로 특징지어지는 역사적 상황에 해당하는 감성의 구조"라고 규정한 것이다(Durst, 2002: 171). 제임슨의 이 같은 놀라운 전환에 대해 데이비드 더스트(David C. Durst)는 그 주된 원인을 베를린장벽이 무너진 1989년 이후 탈근대적 서유럽이 새롭게 직면하게 된 부정할 수 없는 엄연한 현실, 곧 구사회주의권 국가들이 자본주의적인 불균등 근대화라는 고통스러운 전환 과정에 진입하게 됨으로써 유럽의 일부 지역에 자본주의적 근대가 귀환한 현실을 들고 있다(Durst, 2002: 171). 이처럼 과거의 때늦은 귀환에 직면해, 제임슨은 '총체성의 변증법'을 포기하고 '비동시성의 변증법'을 수용하지 않을 수 없었던 것이다.

그러나 지금까지 이 책에서 논의된 한국 현대정치의 이념적 지형에 대한 분석이 잘 보여 주는 것처럼, 근대성의 해석에서 제임슨이 보이는 최근의 놀라운 전환이나 그 전환의 이유에 대한 더스트의 해석조차도 다분히 서구중심적이라는 혐의를 면하기 어렵다. 한국정치를 포함한 비서구 세계의 다양한 정치적 경험이 보여 주듯이, 전 지구적 차원에서 근대성은 루카치가 말한 "모든 것을 포섭하는 자본주의의 총체성"이 아니라, '상이한 시간대의 동시적 존재와 그것들의 불균등 발전이 혼재하는 비동시성의 동시성'으로 체험된 것임이 분명하기 때문이다. 이 점에서 선발적으로 근대화를 추진한 서구 세계와 후발적으로 근대화를 추진해야 했던 비서구 다수 국가들에서 비동시성의 동시성은 이제 어느 정도 공통된 현상으로서, 양자의 차이는 '종류의 차이'가 아니라 '정도의 차이'에 근접하는 것으로 이해되어야 할 것이다.[15] 이 점에서 제임슨과 같은 서구 지식인들은 비서구 국가들이 일상적으로 경험했던 비동시성의 동시성을 구사회주의권의 붕괴 및 체제 전환과 함께 뒤늦게 발견한 셈이라고 할 수 있다.

이러한 성찰을 받아들인다면, 근원적인 차원에서 '비동시성의 동시성'이란 급속한 변화를 겪는 모든 사회에서 발견되는 보편적 현상이 아닌가'라는 반론이 제기될 법하다. 예를 들어, 자체적으로 변화를 성취한 ── 따라서 외부의 충격에 의해 비동시성의 동시성이 강압적으로 초래되지 않

---

15) 서구 자본주의 발전 과정에서 불균등한 발전 및 이로 인해 빚어진 비동시성의 변증법을 비판적으로 상기시킨 역작으로는 핼퍼린(Halperin, 1997)을 참조할 것.

은— 한 사회 내에서 공식적인 제도와 가치로 남녀평등이 강조되지만, 그 제도를 운영하고 가치를 실천하는 관행과 문화 및 일상생활은 여전히 가부장적으로 남아 있는 이중적 현상을 들 수 있다. 그러나 자생적이고 자족적으로 변화를 수행하는 사회에서 그런 비동시성의 변증법은 일시적으로 심각한 부작용을 수반하더라도 점진적인 타협과 학습을 통해 수렴과 동시화로 나아갈 개연성이 높다. 그리고 남아 있는 비동시성의 동시성은 근절되지는 않더라도 봉합된 상태로, 곧 사회의 대세를 좌지우지하지는 않는 수준에서, 사회 전반에 상대적으로 무해한 상흔(scar)으로 자리하게 마련이다. 이에 관해서는 현대 독일의 신나치주의자, 미국의 KKK단(Ku Klux Klan: 극단적 인종차별주의자) 등을 예로 들 수 있을 것이다.[16] 또한 "건축학적으로 서울은 전통적 요소, 근대적 요소, 탈근대적 요소가 공존하는 '비동시성의 동시성'을 특징으로 하는 도시다"라는 명제는 비서구권의 도시인 서울이나 베이징은 물론 서구권의 도시인 런던이나 파리에도 적용되는 언명으로서 '비동시성의 동시성'을 다분히 긍정적으로 평가하는 구절이라 할 수 있다.

그렇다 해도, 해방과 분단 이후 한국정치의 이념 전개 과정에서 목격된 '비동시성의 변증법'은, 한국이 독일 등 유럽의 후발 국가보다 훨씬 더 늦게 그리고 식민지 경험을 하면서까지 강압적으로 근대를 맞이했기 때문에, 훨씬 더 극렬하게 전개되었으며 그 부작용이 단기간에 집중적으로 분출해 이념적 지형을 뒤틀리게 했다고 해석할 수 있다. 그 결과 비록 민주화 이후에 한국 현대정치의 이념적 지형이 서구에 수렴하는 과정을 겪

---

16) 이에 대해서는 프랑스·독일 등 서유럽의 극우 세력이 유럽통합에 따른 사회적 양극화 및 이슬람권과의 갈등을 통해 오히려 새로운 문제로 급부상하고 있다는 반론도 가능할 것이다.

고 있기는 하지만, 그 지형은 비동시성의 변증법이 남긴 거의 반(半)영구적인 충격적 외상(trauma)을 간직하고 있으며, 이것이 예견 가능한 미래에 걸쳐 한국 현대정치의 이념적 특징을 구성한다고 할 수 있다.

2. '민족주의의 신성화'의 퇴조

한국 현대 정치사상사에서 민족주의는 보수주의·자유주의·급진주의 등 여타 이념보다 우월적 지위에서 그 이념들에 정당성을 부여하고 강화하는 궁극적 원천이었다. 근대화·민주화·통일 등 민족주의의 여러 과제 가운데서도 특히 정치적 단위와 민족적 단위의 일치를 추구하는 민족주의 본연의 과제인 통일지향적 민족주의가 민족주의의 다른 과제들을 압도하는 현상이 지배해왔다.

필자는 제4장에서 민족주의와 관련된 이념적 지형의 이런 특징을 '민족주의의 신성화'라는 명제로 상세하게 검토한 바 있다. 그러나 민주화 이후 25여 년이 지난 현재의 시점에서 볼 때, 전반적으로 민족주의적 열기가 서서히 식어 가고 있고, 민족주의의 과제로서 통일에 대한 열망도 점차 줄어들고 있으며, 이에 따라 민족주의의 신성화 역시 약화되고 있다는 것이 필자의 판단이다. 필자는 아래에서 통일 민족주의의 약화를 먼저 자세히 논하고, 지구화·정보화라는 전 지구적 변환과 관련해 민족주의적 열기의 전반적 감소를 간략히 진단할 것이다. 이어서 이러한 현실의 변화와 맞물려 최근 국내학계에서 부상하는 민족주의의 신성화에 대한 비판 또는 이른바 '탈민족론'을 간략히 논하겠다.

분단 이후 한국 현대사에서 '위로부터의 근대화(경제발전)'와 '아래로부터의 민주화'가 민족주의적 열망과 결합하여 열정적으로 추진되었지만, 민족주의는 통일의 열망과 결합되었을 때 그 신성화가 절정에 달했다.[17] 해방 직후 김구는 1947년 분단되어 가는 조국의 운명을 목전에서 지켜보며 이를 저지하려는 비장한 염원으로, 좌우의 이념대립을 혈통적인 민족이라는 영원한 바다에서 일어나는 "일시적인 풍파"에 비유하면서 민족주의를 신성화했다.

> 오늘날 소위 좌우익이란 것도 결국 영원한 혈통의 바다에 일어나는 일시적인 풍파에 불과하다는 것을 잊어서는 아니 된다. 이 모양으로 모든 사상도 가고 신앙도 변한다. 그러나 혈통적인 민족만은 영원한 성쇠흥망의 공동운명의 인연에 얽힌 한 몸으로 이 땅 위에 나는 것이다(김구, 1997: 370-371)

그로부터 거의 50년이 지나 민주화 이후 —또한 이승만 대통령 이후— 최초의 문민 대통령으로 선출된 김영삼 역시 '대통령 취임사'에서 북한의 김일성 주석에게 '언제 어디서라도 만나자'고 정상회담을 제의하면서 '동맹'이나 '이념'보다 '민족'이 더 소중한 가치라고 선언했다.

> …… 어느 동맹국도 민족보다 더 나을 수는 없습니다. 어떤 이념이나 어떤 사상도 민족보다 더 큰 행복을 가져다주지 못합니다(김영삼 1993, 「제14대 대통령 취임사」, 1993/02/25).[18]

---

17) 따라서, 제4장에서 살펴본 것처럼, 근대화를 추진하는 세력이나 민주화를 추구하는 세력 역시 각각의 과제를 통일을 위한 준비단계로 제시하지 않을 수 없었다.

통일지향적 민족주의자들에 의해 "분단 국가주의자"로 비판받는 박정희 또한 민족주의의 과제로서 근대화에 최우선순위를 부여했지만, 통일이 지상과제임을 강조했으며, 빈번히 통일의 "성업(聖業)"이라는 표현을 사용함으로써 통일 민족주의의 신성화를 강화하고 또 그것에 편승했다. 앞에서도 상세히 논한 것처럼, 박정희의 단계론적 통일론에 따르면, 민족의 지상과제인 통일은 남한이 경제성장과 근대화·민주주의를 성공적으로 성취하고 국제적 지위 역시 강화하여 모든 면에서 북한에 대해 주도권을 장악했을 때 비로소 성취할 수 있는 궁극적 과업이었다.

박정희의 이 같은 구도에 따르면 남한사회의 일각에서 북한체제의 조기붕괴론을 전망하던 1990년대 중반이야말로 통일을 위한 절호의 기회가 바야흐로 눈앞에 다가온 시기로 여겨지기도 했다. 1988년 서울올림픽을 성공적으로 개최해 자신감을 얻은 노태우 정부는 북방외교를 적극적으로 추진해 구소련(러시아)을 비롯한(포함한) 동구권 국가들은 물론 중국과 수교를 체결했고, 1991년에는 남북한이 유엔에 동시 가입했으며, 같은 해 12월에는 이른바 「남북기본합의서」가 체결되어 남북한 사이에 해빙 무드가 조성되었다. 김영삼 정부 역시 「대통령 취임사」에서 민족을 강조했고, 장기수 이인모를 조건 없이 북송했으며, 김일성과 정상회담을 추진했다. 그러나 1993년에 불거진 북한의 핵확산금지조약(NPT) 탈퇴와 핵무기 개발 의혹은 한반도의 긴장을 재차 고조시켰고, 1994년 6월 김일성 주석의 갑작스러운 사망 후 일어난 남한 내 김일성 '조문파동'은 남북관계를 극도로 경색시켰다. 이 시기 북한은 사회주의권의 붕괴로 인해

---

18) 김영삼, 1993「제14대 대통령 취임사」, 1993/02/25, http://www.pa.go.kr/online_contents/speech/speech02/1307797_6175.html#).

상대적으로 고립되었고 심각한 경제난에 봉착했으며 1990년대 중반 연이은 자연재해로 북한의 경제난과 식량난은 더욱 악화되었다. 이로 인해 1990년대 중반 남한사회에서는 북한의 조기붕괴론과 이에 따른 남한으로의 흡수통일 전망이 급속히 확산되기도 했다(전재호, 2012: 96). 하지만 김정일 체제가 안정을 되찾으면서 이러한 전망은 순전히 '희망사항'에 불과했던 것으로 판명되었다.[19]

앞서 살펴본 대로, 일본을 제외하고는 비서구권에서는 드물게 경제발전과 민주화라는 민족적 과제를 성공적으로 달성함으로써, 1990년대에 들어와 남한에서는 이제 통일이 민족주의의 최종적이자 최우선적인 과제로 부상했다. 그리고 1990년대 중반에 이르러 시민사회에서 통일운동에 대한 열기의 고조 및 남북한 간의 일시적인 해빙 무드의 조성과 함께 통일지향적 민족주의의 신성화는 한때 최고조에 이르는 듯 보였다. 그러나 현재의 시점에서 민주화 이후 지난 25여 년 동안의 경험을 돌이켜 보면, 바야흐로 통일이 지상과제이자 최우선과제로 부상하는 바로 그 시점에, 역으로 통일에 대한 기대와 전망이 점차 하강곡선을 그리기 시작하는 역사의 아이러니를 목격하게 된다. 동시에 통일 민족주의의 점진적 약화와 함께 민족주의의 신성화 역시 퇴조하는 듯하다.

통일 민족주의의 약화는, 무엇보다도, 분단 극복과 통일이라는 과제가 과거의 근대화(경제발전) 및 민주화와 달리 대중적 차원에서 강렬한 민족

---

19) 통일연구원의 자료를 분석한 전재호의 조사에 따르면, '10년 이내 통일 가능성'에 대한 응답률을 중심으로 보았을 때, "북한이 최악의 상태였던 1990년대 중반 통일에 대한 기대가 높았던 데 비해 김정일 체제가 안정되었던 1990년대 말에는 통일에 대한 기대가 낮아졌다." 이를테면, '10년 이내 통일 가능성'에 대한 응답률이 1994년에는 73.8%로 최고조에 달했던 데 반해, 1999년에는 30%로 하락했다(전재호, 2012: 96-97).

주의적 열기를 동원하지 못하는 현상에서 그 원인을 찾을 수 있다. 분단 직후 6·25전쟁을 겪으면서 일반 대중의 차원에서 통일 민족주의의 열기는 높았지만, 남북한의 대립이 지속되고 통일의 전망이 약화되면서 통일의 열망은 수그러들었다. 제2공화국 정부에서 일시적으로 통일운동이 고조되었지만, 쿠데타로 집권한 박정희 정권은 통일운동을 탄압하는 한편, 극심한 빈곤타파를 위해 경제개발을 최우선시하는 근대화 민족주의를 호명했고, 발전주의와 수출제일주의에 따라 전 국민을 '개발의 역군', '수출전사'로 동원하면서 근대화 민족주의의 신성화를 주도했다. 이후 박정희와 전두환의 권위주의 정권에 맞선 민주화운동 세력은 권위주의적 통치를 인민(=민족)의 주권을 짓밟는 반민족적인 것으로 규정하고 민주화운동을 일제하의 독립운동에 비견하는 '민족주의의 성전'으로 선포했다. 이러한 움직임은 1987년 6월 항쟁에서 절정에 이르며, 온 국민의 민주화 열기를 민족주의에 탑재해 분출하는 데 성공했다. 6월 항쟁 동안 '민주통일민중운동연합', '민주헌법쟁취국민운동본부' 등 민주화운동을 이끈 대표적인 사회단체들 또한 민주화와 민족 통일을 상호 불가분적으로 인식했다. 그들은 분단체제를 민주화의 최대 장애요인으로 지목했고, 외세와 독재자를 몰아내고 자주적 민주정부를 수립하는 것을 민족 통일의 첫걸음이라고 선언했다(하상복·김수자, 2009: 236-237).

위로부터의 근대화와 아래로부터의 민주화라는 두 흐름은 그 추진 주체와 목적 및 시기는 달랐지만, 이처럼 민족주의적 열망을 성공적으로 동원함으로써 소기의 성과를 거두었다. 한국사회에서 빈곤과 독재는 거의 온 민족(국민)이 공유하는 절박한 고통이었고, 그에 따라 '빈곤'을 타파하고 '독재'를 타도하는 문제는 민족의 '독립' 못지않은 민족주의적 과제로서 신성성을 획득할 수 있었다. 그러나 1990년대에 이르러 일정 부분 경제발전과 민주화라는 목표가 달성되자 이들 영역에서 민족주의가 가진 신성성은 크게 약화되었다. 또한 분단된 지 반 세기 이상이 흘러 대다수 한국인들이 분단에 익숙해지고 또 그것이 당연시되는 상황에 이르게 되면서 이제 민족 통일의 문제 역시 사실상 그 절박성을 상실한 듯하다.[20] 물론 사상과 표현, 집회와 결사의 자유를 포함한 정치적 비판과 반대의 자유를 가로막는 국가보안법이나 반공 이데올로기가 최근의 '종북 논쟁'을 통해 여전히 위세를 떨치고 있지만, 그렇더라도 과거 독재정권 시대와 달리 민주화 이후에는 그 폐해가 다른 시급한 일상적 과제에 비해 일반 대중들에게 절박하게 느껴지는 것은 아니다. 더욱이 과거에는 분단이 남한의 경제발전이나 민주화에 결정적 장애물이라는 주장이 설득력있게 제기되었고, 이로 인해 통일의 절박성에 대한 공감이 추가적으로 확산되기도 했지만, 분단상태에서 남한이 성취한 경제발전과 민주화는 —그 성과에 대한 비판은 차치하더라도— 결과적으로 그러한 주장을 기우에 불과하게 만들었다. 이처럼 분단의 악조건을 극복하고 나름 자랑할 만한 경제발전과 민주화를 성취했다면, 또 그 성과가 전반적으로 만족스러운 것이라면, 남한에 의한 흡수통일일지라도 정치적 혼란과 경제적 불안을 야기할 법한 통일을 남한 국민들이 적극적으로 환영한다는 것은 이제는 기대하기 어려워진 듯하다.

통일 민족주의의 약화는 통일에 대한 각종 국민의식 조사에서도 일관되게 확인되고 있다. 전재호는 「민주화 이후 한국 민족주의의 변화」에서 통일에 대한 한국인의 인식이 "'정서적'이고 '당위적'인 인식에서 '현실적'

---

20) 이러한 현상은 무엇보다도 남한의 인구구성에서 분단 이후 출생한 세대가 갈수록 압도적 다수를 차지하게 된 사실과 무관하지 않다.

이고 '소극적'인 인식으로" 변모했다는 점을 실증적으로 밝히고 있다(전재호, 2012: 95-100). 그는 1990년대 중반에 이르러 북한 조기붕괴론의 등장과 함께 통일 열망이 한때 고조되기도 했지만 1990년대 후반 김대중 정부가 대북 포용정책을 채택한 이후 통일에 대한 남한 국민의 의식이 점진적이고 소극적인 방향으로 움직이기 시작했음을 세 가지 논점을 통해 보여 준다. 첫째, 전재호는 이 같은 인식의 전환을 '10년 이내 통일 가능성'에 대한 응답률이 1994년에는 73.8%로 최고조에 이른 데 반해, 1999년에는 30%로 하락했다는 사실을 통해 보여 준다(전재호, 2012: 96-97). 또한 2002년의 한 조사에 따르면, '가능한 한 빠른 시일 안에 통일이 이루어져야 한다'는 응답은 불과 12.8%인 데 반해, '점진적인 통일'을 원한다는 응답이 61.6%로 절반을 넘었고, 심지어 '통일보다 남북한이 좋은 관계를 유지하면서 공존하는 것이 낫다'는 응답도 24.8%에 달했다(전재호, 2012: 97).[21]

두 번째로 주목할 현상은 2005년 실시한 조사에서 응답자 가운데 절대 다수(88.2%)가, 남북한 각각의 체제 유지 방식이든 아니면 남한식 체제로의 통일이든, "'최소한' 남한체제를 유지한 상태에서 통일을 요구했다"는 점이다(전재호, 2012: 98). 다시 말해 남한의 압도적 다수가 민주주의의 정착과 함께 '자유민주주의' 체제를 포기하면서까지 통일을 할 필요는 없다는 인식을 공유함으로써, 통일 민족주의 또한 이제는 적어도 '자유민주주의' 이념에 정초해야 한다는 발상을 강하게 보여 주고 있

---

21) 이명박 정부 시절인 2010년 천안함 사건으로 남북관계가 최고로 악화되었을 때 실시된 조사에 따르면, '통일을 서두를 필요가 없다'(23.5%), '굳이 통일할 필요가 없다'(19.6%)는 응답이 2005년(19.3%, 7.9%)에 비해 급증했다. 반대로 '빨리 통일해야 한다'는 응답은 2005년 17.4%에서 2010년 10.4%로 줄어든 것으로 나타났다(전재호, 2012: 99).

다.[22] 이는 어떤 이념보다 '혈통적인 민족'이 더 중요하다는 김구와 김영삼의 선언을 무색케 하는 현실주의적 인식을 잘 드러내 주는 대목이다.

셋째, 한국인의 소극적인 통일 인식에 영향을 미치는 또 다른 요인으로 전재호는 1990년대부터 시작된 북한과의 지속적인 접촉과 교류를 통해서 발견하게 된 남북한의 심각한 경제적 격차와 상호 이질성을 지적한다. 이와 더불어 독일 통일의 경험에 대한 선행학습의 결과 남한 국민들은 남한 주도의 통일이라 할지라도 통일이 남한에 상당한 사회적 부담과 경제적 희생을 요구하리라고 예상하게 되었고, 이로 인해 적지 않은 남한인들이 통일에 소극적이 되었다고 할 수 있다. 이에 따라 이명박 정부 시절인 2000년대 후반에 여러 차례 실시된 통일의 필요성을 묻는 질문에서도, 민족 동질성 차원의 응답('같은 민족이니까')이 현실적 차원의 응답('남북한 간에 전쟁 위협을 없애기 위해', '한국이 보다 선진국이 되기 위해서')을 대체적으로 압도했지만, 점진적으로 전자는 하락하고 후자는 증가해 2010년에는 두 응답이 근소한 차로 역전되는 현상(43%: 44.8%)마저 관찰되었다(전재호, 2012: 98–99). 이처럼 현 시대를 살아가는 한국인들의 다수가 통일의 필요성으로 혈통적인 민족의식에 근거한 '민족 동질성'보다 합리적이고 현실적인 이유를 점차 강조한다는 사실 역시 통일 민족주의의 신성화가 약화되고 있다는 조짐을 보여 준다.[23]

---

22) 여기서 "'최소한' 남한체제를 유지한 상태에서[의] 통일"이란 '최소한' 자유민주주의를 포기할 수 없다는 인식으로서 사회적 양극화를 심화시키는 지금의 신자유주의적 민주주의보다 풍성한 사회민주주의나 복지민주주의 또는 참여민주주의를 받아들일 수 없다는 의미로 오해되어서는 안 될 것이다.

23) 전재호는 민주화 이후 한국인의 대북인식 변화 과정을 추적하면서 민주화 이후 대북인식이 "권위주의 시기의 감정적이고 맹목적이던 대북 적대의식"에서 "경제적 우위에 기초한 '우월한' 반공의식으로 전환"되었다고 지적한다(전재호, 2012: 101–102). 물론 이는 전체

마지막으로, 필자는 통일에 대한 한국인의 인식이 '현실적'이고 '소극적'으로 전환한 데는 또 다른 중요한 이유, 곧 위에서 언급한 세 가지 이유와 부분적으로 중첩되지만 그것들과는 다른 중대한 이유가 깔려 있다는 점을 지적하고 싶다. 바로 평화적 통일은 상대방과의 협상 및 합의가 필요한데, 북한정권—김정일 정권은 물론 김정은 정권 역시—이 쉽게 그런 협력을 하지 않으리라는 일반 국민들의 인식과 예상이 그것이다. 설사 남한정부가 가능한 최선의 노력을 기울인다 해도, 체제유지와 정권안보를 위해서 핵과 미사일을 개발하고 3대 세습을 통해 역사상 최악의 독재정권으로 치닫는 북한정권이 근본적인 면에서 체제변화가 없는 이상 단시일 내에 평화적 통일을 위한 노력에 화답하지 않으리라는 예상으로, 남한 국민은 오히려 점진적 통일이나 평화적 공존을 선호하는 듯 보인다. 이 점에서 남한 국민이 스스로의 노력과 투쟁을 통해 자체적으로 성취했던 근대화나 민주화와 달리, 통일은 남한정권의 민족주의적 선의는 물론 '상대방의 진지한 협력'이 필요한 훨씬 더 어려운 과제—실로 '손뼉도 마주쳐야 소리가 난다'는 속담을 떠올리게 하는 과제—라는 점이 드러났다. 이에 따라 통일에 대한 국민들의 태도는 ① 빠른 시일 내의 통일보다 점진적 통일을, ② 이념을 초월한 통일보다 자유민주주의에 정초한 통일을, ③ 같은 민족이라는 이유보다는 전쟁 위협을 해소하거나 선진국이 되기 위한 이유에서의 통일을 선호하는 방향으로 변화하고 있다.

적으로 긍정적인 변화로서 환영할 만한 것이지만, "감정적이고 맹목적인 대북 적대의식" 이 역으로 민족 동질성과 혈통적 민족주의에 근거한 애증관계에서 비롯되는 것이라는 점을 인정한다면, 이러한 전환 역시 민족 동질성의 약화를 시사한다고 풀이할 수 있다. 아울러 이와 같은 대북인식의 전환은 통일의 필요성으로 '민족 동질성 차원의 응답'이 감소하는 것과 궤를 같이한다고 볼 수 있다.

이와 같은 변화는 또한 통일에 대한 북한정권의 적극적 협력을 기대하기 힘들다는 경험 및 예상과 표리를 이루면서, 민주화 이후 지난 25여 년 동안 통일에 대한 민족주의적 열망이 식어 가는 듯하다.

과거 민주화 이전 시기에는 반공(국가안보)·근대화·민주화·통일 가운데 어떤 과제가 가장 민족적으로 중요한가를 놓고 다양한 정치적 세력들이 충돌했을 때, 반공이나 근대화 또는 민주화를 우선적으로 주장하는 입장들 역시 자신들이 선택한 과제를 통일의 필요조건 또는 선행단계를 구성한다는 관점에서 정당화함으로써 통일의 궁극적 중요성을 부정하지 않았다. 그러나 이제 민족주의의 과제로서 근대화와 민주화가 실현됨에 따라 두 과제는 통일이라는 과제와 더 이상 경합하지 않게 되었다. 그리고 남한이 근대화와 민주화의 성공과 함께 북한과의 체제대결에서 사실상 정치적 승리를 거두면서 오늘날에는 반공이 더 이상 국시로 주장되지 않을 정도로 '반공' 민족주의 역시 그 힘을 상당히 상실했으며,[24] 그 결과 북한 공산주의자들이 과거처럼 같은 민족이 아니라는 식의 주장은 이제 듣기 어려워졌다. 따라서 민족주의의 과제에서 어느 것이 가장 중요한가 또는 최우선적인가를 놓고 통일과 경합할 수 있는 과제는, 다른 과제들의 성취 및 중요성 약화와 함께 더는 이상 존재하지 않는다고 할 수 있

---

24) 여기에는 다음과 같은 설득력이 있는 반론이 가능하다. 이명박 정부 후반과 박근혜 정부 들어서 소위 '종북' 딱지 붙이기 등을 통해 반공이 오히려 더욱 강화된 측면이 있고, 또 이석기 의원 사태는 물론 지난 18대 대선에서 국정원과 경찰 및 군(정보기관)이 개입했을 때의 논리에도 반공주의가 깔려 있다는 반론이 그것이다. 그렇다 하더라도 이석기 의원의 경우 그 자신에게 중대한 귀책사유가 있음이 분명하고, 국정원 등에 의한 대선개입 역시 다수 국민 및 야권에 의한 집중적인 비판과 함께 정부가 수세에 몰림으로써 역설적으로 반공주의의 위력이 과거보다 약화되었다는 점을 보여 주는 현상이라는 것이 필자의 판단이다.

다. 그런데 통일이라는 성업(聖業)에 대한 준비단계로 경제발전과 민주화를 성공적으로 성취하고, 이제 최종적 목표인 통일을 목전에 남겨 둔 상태에서 우리는 과거와 달리 민족주의적 열기가 오히려 소진되고 약화되는 역설을 목격하고 있는 것이다.

지금까지 필자는 민족주의의 신성화 및 통일 민족주의의 약화를 민족주의의 다른 과제인 근대화 및 민주화와 대비하면서, 그리고 남한사회 내의 변화 및 남북한 관계의 동학에 비추어 검토했다. 마지막으로, 근대화·민주화와 아울러 최근 진행되고 있는 지구화·정보화가 수반하는 거대한 변환에 의해 통일 민족주의는 물론 민족주의 일반 역시 약화되는 현상을 검토하겠다. 먼저 연고주의의 완강한 지속, 민족주의와 국가주의의 강인한 존속에도 산업화·도시화 및 합리화를 특징으로 하는 경제발전과 근대화의 결과, 한국사회에서도 개인주의는 더디지만 지속적으로 성장하면서 민족주의를 약화시켜 왔다. 민주화 이전 시기에도 한국사회의 문화적 특징은 전반적으로 강고한 가족주의에 기초하는 집단주의 문화로 남아 있었지만, 세대 간 갈등을 거론할 때에는 증대하는 개인주의의 문제가 거의 항상 단골 메뉴로 등장했다는 점을 상기하는 것은 중요하다. 더욱이 1987년 민주화 이후 지난 25여 년 동안 한국사회가 전 세계적으로 진행된 지구화와 정보화라는 대변환을 겪게 됨에 따라, 한국사회에서 민족주의를 약화시키는 개인주의는 더욱 강화·확산되고 있다. 1988년 서울 올림픽 개최, 2002년 월드컵 개최 등 굵직한 사건 등을 경유하면서 이와 더불어 진행된 문호개방·여행자유화 등을 수반한 세계화와 함께 한국인들이 해외에서 다양한 국제적 경험을 쌓게 됨에 따라, 과거 근대화의 실패와 일제 식민지 경험, 민족 분단 및 장기간의 독재정권 군림으로 초래된 폐쇄적이고 열등감에 싸여 있던 민족주의는 쇠퇴하고 이제는 민족적 자긍심에 기초한 열린 민족주의로의 전환이 시도되고 있나(김수자, 2005).

또한 지구화와 함께 한국사회 내에서도 문화적 배경이 다양한 이주노동자, 탈북자, 조선족 출신의 노동자, 국제결혼을 통해 맺어진 외국인 배우자, 외국기업에 근무하는 내외국인들이 갈수록 많이 거주·정착하게 되면서, 한국인들은 그 어느 때보다도 국내외적으로 문화다양성과 관용을 존중하는 탈민족주의적 미덕을 요구받고 있다. 이러한 압력은 한국 국적이나 영주권을 소지한 외국인들의 거주가 점차 증가하리라는 장기적 추세와 결합해 혈통중심의 단일민족 신화에 근거한 민족과 국가의 공고한 결합을 해체하고, 개인주의에 기초한 시민관념을 강화할 것으로 전망된다.

한국사회의 정보사회로의 진입과 여성운동의 활성화에 의한 남녀평등의 확대 역시 민족주의를 약화시키는 강력한 기제로 작용하고 있다. 사이버 공간에서 익명성에 기대어 무연고적 자아로 온갖 활동에 몰입하는 네티즌은 시간과 공간의 장벽을 넘어 사실상 개인주의의 극단적 형태인 원자론적 개인주의를 수행·체험하고 있다. 가상공간에서 이렇게 체험되고 습득된 개인주의가 단순히 가상적 온라인 공간에만 머물지 않고 현실의 오프라인 공간으로 쉽게 전이·확산될 것임은 분명하다. 나아가 여성운동 역시 호적제도 폐지의 관철 등 여러 분야의 활동을 통해 집단주의의 온상인 가부장적 가족을 해체하는 데 앞장서 왔다. 특히 군대·회사·학교 등 사회의 다양한 공간에 여성들이 적극적으로 진출·참여하게 되면서 그들이 겪은 성희롱·성폭력·성차별 등에 대한 폭로와 고발은 단순히 여성의 인권을 향상시키는 데 그치지 않고, 한국사회에서 남성중심적이고 집단주의적인 조직문화를 해체하는 데 결정적인 충격을 가해 개인주의가 숨 쉴 수 있는 공간을 확장하고 있다.[25] 물론 1997년 외환위기 이후 본격적으로 도입된 신자유주의적 취업 관행 —연공서열제 및 종신고용제의 파괴, 비정규직 및 계약제 고용의 일반화, 파견근무제도의 확대, 외국인 기업에의 취업증가 등— 또한 종래 집단주의적 기업문화를 개인주의적 기업문화로 탈바꿈시키고 있다. 개인주의의 이 같은 강화는 민족주의에 의한 자유주의의 중층결정을 약화시킬 것이며 동시에 집단주의의 가장 강력한 온상인 민족주의와 그 신성화를 약화시킬 것이다.[26]

그러나 필자의 이러한 서술과 다른 이론적 논의나 현실의 흐름 역시 발견된다. 이를테면, 지구화와 관련해서도 지구화가 민족주의(또는 민족국가)에 미치는 영향에 대한 논의는 사실 무척이나 논란이 많은 주제다. 지구화를 통한 초세계적 공간(transworld space)의 성장은 민족 간 차이를 모호하게 하는 한편, 지구적 시장·지구적 매체 등을 통해 이루어지는 민족들 간의 긴밀한 접촉은 민족적 정체성을 강화하기도 한다. 더욱이 지구화는 영토적 거리와 경계가 제공하던 이전의 보호벽을 제거함으로써 때로 민족주의자들로 하여금 반동적인 조치를 취하도록 자극하기도 한

---

25) 물론 이러한 일반적 흐름에 반하는 의미심장한 역류현상이 감지되지 않는 것은 아니다. 대표적으로 최근 한국사회에서 주목의 대상이 되고 있는 '일간베스트저장소'(이른바 '일베')라는 극우 보수 성향의 인터넷 사이트를 예로 들 수 있다. '일베'는 독재 미화와 민주적 성취 비난, 호남 폄하와 여성 폄하, 외국인 노동자 증오 등 진보 세력은 물론 온건 보수 세력마저 우려하는 정치적 성향을 보여 주고 있다. 그러나 이는 사회의 대세적 흐름에서 밀려난 사람들의 패배주의적 분노와 좌절의 배출구로서 한국사회가 민주화된 개방사회로 진행하는 대세적 흐름 속에서 겪어야 하는 부작용이라고 해석하는 것이 온당하다. 이에 대한 적절한 사회적 대처가 필요하다는 점은 부정할 수 없지만, 동시에 이 같은 현상은 거스를 수 없는 대세를 반증하는 것이기도 하다.
26) 이상의 세 단락은 전에 필자가 집필한 글의 내용 일부를 발췌하면서 수정·보완한 것이다(강정인, 2008b: 142-143).

다. 그렇다 하더라도, 지구화는 민족을 공동체의 최우선적 틀로 보는 입장을 잠시하고, 다중적이고 대안적인 유대의 틀을 창출하며, 그 과정에서 집단적 정체성의 구축은 다차원적이고 유동적이며 불확실한 모습을 띨 수밖에 없다. 이로 인해 민족주의의 유형이 다변화하고, 그 존재양식 역시 과거처럼 견실할 수 없다는 것이 일반적인 지적이다.[27] 이는 다른 국가들에서는 물론 한국에서도 민족주의가 유형과 존재양식을 달리해 존속할 것이라는 점, 그리하여 과거와는 다르게 한국 민족주의의 '신성화'가 빛이 바랠 수밖에 없다는 점을 시사한다.

또한 우리는 최근 동북아시아 3개국인 한국·중국·일본 사이에 격화되는 민족주의적 갈등, 예를 들어 영토분쟁, 역사분쟁 및 과거사 문제 등을 둘러싼 갈등의 심각성에 주목하지 않을 수 없다. 대외적인 민족주의적 갈등은, 각국의 언론보도 등에서 쉽게 감지할 수 있듯이, 대내적으로도 당연히 민족주의를 강화하고 있다. 이 같은 갈등이 정보화의 대표적 산물인 인터넷을 통해 오히려 증폭되고 있다는 점을 최근의 연구는 설득력 있게 보여 주고 있다(류석진·조희정·박설아, 2013). 최근의 이러한 현상과 그에 대한 연구는 지구화·정보화와 민족주의의 관계가 일견 생각했던 것보다 훨씬 복잡한 주제이며 심각하게 고민해야 하는 주제임을 상기시킨다. 그렇지만, 이 책에서 필자가 민족주의의 '신성화' 개념을 통해 주목하고자 했던 것은 비동시성의 동시성을 타개하기 위해 근대적 과제—산업화, 민주화, 통일된 국민국가의 수립—를 후발국으로서 수행하는 과정에서 식민지 경험 등 울분에 찬 민족적 열등감에 대한 반사작용으로서 한국 민족 내에서 형성된 집합적 정서다. 따라서 산업화·

---

27) 이에 대한 상세한 논의로는 숄트(Scholte, 2000)를 참조할 것.

민주화라는 근대적 과제의 성공적 수행과 함께 민족적 열등감이 상당히 해소된 상태에서 새로운 상황의 전개와 함께 제기되는 민족주의는 예전에 누렸던 강렬한 신성성을 회복할 가능성이 높지 않아 보인다.

현실의 이와 같은 추세 변화와 맞물려 학계의 민족주의 담론에서도 민족주의의 신성화를 비판하는 목소리가 높아지고 있다. 이는 최근 발간된 민족주의를 주제로 한 책들의 제목에서도 상징적으로 확인된다. 1999년 임지현이 한국의 지식인 사회를 장악하고 있는 진보적 민족주의를 비판하기 위해 『민족주의는 반역이다: 신화와 허무의 민족주의 담론을 넘어서』라는 자극적인 제목으로 책을 펴냈을 때만 해도 민족주의는 강렬한 공격의 대상이 될 만큼 높은 위상을 차지하고 있었다. 그러나 그 후 한국 학계에서 민족주의 비판이 어느 정도 고조되면서 2000년 이후에 민족주의를 주제로 하여 나온 책들, 예를 들어 이선민의 『민족주의, 이제는 버려야 하나』(2008), 권혁범의 『민족주의는 죄악인가』(2009), 정수일 등이 집필에 참여한 『재생의 담론, 21세기 민족주의』(2010) 등은 제목부터 민족주의에 대한 방어적 태도를 시사한다.[28]

특히 김영삼 정부가 1994년 이후 세계화를 국정 목표로 내세우고 개방

---

28) 물론 방어의 논조에는 커다란 차이가 있다. 특히 정수일은 민족주의 원리주의자로서의 면모를 유감없이 과시하고 있다. 그는 "민족주의야말로 역사의 보편가치로서, 보편적 진보주의로서 정연한 논리적 체계와 내재적 구조를 갖춘 이념"이라고 규정하면서 "역사적 및 진보적 보편가치로서의 민족주의는 그 고유의 속성에 반하는 보수성, 배타성, 폐쇄성, 반역성 같은 부정적이며 비생산적인 악성(惡性)을 불허"한다고 단언함으로써 민족주의의 무오류성과 신성성을 강력히 변호하는 입장을 취한다(정수일, 2010: 62, 49). 이어서 그는 이른바 '민족주의의 오류'에 대해 반박한다. "민족주의의 부정적 면이란 표현은 부적절하다. 왜냐하면 역사적 보편가치로서의 민족주의 자체는 부정적 면이 있을 수 없기 때문이다. 있다면 미숙한 민족주의자가 민족주의를 실천하는 과정에서 노정시킨 부정적 면일 것이다"(정수일, 2010: 63).

화·시장화 등 신자유주의적 흐름에 편승하는 정책을 추진하는 것과 때를 같이하여 1990년대 말부터 민족주의의 신성화와 무오류성을 비판하는 '탈민족론'이 이론적 배경이 다양한 학자들에 의해 제기되었다(전상봉, 2010: 294-95).[29] 여기서는 최근 민족주의 비판에 가장 앞장서고 있는 뉴라이트의 민족주의 비판과 진보진영 일각에서 제기되는 민족주의 비판을 간략히 살펴보고자 한다.

김영환, 박지향, 이영훈 등 뉴라이트 계열의 일부 지식인들은 진보적 경향의 통일 민족주의자들을 좌파적이라고 규정하면서 그들의 민족주의를 "민족 지상주의", "배타적 민족주의"와 등치해 그 폐해를 신랄하게 비판한다(김치관, 2010: 239-241). 먼저 1985년 학생운동권에서 반제직접투쟁론을 주장한 유명한 「강철서신」의 저자이자 주사파의 대부였다가 전향해 최근 북한인권운동가로 활동하는 김영환은 우리나라의 민족주의적 성향이 세계에서 매우 강한 것으로 알려진 아랍민족주의보다 더 강하다고 주장하면서 민족주의의 과잉에 대해 이렇게 지적한다.

우리나라의 민족주의는 지난 55년 동안 거의 아무런 장애도 없이, 거의 아무런 제지세력이 없는 상태에서, 심지어 이승만이나 박정희처럼 민족주의 성향이 매우 강한 인물이 대통령으로 있는 경우에는 정부에 의해 조장되고 지원되고 보호받으면서 줄곧 강해져오기만 했다(김영환, 1999; 김치관, 2010: 242에서 재인용).

---

29) 2000년 이후 민족주의를 둘러싼 다양한 논쟁에 대한 간략하고 체계적인 소개에 대해서는 이선민(2008: 15-26)을 참조할 것.

위의 인용문이 보여 주듯이, 서로를 사실상 '반민족'과 '용공'이라 규정하면서 투쟁을 하던 통일지향적 민족주의자—현재 뉴라이트 계열 지식인들이 비판하는 진보적 민족주의자—는 물론 분단지향적(또는 근대화) 민족주의자—진보적 민족주의자가 반민족으로 규정하는 이승만·박정희 등의 정치인—까지도 모두 싸잡아서 '민족주의의 과잉', '민족 지상주의'라고 비판하는 뉴라이트의 논조는 매우 당혹스러운 역설이다.[30]

또한 1979년부터 출간되어 해방전후사에 관한 1980년대 운동권과 진보학계의 주류적 인식에 가히 수원(水源)을 공급해 온 것으로 자리매김할 만한 『해방전후사의 인식』 시리즈에 담긴 "민족 지상주의와 민중혁명 필연론"을 비판하기 위해 2006년에 여러 학자들의 글을 모아 『해방 전후사의 재인식』(1, 2권)이 출간되었는데, 편집자 중 1인으로 「머리말」을 쓴 박지향은 "민족주의는 본래 배타적이고 폭력적인 이념"이라고 규정한 후, "민족 지상주의는 민족이 다른 모든 가치들을 압도하고 지고의 가치로 부상해야만 직성이 풀리는 것 같다"라고 하면서 민족주의의 신성화를 비판한다(박지향, 2006: 13-14). 이영훈 역시 신성화된 민족주의가 남용될 위험을 염두에 두고 민족주의를 비판한다.

그렇다면, 굳이 소리를 높여 민족주의를 비판해야 하는 이유가 무엇입니까. 다름 아니라 아직은 다른 어떤 이념도, 예컨대 민주주의나 자유주의도, 상대가 되지 않을 만큼 민족주의의 위력이 너무 거세기 때문입니다. 그 민족주의의 거대한 동원력이 정치적으로 악용된다면 그 후환은 정말

---

30) 죽은 박정희와 장준하가 과거의 원한을 잊고 손을 맞잡은 채 뉴라이트에 대항해 민족주의 연합전선을 펼쳐야 할 형국이다.

감당하기 어렵다고 생각합니다(이영훈, 2007: 45).

이영훈과 같은 뉴라이트 학자는 "근본주의"적 관점에서 이해된 "민족주의의 함정"에서 벗어나야 선진국에 진입할 수 있다고 주장하면서 "자유주의"를 세계화 시대 민족주의의 대안으로 제시한다(이영훈, 2007: 32; 배진영, 2006: 219).

민족주의의 신성화에 대한 공격은 우파인 뉴라이트 진영으로만 국한되지 않고 진보진영의 일각에서도 강력하게 제기되었다. 2007년 민주노동당에서 당내 주도권을 장악한 '자주파'에 반발해 '평등파'가 탈당할 때 명분을 제공해 준 책, 진보정치연구소(민주노동당 부설 정책연구소)의 이름으로 펴낸『사회 국가, 한국 사회 재설계도』에서 평등파는 민족주의가 20세기에는 긍정적 기여를 했다는 점을 인정하지만, 21세기의 새로운 진보를 위해서는 "진보 세력과 사회운동에 강력하게 뿌리를 내리고 있는 민족주의의 전통"을 단호히 청산해야 할 대표적인 낡은 유산으로 지목한다.

민족주의는 분명 20세기의 진보와 해방 프로젝트 중 하나였다. 수많은 피억압 민족들이 민족주의를 무기 삼아 제국주의에 맞서 싸웠고, 저마다 자신의 민족국가를 전리품으로 확보했다. 하지만 일단 승리한 민족주의, 즉 민족국가를 쟁취한 민족주의는 진보와 해방의 수단이 아니라 새로운 억압과 모순의 진원지가 된다. 저마다의 민족국가로 굳어진 복수의 민족주의는 서로 간의 끝없는 긴장과 갈등에 빠져들고 말기 때문이다. 이게 바로 지금 동아시아에서 벌어지고 있는 일이 아닌가?(진보정치연구소, 2007: 289).[31]

진보정치연구소는 이어서 "생태주의, 평화주의, 여성주의" 등 21세기 진보의 흐름들을 "비록 낯설더라도 …… 온몸으로 받아들여야 한다"라고 주장한다(진보정치연구소, 2007: 309; 민경우, 2010: 216에서 재인용).

최근 진보적 자유주의를 주장하는 최장집은 2010년 한 학술회의의 기조강연을 통해 민주화 이후 한국정치에서 목격되는 정당정치의 실패를 통렬히 비판하면서, 한국정치가 "노동문제"나 "일상적인 삶의 문제"를 제대로 다루지 못한 근본적인 원인 가운데 하나로 "운동의 급진성이 추동했던 한국사회에서의 정치 갈등과 이슈들이 그들이 합리적으로 다룰 수 있는 사회경제적 이슈들보다 열정과 열정, 이데올로기와 이데올로기가 부딪치는 민족문제에 더 편중돼 왔고, 이 과정에서 진보의 에너지가 소진돼 왔던 현상"을 지적했다. 다시 말해 최장집은 "국가와 공동체에 대한 집단주의적 헌신을 강조하는 민족주의나 국가주의"로는 현대의 대의민주주의가 중요시하는 정치적 의제들, 곧 "개인의 존엄성과 가치"를 중시하는 "일상적인 삶의 문제"를 다룰 수 없다고 주장함으로써 민족주의의 과잉을 비판한 것이다.[32]

민주화 이후 25여 년이 지난 시점에서 우리는 한국정치에서 민족주의의 신성화가 현실에서는 물론이고 학술 담론에서도 현저히 약화되는 현

---

31) 김영환 역시 한국사회가 안고 있는 대표적인 문제점으로 세 가지, 곧 "과도한 배타적 민족주의", "과도한 평균주의", "포용력의 부족"을 들고 있는데, 과도한 배타적 민족주의의 폐해를 논하면서 민족주의를 과거 40여 년 동안 한국의 급속한 발전에 기여한 동력 중 하나로서 긍정적으로 평가하지만, 세계화시대에 들어와 배타적 민족주의가 국내사회의 분열은 물론 주변국가들과의 불필요한 분쟁을 조장한다고 비판한다(김영환, 2005). 이 점에서 김영환 역시 과도한 민족주의의 폐해에 대한 문제의식을 민노당의 평등파와 공유한다고 볼 수 있다.

32) 최장집, 2010(〈민주-반민주 구도 넘어 '삶을 위한 정치'로: 기조강연〉, 《한겨레》, 2010/04/14, http://www.hani.co.kr/arti/society/society_general/416132.html).

상을 목격하고 있다. 이제 민족주의에 의한 여타 이념의 중층결정, 곧 자유주의, 급진주의, 보수주의 등의 이념이 민족주의에 호소함으로써 그 정당성을 강화하는 과정에서 민족주의에 의해 중층결정되는 현상은 약화되고 있다. 또한 민족주의적 과제의 마지막 단계인 통일 민족주의의 열기가 식으면서, 분단해소와 통일 문제에 의한 민족주의의 과잉결정 현상 역시 현저히 줄어들었다.[33]

3. 박정희 정치사상의 유산: 박정희 시대의 사상적 유산

이제 필자는 마지막으로 한국 현대정치에서 우파 보수주의 사상의 종합판으로서 박정희 사후에도 그 지속과 갱신의 원천으로 기능해 온 박정희의 정치사상이 지난 25여 년 동안 어떤 변화를 겪었고 앞으로 어떤 모습으로 지속될지에 대한 전망을 논의함으로써 이 책을 갈무리하고자 한다.

2014년 현재, 박정희의 18년 통치가 끝난 지도 35년이 흘렀다. 그러나

---

33) 물론 박근혜 정부에 들어와서 통합진보당의 이석기 의원의 이른바 내란음모사건과 관련하여 몰아친 종북논쟁은 남한의 수준 높은 민주화를 위해서는 통일의 필요성이 시급하다는 점을 환기시키는 일이다. 또한 박근혜 대통령은 장성택의 돌발적인 처형과 함께 북한의 급변사태에 따른 김정은 체제 붕괴론이 인구에 회자되던 2014년 연초에 행한 신년 기자회견에서 "한마디로 통일은 대박"이라는 말과 함께 "한반도 통일은 우리 경제가 재도약할 기회라 생각한다"(《조선일보》, 2014/01/07, 〈"설 離散(이산)상봉이 첫 단추"… 北에 손 내밀다〉, http://news.chosun.com/site/data/html_dir/2014/01/07/2014010700180.html)라고 언급함으로써 통일에 대한 기대를 고조시켰다. 대다수 국민이 장기적인 경제 불황에 시달리고 있는 현재의 상황에서 통일을 경제적 풍요의 꿈과 연결하는 집권세력의 '발전주의'적 구상은 과거 박정희 집권기의 근대화 민족주의를 부활시켜 (소강상태에 머물러 있던) 통일 민족주의를 재점화시키는 절묘한 양상을 보여 주고 있다.

박정희 통치의 긍정적·부정적 유산을 논하는 데서, 그의 사후(死後) 흐른 세월이 그의 집권 기간보다 훨씬 더 길다는 식으로 안이하게 접근해서는 안 된다. 박정희 사후에도 (1993년 문민정부 이전까지) 군사정권이 사실상 13년 정도 더 연장되었다고 볼 수 있기 때문이다. 1980년부터 1987년까지 집권한 전두환 정권은 이른바 '박정희 없는 박정희 체제'였다. 이어진 노태우 정부 역시 1987년 6월 항쟁 이후 개정된 민주헌법에서 민주적 선거를 통해 출범한 정부였다고는 하지만, 노태우는 전두환과 함께 1979년 박정희 사후 기습적으로 수행된 12·12 미니 쿠데타의 주역이었다. 그뿐만 아니라 노태우 정부에서도 '하나회' 출신 등 과거의 군부 핵심 세력과 관료·법조인·재벌 등 민간인 비호집단이 집권 엘리트의 다수를 차지하고 있었으며, 안기부·기무사 등 과거의 억압적 통치기구들이 강력하게 온존하고 있었다. 이 점에서, 고종석의 예리한 지적대로, "전두환·노태우 정권의 실속은 '박정희족(族)'으로 채워졌고, 그래서 박정희는 1979년 10월 육체적으로 죽은 뒤에도 1993년 2월까지는 (일종의 유훈통치로서) 한국을 실질적으로 지배한 셈"이었다(고종석, 2005).[34]

이렇게 본다면 넓은 의미에서 박정희 체제는 32년 정도 지속되었고, 본격적인 민주화는 단지 21년 정도 진행된 것에 불과하다. 이에 더해 박정희 개발독재 시대에 집중적인 수혜를 받으면서 양성된 재벌기업 출신의 경영자로서 높은 경제성장을 통한 선진국 진입을 공약으로 내걸고 2007년 대통령 선거에서 당선된 이명박 대통령과, 박정희의 딸로 박정희 정권의 '불가피성'을 옹호하면서 집권에 성공한 현재의 박근혜 대통령까

---

34) 고종석, 2005(〈대통령 단임제는 옳다〉,《한국일보》, 2005/02/16, http://news.hankooki.com/lpage/opinion/200502/h2005021619362839780.htm).

지 고려한다면,[35] 박정희의 유훈통치는 민주화 이후에도 다양한 양상을 띠고 단속적(斷續的)으로 출몰해 왔나고 할 수 있나. 반면, 권위주의 잔재를 본격적으로 청산하려는 강력한 개혁의지를 지닌 민주적 정부가 집권한 기간은 의외로 그리 길지 않았다.

이와 같은 맥락에서 박명림은 박정희에 대한 연구를 개관하는 글에서 "한국민들의 기억에 한국 현대사에서 가장 큰 영향을 끼친 사건이 한국전쟁이라면 가장 큰 영향을 끼친 인물은 박정희"라고 규정하면서 "……그 분야가 어느 것이든지 한국사회의 주요 변화와 관련해 박정희와 그의 시대를 통과하지 않고는 이해할 수" 없을 만큼 "그[박정희]와 그의 시대의 자장과 영향은 크고 넓다"라고 명쾌하게 지적한 바 있다(박명림, 2006: 32). 그래서 보수 논객들이 현대 한국정치를 논하는 글에서 박정희는 한국정치가 이룩한 모든 긍정적 성과를 성취한 '영웅'으로 칭송되는가 하면, 진보 논객들 사이에서는 박정희가 한국정치가 안고 있는 모든 심각한 해악을 발생시킨 '악당'으로 지목되어 왔다. 예를 들어 경제발전에 대

---

35) 박근혜는 2007년 한나라당 대통령 후보 경선과정에서 "5·16은 구국의 혁명"이라고 말한 바 있다. 다시 2012년 7월 새누리당 대선 예비후보로서 박근혜는 5·16에 대해 "불가피[한] 최선의 선택"이었다고 규정하는 한편, 유신체제에 대해서는 "역사에 그 평가를 맡겨야 한다"라고 언급했다(《동아일보》, 2012/07/16, 〈박근혜 "5·16 아버지의 불가피한 최선의 선택"〉, http://news.donga.com/3/all/20120716/47794426/1). 박근혜는 새누리당 대통령 후보로 선출된 후에도 2012년 9월 10일 문화방송(MBC) 라디오 '손석희의 시선집중'에 출연해서 종래의 입장을 고수했다(《중앙일보》, 2012/09/10, 〈박근혜 "유신평가도 역사에 맡겨야"… 역사관 논란 거세질 듯〉, http://mnews.joins.com/news/article/article.aspx?total_id=9285359). 그 후 여론의 집중포화를 맞으면서 지지율이 큰 폭으로 하락하자, 박근혜는 2012년 9월 24일 추석을 앞두고 이탈된 민심을 수습하기 위해 행한 기자회견에서 "5·16, 유신, 인혁당 사건 등은 헌법적 가치가 훼손되고 대한민국 정치발전을 저해하는 결과를 가져왔다"라고 마지못해 시인했다(《조선일보》, 2012/09/24, 〈박근혜 "5·16, 유신, 인혁당 사건이 헌법가치 훼손했다〉, http://news.chosun.com/site/data/html_dir/2012/09/24/2012092400521.html).

한 공과에서도 박정희는 '한강의 기적'을 연출한 주인공으로 찬양되는가 하면, 1997년 말 외환위기로 시작된 경제위기 시에는 이른바 국제통화기금의 신탁통치 체제를 야기한 경제구조의 궁극적인 원인제공자로 비난의 대상이 되었다. 민주화에 관해서도 박정희 시대에 이룩한 경제발전이 한국 민주화의 지속가능한 경제적 토대가 되었다는 견해와 그의 통치가 남긴 지역주의, 재벌경제로 상징되는 심각한 빈부격차, 인권유린과 비대한 국가권력 등 권위주의 유산이 민주주의의 공고화에 걸림돌이 되고 있다는 주장이 맞서고 있다(박명림, 2006). 그러나 이처럼 양극화된 평가가 암묵적으로 공유하는 가정은 일종의 영웅사관으로서, 현대 한국정치에 관한 한 박정희는, 긍정적이든 부정적이든, 전지전능한 '초인'과 같은 존재라는 점이다.

물론 이러한 사고는 반역사적인 것으로서, 찬양과 비난의 대상이 되는 정치인 박정희의 통치를 박정희 정권이 구축한 일종의 "박정희식 개발독재 패러다임"[36]으로 접근하는 좀 더 학술적인 접근이 요구된다. 이 패러다임은 무엇보다도 먼저 강력한 리더십과 카리스마를 지닌 박정희라는 정치지도자가 근대화를 추진하고 남북한의 체제경쟁에서 북한에 대한 우위를 확보하기 위해 수출주도의 공업화를 통한 급속한 경제성장이라는 국가적 목표를 설정하는 것으로 시작된다. 이런 식의 경제발전을 강력하게 추진하기 위해 정치적 안정을 다지고, 사회질서의 수립, 교육체제의 완비 등 사회체제를 구축하며, 또한 효율적 관료체제의 확립 등 강력한 행정체제를 정비한 후 국가적 목표를 달성하기 위해 인적·물적 자

---

36) 필자는 이 개념을 정해구(1998: 64-65)에게서 빌려 왔으며, 이 글의 목적을 위해 그것을 좀 더 정교화했다.

원의 동원을 극대화하는 전략을 수립하고 실행하는 것이다. 나아가 집권 세력은 이런 목표를 수립·실행하는 과정에서 당근과 채찍을 효율적으로 활용한다. 다시 말해 박정희 정권은 물질적인 유인을 제공해 되도록 자발적인 국민적 동의와 합의를 유도하지만, 필요한 경우에는 반대 세력을 억압하기 위해 물리적 강제기구를 구축하고 이를 통해 '고도의 효율적인 (=무자비한)' 강제력 행사를 주저하지 않는다. 물론 자발적 동의와 물리적 강제력의 상대적 비중은 정치적 국면에 따라 다양하게 결합된다. 이 패러다임에서 국가적 목표를 수립하고 실행하는 데서 강력한 지도자의 리더십과 이에 따른 권위주의적 통치는 필수불가결한 것으로 인식되며, 목표 수립·실행과 강력한 리더십(권위주의적 통치)이라는 양자의 조합은 거시적으로 국가의 주도와 개입을 통한 경제발전 전략으로 형상화된다.

박정희식 개발독재 패러다임을 위와 같이 이해한다면, 박정희의 정치사상은 박정희가 그 패러다임을 실천에 옮기는 과정에서 국가적 목표의 수립과 실행 그리고 강력한 리더십의 행사를 정당화하기 위해 생산한 정치적 담론으로 구성된다. 이렇게 볼 때 박정희는 반공(국가안보)과 경제발전(근대화)이라는 국가적 목표의 설정과 단호하고 효율적인 추진을 정당화하는 과정에서 반공, 민주주의, 반자유주의적 보수주의 및 민족주의에 관한 담론을 생산했고, 그 총화가 박정희의 정치사상으로 형상화했다고 이해되어야 할 것이다. 그리고 박정희는 자신의 정치적 담론을 생산하는 과정에서 유교문화가 남긴 충효사상과 집단주의, 전통적인 가부장주의적 권위주의, 일제통치가 남긴 파시즘적 유산, 분단과 6·25 전쟁 등 안보위기가 조성한 "영원한 긴급 상황"(전인권, 2006: 254-257) 등을 적절히 보합·조제해 채워 넣었다.

그런데 이들 담론에서 추출된 정치사상 가운데 과연 어디까지가 박정희 개인 특유의 사상이었는지를 분별하는 작업은 쉽지 않다. 어떤 의미에서 박정희의 정치사상은 19세기 말 이래 한민족이 겪어 온 역사적 수난—서양 세력의 침투, 자주적 근대화의 좌절, 일제에 의한 주권의 강탈과 식민지 수탈, 일본의 파시즘 체제, 미소 양군의 한반도 분할점령과 뒤이은 분단, 6·25 전쟁, 이승만 독재, 4·19 혁명, 제2공화국의 무질서와 혼란, 극심한 빈곤과 부패 등—과 정치적 담론의 생산과정에서 자신의 통치를 정당화하기 위해 활용한 문화적 유산의 총체적 표현이기도 하기 때문이다. 이 점에서 다양한 정치적 담론을 통해 응집된 박정희의 정치사상은 시대의 산물이었다. 그러나 다른 한편으로 박정희의 정치사상은 그가 오랫동안 최고 통치자로 군림하면서 교육·선전·영화·군대생활(군사훈련)·새마을운동 등 다양한 이데올로기적 매체와 기제를 통해 보수세력은 물론 일반 국민에게도 광범위하게 확산되고 깊숙이 침투해 보편화되었다는 점에서, 그가 통치했던 시대의 사상을 강력하게 조형했다고도 말할 수 있다. 다시 말해 박정희의 정치사상은 해방 이후 한국정치에서 반공과 근대화를 중심으로 응집된 보수 우파의 사상을 집약적으로 대변하는 한편, 동시에 오랜 통치 기간 지속적이고 체계적으로 일반 국민에게 주입되었다.[37] 박정희의 정치사상은 이 맥락에서 당대의 지배 이데올로기였다.

이렇게 볼 때, 박정희식 개발독재 패러다임에 내재한 박정희의 반민주주의적, 반자유주의적, 우파 민족주의적 사상을 단순히 박정희 개인

---

37) 이 점에서 우리는 박정희 집권기에 많은 관료·행정가·정치인·지식인 등이, 부분적으로 그의 통치에 불만을 품었더라도, 다양한 정책 결정과 집행에 적극적으로 협조하거나 지지했다는 사실, 그리고 박정희 사후 1997년 김영삼 정부의 실정에 국민들의 불만이 고조됨에 따라 '박정희 신드롬'이 광범위하게 형성된 사실을 이해할 수 있게 된다.

의 사상이라고만 단정할 수는 없게 된다. 그것은 오히려 19세기 말 이래 우파 보수주의자들을 중심으로 형성된 정치문화를 대변하고 강화하면서 거기에 통치자로서 박정희의 특유한 통치스타일—군사작전 수행방식으로 추진된 각종 정책, 중앙정보부 등 공안기구를 활용한 정보정치의 횡행, 정치적 반대를 탄압하기 위한 긴급조치의 남발 등—이 부가·중첩된 것이라 할 수 있다. 여기서는 이 점을 염두에 두고 박정희 정치사상의 유산과 전망을 민주화 이후 지난 25여 년 동안의 변화 그리고 비동시성의 동시성 및 민족주의의 신성화에 비추어 간략히 살펴보도록 하자. 이러한 작업을 제2부에서 논의한 바대로 민주주의 담론, 반자유주의적 근대화 보수주의 담론, 민족주의 담론의 순으로 진행하겠다.

먼저 박정희는 자신이 생산한 민주주의 관련 담론에서 권위주의와 자유민주주의라는 이중적 정치질서의 중첩적 병존이라는 상황에서 서구의 자유민주주의가 바람직하다는 점을 정면으로 부정하지는 않았다. 그러나 박정희는 반공(국가안보)과 경제발전(또는 근대화)의 선제적 필요성을 이유로, 때로는 한국의 독특한 역사적 배경과 문화적 전통을 이유로, 또는 정치적 경험의 미숙 때문에 정치적 혼란 등 많은 부작용을 양산한다는 이유로 자유민주주의의 적절한 실천이 어렵다고 강변했다. 대신 "한국사상사의 주체성에 접목한 '민주주의의 한국화'"를 주장하면서, 군정기에는 '행정적 민주주의', 제3공화국에서는 '민족적 민주주의', 유신체제에서는 정치적 민주주의를 통째로 거세한 박정희식 권위주의의 결정판인 '한국적 민주주의'를 주장했다.

그러나 1987년 이후 민주화가 진척된 오늘의 한국정치에서 반공(반북)과 경제발전(발전주의, 성장주의)에 대한 집착은 —비록 그 형태는 달리하여— 강하게 잔존해 있지만, 민주주의의 한국화와 관련해서 박정희가 제시한 민주주의 담론은 거의 붕괴되었다고 할 수 있다. 다시 말해 한국 정치에서 근대화 및 민주화라는 소기의 목적이 성취되고, 사회주의권의 붕괴와 함께 냉전체제가 종언되는 것은 물론 남북한의 체제경쟁에서 남한이 북한에 압도적 우위를 차지하게 됨에 따라, 이중적 정치질서의 중첩적 병존 역시 해소된 것이다. 즉, 반공(국가안보)과 경제발전을 명분으로 권위주의 체제를 정당화하고 옹호하는 것이 이제는 사실상 불가능한 일이 되었다. 이렇게 본다면 박정희의 민주주의 관련 담론은 근대화와 민주화의 성공이 가져온 비동시성의 해소와 함께 그 효력을 상실했다.

이 점은 1998년 이후 10년간 지속된 김대중-노무현 정부의 출범과 함께 권력을 상실한 한나라당, 뉴라이트 등 보수 세력이 상대적으로 개혁적이고 진보적인 이들 두 정부를 비판·공격하기 위해 사용하던 레토릭이 '포퓰리즘'과 '친북좌파 정권'이었다는 점에서도 확인된다. 여기서 포퓰리즘이란 김대중-노무현 정부가 정치적 반대 세력이 다수로 있는 의회를 우회해 일반 국민에게 직접적으로 호소하는 이른바 '대중 선동적, 대중 영합적 담론'을 통해 국민의 지지를 동원하고, 이에 의거해 정치적 반대세력을 압박하는 한편 자신들의 개혁정책을 관철하려 했다는 비판을 담고 있다. 또한 '친북좌파 정권'이란 두 정부가 북한에 대해 화해와 협력을 위한 포용정책을 적극적으로 추진하고, 국내적으로는 분배나 복지 정책을 시행함으로써 시장과 경제의 활력을 떨어뜨렸다는 비난을 담고 있다(강정인, 2009b: 92-116). 이처럼 보수 세력이 시장경제와 대의제 민주주의(자유민주주의)를 수호(보수)한다는 명분으로 김대중-노무현 두 정부를 자유주의와 시장경제에 적대적인 좌파 정부라고 비판했다는 사실은 이제 역설적으로 자유민주주의에 대한 박정희식의 비판이 더 이상 통용되지 않는다는 현실을 반증한다고 할 수 있다.

둘째로, 박정희는 자신의 보수주의 담론에서 국가 중심적 정치관을 토대로 반공(국가안보)과 경제빌진을 깅조하면시 반자유주의적 근대회 보수주의를 전개했는바, 그의 사상에서 반자유주의적 측면은 민주화 이후 상당 부분 청산되긴 했지만, 여전히 한국정치에서 강력한 위력을 발휘하고 있다. 필자는 제2장에서 자유주의가 개인주의, 정치적 자유주의 및 경제적 자유주의로 구성되어 있다고 지적하면서 정치적 자유주의의 핵심요소로서 인권의 보장, 제한국가와 공적 영역과 사적 영역의 분리, 법치주의와 권력분립의 원칙, 대의제도 등을 제시했다. 그러나 민주화 이후 한국의 민주주의는 정치적 자유주의의 거의 모든 요소가 여전히 발육 부진이나 결핍에 시달리는 것처럼 보인다. 실제로 민주화 이후 여러 정부에 걸쳐 국가권력이 대통령 1인과 가족 그리고 청와대에 포진한 대통령의 측근, 검찰과 국가정보원 등 공안기관에 집중되어 있고, 권력 행사가 제도화되어 있지 않은 경우가 많았다. 또한 대통령제라는 권력구조를 채택하고 있으면서도 국회와 사법부가 헌법이 규정한 권력분립이 요구하는 견제와 균형에 필요한 역할을 제대로 수행하지 못하는 현상도 여전히 관찰된다. 여소야대의 분점정부(分占政府, divided government)가 아닌 여대야소의 단점정부(單占政府, unified government)에서는 국정을 감독하고 법안을 심의하는 국회의 권한이 상당히 위축되어 있고, 정당 역시 일반시민들의 의견과 이익을 집약·매개하는 역할을 적절히 수행하지 못하고 있다. 특히 무자비한 고문과 투옥 등 인권탄압을 자행하면서 강고한 억압으로 군림한 독재정권과 이에 맞서 단식투쟁과 시위, 투신과 분신 등을 통해 격렬하게 저항했던 반대 세력 사이의 사생결단적 대립과 갈등, 이를 통해 형성된 뿌리 깊은 대결의 정치문화는 민주화 이후에도 독재정권의 부정적 유산으로 존속하고 있다. 그 결과 민주화 이후 한국정치에서 상호 양보와 존중을 통한 대화와 타협·협상을 통한 정치적 합의와 결정의 도출이라는 민주적 문화의 형성과 숙성이 장외정치는 물론 국회, 정당, 노사협상 등 제도권 정치에서도 지체되고 있다.

정치적 자유주의가 이처럼 부진한 원인으로는 가깝게는 물리적 강제력을 앞세워 반대 세력을 무자비하게 탄압했던 박정희-전두환으로 연결되는 박정희식 개발독재 패러다임의 유산을 들 수 있지만, 좀 더 근원적으로는 1960년대 이후 급속한 경제발전을 통해 성취한 산업화·도시화·합리화에도 불구하고 한국사회에서 개인주의의 성장이 매우 지체되어 왔다는 사실에 주목할 필요가 있다. 개인주의는 이성을 가진 독립적인 개인이 사회나 국가보다 선행한다고 간주하며, 개인의 생명, 자유 및 재산의 보호를 무엇보다 중시하는 세계관이다. 이러한 개인주의적 사고에 따르면, 국가는 기본적으로 개인의 생명·자유·재산을 보호하기 위한 인위적인 장치이자 수단일 뿐이다. 이와 달리 집단주의는 집단을 구성하는 개인보다 집단이 우선한다고 보고 집단의 목표와 질서를 중시하는 입장이다. 우리는 한국사회에 개인주의의 성장이 지체된 원인으로 종종 조선시대 이래 지속되어 온 유교문화에 기초한 집단주의적 심성, 19세기 말 이후 강고하게 형성되어 여전히 강한 영향력을 발휘하는 민족주의와 국가주의적 전통 등을 지적한다. 하지만 이에 더하여, 개인의 자유와 권리를 경시하는 반자유주의, 그리고 민족과 국가의 강고한 결합에 기초한 국가민족주의를 역설해 온 박정희식 개발독재의 장기 지속은 민주화 이후 한국사회에서 정치적 자유주의와 개인주의의 성장이 더디거나 지체되는 데 결정적으로 영향을 미쳤다.[38] 한국정치가 민주화된 이후인

---

38) 한편으로 민족주의의 영향력이 약화되고 있다는 앞에서의 필자의 언급과, 다른 한편으로

1990년대에 한국인의 개인주의 성향을 조사한 한 연구에 따르더라도 "우리나라는 개인주의 점수가 18점으로, 홍콩(25점)·싱가포르(20점)·대민(17점)과 함께 집단주의 쪽에 크게 치우쳐" 있고, "개인주의의 극단에 있는 나라들은 미국(91점)·영국(89점)·캐나다(80점)·네덜란드(80점)"인 것으로 나타났다(조긍호, 2006: 34-35).[39]

이와 같이 약한 개인주의 성향은 박정희가 집권 기간 내내 일반 국민에게 강력하게 심어 놓았던 민족주의와 긴밀한 연관을 맺고 있다. 이에 대해 필자는 제7장에서 박정희의 민족주의의 특징을 '민족과 국가의 강고한 결합에 기초한 반공·근대화 민족주의'로 제시했으며, 박정희의 민족주의에는 무엇보다도 국가주의적 요소가 강력한 위상을 차지하고 있었다고 지적했다. 박정희는 "민족의 생존권"을 "절대불가침의 천부적 권리"라고 주장했으며(5: 136, 「제25주년 국군의 날 유시」, 1973/10/01), 최고의 가치인 "민족의 생존"과 "국가의 보위"를 불가분적인 것으로 인식하면서 그것들을 개인의 자유나 민주주의보다 우선시했다.

대한민국을 수호해 놓아야 개개인의 자유도 더 확고히 보장되고, 우리나라의 민주주의도 더 확대발전 될 수 있다. …… 3천 5백만이 생존하는 그

___

여전히 강한 민족주의와 국가주의의 영향력을 강조하는 필자의 논의는 모순화법에 해당하는 듯 보인다. 그러나 앞에서는 유리컵에 담긴 물이 점차 줄어들고 있다고 표현한 것으로, 여기서는 그 유리컵에 여전히 물이 많이 담겨 있다고 표현한 것으로 받아들일 수 있을 것이다.

39) 여기서 한국, 홍콩, 싱가포르, 타이완이 다 같이 집단주의 형성의 토대가 되는 유교문화를 공유함에도 불구하고, 한국과 타이완이 홍콩이나 싱가포르보다 개인주의 점수가 낮다는 사실은, 만약 그 차이가 유의미한 것이라면, 이는 일견 한국과 타이완이 공유하는 강한 민족주의, 민족의 분단, 반자유주의적 독재의 지속 등과 같은 경험이 일정하게 영향을 미친 것으로 해석할 수 있을 것이다.

것이 우리나라에 있어서의 최고의 인권수호이다(「법무부 순시 지시사항」, 1977/02/04; 박명림, 2006: 54에서 재인용).

이처럼 '민족의 후견인'인 국가의 수호와 보위는 민족의 생존권을 보장하기 위해서, 나아가 개개인의 자유는 물론 민주주의의 확대·발전을 위해서 필수불가결한 요소이자 최우선 과제였다. 또한 민족의 생존을 물리적으로 가장 위협하는 존재가 북한이었기 때문에, 그리고 민족 생존의 물질적 토대를 마련하는 것이 경제발전과 근대화였기 때문에, 박정희의 민족주의는 북한을 '반민족'으로 규정하는 반공 민족주의이자 근대화 민족주의였다. 박정희에게는 이 과제를 실천하는 집약적 주체가 바로 국가였고, 민족을 보위하는 대한민국의 '국시'는 '반공'이었다.

그러나 앞에서 논한 것처럼, 북한에 대한 체제상의 우위가 명백해지고 근대화라는 목표 역시 달성되면서, 반공과 근대화의 추진 엔진으로서 민족주의나 국가주의 역시 민주화 이후 퇴조하지 않을 수 없었다. 아울러 민주화·산업화는 물론 세계화·정보화의 영향으로 자유주의가 세력을 확장함에 따라 국가주의와 민족주의가 약화됨은 물론 양자의 강고한 결합 역시 점진적으로 해체되고 있다고 전망해야 할 것이다.

물론 한국사회가 돌발적인 위기에 직면하고 그 위기를 타개하기 위해 국가와 민족을 지휘할 강력한 지도자를 원할 때, 우리는 박정희식의 리더십이 재호명되는 현상 또한 목격했다. 김영삼 정부 시절인 1997년 말 외환위기로 시작된 경제위기에 직면했을 때, 강력한 카리스마적 지도자를 찾는 대중들의 요구는 박정희에 대한 집단적 향수로 분출되었고, 이 현상은 한동안 '박정희 신드롬'으로서 인구에 회자되었다. 당시 김영삼 정부의 실정(失政)에 대한 불만이 고조되는 것과 함께 보수 신문과 보수

인사들이 연이어 박정희를 호명했다. 《중앙일보》에서는 1997년 4월부터 박정희 대통령이 비서실장을 지낸 김정렴의 회고록이 연재됐고, 조갑제는 1997년 10월부터 〈내 무덤에 침을 뱉어라〉라는 제목으로 《조선일보》에 박정희의 전기를 연재했으며, 소설가 이인화는 '영웅 박정희'의 모습을 그린 『인간의 길』(1997)을 출간했다.

보수 세력을 중심으로 끊임없이 박정희 신화를 만들어내려는 박정희 신드롬에 대해서는 다양한 해석이 제기되었다. 박정희가 뒤늦게나마 정당하게 평가받게 되었다는 보수 세력의 긍정적 해석, 민주화에 불만을 느끼던 "수구 기득권 세력의 이해 또는 음모의 맥락"에서 접근하는 진보 진영의 해석, "김영삼 문민정부의 실정으로 인한 반사이익"이라는 해석, "시민들의 의식구조상 카리스마적 권위에 기대고 싶은 의존심"이라는 해석 등이 그것이다(정해구, 1998: 62-66). 이 같은 해석들이 나름 일정한 설득력을 갖는 것은 부정할 수 없다.

그렇다 하더라도, 박정희 정치사상의 현재적 재조명이라는 관점에서 볼 때, 박정희 신드롬이나 그에 대한 해석들이 박정희의 사상에 대한 긍정적 평가에서 나온 것이 아니라는 점은 명확하다. 다시 말해, 박정희 신드롬은 그의 사상보다는 강력한 카리스마와 결단력을 중심으로 국정을 이끌어 가는 박정희식 리더십에 대한 향수에서 비롯했다고 풀이할 수 있다. 일반 국민들은 당시까지 한국 역사상 가장 민주적인 정부라 간주할 수 있었던 김영삼 정부의 부패와 무능 및 경제실정에 불만을 느끼고 반발한 나머지 난국을 타개할 수 있을 것으로 기대되는 박정희의 강력한 리더십 스타일을 그리워했다고 풀이할 수 있다. 그렇지만 국민들이 국민의 기본적 인권을 무시하는 반자유주의적 이념이나 다수의 의사를 무시하고 일방적으로 정치를 주도해 가는 반민주적 사상을 새롭게 지지하기

한국 현대 정치사상과 박정희

시작했다고 해석할 수는 없다. 이 점에서 박정희 신드롬은, 강준만이 박
정희 신드롬을 해부하는 글에서 예리하게 지적한 대로, 제대한 남성들이
군생활의 고단했던 애환을 회상하면서 일순 그것을 그리워하기도 하지
만 그렇다고 군대에 다시 돌아가는 것을 결코 희망하지 않는 전반적 심
리에서 '그리워하는 순간'을 포착하여 확대한 것이라 할 수 있다(강준만,
1999: 42; 강준만, 2005: 132).

앞서 국민들의 통일의식을 논하면서 인용한 것처럼 남한 국민 대부분
이 북한과 통일을 하더라도 자유민주주의 체제 이상을 기반으로 한 통일
을 희구한다면, (북한, 일본 또는 중국과의) 전쟁 등 절박한 안보위협이나
총체적 경제파국 등 비상사태에 당면하지 않는 한, 민주주의를 부정하는
권위주의나 전체주의 사상을 더는 지지하거나 묵인하지는 않을 것이다.
다만 한국사회에서 박정희 시대에 특권을 누렸던 일부 기득권층의 경우
에는 자신들이 지닌 반민주적 성향과 불만을 박정히 신드롬에 실어서 표
현하는 것으로 해석할 수도 있다. 민주주의를 오래 실천한 서구의 민주
국가에서 항용 목격할 수 있듯이, 민주국가에서도 권위주의나 전체주의
를 희구하는 세력은 으레 있기 마련이다.[40]

---

40) 물론, 앞에서도 언급한 것처럼, 박정희 시대의 높은 경제성장률에 대한 향수는 2007년 대
선에서 고도 경제성장의 재현을 통한 선진국 진입을 공약으로 내세운 이명박 대통령의 당
선을 통해 표출되기도 했다. 또한, 앞에서도 논한 것처럼, 박근혜 대통령이 2007년 한나
라당 제17대 대통령 후보 경선에 나섰을 때와 2012년 새누리당 제18대 대통령 후보로 대
선에 나섰을 때에도, 박정희 정권에 대한 박근혜의 과거사 인식이 일반 국민과 정치권의
비상한 관심이 되기도 했다. 두 사례는 박정희 대통령의 실적이나 통치행위와 관련해 중
요한 사안인 것임이 분명하지만, 이 책의 관심인 박정희 대통령의 '정치사상'과는 직접적
인 관련이 없는 것이라 할 수 있다.

4. 맺는말

마지막으로, 이 책의 핵심 개념으로 줄곧 사용된 '비동시성의 동시성'과 '민족주의의 신성화' 개념이 필자가 그 극복과 타개를 주장해 온 '서구중심주의'와 관련해 어떠한 문제점을 제기하고, 또한 그에 대해 필자가 제시한 대안은 어떤 성격을 갖는지에 대해 밝히면서 글을 마무리하고자 한다.

한국 현대 정치사상은 근대 서구문명의 압도적 군림(domination)과 헤게모니가 부과한 서구중심주의에서 파생한 비동시성의 동시성과 민족주의의 신성화라는 구조적·이념적 조건하에서 전개되었고, 그 과정에서 서구중심주의에 의해 깊게 각인되었다. 이미 앞에서 충분히 논한 것처럼, 기본적으로 정치적 단위와 민족적 단위의 일치를 추구하는 서구의 민족주의가 한국과 같은 비서구 국가에서는 종래의 원민족(proto-nation)을 결집해 근대 국가를 건설하는 동시에 그 민족국가를 (근대 서구문명을 모델로 삼아 따라잡고자 하는) 근대화의 주체로 설정함으로써, 민족주의는 처음부터 서구중심주의를 내면화한 채 출발했다. 민족주의의 이러한 출발은 서구가 주도해 표준화한 세계사적 시간대와 그것에 대등하게 필적하지 못하는 (또는 독자적인 시간대를 주장하지 못하는) 일국사적 시간대의 괴리가 빚어낸 비동시성의 동시성 개념을 통해 매개되었다고 할 수 있다. 이 점에서 이 책은 한국 현대 정치사상이 서구중심주의를 어떻게 내면화하고 매개하면서 전개되었는가를 이론적으로 형상화하려고 시도했다. 그런데 이 책의 이러한 입장이 서구중심주의의 타개나 극복을 주장해 온 필자의 종래 입장과 모순되지 않는가라는 비판이 제기될 수도 있을 것이다. 그러나 필자는 한국 현대 정치사상이 서구중심주의를 어떻게 내재화하고 매개하면서 전개되었는가를 살펴보는 '서술적' 작업이 서구중심주의의 극복이나 타개라는 '대안적' 작업에 선행해야 한다고 생각하며, 이에 따라 서구중심주의에 의해 각인된 한국의 사상적 현실에 대해 우선 서술하고자 했다. 물론 이와 같은 현실에 대한 분석은 단순히 역사적 사실의 나열 혹은 사상적 변화에 대한 연대기적 서술은 아니며, 필자가 제시한 두 가지 핵심 개념을 분석틀로 하여 서구중심주의의 타개 또는 극복이라는 테마를 분명히 상정하고 이루어 진 것이다.

필자의 이런 입장을 이 책의 핵심개념인 '비동시성의 동시성'과 관련하여 간략히 설명해 보면, 필자는 '비동시성의 동시성' 개념이 블로흐의 경우는 물론이고 필자의 경우에도 단순히 일정한 정치 현실을 지시하고 설명하는 데 그치지 않고, 나아가 그것을 부정적이고 병리적인 현상으로 상정(인지)하고 타개할 것을 지향하는 당위적 개념으로 사용되었다는 점을 언급하지 않을 수 없다. 먼저 블로흐는 1930년대 독일에서 "일국 내에서 급속하게 형성된 자본주의적 구조"와 "아직 청산되지 않은 과거의 사회문화적 구성체" 사이의 괴리에 주목하고 그러한 비동시성이 나치즘 발생의 궁극적 원인이 되었다고 설명했다. 따라서 그는 당시 독일에서 미발전상태에 머물러 있던 전근대적인 상부구조를 토대의 발전을 기준으로 재편해서, 곧 비동시성을 타파해서, 궁극적으로 독일이 영국이나 프랑스처럼 자본주의적 토대(경제적 합리화)에 상응하는 민주적 정치체제를 구축하는 것을 지향했다. 필자는 정치체제와 정치사상이라는 상부구조의 현상에 초점을 맞추고 세계사적 시간대와 일국사적(한국사적) 시간대의 충돌과 반발을 비동시성의 동시성으로 개념화한 후 그 괴리를 일탈적 상태로 파악하고, 한국 현대 정치사상의 전개를 일국사적 시간대가 세계사적 시간대에 수렴하는 것, 곧 세계사적 시간대를 내재화하는 데 중점을 두고 설명했다. 이에 따라 필자는, 명시적이든 묵시적이든, 서구 선발국의 이념적 지형을 '정상'으로 그리고 비서구인 한국의 이념적 지형을 '비정상'으로 전제하면서 비동시성의 타개나 해소를 긍정적인 현상으로 논했다고 할 수 있다. 본문에서 "서구에 수렴하는 정상화 과정"이라는 표현을 사용한 것을 그 대표적인 예로 들 수 있다.

이 점에서 블로흐는 물론 필자 역시 상당 부분 목적론적 역사관을 전제로 역사적 변화를 추적·설명하고 있었다고 할 수 있다.[41] 그리고 필자가 시사한 대로, 세계사적 시간대란 세계의 모든 나라들이 민주적 합의에 의해 설정한 것이 아니라 19세기 이래 전 세계를 지배해 온 영국·프랑스·미국 등 서구의 선발국들이 설정한 시간대다.[42] 따라서 비동시성을 타개해 한국사적 시간대가 세계사적 시간대에 수렴하는 것을 역사발전의 긍정적 흐름인 것처럼 서술한 필자의 기본 입장은 서구중심주의에 대한 대응전략에서 동화적 전략, 그것도 순응적 전략의 관점에 따른 것이며, 이 점에서 그 전략이 안고 있는 한계를 고스란히 드러내고 있다고 할 수 있다.[43] 그러나 이러한 한계에도 불구하고 한국이 처한 모든 면을 종합적으로 고려하는 '현실주의적' 입장에서, 필자는 동화적 전략의 수용과 채택이 불가피한 상황에 대해 『서구중심주의를 넘어서』에서 아래와 같이 그 고충을 토로한 바 있다.

---

41) 1930년대 상황이지만 블로흐 역시 독일이 영국이나 프랑스 등 유럽의 선발국과 다른 '독자적인 길'을 통해 근대화를 수행할 가능성을 진지하게 탐색하지 않았다.

42) 더글러스 러미스는 이처럼 힘과 헤게모니에 의해 부과된 보편주의를 "정치적 보편주의(political universalism)"로 개념화한다(Lummis, 2002: 69-71).

43) 필자가 언급한, 서구중심주의에 대한 동화적 전략에 대해서는 여기서 자세히 논하지 않겠는데, 동화적 전략의 구체적 내용과 한계에 대해서는 강정인(2004, 432-439)을 참조할 것.

이러한 추론은 비서구사회가 서구중심주의를 극복하기 위해서는 자신에게 불리하게 짜여진 근대화라는 게임에 참가하여 서구와 대등한 정치·경제적 힘을 획득해야 한다는 점을 시사한다. 곧 비서구사회는 서구와 대등한 정치·경제적 힘을 확보하여 게임의 규칙을 서구와 평등한 조건에서 수정하거나 시정할 수 있을 때, 비로소 서구중심주의를 극복할 수 있는 전략을 좀 더 실효성 있게 구상하고 실천에 옮길 수 있을 것이다. 그러나 그러한 단계에 도달할 때까지 비서구사회는 우선 서구중심적인 게임의 규칙에 따라 자신의 생존을 도모해야 한다. 일반적으로 지배관계에서 불리한 지위에 놓인 집단은 우세한 집단이 짜놓은 게임의 규칙에 따라 게임에 참여할 것을 강제당하고, 그 규칙에 따라 자신의 능력을 증명하도록 요구받기 때문이다. 비서구사회의 근대화는 바로 그러한 게임에 참여하는 것이었고, 그 게임을 수행함에 있어서 서구중심적 시각을 내면화할 것을 요구받았다. 그러나 비서구사회는 그러한 게임에 참여하는 와중에서도 서구중심적 시각에 매몰되지 않은 채 독자적인 세계관과 주체성을 보존하고 키워야 한다는 이중적이고 모순적인 과업에 직면한다(강정인, 2004: 496-497).

이처럼 이중적이고 모순적인 조건을 극복하는 전략은 대체로 전복과 순응, 두 가지로 나눌 수 있으며, 필자는 현실주의적 입장에서 순응 전략을 택한 것이다. 따라서 이 책에서 필자가 기본적으로 견지해 온 관점—곧 비동시성의 동시성은 대체로 부정적인 현상이고, 따라서 이를 타개해 서구중심적인 세계사적 시간대에 수렴해야 한다는 관점—이 서구중심적 시각을 내면화한 입장임을 부정할 수 없다.

그러나 다른 한편 이제 비동시성의 동시성이 상당한 수준에서 해소되고 나아가 서구문명의 긍정적 성과는 물론 부정적 폐해를 두루 누리게 된 현 단계에서, 한국사회는 현재의 어설픈 성과에 안주하지 말고 서구 문명의 긍정적 성과를 최대화하는 것은 물론 그 부정적 폐해를 최소화하는 데 부단히 노력해야 할 것이다. 즉, 필자는 한국사회가 이제 서구중심주의에 대한 순응적 시각을 벗어나 더 나은 문명을 건설하는 데 필요한 독창적인 대안과 다양한 전략에 대해 진지하게 고민해야 할 지점에 이르렀다고 생각한다. 이것이 정치사상의 차원에서 21세기 한국이 직면하고 있는 긴요한 과제라는 것이 필자의 소박한 신념이다.

후기

끝으로 이 책의 주제인 한국 현대 정치사상에서 '한국'이라는 개념이 제기하는 문제점을 지적·음미하면서 이 책에 작별을 고하고자 한다. 여기서 '한국'이 문제시되는 맥락은 한편으로는 남북한의 분단 및 통일 문제에 대해 분단국가인 한국과 관련된 것이고, 다른 한편으로는 정보화·지구화라는 변환에 의해 전통적인 시간과 공간의 경계가 급속히 해체되는 전 지구적 상황에 직면하여 한국이라는 하나의 국민국가를 관심과 관점의 기본단위로 설정해 전개하는 정치사상의 적실성과 관련된 것이다.

먼저 분단 및 통일 문제와 관련하여 제기되는 '한국'이라는 개념에 대해 논한다면, 필자는 이 책에서 사용된 '한국'이라는 개념이 필자의 학문적 삶에서 상당히 고통스러운 문제를 야기해 왔다는 점을 고백하지 않을 수 없다. 평상시에도 그래 왔지만, 이 책의 제목을 정하는 과정은 물론 원고를 집필하는 과정에서도 필자는 '한국'이라는 단어를 사용하면서 줄곧 상당한 스트레스를 느껴야 했다. 사실 우리는 '대한민국'의 줄임말인 '한국(Republic of Korea)'이라는 개념으로 통상 한(韓)민족의 주 거주지인 한반도 전체를 관할하는 온전한 국가를 상상하는 한편, 이와 동시에 규범적으로 또는 사고의 편의상 분단을 부정하거나 망각하는, 그리하여 북한—조선민주주의인민공화국—의 존재를 말소해 버리는 모순적 현실에 살고 있다. 이는 무엇보다도 이승만 정권 이래 한국인들에게 '한국'이라는 기표(記表)[1]를 통해 남북한을 아우르는 온전한 국가를 상상하도록 주입해 온 '국가이념' 또는 '국가정체성'에서 기인한 바가 클 것이다. 여기에는 분단이라는 현실을 받아들이기 거부하는 원초적인 민족주의적 열망 역시 가세했을 것이다. 그러나 이와 달리 남과 북에 두 개의 주권국가가 존재하고 있다는 사실은 국제정치에서는 '냉엄한 현실(stark reality)'로, 남북한 관계에서는 '대세적 현실(prevailing reality)'로서 존속해 왔다. 우리는 그러한 괴리를 막연하게 의식하긴 하지만, 망각으로 버무린 습관 속에서 이를 부정하는 '정신분열증적' 또는 '이중적' 현실을 살아 왔다.

이미 70년 가까이 경과하고 있는 남북한 분단이라는 정치현실에서 일상적으로나 학문적으로나 '한국'은 남북한을 아우르는 온전한 한국이 아니라 사실상 그 반쪽인 '남한'을 지칭하는 예가 더 많다. '한국 정치', '한국 경제', '한국 사회', '한국 문화', '한국 방송', '한국 가요', '한국 체육' 등은 보통 남한을 지칭하면서 사용되는 용어다. 남한의 학계에서 사용되는 '한국'이라는 용례에서도 쉽게 확인되듯이, 한국 정치나 한국 문학에서 다루는 한국의 현대 부분은 일반적으로 남한을 소재로 한 것이다.

---

1) 통상 프랑스어 시니피앙(signifiant, 영어는 signifier)을 '기표'로 번역한다. 그런데 국내의 다수 학자는 한자 표기로 記標를 사용하는 듯하다. 그러나 필자는 記表가 본래의 의미에 부합한다고 생각하기 때문에 記表로 표기한다.

따라서 한국정치론, 한국사회론, 한국경제론, 한국문학론이라는 학문이나 강의는 대부분 북한을 제외하고 남한을 다룬다. 북한을 소재로 한다면 '한국' 대신 '북한'이라는 접두어를 부가해 제목을 붙일 것이다. 이처럼 '한국'이라는 단어로 우리는 남북한을 아우르는 온전한 국가를 상상하기도 하지만, 분단 현실을 내면화한 우리의 일상생활이나 학문적 관행에서 한국은 또한 남한만을 지칭한다. 북한을 다루더라도 북한은 '한국'이라는 표제 아래 하위 범주가 아니라 '특수한 지역'을 지칭하는 '북한'이라는 이름 아래 특별하게 취급된다. 이 점에서 북한에 대한 학문은 학문 분류상 타자화된 지역연구에 속하는 것처럼 여겨진다.

이와 달리 한국이 남북한을 통칭하는 경우도 적지 않다. 예를 들어, 한국사 교과서에서 한국인의 기원을 설명할 때의 한국인은 남북한의 한민족을 모두 지칭하는 표현이다. 마찬가지로 과거의 사실에 대한 소급적 표현이지만 금속활자의 발명이나 한글 창제를 예로 들면서 한국인의 우수성을 과시할 때, 그때 한국인은 남한 주민이 독점하는 것이 아니라 북한 주민과 공유하는 한국인이다. 또한 남한이나 북한의 스포츠 스타—이를테면 남한의 김연아, 1960년대 북한의 전설적인 육상선수 신금단—가 세계에서 뛰어난 업적을 성취했을 때, 우리는 모두 한국인의 우수성을 세계만방에 떨친 것으로 자랑스럽게 받아들인다. 또한 우리가 흔히 한국(남한)으로 받아들이는 영어의 '코리아(Korea)'는 남한을 지칭할 때도 있지만, 남북한을 아우를 때가 더 많다. 대표적으로 영어의 '코리언 워(the Korean War)'에서 '코리언'은 남북한을 통칭하며, 또 이를 우리말로 옮긴 '한국 전쟁'에서 한국은 남북한을 아울러 지칭하는 표현이다. 미국이나 유럽의 대학에 있는 '코리아 연구소'는 대부분 남북한을 모두 연구하는 학술기관이다.

이처럼 한국과 한국인은 어떤 때는 남북한을 통틀어 지칭하고, 어떤 때는 남한만을 지칭하는 표현이다.[2] 분단이 초래한 이 같은 이중적 현실은 학자에게는 연구대상으로서 '한국'의 범위 설정에 심각한 문제를 제기한다. 필자는 '한국' 현대 정치사상을 주제로 이 책을 집필했지만 사실상 북한을 제외한 남한의 현대 정치사상만을 다룸으로써, 이 책은 언젠가 타개·극복되어야 할 '분단체제'를, 의식적이든 무의식적이든 또는 비판적이든 무비판적이든, '자연적 질서'로 내면화한 지적 산물이라는 비난을 비켜가기 어려울 것이다.[3] 다만 필자는 '민족주의의 신성화'를 다룬 장에서는 물론 개별적으로 자유주의·보수주의·민족주의·급진주의를 논할 때에도 한국 현대정치의 이념적 지형이 민족의 특수한 경험인 분단과 통일 문제에 의해 깊숙이 구조화되어 있다는 점을 이론적으로 형상화하기 위해 노력했다. 특히 민족주의의 신성화를 다루면서 제시한 '분단지향적 민족주의'와 '통일지향적 민족주의'의 구분, 그리고 '중층결정'과 '과잉결정' 개념은, 분단과 통일 문제가 한국정치의 이념적 지형에서 근본적이고 구조적인 심층을 구성하고 있다는 점을 드러내고자 한 것이다.

---

2) 북한의 경우 '한국' 대신 '조선'이라는 단어를 사용하는데, 북한의 용례에서도 조선이 '한국'처럼 이중적인 용례로 사용되는지, 그리고 그 효과가 어떻게 되는지에 대해 살펴볼 필요가 있다.

3) 이 문제에 대해서는 책 제목을 '한국 현대 정치사상' 대신 '남한 현대 정치사상'이라고 하면 쉽게 해결될 문제라는 지적이 가능하다. 이러한 제안은 (넓은 의미의) '한국' 대신 (좁은 의미의 한국을 지시하는) '남한'이라는 단어를 사용함으로써 분단 현실을 극적으로 드러내고, 나아가 통일에 대한 강력한 동기를 유발하는 효과가 있는 것으로 보인다. 그렇다면 필자를 포함한 많은 학자들이 왜 그 지적을 수용하여 '한국' 대신 '남한'이라는 용어를 사용하는 글쓰기를 하지 않거나 못하는 것일까? 필자의 생각이 여기서 설득력 있게 제시할 수 있을 만큼 정리되지는 못했지만, 이 경우 '남한'이라는 단어의 선택은 한국으로 칭하는 남한 체제를 전면적으로 부정하는 듯한 '불온한' 느낌을 준다. 아마도 이는 단순히 남한인의 뇌리에 깊이 주입된 반공주의 때문만은 아닌 것으로 생각된다. 이 의문은 필자가 풀어야 할 숙제로 남아 있다.

이 문제와 관련해, 필자는 이 책을 집필하는 과정에서 남한 현대정치의 이념적 지형의 특징으로 제시된 '비동시성의 동시성'과 '민족주의의 신성화'가 사회주의 체제인 북한에서도 일정한 변형을 통해 드러나고 있다는 인식에 도달하기도 했다. 토대와 상부구조의 괴리와 균열에 주목하는 블로흐의 비동시성 개념과 달리 세계사적 시간대와 일국사적 시간대의 충돌과 반발에 주목하는 필자의 비동시성 개념은, 북한 체제의 이념적 지형을 설명하는 동시에 사회주의 진영에서 형성되는 세계사적 시간대와 일국사적 시간대의 관계에 대한 이해에서도 역시 활용될 수 있다고 추정하기 때문이다. 또한 '민족주의의 신성화' 개념이 북한 체제에서도 명료하게 드러나는 만큼, 그 개념이 북한정치에서 발현되는 양상을 체계적으로 분석·정리하는 작업 역시 매우 흥미로운 일임이 분명하다. 사회주의 체제가 정통 마르크스주의의 전통과 교리에 따라 공식적으로 민족주의를 전면에 내세우지는 않았지만, 실제로 대부분의 사회주의 체제에서 민족주의의 사회주의적 발현과 변형은 이미 널리 인지된 바 있다. 특히 북한체제가 구소련·동구권에서 사회주의 체제가 붕괴하기 시작한 1980년대 후반부터 "조선민족제일주의"(또는 "우리민족제일주의")와 "인민대중 중심의 우리식 사회주의는 필승불패이다"라는 슬로건을 내세우고 그에 대한 선전을 강화해 왔다는 사실은 북한에서도 남한과 다른 원인과 양상에 따라 '민족주의의 신성화'가 진행되어 왔다는 점을 쉽게 확인케 하는 대목이다.[4] 따라서 북한체제의 이념적 지형에서 비동시성의 변

---

4) 최근 북한은 남한이 남한사회를 '다민족, 다인종사회'로 규정하는 것에 관해 "'다민족, 다인종사회'론은 민족의 단일성을 부정하고 남조선을 이민족화, 잡탕화, 미국화하려는 용납 못할 민족말살론"이자 "우리 민족의 혈통마저 흐리게 하는 …… 반민족적책동"이라고 비난함으로써 혈통적 민족의 신성성을 강조한 바 있다(로동신문, 2006/04/27).

증법과 민족주의의 신성화가 어떻게 전개되어 왔는지를 분석하고 이를 남한과 비교하는 작업은 학문적으로 대단히 매력적인 주제다. 필자가 지닌 역량의 한계로 이 같은 문제의식을 체계적으로 형상화하지 못한 점은 커다란 아쉬움으로 남는다. 나아가 이러한 과제는 통일된 한반도(또는 조선반도)에서 수립된 통일국가가 분단 시기 남북한의 정치사상을 어떻게 체계화해 정리할 것인가의 문제, 그리고 현대 남북한의 학자들은 통일에 대비해 남북한의 정치사상을 어떤 관점에서 이론화해야 할 것인가의 문제와 맞닿아 있기도 하다.

마지막으로, 이 책의 주제인 '한국' 현대 정치사상과 관련해서 20세기 말부터 급속도로 진행되고 있는 정보화와 지구화라는 전 지구적 대변환이 국민국가를 기본 단위로 한 정치사상의 기본적 좌표축을 근본적으로 뒤흔들고 있다는 사실에 주목하지 않을 수 없다. 이 주제를 논하기에 앞서 우리는 무엇보다 서구의 이론가들이 국민국가의 경계를 넘어 상호 긴밀한 영향을 주고받으면서 사상을 전개하고 발전시킴으로써, 유럽통합이 진행되기 오래전부터 담론의 전통으로서 서구의 정치사상이 이미 대통합의 과정을 밟고 있었다는 점을 간과해서는 안 된다.[5] 예를 들어, 20세기 후반만 일별하더라도, 미국의 한나(해나) 아렌트나 존 롤스의 정치철학, 프랑스의 미셸 푸코나 피에르 부르디외 및 자크 데리다의 사회이론, 독일의 위르겐 하버마스의 사회사상 등은 일국 단위가 아니라 서

---

5) 예를 들어, 한국학자들에게도 친숙한 미국의 조지 세이빈(George Sabine)은 1937년에 이미 서구 정치사상의 역사적 전개과정을 개별 국가의 차원을 넘어 종합적으로 집대성해 서구정치사상사에 대한 기념비적 저작을 남긴 바 있다(Sabine, 1937/1950). 나아가 근대 유럽의 사상가들은 국민국가를 건설하기 시작한 18세기부터 국가의 경계를 넘어 상호 긴밀한 영향을 미치면서 정치사상을 발전시켜 왔다.

구 세계 전체를 대상으로 광범위하게 전개·확산되어 지식인들에게 초국가적인 공통의 담론장을 구성하고 제공해 왔다. 또한 한 개별 사상가의 저작, 예를 들어 아렌트의 저작을 간략히 검토하더라도, 그는 고대의 그리스나 로마의 사상가는 물론 근대의 마키아벨리, 칸트, 마르크스, 니체, 루소, 몽테스키외, 토크빌, 홉스, 해링턴, 로크, 제퍼슨, 매디슨, 해밀턴, 레닌 등 근대 서구의 사상가들을 두루 섭렵하면서 자신의 독창적인 정치철학을 전개했다. 다시 말해 아렌트는 자신의 저술에서 국민국가의 장벽을 넘어, 아니 시간과 공간의 경계를 넘어 자유자재로 다양한 사상가들을 출현시키면서 가히 보편적인 관심과 관점에서 서구 정치철학을 엮어낸 것이다. 이렇게 보면 유럽연합의 출현 이전에 사상의 공동체로서 유럽, 나아가 미국을 포함한 서구는 이미 긴밀하게 통합되어 있었다고 해도 과언이 아니다. 이 점에서 서구 이론가들의 사상은 정보화·지구화라는 초국가적 변환이 발생하기 훨씬 전부터 미국의 사상, 프랑스의 사상, 독일의 사상이라기보다는 서구의 사상으로서의 관할권(대표성)을 주장해도 무방한 경지에 도달한 것 같다. 나아가 그들의 사상은 전 세계적으로 확산되어 비서구세계에서도 정치사상 연구에 유용한 공통의 담론장을 제공하고 있다.

정치사상 연구에서 일국주의에 대한 도전은 이제 정보화·지구화의 물결과 함께 서구를 넘어 전 세계적으로 더욱 강화되고 있다. 최근 들어 더욱 가속화하는 정보기술 혁명(인터넷, 스마트폰의 발명과 전 지구적 확산 등)과 결합된 지구화는 모든 인류가 더불어 사는 '지구촌(the global village)'이라는 비전을 더욱더 실감나게 만들고 있다. 또한 정보화·지구화가 초래한 시공간의 압축과 재조정은 국민국가의 경계를 초월하는 지구적 공동선의 출현과 함께 전 지구적 차원에서 그 해결을 요구하고 있다. 이와 같은 지구적 공동선의 사례로는, 핵전쟁에 의한 인류 멸망의 위험에 공동으로 대치해야 할 필요성의 자각, 생태계의 심각한 위기에 대한 지구적 차원의 책임 윤리 부상, 인권의 국제적 보장에 대한 보편적 관심, 세계의 빈곤한 인민들의 사회경제적 조건을 개선하기 위한 초국가적 노력 등을 들 수 있다. 또한 여기에는 경제적 상호 연계성의 심화에 따라 혜택과 위협을 동시에 제공하는 지구적 차원의 경제적 생존 가능성의 문제도 추가할 수 있을 것이다. 사실 우리는 2008년 미국 금융 시스템의 붕괴로 발생해, 걷잡을 수도 없고 예측할 수도 없는 연쇄반응을 일으키며 전 세계로 번져 나간 역사상 최악의 경기 침체를 목도하고 있다. 이런 사례들은 국가주권과 영토에 따라 분할하거나 차별화할 수 없는 불가분적인 '지구적 공동선'의 존재를 인정할 것을 요구하고 있다. 핵무기, 생태적 위기, 금융 시스템의 붕괴에서 오는 위협이 지구상의 모든 국가들에 무차별적으로 적용될 수 있다는 사실을 목격하는 일은 매우 의미심장한 경험이다. 이에 따라 개별 국가의 규모나 국력에 상관없이 어떤 국가도 단독으로는 결코 달성할 수 없는 불가분적인 지구적 공동선을 추구하기 위한 초국가적 협력이 전 지구적으로 시급히 요청되고 있다. 이 점에서 '지구적(global)'이란 말은 이제 인류 전체에게 보편적인 무언가를 표상하는 개념이 되었다.[6]

상호 분리와 자기완결성을 전제로 하는 국민국가 차원에서 이처럼 긴요하고 절박한 정치적 문제들을 해결할 수 있는 가능성이 현저히 약화되는 지구화 시대에 일국 단위의 정치사상을 탐구하는 일은 이제 어떤 의

---

6) 이 단락의 주된 내용은 필자의 글(강정인, 2013: 31-32)에서 끌어오면서 이 글의 목적에 맞게 수정하고 보완한 것이다.

미를 가질 것인가? 우선 이러한 상황에서 일국 단위의 정치를 전제로 한 정치학이나 정치사상이 그 현실성과 설득력을 급속히 상실해 가고 있다는 점을 부인하기 어렵다. 따라서 오늘날의 정치사상가들은, 중심부 사상가이건 주변부 사상가이건, 총체적이고 불가분적인 지구적 공동선과 관련된 문제들—예를 들어 지구적 정의, 지구적 민주주의, 생태계 파괴, 경제적 상호의존성의 증대, 핵전쟁의 위협 등—을 자신의 사상 전개에서 주된 소재이자 관점으로 내재화해야 할 것이다. 이와 같은 상황 변화에 대해 서구의 정치사상은 전 지구적 정치사상으로서 그 관점과 관심(소재)을 선제적으로 확장해 가면서 인류의 공통 문제에 대해 의제를 설정하고 또 그 해법을 모색하는 과제를 주도하고 있다.

그러나 이런 추세와 달리 비서구권의 정치사상 연구는 그 관점과 관심에서 여전히 일국 단위에 머물면서, 전 지구적 차원의 정치 문제에 대해서는 서구에서 출현한 전 지구적 정치사상의 수동적인 소비자 또는 모방적인 수용자의 지위에 머물러 있는 것 같다. 이 같은 현실은 전 지구적 변환에 당면하여 한국 정치사상이 국민국가적 차원과 전 지구적 차원의 정치적 문제에 대해 어떻게 대처하고 또 서구발(發) 전 지구적 사상에 대해 어떻게 대응해야 할 것인가라는 중요한 문제를 제기한다. 기실, 이 지적은 한국은 말할 것도 없이 한국보다 경제력이나 민주화의 수준에서 우월한 일본, 나아가 경제력·국방력 등은 G-2라고 불릴 정도로 최근 급속히 성장했지만 민주화 수준은 여전히 낮은 중국에도, 정도의 차이는 있겠지만, 여전히 적용되는 것으로 보인다. 그런데 이 문제를 놓고 한국만을 당사자로 고려할 때, 한국이 훌륭한 정치사상을 발전시킬 수 있는 문화적 역량은 물론 이를 실천에 옮길 수 있는 헤게모니적 역량, 곧 정치경제적 역량에서도 역부족이라는 점을 부인하기란 어렵다. 제8장의 결론에서 언급한 것처럼, 비서구 국가들은 대등한 경제력을 바탕으로 게임의 규칙을 서구와 평등한 조건에서 수정하거나 시정할 수 있을 때, 서구중심주의를 타개할 수 있는 전략을 실효성 있게 구상하고 실천에 옮길 수 있기 때문이다.[7]

이 난점을 극복하기 위해서는 세계와 국민국가 사이에 중간 단위로서 '지역(region)'을 설정하고, 일차적으로 지역 단위의 관점과 관심에서 정치사상을 발전시키는 방안을 신중하게 고려해 볼 필요가 있다. 예를 들어, 한국·중국·일본 등 동아시아 국가들이, 비록 단기적으로는 현재 다양한 갈등으로 불화관계에 있지만 장기적으로는 이를 타개하고 유럽의 선례를 모델로 삼아, 자신들의 정치경제적 역량을 집중하는 한편 동아시아 단위의 정치사상을 발전시키는 방안을 모색할 필요가 있다.[8] 이렇게 역량을 결집할 수 있다면, 동아시아의 정치사상은 서구의 정치사상이 서구의 관점과 관심(interest)을 위주로 지구적 공동선의 해결을 위한 의제 설정과 그에 대한 이론화를 독점하는 것을 견제하면서, 서구발 전 지구적 사상과 호혜적인 협력은 물론 건전한 갈등(긴장)을 통해 좀 더 보편주의적이고 평등주의적 차원에서 전 지구적 사상을 조형하는 데 기여할 수 있을 것이다. 이 점에서 동아시아는 단순히 경제의 지역주의적 통합뿐만 아니라 사상의 지역주의적 연대를 요구받고 있다. 따라서 한국의 정치사상은 열린 지역주의적 연대를 진지하게 추구하는 한편, 서구발 전 지구적 사상에도 적극적으로 대처하는 노력을 시도해야 할 것이다.

'한국' 정치사상은 분단의 지속에 따른 국민국가의 미완성 때문에 온

---

7) 이 전략에는 서구의 사상에 대응할 수 있는 대안적 사상의 계발도 당연히 포함된다.
8) 필자는 이 같은 필요를 염두에 두고 「비교정치사상방법론에 대한 예비적 고찰: 횡단적, 교차 문화적 대화」라는 글을 발표한 바 있다(강정인, 2013: 29-60).

전한 국민국가 단위의 사상으로서도 제 기능을 다 수행하지 못하고 있는데, 이제는 지구화로 인해 국민국가 단위의 사상을 넘어 지역 단위, 지구적 단위의 사상으로 성장해야 하는 과제를 추가적으로 요청받는 중첩적인 딜레마에 직면하고 있는 것처럼 보인다. 그러나 이 중첩적 딜레마는 한국 정치사상이 넘어야 할 장애물이기도 하지만, 동시에 한국 정치사상의 발전 과정에서 특수성과 보편성, 일국적 문제의식과 전 지구적 문제의식을 동시에 요구함으로써, 하나의 바람직한 정치사상에 필수적으로 요구되는 양면성, 통합성, 균형적 사고를 내재화해 한국 정치사상을 한 단계 더 성숙하게 하는 소중한 계기를 제공할 것이다. 바야흐로 한국 정치사상 연구자들은 이러한 중첩적인 문제의식 속에서 '한국 정치사상이란 과연 무엇인가'라는 정체성 문제를 새롭게 고민하고 적절한 해법을 모색해야 할 때다.

책을 내고 나서

　필자는 대학 졸업 후 유학을 준비하면서 정치학을 공부하기로 뜻을 세웠다. 대학 시절에 박정희 유신체제의 폭압성을 몸소 겪으면서, 한 개인의 행복이, 그 자신의 능력이나 운(運) 못지않게, 아니 그보다도 더, 그가 어떤 정치공동체에서 살고 있는가에 따라 좌우된다는 믿음을 뼈저리게 가슴에 새기게 되었기 때문이다. 그리하여 직접적으로는 한국의 독재와 민주주의에 대한 관심, 근원적으로는 어떤 정치공동체가 인간의 행복을 보장해 줄 수 있는 바람직한 공동체인가라는 질문을 학문적으로 추구하기 위해 정치학을 공부하기로 결심했다.

　유학을 간 미국 대학에서 서양 정치사상을 전공했지만, 학문의 주된 관심과 발상에서는 늘 한국정치를 염두에 두고 있었다. 그런 만큼 1987년 국내에 돌아와서 서양 정치사상 그 자체보다는 서양 정치사상에 한국정치를 접목한 논문들을 주로 발표하고자 했다. 그런지라 1995년에는 한국의 민주화를 주제로, 1998년을 전후해서는 한국 보수주의를 주제로 일련의 논문들을 발표하면서 본격적으로 한국정치(사상)을 다루기 시작했다. 그렇지만 1995년부터 2004년까지 필자의 연구 경향에 커다란 단절과 공백이 발생했다. 한동안 서구중심주의라는 연구주제에 몰입하게 되었기 때문이다. 1995년 미국에서 첫 안식년을 보내면서 서구중심주의에 대해 연구하기 시작했고, 귀국한 이후에도 2003년 여름 2차 안식년으로 다시 미국에 갈 때까지 그 연구에 집중했다. 그 결실로 2004년에 『서구중심주의를 넘어서』를 출간했다. 이 책의 한국 정치사상을 다루는 장에서는 서구중심주의라는 새로운 시각에서 이전에 연구했던 한국 민주화와 보수주의에 대한 이론적 고민을 심화시키게 되었다. 돌이켜 보건대, 그 기간에 서구중심주의라는 주제에 몰입한 것은 한국 정치사상 연구에 새로운 발상과 지평을 부여해 준 계기가 되었다.

그런데 안식년을 떠날 즈음 한국의 민주화와 영국·프랑스·독일의 민주화 경험을 자유주의·보수주의·민족주의·급진주의 등 4대 정치사상의 전개라는 관점에서 비교를 목적으로 하는 연구에 대해 한국학술진흥재단(현 한국연구재단)으로부터 3년에 걸쳐 지원받게 되었다. 이로 인해 여러 동료 연구원들과 공동연구를 수행하면서 필자는 한국 현대 정치사상에 대한 학문적 관심을 본격적으로 확대하고 심화시킬 수 있었다. 연구 결과는 2009~2010년에 한국과 유럽의 민주화에 관한 공저 두 권을 출간하는 것으로 결실을 맺었다. 그 후에도 해방 이후 한국의 주요 정치가나 정치 활동가들―이승만, 김구, 여운형, 박헌영, 조소앙, 안재홍, 조봉암, 김성수, 박정희, 함석헌, 장준하 등―의 정치사상을 검토하는 공동연구과제를 2년 정도 수행하면서 한국 현대정치에서 족적을 남긴 인물들의 정치사상을 구체적으로 접할 수 있는 학문적 경험을 쌓게 되었다. 이런 경험의 축적과 더불어 한국 현대 정치사상의 흐름을 자신만의 독특한 관점에서 형상화하는 연구를 수행하고, 나아가 그 분야에서 단행본으로 된 연구업적을 내고 싶다는 욕구를 품게 되었다. 다행히 2009년에 한국학술진흥재단이 지원하는 '우수학자연구' 과제에 선정되어 지난 5년 동안 한국 현대 정치사상에 대한 종합적인 연구를 체계적으로 수행하는 귀중한 기회를 누리게 되었다.

당시 연구계획서에도 명시했지만 필자는 한국 현대 정치사상을 분석하는 주된 특징이자 개념으로 '비동시성의 동시성'과 '민족주의의 신성화'를 설정하고 그 개념들을 통해 한국 현대 정치사상사를 나름대로 일관되게 조명·분석하고자 했다. 그러나 연구를 구체적으로 진행하면서 해방 이후 지난 70년 동안 한국 현대 정치사상의 전개 과정을 종합적으로 분석·정리하여 책으로 내기에는 자신의 연구 역량이 미흡하고, 시간적 제약 역시 만만치 않다는 점을 깨닫게 되었다. 게다가 한국연구재단은 5년 안에 영문 단행본 출간의 기초가 되는 영문 원고를 제출하는 조건을 부과했기 때문에 영문 번역에 소요되는 시간을 고려한다면, 시간적 제약은 더욱 빠듯하게 여겨졌다. 그리하여 두 개념을 통해 해방 이후 한국 현대 정치사상의 전개 과정을 총론적으로 조명한 후, 이를 구체적으로 검증하기 위해 박정희 대통령의 정치사상을 집중적으로 분석하는 것으로 목표를 수정했다. 그리고 연구결과를 마무리하는 과정에서 1987년 민주화 이후 지난 25여 년 동안 한국 현대 정치사상에서 발견된 두 가지 특징과 박정희 정치사상이 어떤 변화를 겪었고, 향후 그 전망이 어떻게 될 것인지를 예상하는 결론을 붙여서 단행본으로 완성하게 되었다. 이 책이 그것이다.

필자는 이 책을 내고 난 현재의 관점에서 1979년 이후 정치학을 공부한 지난 35년의 학문적 역정을 돌이켜 보게 된다. 역사란 "현재와 과거 사이의 끊임없는 대화"라는 유명한 역사가의 말은 인간공동체의 역사만이 아니라 개인사에도 적용되는 듯하다. 이 말을 적용하여 한국 현대 정치사상에 관한 책을 낸 현재의 위상과 관점에서 필자의 과거사를 회고해 보면, 주로 서양 정치사상 연구로 시작한 학문적 여정이 이제는 한국 현대 정치사상 연구로 수렴하고 있다는 해석이 나온다. 결과적으로 한국 현대 정치사상을 공부하기 위해 서양 정치사상을 공부한 셈이다.

이는 필자가 원하던 바이기도 하다. 동시에 인도출신 영국학자로 정치사상을 연구하는 파레크(Bhikhu Parekh)의 술회를 떠올리게 된다. 파레크는 인도 정치사상을 잘 연구하기 위해 서구 정치사상에 대한 적절한 이해가 선결적으로 요구된다고 강조하면서 인도의 정치 이론가들에게 먼저 서구 정치사상에 해박한 지식을 갖출 것을 당부한다. "서구의 정치사상은 지속적인 역사를 가지고 있고 다른 어느 곳에서보다 잘 발달되어 있다"는 것이다. 반면에 "인도의 전통적인 사상적 자원이 상대적으로 부족한 편이고 또 우리가 오늘날 제기하고 답변할 필요가 있는 문제들에 관해 적실성이 떨어진다"라고 그는 실토한다. 동시에 "서구 정치사상의 도구들에 숙달되지 않고서는 정치사상 연구에 필요한 기예를 배울 수 없고 적합한 기법과 감수성을 습득할 수 없다"라고 주장한다. 따라서 인도의 정치 이론가들은 그런 것들을 배우고 습득한 다음에, "자신의 사회에 돌아와서 그 사회의 사유형태를 숙달하고, 이어서 그 사회의 독특한 특성에 적합하게 자신이 습득한 이론적 도구들을 재정비해야 한다"는 것이다. 즉 "서구는 정치사상을 수행하는 것이 무엇인지를 이해하는 데 도움을 주고, 그가 속한 사회는 어떤 종류의 정치사상을 수행할 것인지를 결정하는 데 도움을 준다." 그러면서 파레크는 (서구의 방위법을 염두에 두고) "인도의 정치 이론가는 동쪽으로 다시 돌아오기 위해 서쪽으로 갈 필요가 있다"라고 주장한다(Parekh, 1992: 557-558). 아마 중국을 본산으로 하는 동아시아의 전통적인 사상적 자원이 적어도 정치철학적 면에서는 인도보다 좀 더 풍성할지 모른다. 설사 그렇다 해도, (잠재적인 차원에서는 몰라도) 오늘날 정치철학의 측면에서 동아시아가 서구보다 우월하거나 서구에 필적한다고 주장하기는 쉽지 않을 것이다.

이렇게 볼 때, 필자 역시 파레크의 조언대로, 동쪽으로 돌아오기 위해 서쪽으로 간 셈이다. 지난 35년 동안 그 여정은 먼저 서구 정치사상을 공부하는 것으로 시작하여, 서구중심주의에 대한 본격적인 비판의식을 획득하고, 종국적으로 한국 현대 정치사상을 연구하는 것으로 귀환한 셈이다. 물론 이러한 여정은 단선적이지는 않고 중첩적이고 복합적이었다. 또한 나의 기량이 출중한 편이 아니었기에, 단계별 숙성과 이행에 있어서도 누적적 성취가 흡족한 편이 아니었을 것이다. 따라서 그러한 여정 자체를 자랑하는 일은 오직 어리석음의 과시로서 비웃음의 대상이 될 뿐이다. 다만 후학들이 나의 부족함과 실패를 거울삼아 좀 더 진전된 성취를 일구어 낼 수 있다면, 나름 충분한 보상을 받은 셈일 것이다. 필자 역시 현재의 성취에 만족하지 않고, 남은 여정 동안 분발해서 좀 더 나은 결실을 맺고자 노력할 것이다.

학자로서 책을 내는 일은 오랫동안 책을 쓰기 위해 집중했던 연구를 일단락 짓는 것이다. 또한 정들고 힘들었던 과거에 작별을 고하고, 손짓하는 미래를 향해 새 출발을 다짐하는 이중의 기회이다. 필자는 이 책을 쓰기 위한 연구를 진행하면서 겪었던 지적 여정에 관해 몇 마디 남기고자 한다. 집필하는 과정에서 필자는 핵심 개념과 주제인 '비동시성의 동시성', '민족주의의 신성화' 및 '박정희의 정치사상'과 오랫동안 씨름해 왔다. 앞의 두 가지가 추상적인 개념이라면 박정희의 정치사상에서 박정희는 실존 인물이다.

필자의 개인사에서 박정희는 폭압적인 유신체제를 통해 필자에게 정치학 공부와 유학에 대한 동기를 부여함으로써 필자의 인생행로에 결정적인 영향을 미친 인물로 남아 있다. 그 점을 떠나서도 박정희는 1961년부터 18년 동안 한국 현대정치에 군림하면서 무소불위의 권력을 행사해 왔기 때문에 한국 현대정치를 이해하기 위해 박정희의 정치사상을 체계적으로 연구하고 싶은 욕구는 오랫동안 마음속에 자리하고 있었다. 박정희 정치사상에 관한 연구는 오늘의 한국사회 전반을 이해하기 위해서도 필수적이다. 21세기의 한국사회 역시 그가 남긴 긍정적·부정적 유산으로부터 자유롭지 못하기 때문이다.

그런 기획을 염두에 두고 필자는 2007년부터 『박정희대통령연설문집』과 박정희의 저서를 읽으면서 틈틈이 자료정리를 시작했다. 아무래도 박정희의 육성이 담긴 문헌들을 읽을 때 그의 사상에 본격적으로 접근할 수 있다고 생각했기 때문이다. 그러나 『연설문집』은 그가 집권한 기간이 18년이나 되는 만큼 실로 방대한 분량이었다. 도무지 엄두가 나지 않아 당시 대학원에 재학하고 있던 이지윤과 김현아에게 자료정리를 부탁했고, 두 학생의 헌신적인 도움에 힘입어 전체 『연설문집』에 대한 정리를 3년 정도의 노력 끝에 완성하게 되었다. 그 분량은 파일상태로 보존되어 있지만 거의 천 페이지에 달했다.[1] 그 후 박정희 정치사상을 본격적으로

---

1) 이 일은 실로 강정인 '교수'에 의한 '조교' 잔혹사라 일컬을 만한 대역사(大役事)였다. 엄청난 작업을 감당해 준 이지윤과 김현아, 특히 김현아에게 오직 감사하고 미안할 뿐이다.

분석하는 연구를 진행하면서, 정리된 파일 자료를 중심으로 연설문과 저서를 반복해서 읽었고, 필요에 따라 중요한 구절에 마크를 하며 논평과 단상을 붙이는 작업을 하곤 했다. 그 결과 2011년 가을에 박정희의 민주주의 담론을 분석하는 논문을 발표할 수 있었다. 그리고 이 책을 집필하기 위한 연구를 지속하면서 2012년에는 박정희의 보수주의와 민족주의에 관한 담론을 분석하는 논문 두 편을 추가로 발표했다. 결과적으로 이 책의 제2부인 제5~7장의 실질적인 부분이 완성된 셈이었다.

돌이켜 보면 박정희의 정치적 담론을 분석해서 그의 사상을 추적한 필자의 연구가 박정희의 정치사상에 관해 과거에 알려지지 않은 면을 새롭게 밝혀냄으로써 특별히 독창적인 기여를 한 것으로 생각되지는 않는다. 다만 이 책의 핵심 개념인 '비동시성의 동시성'과 '민족주의의 신성화'를 결부시켜 박정희의 정치사상을 새롭게 조명한 점은 있을 것이다. 그렇지만 필자는 박정희가 군림했던 격동기의 한국 현대정치사에 대한 지식이 엷은 편이었기 때문에 정치적 담론의 분석만으로 박정희 정치사상에 접근하는 데 적지 않은 어려움을 겪었다. 2차문헌을 두루 섭렵했지만, 다른 훌륭한 한국 현대정치 연구자들에 비해 필자의 실력은 여전히 부족했기 때문이다. 또한 박정희 정치사상을 이해하기 위해서는 해방 이후 한국 현대정치는 물론 일제 강점기의 역사에 대해서도 폭넓은 지식을 가져야 하는데, 이 점에서 필자의 지식이 턱없이 부족하다는 점을 연구 기간 내내 절감했다. 그럼에도 이 책을 쓰기 위해 오랫동안 박정희 연구에 매달렸고 『연설문집』 전질은 지난 7년 동안 연구실에 자리 잡고 있었다. 그것도 서가가 아니라 별도의 책상 위에 높다랗게 쌓여 중압감을 느끼게 했다. 연구실에서 『연설문집』과 오랫동안 동거한 셈이다.

이제 책을 냈으니, 일시적 해방감과 함께 『연설문집』은 도서관으로 돌려보내야 한다. 그렇지만 박정희와 (학자로서) '나'의 관계를 어떻게 설정한 것인가는 여전히 쉽게 질 풀리지 않는 난제로 남아 있다. 개인적으로는 증오의 감정이 강했지만, 이를 떠나 1960~70년대 한국의 대내외적 정치상황을 '정치적 현실주의'의 관점에서 냉정히 고려하면서 그를 평가해야 한다는 것이 필자의 의견이다. 일단은 정치인으로서의 박정희와 인간 개인으로서의 박정희에 대한 평가는 분리되어야 한다는 것이 필자의 소신이기 때문이다.[2] 이 점에서 '박정희'보다 더 나은 정치적 대안이 가능했을 것인가를 자문했을 때 긍정적인 답변이 선뜻 나오지 않는다는 것이 연구를 거듭할수록 느끼게 된 솔직한 심정이었다. 다시 말해 '이승만, 신익희, 조병옥, 윤보선, 장면과 같은 당대의 정치지도자들이 박정희보다 더 나은 대안이었는가'라는 질문에 자신 있게 '그렇다'라는 답변이 잘 나오지 않았다.

그러나 박정희 시대에 들어와 더욱 강화되고 만연된 물질만능주의, 가혹한 인권침해, 구조적 비리, 총체적 부패를 용서하기는 어려운 일이다. 필자 역시 최근 세월호 참사를 지켜보면서 어린 학생들을 비롯한 많은 승객들의 어이없는 죽음과 유가족들의 고통에 슬픔·분노·부끄러움을 느끼지 않을 수 없었다. '기성세대가 미래세대를 바닷속에 수장(水葬)시키는

---

2) 이 점은 역사적으로 조선의 건국에 주도적으로 참여하면서 무자비한 폭력과 음모를 통해 왕위에 오른 태종 이방원에게도 적용된다. 그는 전형적인 '마키아벨리'형(型) 신생군주로서 조선의 건국은 물론 왕권의 탈취와 안정을 위해 정몽주와 정도전의 제거, 두 차례에 걸친 왕자의 난, 공신들의 숙청, 세종 처갓집의 몰살 등 잔인하고 폭력적인 일을 서슴지 않았다. 그러나 왕위에 오른 후에는 많은 개혁적인 조치를 통해 조선 왕조의 기반을 닦은 훌륭한 군주로 평가된다. 특히 태종이 조선의 성군으로 추앙받는 세종(충녕대군)이 셋째 아들임에도 그에게 양위함으로써 태종의 모든 인간적인 죄악이 묻혀 버리는 경향이 있다. 태종의 이런 일화는, 마키아벨리가 잘 지적한 것처럼, '좋은' 정치가와 '좋은' 인간이 좀처럼 일치하지 않는다는 점을 보여 주는 훌륭한 예이다.

나라에 과연 미래가 있는가?'라고 자문하면서, 박정희부터 노태우에 이르기까지 오랜 시일에 걸쳐 군림한 과거의 군사정권이 심어 놓은 물질만능주의, 인권경시, 구조적 비리, 총체적 부패가 세월호 참사의 근본적인 원인이라고 비판한 야당 정치인의 명철한 발언에 깊이 공감하기도 했다. 한국사회에 만연한 이런 악폐에 대해 박정희와 그 뒤를 이은 군사정권에 중대한 책임이 있음을 부정할 수는 없다. 그러나 멀리 보면 이 문제는 조선 후기부터 식민지 시대와 분단 및 6·25 전쟁을 겪으면서 지속적으로 형성되고 누적되어 한국 근현대사에 남겨진 악(惡)유산이 총체적으로 책임을 져야 할 사안이다.

필자의 이런 지적에 대해서는 양비론과 유사한 주장으로 집권 보수 세력을 사실상 옹호하는 논변이 아닌가라는 비판이 합당하게 제기될 수 있다. 그러나 이와 같은 비판에 대해서는, 동아시아의 주변 국가들 가운데 일본은 사정이 좀 나은 편 같지만, 중국이나 북한 역시 인권침해, 구조적 비리 및 총체적 부패에 대한 비난에서 전혀 자유롭지 못하다는 점을 떠올리고 싶다. 이 문제에 대해 전통적인 야당 정치인들은 물론 소위 진보적인 정치세력도 책임의 선후와 경중에 있어서는 의미심장한 차이를 논할 수 있겠지만, 태연하게 이를 '남의 탓'으로만 돌릴 수는 없을 것이다. 최근 통합진보당이 2012년 총선을 앞두고 당내 후보 경선과정에서 보여준 반민주적 행태, 정당에 대한 국고보조금 수령 및 관리 등을 보면, 그들 역시 비리와 부패에 있어서는 단지 실력을 발휘할 기회가 없었을 뿐이라고 해석하는 편이 차라리 온당할 것이다.[3] 나아가 그들이 박정희 등

---

3) 이와 관련하여 소위 진보적인 사회 세력이라 할 수 있는 민주노총이나 전교조 역시 이른바 '저항적 민주주의들'로서 정권의 반민주성을 비판하고 공격하는 데 앞장 서온 공로를 십분 인정해야 하겠지만, 조직운영 실태와 관행을 들여다보면, 그들 역시 한국사회의 일반적

군사정권의 독재와 인권침해에 대해 통렬하게 비판하지만, 역사상 유례 없는 북한정권의 녹재와 인권탄압에는 시종 침묵하는 태도를 보면, 민주 주의와 인권에 대한 그들의 신념 또한 믿을 만한 것이 못 된다는 점은 자명하다. 이런 이유로 필자는 평소에 대다수 보수와 진보 세력에게서 발견되는 '요란한' 이념적 차이는, 수면 위에 나타난 빙산의 일부처럼, 보기와 달리 '사소한' 차이에 불과하다는 신념을 견지하고 있다. 오히려 수면 위에 드러난 요란스러운 이념의 차이를 떠나 그들이 수면 아래서 서로 끌어안고 있는 몸체—연고주의, 정실주의, 학벌주의, 독선주의, 엘리트주의, 적당주의, 패거리 정치, 구조적 비리, 총체적 부패 등—가 한국정치의 발전을 위해 조속히 혁파되어야 할 요소라고 생각된다.

다시 박정희로 돌아가 필자는 박정희 정치사상을 거듭 연구하면서 필자 역시 '민족주의의 신성화'와 관련하여 근본적으로 박정희 시대의 산물이라는 점을 깊이 자각하게 되었다. 박정희의 민족주의를 논하는 장에서 필자는 진보적인 논자들과 달리 박정희 사상의 민족주의적 성격을 인정하고, 또 '민족주의의 신성화'를 논할 때 박정희 사상에 나타난 그러한 측면을 적극 부각시켰다. 그러나 그 두꺼운 『연설문집』을 굳이 펼쳐 보지 않고, 단지 박정희 정권의 시책으로 필자가 중고등학교 시절에 암송하던 「국민교육헌장」의 첫 구절만 읽어 보더라도, 필자는 자신이 박정희 시대의 산물임을 어렵지 않게 깨닫는다. 첫 구절은 "우리는 민족 중흥의 역사적 사명을 띠고 이 땅에 태어났다"라는 유명한 문구이다. 이 구절은 개인의 삶에 궁극적 의미를 부여하는 것이 바로 민족과 역사라고 선언함으로써 '민족주의의 신성화'의 진수를 여지없이 보여 주고 있다.[4]

부패와 비리로부터 크게 자유롭지 않다고 생각된다.

회상해 보면, 그 구절에 담겨 있는 '민족'과 '역사'는 필자의 개인적 삶과 학문적 삶을 짓눌러 오고 각인해 온 참으로 무서운 단어였다. 6·25 전쟁 휴전 후에 태어나서 1960~70년대에 청소년기를 보낸 필자에게 '민족'과 '역사'는 당시의 시대적 상황과 맞물려 자랑과 자부심이 배어 있는 밝고 명랑한 단어가 아니라 오욕이 서린 무겁고 어두운 단어였다. 오죽하면 박정희는 물론 한국의 어른들이 세상 물정도 잘 모르는 어린 청소년들에게까지 '민족'을 중흥시킬 '역사적 사명'을 부과하고, 그것도 부족해서 그 구절이 담긴 「국민교육헌장」을 통째로 암송하게 했겠는가! 이는 마치 중국 무협지에서 주인공인 어린 소년이 참살당한 가족의 원한을 갚고 복수를 하기 위해 절치부심하면서 무공을 연마하는 모습을 연상시켰다. 당시 6·25 전쟁의 전화(戰禍)와 폐허에서 벗어난 지 얼마 되지 않은 한국에 극심한 빈곤을 타개하기 위한 근대화와 경제발전은 민족 중흥을 위한 필사적 조건이자 목표였던 것으로 보인다.

그러나 박정희 정권의 철권통치에 울분을 품던 청년기의 필자에게 민족 중흥이라는 역사적 사명은 정권을 유지하기 위한 한갓 가식으로 여겨졌다. 하지만 박정희 정권 붕괴 이후 35년이 넘도록 필자 역시 박정희 정권이 부과한 '비장한 민족'과 '거창한 역사'란 단어에 여전히 사로잡혀 있음을 발견하게 된다. 과거는 물론 현재에도 우리의 일상어에서 '민족'은 여전히 저항적 열등감과 비장한 한이 서려 있는 다소 우울한 단어로 다가온다. 일제 식민통치나 독재정권에 투쟁할 때 또는 친일파 등 과거사 청산을 주장하면서 흔히 사용해 온 '민족혼'이나 '민족정기'라는 비감한

---

4) 마찬가지로 민족사관의 입장에 충실하게 오직 민족의 독립·통일·발전의 관점에서만 한국사를 해석하는 역사학자들 —이승만·박정희의 반민족성을 신랄하게 비판하는 역사학자들을 포함하여— 역시 적어도 이 구절과 관련해서는 박정희와 닮은꼴이다.

단어가 대표적으로 그러하다. 과거에 자주 사용되던 '민족 기업', '민족 자본', '민족의 역군', '민족의 건이' 등과 같은 평범한 구절에도 외직에 맞서서 수호하고 투쟁해야 한다는 저항적 또는 비장한 느낌이 서려 있다. 민주화와 산업화에 성공한 오늘날에는 이런 구절들이 잘 들리지 않는다. 그 대신 보다 수평적이며 한이 덜 서려 있고 따뜻한 '국민'이라는 단어가 자주 들린다.[5] 특히 '국민 기업', '국민 훈남', '국민 남동생', '국민 여동생', '국민 여가수', '국민 요정', '국민 타자', '국민 노예' 등이 대표적인 예이다. 원래 맥락에서 위와 같은 단어를 사용하는 대신 '민족 훈남', '민족 여동생', '민족 요정', '민족 노예'라는 구절을 사용한다면 이제는 다소 어색하게 여겨질 것이다.

1980년대 유학 시절 미국에 머물면서, 자유분방한 미국인들의 삶과 독재정권 치하에서 우리의 찌든 삶, 풍요로운 삶과 빈한한 삶, 높은 학문적 수준과 열악한 학문적 수준, 한국말을 못해도 부끄러움을 느끼지 않는 삶과 영어를 못하면 부끄러움을 느껴야 하는 삶을 대비하면서 열등감을 느꼈을 때, 그 개인적 열등감은 '내가 한국인이기 때문'이라고 생각하면서 곧바로 민족적 열등감으로 전환되었다. 또한 열등감을 만회하는 길은 개인적으로 내가 공부를 열심히 하여 그들과 대등한 수준에 다다르는 것, 민족적으로는 한국이 풍요롭고 민주적인 국가가 되는 데 기여함으로써 우리의 후손들이 '한국인'임을 부끄럽게 느끼지 않도록 만드는 것이었다. 결과적으로 이러한 과제는 박정희 정권이 추구한 근대화가 '그 최선의 의미'에서 실현하고자 한 것이기도 했을 터이다. 바꾸어 말하면, 필자

---

5) 이 점에서 오늘날 '국민'의 어감은 '반공 국민' 만들기에 골몰했던 이승만 집권기의 어감과는 다르다.

의 생각이 근대화의 방향과 방안에 있어서는 박정희 정권과 달랐을지 모르지만, 근본적인 발상과 목표에 있어서는 크게 차이가 나지 않았던 것이다. 그리고 필자도 자신의 개인적인 학업을 채찍질할 때, 그것을 마치 '민족의 역사적 사명'인 양 정당화하곤 했다. 그런 의미에서 박정희 정권이 부과한 '민족'과 '역사'의 프레임, 아니 어쩌면 당대의 '시대정신'에서 필자의 삶 역시 근본적으로 자유롭지 못했다는 점을 시인하지 않을 수 없다.[6]

이제 필자가 이 책의 핵심적인 두 개념, '비동시성의 동시성'과 '민족주의의 신성화'와 맺어 온 지적 역사를 간략히 논할 차례이다. 이에 앞서 인터넷과 컴퓨터가 우리의 지적 활동에 미치는 영향으로 지적 역사를 회고하기가 대단히 어렵게 되었다는 점을 언급할 필요가 있다. 정보시대에 들어와 우리는 일상적 경험이 가상적 경험으로 화하고 가상적 경험이 일상적 경험의 일부로 자리 잡게 된, 다시 말해 가상적 경험과 일상적 경험이 혼융되어 현실을 구성하고, 이로 인해 양자의 구분이 지극히 모호해진 전대미문의 상황을 맞이했다. 게다가 본래부터 육체노동의 비중이 적은 지적인 활동의 대부분 역시 컴퓨터와 인터넷을 매개로 일어나게 되었다. 따라서 과거에 일어났던 대부분의 사건이 신기루처럼 아니면 꿈속에 일어났던 일처럼 정확한 회상이 어려운 상황에서 우리가 사는 듯하다. 이처럼 인간의 경험과 사건에 지속가능한 안정감을 부여하던 시공간의 좌표축이 무너지면서 이제 우리가 겪는 경험과 사건의 상당 부분이 과거와 같은 견고함을 상실하게 되었다.

---

6) 오늘의 신세대는 그런 프레임으로부터 자유로운 것처럼 보인다. 필자는 이에 대해 부러움과 우려를 동시에 느낀다.

먼저 '비동시성의 동시성' 개념에 대해 말하자면, 필자가 정확히 언제부터 '비동시성의 동시성' 개념을 한국 현대 정치사상에 적용하여 논한 초고를 집필해서 그 개념의 심화와 확장을 꾀했는지는 이제 정확히 잘 기억이 나지 않는다. 컴퓨터에 보관된 최초의 원고가 담긴 파일을 검색해 보더라도, 작성 후 여러 번 검색하는 과정에서 본의 아니게 보존 일자가 갱신되는 경우가 빈번해서 최초의 파일 작성 일자를 추적하기가 어렵다. 다만 필자는 한국 현대 정치사상에 관한 박명림·김동춘 교수의 훌륭한 논문들을 읽으면서 그들의 글에서 '비동시성의 동시성' 개념이 탁월하게 적용되는 것을 발견하고, 이 개념을 한국 현대정치 사상 전반에 적용해도 좋겠다는 발상을 한 것은 기억한다. (이 점에서 그들에게 커다란 학문적 빚을 지고 있다.) 대체로 추정컨대, 필자는 2007년경에 이 책 제3장의 주제인 '비동시성의 동시성'을 주제로 한 간략한 초고를 작성해서 보관하고 있었던 것 같고, 그 내용의 일부를 2008년에 출간한 한 논문에서 처음으로 활용한 것이 확인된다. 그 후에도 독일의 에른스트 블로흐(Ernst Bloch)의 저작과 2차 문헌을 읽으면서 그 개념에 대한 필자의 이해를 확충하고자 노력했다.

'민족주의의 신성화'에 대해 말하자면 필자는 비동시성의 변증법이 한국 현대 정치사상에 미치는 여러 효과 중의 하나로 '진정성 논쟁'을 논할 때, 그 개념에 관심을 갖기 시작했다. 필자는 한국정치에서 목격되는 '민족'과 '반민족'을 둘러싼 격렬한 논쟁이 비동시성의 변증법에서 직접적으로 유래하는 효과가 아니라 한국 민족주의의 독특한 특징인 '민족주의의 신성화'에서 비롯된 현상이라고 지적했던 것이다. 그런데 한국 현대 정치사상 전반을 공부하면서 '민족주의의 신성화'가 한국 현대정치의 이념적 지형에 심대한 영향을 미쳐 왔다는 점을 새삼스럽게 깨닫게 되었다.

해방과 분단 이후 한국 현대 정치사상의 전개 과정에서 민족주의가 보수주의·자유주의·급진주의 등을 정당화하는 궁극적인 원천으로 작용해 온 현상 그리고 정치 행위자가 민족주의가 내세운 다양한 과제들 ― 독립, 통일, 반공, 민주화, 산업화― 가운데 어느 한 과제의 성취를 다른 과제의 성취보다 우선시함으로써 민족주의 내에서 중요성과 시급성에 관해 한 과제가 타 과제를 압도해 온 현상을 목격하게 되었다. 필자는 전자를 '민족주의에 의한 중층결정', 후자를 '민족주의 내에서의 과잉결정'으로 개념화하고 민족주의의 신성화에 두 개념을 포함시키는 것이 합당하다고 생각하게 되었다.

물론 필자가 '민족주의의 신성화'에 착안하게 된 것은 임지현의 『민족주의는 반역이다: 신화와 허무의 민족주의 담론을 넘어서』(1999)라는 명저에 힘입은 바가 크다. 그는 한국 역사학계와 운동권 지식인들 사이에서 팽배한 민족주의의 과잉, "한국의 근·현대사에서 민족[을] 도덕적 심판의 준거이자 역사적 판단의 잣대"로 사용하는 현상을 "각질화된 신화적 민족 이해"라고 규정하면서 그것이 초래하는 부작용을 예리하게 비판했다. 또한 김보현 역시 『박정희 정권기 경제개발: 민족주의와 발전』(2006)에서 한국의 진보진영이 생산해 온 민족주의 담론을 치밀하게 검토·비판하면서 그들이 구성한 민족주의 담론을 '민족주의의 신화화'로 명명한 적이 있었다. 제4장과 제8장에서 '민족주의의 신성화'를 논하면서 필자는 강만길, 서중석 등 역사학자들의 민족주의 연구 그리고 김동춘, 전재호, 김보현 등 사회과학자들의 민족주의 연구에 도움을 받은 바가 크다.

이 책의 핵심개념인 '비동시성의 동시성'과 '민족주의의 신성화'에 대한 자신의 생각을 발효·숙성시키는 과정에서 필자는 자신의 생각을 글에 담아 학술회의에서 여러 차례 발표한 바 있다. 그중 기억에 남는 회의로는 둘을 들 수 있다. 먼저 필자는 2010년 5월 한국정치사상학회 월례발표회에서 "현대 한국(남한)정치의 이념적 지형: '비동시성의 동시성'과 '민족(주의)의 신성화'를 중심으로"라는 제목의 글을 발표했다. 당시 조희연과 박명림 교수는 지정토론을 담당해서 필자의 생각에 많은 자극을 주었다. 거친 초고의 상태에서 발표된 필자의 글에 열띤 토론과 따가운 비판을 통해 필자를 지적으로 흥기시켜 준 사상학회 회원 및 토론자 두 분에게 깊이 감사 드린다. 또한 2013년 10월 서강대학교 현대정치연구소 월례발표회에서 필자가 "한국 현대정치의 이념적 지형: 민족주의의 신성화"라는 제목의 논문을 발표했을 때, 서중석과 김보현 교수는 귀중한 시간을 내어 필자의 원고를 읽어 주고 훌륭한 토론을 해 주었다. 당시 사회자로 회의를 주재했던 전재호 교수는 이 책을 최종적으로 마무리할 때, 민족주의의 신성화와 관련된 (이 책의) 제4장과 제8장을 꼼꼼히 읽으면서 필자의 오류와 부족한 점을 지적해 주었다.

마지막으로, 한국 현대 정치사상을 공부하면서 필자는 한국 현대 정치사상의 흐름을 근원적으로 규정하고 있는 분단과 통일 문제에 관심을 갖게 되었다. 이 중대한 문제에 대한 명쾌한 그림이 없었던 탓에 한국 현대 정치사상을 해석하는 과정에서 많은 어려움에 봉착하기도 했다. 분단은 또한 남한에서 주로 '보수와 진보'의 강경파들의 충돌에서 목격되는 저급한 대결 및 그 악순환과도 긴밀한 연관을 맺고 있는 듯하다. 남북한 당국의 저질적인 남북 대결과 (민주화된 이후에도 목격되는) 남한 내에서의 보수와 진보의 저급한 대결은 상호 의존하면서 서로를 재생산하는 것처럼 보인다. 서구 현대사에서는 보수와 진보가 충돌과 대결을 겪으면서도 궁극적으로는 타협과 대화를 통해 체제 내에서 상호 수렴하는 현상을 보여 왔는데, 남한에서는 보수와 진보의 충돌과 대결이 체제 내에서 점진적으로 수렴하기보다는 북한의 존재로 인해 곧잘 체제외적 대결로 상정·비화되어 왔기 때문이다. 그리고 이 책의 '후기'에서도 밝힌 것처럼, 민족의 분단과 그 분단이 부과하고 떠안은 통일의 과제로 우리는 일상적으로는 물론 학문적으로 '한국'을 운운하면서 한편으로는 온전한 한반도 국가를 상상하고, 다른 한편으로는 반쪽인 남한 국가를 상정하는 정신분열증적인 현실을 이른바 '개념 없이' 살아왔다. 이런 정신분열증적인 '현실'을 아무렇지도 않게 당연시하면서 살아온 우리의 '현실'이 정치사상적으로 어떤 의미를 갖는지 탐색하고 음미해 보고 싶다. 따라서 여건과 시간이 허락한다면 분단과 통일 문제를 체계적으로 연구하는 것이 미래에 대한 필자의 다짐이다.

여느 때처럼, 이 책을 내면서도 만감이 교차한다. 한국연구재단이 지원한 5년에 걸친 우수학자 연구를 마무리한다는 점에서 해방감을 느끼지만, 재단의 요구에 따라 이 책의 원고를 9월말까지 영문으로 번역해서 제출해야 한다는 낯선 부담감은 여전히 필자를 억누른다. 번역이 만만치 않은 작업이라는 점은 익히 알고 있지만, 그래도 번역은 머리를 쥐어짜야 하는 일이 아니라 지루하지만 시간을 투입하고 타인의 조력에 의존하면 해결할 수 있는 기술적인 차원의 문제라고 넌지시 위로한다. 이외에도 2014년에 필자가 마무리해야 할 연구 작업은 아직도 적지 않게 남아 있다. 금년 9월 말을 기한으로 모두 종료되어야 한다는 시한이 한편으로 강한 압박감으로 작용하지만, 동시에 예상되는 해방감으로 과제가 하나씩 마무리될 때마다 즐거움을 맛보기도 한다. 지난 몇 년간 여러 연구를 동시에 병행하면서, 필자는 자신을 서커스에서 접시 여러 개를 한꺼번에 돌리며 묘기를 부리는 재사에 비유하곤 했다. 한 번 떨어뜨리면 여러 개 접시가 와장창 깨어진다는 조바심과 함께 살얼음판을 밟는 긴장감을 느끼면서 살아왔다. 그러나 돌려야 하는 접시가 점차 줄어든다는 사실은 실로 다행스럽고 반가운 일이다.

이 책을 펴내면서 20년 전인 1994년에 출간한 『소크라테스, 악법도 법인가?』가 떠오른다. 돌이켜 보면, 오늘날에도 여전히 유지되고 있는 '한국사회의 보수와 진보로부터 비판적 거리두기'라는 필자의 입장은 그 책에서 최초로 그 모습을 드러낸 셈이었다. 당시 거기에 실린 중요 논문 가운데 하나로서 한때 세간의 주목을 받은 「소크라테스, 악법도 법인가?」는 오랜 독재정권 치하에서 '악법도 법이다'는 명제를 소크라테스가 주장했다고 왜곡하면서 국가보안법과 긴급조치 등을 앞세워 민주화 세력을 윽박질러 온 보수 세력을 비판하기 위한 글이었다. 필자는 그 글에서 한국의 역대 보수 세력의 억지 주장이 소크라테스의 법사상과는 직접적인 관계가 없다는 점을 낱낱이 밝힘으로써 보수 세력과 그 이데올로그들을 통박했다. 그렇지만 동시에 거기에 실린 다른 두 편의 북한 관련 논문은 당시 남한의 진보적인 북한 연구자들 — 송두율, 강정구, 이종석 등 — 이 주장하여 학문적 위세를 떨치던 '내재적 접근법'이 지닌 오류를 공박하는 글이었다. 필자는 북한의 입장(의도, 목표, 동기 등)에서 북한사회를 해석해야 한다는 내재적 접근법이 학문적 객관성을 잃고 무책임하게 북한체제를 비호하거나 찬양하는 편향으로 흐를 수 있다는 점을 논증하면서 진보학계의 북한연구 입장을 강하게 비판했다. 거기에는 필자가 노태우 정부 이후 전개된 한국의 정치적 상황을 염두에 놓고 '보수와 진보'를 논한 글도 실려 있었는데, 거기서도 필자는 보수와 진보에 거리를 두고 양자를 비판하는 입장을 취했다. 그 후 10년이 지난 2004년에, 내재적 접근법을 최초로 주장한 (재독 한인학자인) 송두율 교수가 국가보안법 위반으로 재판을 받았을 때, 필자는 공교롭게도 그의 입장을 변호하는 증언을 서게 되었다. 필자는 고등법원에서 송두율의 저술이 국가보안법에 저촉되는가를 다투는 과정에서 변호인 측 증인으로 법정에 출석하여 학문적 자유의 입장에서 그의 저술을 옹호했다.

그 점에서 『소크라테스, 악법도 법인가?』는 민주화운동에 기여하지 못했던 필자의 부채의식을 어느 정도 탕감하고자 하는 의도와 함께 민주화 세력의 일부 우려스러운 편향에 대한 경고를 담은 것이었다. 그래서 그 책을 민주화운동에 헌신하다 1994년 여름에 운명을 달리한 벗 '이범영'에게 헌정했다. 1979년 미국으로 유학을 떠나면서 1987년 귀국할 때까지 필자는 오랜 기간 동안 한국에 부재했다. 그 8년의 부재는 필자에게 항상 무거운 부채의식으로 남아 있었다. 그 사이에 광주 민주화운동 과정에서 수많은 시민과 학생들이 군사정권에 의해 학살당했고, 그 후 대다수 한국인들이 전두환 정권의 혹독한 압제에서 신음하고 있었기 때문이다. 그러한 시국에 맞서 결연히 투쟁하기에는 개인적으로 무력할 수밖에 없었던 필자로서는, 요즘 말하는 '지켜주지 못해 미안해'가 아니라 '함께 하지 못해 미안해'라는 말이 더 현실에 와 닿는 표현이겠지만, 아무튼 부채의식은 면할 수 없었다. 그런데 민주화운동에 헌신하던 벗 이범영이 1987년 대선 패배에 충격을 받았는지 병마에 걸려 책이 발간되기 한 달 전에 세상을 떠났고, 필자는 그의 죽음을 슬퍼하면서 그에게 책을 헌정한 것이었다.

이범영이 세상을 떠난 후 지난 20년을 회고해 볼 때, 김영삼 정부에 뒤이어 집권한 김대중-노무현 정부는 초기의 커다란 기대에 비추어 실망을 안긴 것을 부정할 수 없지만, 그래도 한국 민주주의의 미래에 대해 그

나마 희망을 품을 수 있는 여지를 남겨 놓았다. 그러나 이명박 정부와 박근혜 보수정부의 연이은 집권과 더불어 진행된 국내 정세는, 최근의 세월호 참사에서 드러난 총체적 난국이 극적으로 보여 주듯이, 무력감과 좌절감을 불러일으킨다. 지지부진한 한국 민주주의의 현주소는 전 세계적인 정세의 흐름과도 무관하지 않은 듯하다. 이러한 사태에 대해, 민주주의 원리주의자로서 민주주의에 대한 신념을 유지하면서 민주주의가 충분히 구현되지 못하고 있기 때문이라고 설명해야 할 것인지, 아니면 플라톤이나 아리스토텔레스처럼, 이제는 민주주의와도 '비판적 거리두기'를 해야 할 것인지 선뜻 판단이 서지 않는다.

도움 받은 자료

● **책과 논문**

갈봉근(1976), 『유신헌법론』, 서울: 한국헌법학회출판부.

강만길(1978), 『분단시대의 역사인식』, 서울: 창작과비평사.

강만길(1985), 「해방전후사 인식의 방향」, 강만길 외, 『해방전후사의 인식2: 정
치·경제·사회·문화적 구조의 실증적 연구』, 9-15, 서울: 한길사.

강만길(1987), 「한국 민족주의론의 이해」, 리영희·강만길 편, 『한국의 민족주의
운동과 민중』, 17-32. 서울: 두레.

강만길·김광식·홍인숙·김남식·임종국·박현채·황한식·장상환·성한표·임헌
영·김윤식·이광호(1985), 『해방전후사의 인식2: 정치·경제·사회·문화
적 구조의 실증적 연구』, 서울: 한길사.

강정인(1997), 『민주주의의 이해』, 서울: 문학과지성사.

강정인(2004), 『서구중심주의를 넘어서』, 서울: 아카넷.

강정인(2007a), 〈한국정치사상 어떻게 할 것인가?: 반성과 대안〉, 《사회과학연
구》 제15집 제2호, 8-46, 서울: 서강대학교 사회과학연구소.

강정인(2007b), 「에드먼드 버크-근대 보수주의의 원조」, 강정인·김용민·황태
연 편, 『서양 근대 정치사상사』, 474-506, 서울: 책세상.

강정인(2008a), 〈민주화 이후 한국정치에서 자유민주주의와 법치주의의 충돌〉,
《서울대학교 법학》 제49권 제3호(통권 제148호), 40-75, 서울: 서울대
학교 법학연구소.

강정인(2008b), 〈민주화 이전 한국 자유주의의 이념적 특성과 발현양상에 대한

고찰〉,《아세아 연구》제51권 제4호(통권 제134호), 115-147, 서울: 고려대학교 아세아문제연구소.

강정인(2009a), 「책머리에: 한국 현대 정치사상의 흐름」, 강정인 외(2009), 『한국 정치의 이념과 사상: 보수주의·자유주의·민족주의·급진주의』, 6-33, 서울: 후마니타스.

강정인(2009b), 「보수주의: 비동시성의 동시성 그리고 모호한 정상화」, 강정인 외(2009), 『한국 정치의 이념과 사상: 보수주의·자유주의·민족주의·급진주의』, 36-119, 서울: 후마니타스.

강정인(2010), 〈현대 한국(남한)정치의 이념적 지형: '비동시성의 동시성'과 '민족(주의)의 신성화'를 중심으로《, 한국정치사상학회 월례발표회 (2010/05/15).

강정인(2011), 〈박정희 대통령의 민주주의 담론 분석: '행정적'·'민족적'·'한국적' 민주주의를 중심으로〉,《철학논집》제27권, 287-321, 서울: 서강대학교 철학연구소.

강정인(2012), 〈박정희 대통령의 민족주의 담론: 민족과 국가의 강고한 결합에 기초한 반공·근대화 민족주의〉,《사회과학연구》제20집 제2호, 40-78, 서울: 서강대학교 사회과학연구소.

강정인(2013), 『넘나듦(通涉)의 정치사상』, 서울: 후마니타스.

강정인·공진성·안외순·정승현(2008), 〈민주화를 중심으로 본 한국 현대 정치사상의 흐름과 변화〉,《신아세아》제15권 제2호(통권 제 55호), 152-181, 서울: 신아시아연구소.

강정인·김수자·문지영·정승현·하상복(2009), 『한국 정치의 이념과 사상: 보수주의·자유주의·민족주의·급진주의』, 서울: 후마니타스.

강정인·서희경(2013), 〈김성수와 한국민주당 연구: 한국 보수주의 정치이념의 기원과 연속성을 중심으로〉,《한국정치학회보》제47집 제1호, 103-126, 서울: 한국정치학회.

강정인·오향미·이화용·홍태영(2010), 『유럽 민주화의 이념과 역사: 영국·프랑스·독일』, 서울: 후마니타스.

강정인·정승현(2011), 〈한국 현대정치의 근본 언어: 망국·개조·선진국의 담론〉,《한국정치연구》제20집 제3호, 1-27, 서울, 서울대학교 한국정치연구소.

강정인·하상복(2012), 〈박정희의 정치사상: 반자유주의적 근대화 보수주의〉, 《현대정치연구》 제5권 제1호(통권 제9호, 봄), 181-215, 서울: 서강대학교 현대정치연구소.

강준만(1999), 〈박정희 신드롬을 해부한다〉, 《인물과 사상》 통권 제10호(2월호), 28-43, 서울: 인물과사상사.

강준만(2002a), 『한국 현대사 산책: 1970년대편』(1권), 서울: 인물과사상사.

강준만(2002b), 『한국 현대사 산책: 1970년대편』(2권), 서울: 인물과사상사.

강준만(2004a), 『한국 현대사 산책: 1960년대편』(2권), 서울: 인물과사상사.

강준만(2004b), 『한국 현대사 산책: 1960년대편』(3권), 서울: 인물과사상사.

강준만(2005), 〈강준만의 인간학 사전〉, 《인물과 사상》 통권 제85호(5월 호), 112-170, 서울: 인물과사상사.

강준만(2013), 『갑과 을의 나라』, 서울: 인물과사상사.

겔너, 어네스트(1995), 「근대화와 민족주의」, 백낙청 편, 『민족주의란 무엇인가』, 127-165, 서울: 창작과비평사.

겔너, 어네스트 지음, 최한우 옮김(2009), 『민족과 민족주의』, 서울: 한반도국제대학원대학교출판부.

경남대학교 극동문제연구소 편(2004), 『남남갈등: 진단 및 해소방안』, 서울: 경남대학교 극동문제연구소.

고원(2008), 「새마을운동의 농민동원과 '국민 만들기'」, 공제욱 엮음, 『국가와 일상: 박정희 시대』, 27-54, 파주: 도서출판 한울.

고정훈 외(1966), 『명인옥중기(名人獄中記)』, 서울: 희망출판사.

공보처(1953), 『대통령이승만박사담화집』, 서울: 공보처.

공제욱 엮음(2008), 『국가와 일상: 박정희 시대』, 파주: 도서출판 한울.

김갑식(2007), 〈박정희 시대 연구경향과 재조명〉, 《한국정치연구》 제16집 제1호, 81-110, 서울: 서울대학교 한국정치연구소.

김구(1973) 『백범어록』, 서울: 사상사.

김구(1997), 『백범일지』, 김학민·이병갑 주해, 서울: 학민사.

김남식(1985), 「박헌영과 8월테제」, 강만길 외, 『해방전후사 의인식 2: 정치·경제·사회·문화적 구조의 실증적 연구』, 104-42, 서울: 한길사.

김동춘(1994), 「1960, 70년대 민주화운동세력의 대항이데올로기」, 역사문제연구소 편, 『한국정치의 지배이데올로기와 대항이데올로기』, 209-49, 서울:

역사비평사.

김동춘(1996a), 「사상의 전개를 통해 본 한국의 '근대' 모습: 자유주의·사회주의·민족주의」, 역사문제연구소 편, 『한국의 '근대'와 '근대성 비판』, 273-309. 서울: 역사문제연구소.

김동춘(1996b), 〈1980년대 한국의 민족주의: 고도산업화 시대의 때늦은 민족주의〉, 《현대사연구(구 근현대사강좌)》 제8호, 159-184, 서울: 한국현대사연구회.

김동춘(1997a), 「1980년대 민주변혁운동의 성장과 그 성격」, 학술단체협의회, 『6월민주항쟁과 한국사회 10년: 6월민주항쟁 10주년 기념 학술대토론회 자료집 』, 65-103. 서울: 당대.

김동춘(1997b), 「80년대 후반 이후 한국 맑스주의 이론의 성격 변화와 한국 사회과학」, 『한국 사회과학의 새로운 모색』, 296-313. 서울: 창작과비평사.

김동춘(2000), 『근대의 그늘: 한국의 근대성과 민족주의』, 서울: 당대.

김동춘(2006), 『(1997년 이후) 한국사회의 성찰: 기업사회로의 변환과 과제』, 서울: 길.

김동택(1992), 「한국사회와 민주변혁론: 1950년대에서 1980년대까지」, 한국정치연구회 사상분과 편, 『현대민주주의론 II』, 477-503. 서울: 창작과비평사.

김보현(2003), 〈『사상계』의 경제개발론, 박정희 정권과 얼마나 달랐나?: 개발주의에 저항한 개발주의〉, 《정치비평》 통권 제3호(2003년 상반기), 345-380, 한국: 한국정치연구회.

김보현(2005), 〈박정희 정권기 저항엘리트들의 이중성과 역설: 경제개발의 사회-정치적 기반과 관련하여〉, 《사회과학연구》 제13집 제1호, 165-197, 서울: 서강대학교 사회과학연구소.

김보현(2006), 『박정희 정권기 경제개발: 민족주의와 발전』, 서울: 갈무리.

김삼웅 편(1984), 『민족·민주·민중 선언』, 서울: 일월서각.

김삼웅 편(1994), 『통일론 수난사』, 서울: 한겨레신문사.

김삼웅 편(1997), 『사료로 보는 20세기 한국사: 활빈당선언에서 전·노항소심판결까지』, 서울: 가람기획.

김수자(2005), 〈현대 한국 민족주의의 전개 양상: 월드컵과 '열린민족주의'의 가능성을 중심으로〉, 《동양정치사상사》 제4권 제2호, 231-246, 서울: 한국동양정치사상사학회.

김영수a(2001), 「박정희의 정치리더십」, 한국정신문화연구원 편, 『장면·윤보선·박정희: 1960년대 초 주요 정치지도자 연구』, 165-281, 서울: 백산서당.

김영수b(2001), 『한국헌법사』(수정증보), 서울: 학문사.

김영환(1999), "재반론-민족주의와 우리 언어의 미래."『시대정신』제3호(3·4월호). http://www.zeitgeist.co.kr/2005html/sub/popup/303.htm.

김영환(2005), 〈통권 30호 기념 인터뷰-민족주의와 평균주의를 넘어 세계로 나아가자〉, 《시대정신》통권 제30호(가을·겨울 호). http://www.zeit-geist.co.kr/2005html/sub/popup/30/3001.htm.

김일영(2006a), 〈한국정치의 새로운 이념적 좌표를 찾아서: '뉴라이트'와 '뉴레프트' 그리고 공통된 지평으로서의 자유주의〉, 《한국정치외교사논총》제27집 제2호, 373-401, 서울: 한국정치외교사학회.

김일영(2006b), 〈박정희 시대와 민족주의의 네 얼굴〉, 《한국정치외교사논총》제28집 제1호, 223-256, 서울: 한국정치외교사학회.

김일영(2008), 〈'촛불시위'의 희망과 불안〉, 《철학과 현실》통권 제79호(겨울 호), 46-56, 서울: 철학문화연구소.

김정훈(2000), 〈분단체제와 민족주의: 남북한 지배담론의 민족주의의 역사적 전개와 동질이형성〉, 《동향과 전망》통권 제44호(봄 호), 166-191, 한국: 한국사회과학연구소.

김정훈·조희연(2003), 「지배담론으로서의 반공주의와 그 변화: '반공규율사회'의 변화를 중심으로」, 조희연 편(2003), 『한국의 정치사회적 지배담론과 민주주의 동학』, 123-199, 서울: 함께읽는책.

김철수(1978), 『헌법학개론』(수정증보판), 서울: 법문사.

김치관(2010), 「뉴라이트의 민족관 비판」, 정수일 외(2010), 『재생의 담론, 21세기 민족주의』, 233-262, 서울: 통일뉴스.

김태일(1990), 「민주당의 성격과 역할」, 한배호 편(1990), 『한국현대정치론 I: 제1공화국의 국가형성, 정치과정, 정책』, 311-342. 서울: 나남.

김혜수(1995), 〈정부수립 직후 이승만 정권의 통치이념 정립과정〉, 《이대사원》제28집, 317-352, 서울: 이화여자대학교 사학회.

니스벳, R.(1997), 「보수주의」, R. 니스벳·C. B. 맥퍼슨 지음, 강정인·김상우 옮김, 『에드먼드 버크와 보수주의』, 63-206. 서울: 문학과 지성사.

대통령비서실(1973), 『박정희대통령연설문집 1권』(최고회이편: 1961.07-1963.12), 서울: 대통령비서실.

대통령비서실(1973), 『박정희대통령연설문집 2권』(제5대편: 1963.12-1967.06), 서울: 대통령비서실.

대통령비서실(1973), 『박정희대통령연설문집 3권』(제6대편: 1967.07-1971.06), 서울: 대통령비서실.

대통령비서실(1973), 『박정희대통령연설문집 4권』(제7대편: 1971.07-1972.12), 서울: 대통령비서실.

대통령비서실(1976), 『박정희대통령연설문집 5권』(제8대편 상: 1972.12-1975.12), 서울: 대통령비서실.

대통령비서실(1979), 『박정희대통령연설문집 6권』(제8대편 하: 1976.01-1978.12), 서울: 대통령비서실.

대통령비서실(1979), 『박정희대통령연설문집 16집』(추도판: 1979.01-1979.10), 서울: 대통령비서실.

루소, J. J., 이태일·최현 역(1994), 『사회계약론 (외)』, 서울: 범우사.

류석진·조희정·박설아(2013), 「온라인 신민족주의의 정치화 가능성: 한, 중, 일 온라인 갈등 유형과 확산 사례를 중심으로」, 『한국정치연구』 제22권 제3호, 153-186, 서울: 서울대학교 한국정치연구소.

마루야마 마사오 지음, 김석근 옮김(1997), 『현대정치의 사상과 행동』, 서울: 한길사.

마루야마 마사오 지음, 김석근 옮김(1998), 『일본의 사상』, 서울: 한길사.

마상윤(2003), 〈안보와 민주주의, 그리고 박정희의 길: 유신체제 수립원인 재고〉, 《국제정치논총》, 제43집 제4호, 171-195, 서울: 한국국제정치학회.

마키아벨리, 니콜로 지음, 강정인·안선재 옮김(2003), 『로마사 논고』, 파주: 한길사.

문익환(1985), 「간행사」, 장준하(1985), 『장준하문집: 제1권 민족주의자의 길』, 10주기추모문집간행위원회 편, 3-4, 서울: 사상.

문지영(2009), 「자유주의: 체제 수호와 민주화의 이중 과제 사이에서」, 강정인 외(2009), 『한국 정치의 이념과 사상: 보수주의·자유주의·민족주의·급진주의」, 122-199, 서울: 후마니타스.

민경우(2010), 「진보진영의 탈민족론에 대한 비판적 성찰」, 정수일 외(2010), 『재생의 담론, 21세기 민족주의』, 209-231, 서울: 통일뉴스

민주화의 길(1989), 「80년대 한국사회와 민족민주운동의 전개」, 박현채·조희연, 『한국사회구성체논쟁 (I)』, 41-114, 서울: 죽산.

박동천(2008), 〈민족의 실체성에 관한 철학적 검토〉, 《한국정치학회보》 제42집 제3호, 29-49, 서울: 한국정치학회.

박명림(1996a), 「근대화 프로젝트와 한국민족주의」, 역사문제연구소 편, 『한국의 근대와 '근대성' 비판』, 311-348, 서울: 역사비평사.

박명림(1996b), 〈분단시대 한국 민족주의의 이해: 〈열린 민족주의〉의 모색〉, 《세계의 문학》(여름 호), 48-75, 서울: 민은사.

박명림(2006), 「한국 현대사와 박정희·박정희 시대: 통치철학과 사상, 국가전략, 그리고 민주주의 문제」, 정성화 편, 『박정희 시대와 한국 현대사』, 31-79, 서울: 선인.

박일경(1972), 『유신헌법』, 서울: 박영사.

박정희(1962), 『우리 민족의 나갈 길: 사회재건의 이념』(개정 5판), 서울: 동아출판사.

박정희(1963), 『국가와 혁명과 나』, 서울: 향문사.

박지향(2006), 「머리말」, 박지향·김철·김일영·이영훈 엮음, 『해방 전후사의 재인식』(1), 11-21, 서울: 책세상.

박찬승(2010), 『민족·민족주의』, 서울: 소화.

박찬표(2007a), 『한국의 국가 형성과 민주주의』, 서울: 후마니타스.

박찬표(2007b), 「법치 민주주의 대 정치적 민주주의: 한국 민주주의를 보는 하나의 시각」, 최장집 외, 『어떤 민주주의인가』, 197-229, 서울: 후마니타스.

박현모(2004), 〈조선왕조의 장기지속성(longevity) 요인 연구 I: 공론정치를 중심으로〉, 《한국학보》 제30권 1호, 31-61, 서울: 일지사.

박현모(2007) 〈박정희의 '민주공화주의'관 변화 연구: 『박정희대통령연설문집』을 중심으로〉, 《동양정치사상사》 제6권 제2호, 71-93, 서울: 한국동양정치사상사학회.

박현채·조희연 편(1989), 『한국사회구성체논쟁 I: 80년대 한국사회 변동과 사회

구성체논쟁의 전개』, 서울: 죽산.

박호성(1994), 『노동운동과 민족운동』, 서울: 역사비평사.

박호성(1997), 『남북한 민족주의 비교연구: '한반도 민족주의'를 위하여』, 서울: 당대.

배진영(2006), 〈뉴라이트 연쇄 인터뷰 이영훈 낙성대경제연구소장: 민족주의로는 선진화 못 이뤄 자유주의가 민족주의의 대안〉, 《월간조선》(8월 호), 208-219, 서울: 조선뉴스프레스.

백낙청(1994), 『분단체제 변혁의 공부길』, 서울: 창작과비평사.

볼, 테렌스·대거, 리처드 지음, 정승현 외 옮김(2006), 『현대 정치사상의 파노라마: 민주주의의 이상과 정치 이념』, 서울: 아카넷.

서상일(1957), 「험난할망정 영광스런 먼 길」, 신태양사, 『내가 걸어온 길 내가 걸어갈 길』, 47-58. 서울: 신태양사.

서중석(1983), 「이승만 대통령과 한국 민족주의」, 송건호·강만길 편, 『한국민족주의론 II』, 222-271. 서울: 창작과비평사.

서중석(1991), 『한국현대민족운동 연구: 해방후 민족국가 건설운동과 통일전선』, 서울: 역사비평사.

서중석(1992), 「조봉암·진보당의 진보성과 정치적 기반」, 《역사비평》, 계간 제18호(가을), 16-32, 서울: 역사비평사.

서중석(1995a), 「한국전쟁 후 통일사상의 전개와 민족공동체의 모색」, 역사문제연구소 편, 『분단 50년과 통일시대의 과제』, 309-362, 서울: 역사비평사.

서중석(1995b), 「한국에서의 민족문제와 국가: 부르주아층 또는 지배층을 중심으로」, 한국사연구회 편, 『근대 국민국가와 민족문제』, 111-150, 서울: 지식산업사.

서중석(1996), 『한국현대민족운동연구 2: 1948-1950 민주주의.민족주의 그리고 반공주의』, 서울: 역사비평사.

서중석(2002), 『비극의 현대지도자: 그들은 민족주의자인가 반민족주의자인가』, 서울: 성균관대학교출판부.

서중석(2004), 『배반당한 한국민족주의』, 서울: 성균관대학교출판부.

서중석(2005), 『이승만의 정치이데올로기』, 서울: 역사비평사.

서중석(2009), 『조봉암과 1950년대(상): 조봉암의 사회민주주의와 평화통일론』, 서울: 역사비평사.

서희경(2005), 〈한국제헌국회(韓國制憲國會)의 정치세력 형성에 관한 연구: 일제 식민지 시기의 사회세력과의 연관성을 중심으로〉, 《한국정치외교사논총》 제26집 제1호, 351-388, 서울: 한국정치외교학회.

서희경(2012), 『대한민국 헌법의 탄생: 한국 헌정사, 만민공동회에서 제헌까지』, 파주: 창비.

손호철(2011), 『현대 한국정치: 이론, 역사, 현실, 1945~2011』, 서울: 이매진.

송건호(1986), 『민족통일을 위하여』, 서울: 한길사.

송건호·오익환·백기완·유인호·진덕규·임종국·김도현·임헌영·김학준·조동걸·이동화·염무웅(1979), 『해방전후사의 인식』, 서울: 한길사.

슈미드, 앙드레 지음, 정여울 옮김(2009), 『제국 그 사이의 한국 1895-1919』, 서울: 휴머니스트.

슈워츠, 벤저민 지음, 최효선 옮김(2006), 『부와 권력을 찾아서』, 파주: 한길사.

신기욱 지음, 이진준 옮김(2009), 『한국 민족주의의 계보와 정치』, 서울: 창비.

신동아 편집실(1990), 『(선언으로 본) 80년대 민족·민주운동』(『신동아』 1990년 1월호 별책부록), 서울: 신동아.

심지연(1982), 『한국민주당연구 I: 정치적 성장과정과 정치이념 및 관계자료』, 서울: 풀빛.

안병욱(1968), 〈창조와 혼돈의 장: 사조(思潮)의 변천〉, 《사상계》(8월 호), 131-140, 서울: 사상계사.

알튀세르, 루이 지음, 이종영 옮김(1997), 『맑스를 위하여』, 서울: 백의.

양호민(1961), 〈민주주의와 주도세력〉, 《사상계》(11월 호), 45-53, 서울: 사상계사.

양호민(1976), 「한국 민족주의의 회고와 전망」, 진덕규 편, 『한국의 민족주의』, 250-268. 서울: 현대사상사.

에커트, 카터 저, 도면회 역(2006), 〈헤겔의 망령을 몰아내며: 탈민족주의적 한국사 서술을 향하여〉, 《본질과 현상》 통권 제6호(겨울 호), 115-134, 서울: 본질과현상사.

여현덕(1987), 「8·15 직후 민주주의 논쟁」, 박현채 외, 『해방전후사의 인식 3』, 23-75. 서울: 한길사.

연정은(2003), 〈안호상의 일민주의와 정치·교육활동〉, 《역사연구》, 제12호, 7-38, 서울: 역사학연구소.

월린, 셸던 지음, 강정인·공진성·이지윤 옮김(2007), 『정치와 비전 1』, 서울: 후마니타스.

월린, 셸던 지음, 강정인·이지윤 옮김(2009), 『정치와 비전 2』, 서울: 후마니타스.

유혁인(1964), 〈박대통령을 움직이는 사람들〉, 《신동아》(10월 호), 144-165.

윤석인(1989), 「1986년 상반기 학생운동 내부논쟁 개관 -자민투·민민투의 등장과 그 논리-」, 박현채·조희연 편, 『한국사회구성체논쟁 I: 80년대 한국사회 변동과 사회구성체논쟁의 전개』, 338-352, 서울: 죽산.

이경남(1981), 『설산 장덕수』, 서울: 동아일보사.

이광일(1997), 〈'박정희 체제론' 비판: "식민지 근대화"에서 "민주화"까지〉, 《정치비평》 제3권, 121-140, 서울: 한국정치연구회.

이광일(1998), 〈박정희정권에 관한 연구현황과 과제〉, 《역사와 현실》 제29호, 275-296, 서울: 한국역사연구회.

이광일(2003), 「성장·발전주의 지배담론의 신화와 딜레마: '발전주의 국가'에서 '신자유주의 경쟁국가'로」, 조희연 편(2003), 『한국의 정치사회적 지배담론과 민주주의 동학』, 201-236, 서울: 함께읽는책.

이극찬(1976), 「신생국 민족주의의 일반론」, 진덕규 편, 『한국의 민족주의』, 13-29, 서울: 현대사상사.

이극찬(2007), 『정치학』(제6전정판), 서울: 법문사.

이근식(2001), 「자유주의와 한국사회」, 이근식·황경식 편, 『자유주의란 무엇인가』, 14-75. 서울: 삼성경제연구소.

이내영·안종기(2013), 〈제18대 대통령선거와 회고적 투표: 왜 제18대 대통령선거에서 집권정부에 대한 회고적 평가가 중요한 영향을 미치지 못했나?〉, 《한국정당학회보》 제12권 제2호(통권 제24호), 5-36, 서울: 한국정당학회.

이선민(2008), 『민족주의, 이제는 버려야 하나』, 서울: 삼성경제연구소.

이영훈(2007), 『대한민국 이야기: 해방전후사의 재인식 강의』, 서울: 기파랑.

이재화(1990), 「NL-PD논쟁」, 월간중앙 편, 『80년대 한국사회 대논쟁집』(월간중앙 1990년 신년호 별책부록), 253-257. 서울: 중앙일보사.

이준구(2013), 〈이명박 정부의 경제정책: '747공약'에 발목이 잡혀 보낸 5년〉, 《한국경제포럼》 제5권 제4호, 59-75, 서울: 한국경제학회.

이준식(2013), 〈한국 역사 교과서인가, 아니면 일본 역사 교과서인가?: 교학사 한국사 교과서 일제강점기 서술 비판〉, 《역사비평》 통권 제105호(겨울 호), 54-81, 서울: 역사비평사.

이창렬(1963), 〈경제안정과 성장을 위하여: 경제성장은 안정된 기반 위에서〉, 《사상계》 제11권 제8호 통권 제123호(7월 호), 108-113, 서울: 사상계사.

이해영(2004), 〈칼 슈미트의 정치사상: '정치적인 것'의 개념을 중심으로〉, 《21세기 정치학회보》 제14권 제2호, 1-25, 서울: 21세기정치학회.

이현출(2002), 〈사림정치기의 공론정치 전통과 현대적 함의〉, 《한국정치학회보》 제36집 3호, 115-134, 서울: 한국정치학회.

이홍구(1976), 「한국 민족주의의 본질과 방향」, 진덕규 편, 『한국의 민족주의』, 171-186, 서울: 현대사상사.

이화용(2010), 「영국: 민주주의의 신화와 역사(1832~1928년)」, 강정인 외, 『유럽 민주화의 이념과 역사: 영국·프랑스·독일』, 53-128, 서울: 후마니타스.

임금희(2007), 「피히테(J. G. Fichte)의 사상에서 정치공동체의 언어적 토대 문제 연구: '모국어(Muttersprache)'관념을 중심으로」, 이화여자대학교 정치외교학과 박사학위논문.

임영일(1991), 「한국사회의 지배이데올로기」, 한국산업사회연구회 편, 『한국사회와 지배이데올로기: 지식사회학적 이해』, 67-87. 서울: 녹두.

임지현(1994), 「민족주의」, 김영한·임지현 편, 『서양의 지적 운동: 르네상스에서 포스트모더니즘까지』, 서울: 지식산업사.

임지현(1999), 『민족주의는 반역이다: 신화와 허무의 민족주의 담론을 넘어서』, 서울: 소나무.

임혁백(2012), 〈박정희에 대한 정치학적 평가: 리더십, 근대화, 유신, 그리고 몰락〉, 《평화연구》 제20권 2호(가을 호), 51-84, 서울: 고려대학교 평화와 민주주의연구소.

장영민(2008), 「국사교육의 강화와 국가주의」, 공제욱 엮음(2008), 『국가와 일상: 박정희 시대』, 399-469, 파주: 도서출판 한울.

장준하(1956a), 〈권두언: 민주주의의 재확인〉, 《사상계》(5월 호), 12-13, 서울: 사상계사.

장준하(1956b), 〈권두언: 따뜻한 정치를 바란다〉, 《사상계》(6월 호), 12-13, 서울: 사상계사.

장준하(1958), 〈권두언: 자신(自信)과 희망을 갖게 하라〉,《사상계》(5월 호), 16-
　　17, 서울: 사상계사.

장준하(1961a), 〈권두언: 5·16혁명과 민족의 진로〉,《사상계》(6월 호), 34-35,
　　서울: 사상계사.

장준하(1961b), 〈권두언: 긴급을 요하는 혁명과업의 완수와 민주정치에로의 복
　　귀〉,《사상계》(7월), 34-35, 서울: 사상계사.

장준하(1985),『장준하문집: 제1권 민족주의자의 길』, 10주기추모문집간행위원
　　회 편, 서울: 사상.

전복희(1996)『사회진화론과 국가사상: 구한말을 중심으로』, 서울: 한울.

전상봉(2010), "한국사회의 변화와 21세기 민족주의." 정수일 외,『재생의 담론,
　　21세기 민족주의』, 288-310, 서울: 통일뉴스.

전인권(2002), 〈박정희 민주주의관: 연설문을 중심으로〉,《한국정치연구》제
　　11집 제2호, 139-155, 서울: 서울대학교 한국정치연구소.

전인권(2006),『박정희 평전: 박정희의 정치사상과 행동에 관한 전기적 연구』,
　　서울: 이학사.

전재호(1997), 〈박정희 체제의 민족주의 연구: 담론과 정책을 중심으로〉, 서강대
　　학교 정치외교학과 박사학위논문.

전재호(2000),『반동적 근대주의자 박정희』, 서울: 책세상.

전재호(2010), 〈한국 근·현대사 교과서를 둘러싼 역사인식 갈등 연구: 한국 민
　　족주의의 '균열'을 중심으로〉,《한국과국제정치》제26권 제3호(가을 호),
　　159-191, 서울: 경남대학교 극동문제연구소.

전재호(2012), 〈민주화 이후 한국 민족주의의 변화: 통일, 북한, 미국, 외국인,
　　재외동포, 북한이탈주민에 대한 인식을 중심으로〉,《현대정치연구》제
　　5권 제1호(통권 제9호), 91-121, 서울: 서강대학교 현대정치연구소.

정수일(2010),「민족과 민족주의, 그 재생적 담론」, 정수일 외,『재생의 담론,
　　21세기 민족주의』, 14-82, 서울: 통일뉴스.

정수일 외(2010),『재생의 담론, 21세기 민족주의』, 서울: 통일뉴스.

정승현(2009),「급진주의: 혁명·저항·공존의 정치 동학」, 강정인 외,『한국 정
　　치의 이념과 사상: 보수주의·자유주의·민족주의·급진주의』, 260-335,
　　서울: 후마니타스.

정해구(1998), 〈박정희신드롬의 양상과 성격〉, 한국정치연구회 편,《박정희를 넘

어서》, 51-71. 서울: 푸른숲.

조갑제(1998a), 『내 무덤에 침을 뱉어라(2: 전쟁과 사랑)』, 서울: 조선일보사.

조갑제(1998b), 『내 무덤에 침을 뱉어라(3. 혁명 전야)』, 서울: 조선일보사.

조갑제(1999), 『내 무덤에 침을 뱉어라(5. 김종필의 풍운)』, 서울: 조선일보사.

조광(1989), 「민주변혁(CNP)논쟁에 대하여」, 박현채·조희연 편, 『한국사회구성체논쟁 I: 80년대 한국사회 변동과 사회구성체논쟁의 전개』, 180-189, 서울: 죽산.

조긍호(2006), 『이상적 인간형론의 동·서 비교』, 서울: 지식산업사.

조긍호·강정인(2012), 『사회계약론연구: 홉스·로크·루소를 중심으로』, 서울: 서강대학교출판부.

조현연(2003), 「'자유민주주의' 지배담론의 역사적 궤적과 지배효과」, 조희연 편, 『한국의 정치사회적 지배담론과 민주주의 동학』, 293-361, 서울: 함께읽는책.

조희연(1989), 「80년대 사회운동과 사회구성체논쟁」, 박현채·조희연 편, 『한국 사회구성체논쟁 I: 80년대 한국사회 변동과 사회구성체논쟁의 전개』, 11-36, 서울: 죽산.

조희연(1992), 「80년대 민주화운동과 체제논쟁」, 강광식·심지연·신명순·정천구·이종은·조희연 공저, 『현대 한국체제논쟁사 연구』, 217-258, 성남: 한국정신문화연구원.

조희연(2003), 「정치사회적 담론의 구조변화와 민주주의 동학: 한국 현대사 속에서 지배담론과 저항담론의 상호작용을 중심으로」, 조희연 편, 『한국의 정치사회적 지배담론과 민주주의 동학』, 33-120, 서울: 함께읽는책.

조희연(2004a), 『비정상성에 대한 저항에서 정상성에 대한 저항으로』, 서울: 아르케.

조희연(2004b), 「저항담론의 변화와 분화에 관한 연구: '급진화'와 '대중화'의 긴장을 중심으로」, 조희연 편, 『한국의 정치사회적 저항담론과 민주주의 동학』, 29-101, 서울: 함께읽는책.

조희연 편(2003), 『한국의 정치사회적 지배담론과 민주주의 동학』, 서울: 함께읽는책.

중앙일보 특별취재팀(1998), 『(실록) 박정희: 한 권으로 읽는 제3공화국』, 서울: 중앙 M&B.

진덕규(1976), 「민족주의의 전개와 한계」, 진덕규 편, 『한국의 민족주의』, 44-
       68, 서울: 현대사상사.
진덕규(1992), 「현대 한국정치 변동과 민족주의의 변용에 대한 연구서설」, 『한국
       문화연구원 논총』 제60권 제2호, 131-164, 서울: 이화여대 한국문화연
       구원.
진덕규 편(1976), 『한국의 민족주의』, 서울: 현대사상사.
진보정치연구소 지음(2007), 『사회 국가, 한국 사회 재설계도』, 서울: 후마니타스.
차기벽(1965), 〈오용된 민족주의: 민족주의는 결코 선거구호에 그칠 수 없다〉,
       《사상계》 제15권 제5호(5월 호), 101-107, 서울: 사상계사.
차기벽(1978), 『한국 민족주의의 이념과 실태』, 서울: 까치.
차기벽(1989), 『민족주의 원론』, 서울: 한길사.
천관우(1976), 「한국 민족주의의 역사적 구조-재발견」, 진덕규 편, 『한국의 민
       족주의』, 75-102, 서울: 현대사상사.
최장집(1996), 『한국민주주의의 조건과 전망』, 서울: 나남출판.
최장집·이성형(1991), 「한국사회의 정치이데올로기」, 한국산업사회연구회
       편, 『한국사회와 지배이데올로기: 지식사회학적 이해』, 211-225, 서울:
       녹두.
최형익(2008), 〈입헌독재론: 칼 슈미트(Carl Schmitt)의 주권적 독재와 한국의 유
       신헌법〉, 《한국정치연구》 제17집 제1호, 241-269, 서울: 서울대학교 한
       국정치연구소.
커밍스, 브루스(2007), 「민족주의의 이율배반」, 최상용 외 지음, 『민족주의, 평
       화, 중용』, 63-92, 서울: 까치사.
틱, 리차드 외 저, 강정인 편역(1993), 『홉즈의 이해』, 서울: 문학과지성사.
하상복·김수자(2009), 「민족주의: 한국의 민주주의 형성과 민족주의 이념의 정
       치(1945~2002년)」, 강정인 외(2009), 『한국 정치의 이념과 사상: 보수
       주의·자유주의·민족주의·급진주의』, 202-258, 서울: 후마니타스.
한배호(1994), 『한국정치변동론』, 서울: 법문사.
함석헌(1961), 〈5·16을 어떻게 볼까?〉, 《사상계》(7월), 36-47, 서울: 사상계사.
함석헌(1984), 『함석헌전집 17: 민족통일의 길』, 서울: 한길사.
홉스, 토마스 지음, 진석용 옮김(2008), 『리바이어던』(1), 파주: 나남.
홍석률(2001), 『통일문제와 정치·사회적 갈등: 1953-1961』, 서울: 서울대학교

출판부.

홍석률(2002), 「1960년대 한국 민족주의의 두 흐름」, 『사회와역사』 통권 제62집, 169-203, 한국: 한국사회사학회.

홍석률(2013), 〈냉전적 역사 서술과 상처받은 자유주의: 교학사 한국사 교과서 현대사 서술 비판〉, 《역사비평》 통권 제105호(겨울 호), 82-103, 서울: 역사비평사.

홍성태(2008), 「주민등록제도와 총체적 감시사회의 형성」, 공제욱 엮음, 『국가와 일상: 박정희 시대』, 85-111, 파주: 도서출판 한울.

홍승직(1962), 〈대학생은 무엇을 생각하고 있나?: 가치관 예비조사에 의거하여〉, 《사상계》 제10권 제4호(4월 호), 118-128, 서울: 사상계사.

홍태영(2010), 「프랑스: 혁명과 공화국의 정치학」, 강정인 외, 『유럽 민주화의 이념과 역사: 영국·프랑스·독일』, 129-210, 서울; 후마니타스

황성모(1976), 「민족주의와 공산주의: 공산주의에는 민족관이 없다」, 진덕규 편, 『한국의 민족주의』, 30-43, 서울: 현대사상사.

Bloch, Ernst(1991), *Heritage of Our Times*, Berkeley and Los Angeles: University of California Press.

Burke, Edmund(1978), *Reflections on the Revolution in France*. ed. Conor Cruise O'Brien, Harmondsworth: Penguin.

Chatterjee, Partha(1986), *Nationalist Thought and the Colonial World: A Derivative Discourse?*, London: Zed Books for the U. N. University.

Durst, David. C.(2002), "Ernst Bloch's Theory of Nonsimultaneity", *The German Review*(Summer) 77-3, 171-194.

Halperin, Sandra(1997), *In the Mirror of the Third World: Capitalist Development in Modern Europe*, Ithaca and London: Cornell University Press.

Hirschman, Albert O.(1991), *The Rhetoric of Reaction: Perversity, Futility, Jeopardy*, Cambridge: The Belknap Press of Harvard University.

Hobsbawm, Eric(1990), Nations and Nationalism Since 1780: Programme, Myth, Reality, Cambridge: Cambridge University Press.

Jameson, Fredric(1991), *Postmodernism, Or, the Cultural Logic of Late Capi-*

talism, Durham: Duke University Press.

Klemperer, Klemens von(1972), "Conservatism", C. D. Kernig ed., *Marxism, Communism and Western Society: A Comparative Encyclopedia*, Vol. 2. Herder and Herder.

Langewiesche, Dieter(2000), *Liberalism in Germany*, Houndmills: Macmillan Press.

Lerner, Max(1971), "Liberalism". *Encyclopedia Britanica*, Vol. 13, 1017-20. Chicago, U.S.A.: Encyclopedia Britanica.

Lummis, Douglas(1996), *Radical Democracy*, Ithaca and London: Cornell University Press.

Lummis, Douglas(2002), "Political theory: why it seems universal, but isn't really", *Futures* 34, 63-73.

Marshall, T. H.(1965), *Class, Citizenship, and Social Development* New York: Doubleday.

Parekh, Bhikhu(1992), "The Poverty of Indian Political Theory", *History of Political Thought* 13:3(Autumn), 535-560.

Rossiter, Clinton(1968), "Conservatism", *International Encyclopedia of the Social Sciences*, Vol.3, 290-95. New York: Macmillan.

Sabine, George H.(1937/1950), *A History of Political Theory*, Rev. ed. New York: Henry Holt and Co.

Scholte, Jan Aart(2000), *Globalization: A Critical Introduction*, New York: St. Martin's Press.

Schwartz, Frederic J.(2001), "Ernst Bloch and Wilhelm Pinder: Out of Sync", *Grey Room* (Spring, 2001) 3, 54-89.

Shohat, Ella and Robert Stam(1994), *Unthinking Eurocentrism*, London and New York: Routledge.

Smith, Anthony D.(2000), "Theories of nationalism: alternative models of nation formation." Michael Leifer, ed. *Asian Nationalism*, 1-20. London: Routledge.

• 신문

《세계일보》, 〈'역대 대통령 리더십' 박정희·노무현 순(順)〉, 2011/06/23.
《로동신문》, 2006/04/27.

• 인터넷 자료

강준만(2006), 〈[강준만 칼럼] 비동시성의 동시성〉, 《한국일보》(2006/10/17).
　　　　http://news.hankooki.com/lpage/opinion/200610/h20061017
　　　　18304224390.htm.
고종석(2005), 〈[이런 생각] 대통령 단임제는 옳다〉, 《한국일보》, 2005/02/16.
　　　　http://news.hankooki.com/lpage/opinion/200502/h20050216
　　　　19362839780.htm.
김영삼(1993), 「제14대 대통령 취임사」(1993/02/25); www.pa.go.kr/online_
　　　　contents/speech/speech02/1307797_6175.html#.
김정훈(2004), 〈지나간 것은 지나간 것이다〉, 《한겨레》(2004/12/08). http://
　　　　news.naver.com/main/read.nhn?mode=LSD&mid=sec&sid1=001&o
　　　　id=028&aid=0000090266.
뉴스토마토(2013/05/15), 〈노무현 전 대통령, 박정희 제치고 역대 대통령
　　　　호감도 1위〉, http://www.newstomato.com/ReadNews.aspx?-
　　　　no=363686#.
동아일보(2012/07/16), 〈박근혜 "5·16 아버지의 불가피한 최선의 선택"〉,
　　　　http://news.donga.com/3/all/20120716/47794426/1.
위키백과(2014), "이명박 정부." http://ko.wikipedia.org/wiki/%EC%9D%B4%
　　　　EB%AA%85%EB%B0%95_%EC%A0%95%EB%B6%80#.EB.AF.BC.EC.
　　　　A3.BC.EC.A3.BC.EC.9D.98.2C_.EC.9D.B8.EA.B6.8C_.ED.9B.84.
　　　　ED.87.B4_.EB.85.BC.EB.9E.80(검색일: 2014/03/22).
이명박(2009), 「제64주년 광복절 경축사」(2009/08/15). http://www.pa.go.kr/
　　　　online_contents/speech/speech02/1330170_6175.html.
이승만(1948), 「청년들은 궐기하여 반역분자 타도하라」(1948/11/29). http://

www.pa.go.kr/online_contents/speech/speech02/1310465_6175.
html.

이승만(1954), 「해외출정 재향군인들에 대한 연설」(1954/08/01). http://www.
pa.go.kr/online_contents/speech/speech02/1310963_6175.html.

이승만(1955), 「'미군의 날'을 경축함」(1955/05/21). http://www.pa.go.kr/on-
line_contents/speech/speech02/1311032_6175.html.

전두환(1981), 「제12대 대통령 취임사」(1981/03/03). http://www.pa.go.kr/
online_contents/speech/speech02/1306774_6175.html.

조선일보(2012/09/24), 〈박근혜 "5·16, 유신, 인혁당 사건이 헌법가치 훼손
했다〉, http://news.chosun.com/site/data/html_dir/2012/09/24/
2012092400521.html.

조선일보(2014/01/07), 〈"설 離散(이산)상봉이 첫 단추"… 北에 손 내밀
다〉, http://news.chosun.com/site/data/html_dir/2014/01/07/
2014010700180.html.

중앙일보(2012/09/10), 〈박근혜 "유신평가도 역사에 맡겨야"… 역사관 논란 거
세질 듯〉, http://mnews.joins.com/news/article/article.aspx?total_
id=9285359.

최장집(2010), 〈민주−반민주 구도 넘어 '삶을 위한 정치'로: 기조〉, 《한겨레》
(2010/04/14). http://www.hani.co.kr/arti/society/society_gener-
al/416132.html.

표준국어대사전(http://stdweb2.korean.go.kr/main.jsp), '호환성' 항목.

● 사항

엄복(嚴復) 255
여운형 15n, 17n, 40, 41, 98n
옌푸(嚴復) → 엄복
윤보선 201, 211~212, 213n
율곡 → 이이
이극찬 129, 130, 167n, 187n, 234n
이명박 17, 73~75, 112n, 114n, 317,
　319, 331n, 332, 334n, 345, 357n
이선민 160n, 339, 340n
이승만 17n, 23, 39~41, 42, 50, 53, 88,
　90n, 91, 103, 111n, 114, 115, 131,
　132, 133n, 136, 137n, 148, 149n,
　155n, 158, 159, 161, 162~165, 169,
　173, 174, 176, 178, 179, 180, 200,
　201, 211n, 244, 258n, 291n, 298,
　299, 309n, 326, 340, 341, 349, 364
이영훈 340, 341, 342
이이 283, 284
이창렬 295
임수경 179
임지현 38, 78n, 124, 125, 127, 128, 339
임혁백 24, 27

– ㅈ –

장면 47~48, 201, 203, 205
장준하 44, 110n, 149n, 151, 153, 167,
　169~170, 174, 175n, 177, 178, 179,
　274n, 294, 297, 341n, 329, 345
전두환 23, 35, 42, 49, 54~55, 58, 60,
　61~62, 88, 91, 92n, 93, 137n, 138,
　141, 142, 152, 158, 159n, 161, 174,
　176, 178~179, 187n, 200, 315, 353
전인권 26, 27, 192n, 232n, 234n, 268n,
　277n, 288, 348
전재호 27n, 50, 53, 70, 180n, 263n,
　265, 266n, 267, 309n, 328, 330~332
정수일 339
제임슨, 프레드릭(Fredric Jameson) 322,
　323
제퍼슨, 토머스(Thomas Jefferson) 369
조갑제 193n, 208, 258n, 284n, 356
조봉암 43, 46n, 47, 136, 161
조소앙 40, 98n
진덕규 159n, 167

– ㅊ –

차기벽 37, 120n, 165
찰스 1세(Charles I) 283, 284n
채터지[차터지], 파타(Partha Chatterjee)
　121, 122n, 270
최장집 44, 89, 200, 232n, 244n, 269,
　343
최형익 286~287

– ㅋ –

카터, 지미(Jimmy Carter) 261

한국 현대 정치사상과
박정희

한국의 석학 2

1판 1쇄 찍음 | 2014년 8월 6일
1판 1쇄 펴냄 | 2014년 8월 15일

지은이 | 강정인
펴낸이 | 김정호
펴낸곳 | 아카넷

출판등록 2000년 1월 24일(제2-3009호)
100-802 서울시 중구 퇴계로 18 대우재단빌딩 16층
전화 | 6366-0511(편집) · 6366-0514(주문) / 팩시밀리 | 6366-0515
책임편집 | 좌세훈
www.acanet.co.kr

© 강정인, 2014

Printed in Seoul, Korea.

ISBN 978-89-5733-374-7 94340
ISBN 978-89-5733-244-3 (세트)

이 도서의 국립중앙도서관 출판예정도서목록(CIP)은
서지정보유통지원시스템 홈페이지(http://seoji.nl.go.kr)와
국가자료공동목록시스템(http://www.nl.go.kr/kolisnet)에서 이용하실 수 있습니다.
(CIP제어번호: CIP2014021117)